方苞全集

彭林 嚴佐之 主編

第六册

春秋通論

春秋比事目録

春秋發疑

春秋直解

復旦大學出版社

本册總目

春秋通論

高瑞傑　整理

整理説明

方苞出身於桐城世宦望族，幼承庭訓，遍覽群經，曾充任三禮館總裁，文章、學問被譽爲「江南第一」，又爲桐城派奠基者，雅識博通，學問精湛，尤以春秋與三禮學最負盛名。其治春秋宗法宋學，不拘泥三傳，尊經重義，多協義理之正。其春秋類著作六種二十四卷，分别爲：春秋通論四卷、春秋比事目録四卷、春秋發疑一卷、春秋直解十二卷、方氏左傳評點二卷、左傳義法舉要一卷，這些著作以不同形式體現了方苞的春秋學思想。

春秋通論四卷，成於清康熙五十五年（一七一六）冬，是方苞最先完成的春秋類著作。據蘇惇元望溪先生年譜載，方苞於康熙五十二年入蒙養齋編校樂律曆算諸書，公事之暇，與同館徐元夢講論春秋疑義，後在衆人提議下撰述此書。全書共分九十六章，側重勾稽春秋大義，並系統展現了其獨具特色的春秋學理論。

方苞春秋學思想强調舊史沿革之淵源，而對傳統春秋學的褒貶義例不以爲然。春秋通論序云：「經之異文，有裁自聖心而特立者，如魯夫人入各異書之類是也；有沿舊史而不能革者，稱人、稱爵、稱字、稱名、或氏、或不氏之類是也。」貫通全書的更多的是對辭例的否定與摒棄,認爲先儒所言辭例多爲舊史之文,孔子不能革,而並無「聖人筆削」之微言大義。其雖尊經,但也十分强調史的重要性。針對春秋有「稱氏則褒」之名例,其云:「苟以是爲褒貶,設其人可褒而氏爲舊史所不載,孔子惡從而得之?」以史駁例,其實質亦沿襲宋儒舍傳棄例的傳統。不過在方苞的認識中,經的地位還是高於史,如諸侯奔執歸入章云:「隨事異文,而義皆曲當,恐非舊史所能及也。孔子云:『其義則某竊取之矣。』」針對事同而文異,有義理存之處,仍以爲當有孔子筆削,而非「舊史」所及。因此,方苞總結道:「凡諱恥者舊史之文,徵過者春秋之法。」這一立場經史並重,强調區别對待,明確區分「舊史之文」與「春秋之法」,頗有理據。不過,其書亦有不守此説者,如内女章言:「君重其事而爲之變,故著於册書而孔子不削,以徵過焉。」此以舊史之文以「徵過」,或與前説違異。整體而言,其説循宋儒「排傳」傳統,以爲「經之作豈知後之别有傳哉?必待傳而後可求,則春秋之義荒矣」,這種思路,也深刻影響了其後春秋直解的撰寫理路。

四庫館臣論及此書云:「苞乃於二千餘載之後,據文臆斷知其孰爲原書,孰爲聖筆。如親見尼山之操觚,此其説未足爲信。惟其掃公、穀穿鑿之談,滌孫、胡鍥薄之見,息心静氣,以經求經,多有協於情理之平,則實非俗儒所可及,譬諸前脩,其吴澄之流亞歟!」館臣一方面對其臆斷之處頗有微辭,另一方面又以爲其説多協情理之平,可謂中肯。

清康熙嘉慶間桐城方氏抗希堂刻抗希堂十六種本素稱善本（其前身爲乾隆方觀承刻方望溪先生經説四種本），其中收録春秋通論，故本次點校以此本爲底本，參校清光緒二十四年嫏嬛閣刻桐城方望溪先生全書本及文淵閣四庫全書本。

筆者學力淺拙，見識譾陋，點校中必有舛繆，祈望博雅君子有以教我，匡我不逮。

高瑞傑

戊戌年端午于清華園

目録

春秋通論卷四……（七六）

春秋通論序

王介甫學術之蔽，流毒生民，皆由强不知以爲知，而其尤悖者，莫若目春秋爲斷亂朝報，不列於學官。不知所謂斷者，乃簡斷編殘，其文有缺，及赴告略，而事之首尾本不具耳。所謂亂，如列國之臣，或稱人，或稱名，或兼氏繫，或獨舉其官，或獨舉其氏；王朝之臣或書爵，或書行次，或書名，或書地邑，或獨書氏，或兼書爵與名，或一國而前後異稱，或一人而前後異稱，凡此類皆舊史之文也。舊史之文，斷孔子能鑿空構立事迹以達之乎？舊史之文亂，孔子欲革之以定於一，則世變、邦交、物情、事實轉不可得而見。且如例宜書爵而不知其爵，例宜書名而不知其名者何？春秋大義數十，炳如日星者，聖人既以或筆或削，或從同同，或起特文，明彰其教。其微辭隱義則一仍舊史之斷亂，而義法即制於其中，使人可推尋而得之。孔子曰：「其文則史，其義則某竊取之。」其斯之謂與？此所以非聖人不能修，而其辭爲游、夏所不能贊也。

自三傳異端，後儒各以意測，大抵皆誤。執舊史之文爲聖人書法，而强傅以義理，所以求之愈深，失之愈遠也。惟程子云：「春秋不可每事必求異義，一字異則義必異焉。」深得比事屬辭之本指，然未嘗條分縷析，各著其所以然，故學者終無以見其必然。吾友望溪先生讀是經數十年，一旦豁然貫通，作通論若干篇。予受而讀之，覺曩之輾轉牴牾而不安者，今則不待研求而瞭然心目之間。蓋春秋之真面目，至此始出，如親見孔子口授其傳指。治經者挈是爲綱領，則全經皆順，疑者、謗者無所置其喙矣。惜乎！介甫之不及見也。

雍正十年春二月，高安同學朱軾撰。

春秋通論序

康熙癸巳冬，琮初供事蒙養齋，與望溪先生一見如舊。時蝶園徐公日就先生講問春秋疑義，每舉一事，先生必凡數全經，比類以析其義。雖未治是經者，聞之亦知其說必如是而後安。琮與二三君子謂非筆之於書，則口所傳能幾？且所傳者遂能一一不失其指意乎？屢相敦促，逾歲秋冬，始成通論九十九章，其類四十。徐公每語人曰：「自程、朱而後，未見此等經訓，他日必列於學官。」當是時聖祖仁皇帝方親纂周易折衷，命重臣分領詩、書、春秋彙纂傳說而欽定焉。相國安溪李公、太倉王公奏承修春秋非方某不可，至再三。有旨，方苞編次樂律書有暇，即赴春秋館校勘，而先生每歲衹役避暑山莊，其在京師内廷事殷，又城隔内外，終未得與聞春秋事。及世宗皇帝三經次第刊布，以聖祖初御經筵，日講四書及尚書、周易，皆即時發刻，惟春秋未頒，疑當日所進講義，專據胡氏傳，尚未洽聖心，故再降諭旨，命果親王允禮、大學士張廷玉、内閣學士方苞詳細校訂，恭呈御覽者再，而後告成。我皇上御極，發武英殿鋟版，御製序文謂於胡氏穿鑿之說曠若發蒙，筆削之旨開闡者過半。蓋春秋乃孔子所創作，義法深微，二千餘年衆說紛綸，終不能灼見其本原，一以貫之。會逢三朝聖主默契洙泗心源，切究其義，而先生得于斯時恭承詔命，釐正群言，徐公所云列於學官，此其端兆矣。然先生嘗語我曰：「日講者，先帝時諸臣進講之書也。必義具於經文，及前儒所共疑議，然後可按經文之義法以正之。愚心所獨見，未敢擅入也。用此通論之緼，見於日講者，僅十二三，是經之全體終無由豁然呈露。故余與魏方伯慎齋急表而出之，俾孔子筆削之本義如白日灑光，承學之士得盡開其胸中之宿翳，亦所以助流政教也夫。

乾隆九月十有二月，混同顧琮撰。

春秋通論序

記曰：「屬辭比事，春秋教也。」凡先儒之説，就其一節，非不持之有故，言之成理也，而比以異事而同形者，則不可通者，十八九矣。惟程子心知其意，故曰：「春秋不可每事必求異義，但一字異，則義必異焉。」然經之異文，有裁自聖心而特立者，如魯夫人入各異書之類是也。有沿舊史而不能革者，稱人、稱爵、稱字、稱名、或氏、或不氏之類是也。其間毫芒之辨，乍言之，若無可稽尋；及通前後而考其義類，則表裏具見，固無可疑者。

抑嘗考詩、書之文，作者非一，而篇自爲首尾，雖有不通，無害乎其可通者。若春秋則孔子所自作，而義貫於全經，譬諸人身，引其毛髮，則心必覺焉。苟其説有一節之未安，則知全經之義俱未貫也。又凡諸經之義，可依文以求，而春秋之義，則隱寓於文之所不載，或筆或削，或詳或略，或同或異，參互相抵，而義出於其間。所以考世變之流極，測聖心之裁制，具在於此，非通全經而論之，末由得其間也。

余竊不自忖，謹師戴記與程子之意，別其類爲三十有六，而通論其大體凡九十章，又通例七章，使學者知所從入。至盡其義類，與聖心同揆，而無一節之不安，則願後之君子繼事焉耳。

春秋通論卷一

王室伐救會盟 三章

周官大司馬之職："及師，大合軍，以行禁令，以救無辜，伐有罪。"大合軍者，方伯連帥，各以其師至，而大司馬監臨之。召虎南征，方叔北伐，傳所稱"天子之老，請帥王賦，元戎十乘，以先啓行"是也。又曰"若大師，則掌其戒令"，謂王親在行，則大司馬巡陣眂事而賞罰。常武之詩"王謂尹氏，命程伯休父，左右陳行，戒我師旅"是也。司盟之職，凡邦國有疑會同，則掌其盟約之載。蓋天子時巡諸侯，會朝於方嶽，其有不協者，則使王官莅盟，言歸于信睦。覲禮所載"祀方明之禮"是也。"周之東遷，晉鄭焉依"，平王之初，文侯、武公心在王室，故數十年中，諸夏之邦未見簒弑滅國之事，是統紀猶未盡散也。至平王二十六年，曲沃封而晉難萌，二十八年，莊公嗣而鄭釁起，馴至平王之末，則晉不能自保，而鄭且包禍心，王室孤危而無與立，故自入春秋，天王嶽狩，諸侯朝覲會同，無一見焉。王師再出，皆爲亂臣所挫。隱公之篇，王數加禮而魯不一答，天下無道遂至於此。此春秋之作所以始於隱公而不始於惠公也。禮樂征伐無一自天子出，篡弑攘奪所以接迹於天下也。

王室益衰，天下視共主如弁髦。自繻葛之戰始，先儒謂「鄭伯不朝，其罪至貶爵削地而止。桓王置魯、宋弒君之賊而親伐鄭，故王不稱天」，非也。征伐不行，則禮樂政教任天下之滅裂而莫可誰何。故周公建典，五官之大政具列于大司馬。立政之篇曰：『其克詰爾，戎兵以陟禹之迹。』康王嗣位，召公陳戒首曰：『張皇六師。』當幽、平之後，欲起既墜之王綱，非先之以征誅不可。而征誅之行，莫急于討鄭。蓋鄭，王室之近親、甸服之侯伯、王朝之卿士也。鄭之逆亂不能討，而能正外諸侯乎？以見諸行事者言之，桓王乃志在撥亂之君，其伐鄭，亦非中無所主而倉卒妄出也。當平王之末，鄭已與王相惡，至交質子，王崩之次月，興師以犯王都，其罪乃九伐之法所未有也。故始朝而嗣王不禮焉，乃法所宜然。但其君臣皆尚謀詐而善用兵，克段以後、敗宋以前，攻戰之事十有四，所當無不摧破，王固知力之不能敵也。故繼序十有四年，而不敢聲言其惡，至魯軌之弑，鄭既受賂而與之盟；宋督之弑，復衆會以成其亂，此不能正，則更無以馭邦國矣。王之伐鄭，必謂鄭莊文深而多數，每假禮讓以濟其私。故王雖不禮，猶挾齊以朝，取其私田亦未敢拒命，故親率蔡、衛、陳以聲討焉。冀鄭顯屈于共主之大義，陰懼于三怨之協心，保疆無動，修辭請罪則因而撫之，以釋前愆，責後效，庶幾王靈少振，而威柄可以漸收，不料其抗兵相加，六師撓敗，以至逆亂之黨益公行而無所忌也。故咎桓王不能修德明政以終復文、武之基緒可也，謂不當伐鄭而置亂賊于不問，則非其情實矣。徵之傳記，桓王即位之三年，嘗命虢公伐曲沃莊伯，而立哀侯于翼矣。其後又以師及秦師圍魏，而執芮伯矣。繻葛既敗之後，子突救衛以拒朔，又明著于經矣。曲沃武公弑晉哀侯及小子侯，又使虢仲致討而立哀侯之弟緡矣。晉、芮之事不見於經，時晉尚未與魯通，而芮則王室不告也。桓王之討伐非盡不能行也，惟不能行于魯、宋耳。所以不能行于魯、宋者，以鄭莊怙亂而齊襄爲之輔耳。衛朔構殺君兄，二公子出之，以立黔牟，天王主之，鄭、齊、魯、宋猶悍然抗王師以納朔。使桓王嗣位之初，遽出師以討魯、宋，則齊助其外，而鄭起于内，王室之憂且岌岌乎其在宗社矣。君子以是益歎息痛恨于平王也。酈山之禍雖烈，而中興之迹未遠。宜臼即位之初，晉、鄭同心，齊、魯、宋、衛無變，秦仲之後，世爲西陲之力臣，使能枕戈泣血，徵諸夏之師，親率晉、鄭以誅申侯。子帶之亂，王赴告三國，秦伯師于河上，晉文入定襄王，立誅子帶，況申侯之大惡乎？然後益廣秦之故封，建其支庶以禦戎、狄，而内固岐、雍，保民經武，則周道之興也勃矣。乃晏安蹙縮五十餘年，棄岐西則自撥本根而力不足以懾小國，戎申、甫則衆皆藏惡而義不足以作人心馴。至末年，鄭既鴟張，蘇亦内畔，桓王所遭之時勢，雖以宣王、方、召當之，用力倍難，成功正未可必也。春秋作始于平、桓之交，蓋深痛平王坐失可爲之時，至桓王則力屈于所欲爲，民去公室，則仲尼圍成而不能服，況桓王乎？而身困于其所當爲也。此見諸行事之深切著明者，而諸儒乃以伐鄭爲桓王罪，誤矣。然則王不稱「天」可也？凡文有所承，則王不加「天」，「公朝于王所」是也。文無所承，而其事非王所親，亦不加「天」，「公會王人」、「王人子突救衛」是也。言各有當，而以爲筆削之特文，則義無所處矣。自入春秋，凡會盟皆諸侯之私約也。王師伐鄭救衛而外，凡戰伐皆列國之擅興也。王臣之與會盟自齊桓、晉文始，首止之會以戴王世子，洮之盟以謀王室，葵丘之會以明王禁，宰周公與會而不與盟，皆正也。踐土之盟，要王以莅之，則譎矣。然王子虎猶不與盟，故得與齊桓三會同文，惟翟泉之盟書「會」而不書「公」，則特文以著其罪也。翟泉之盟，王人共歃與洮同，而書法異，王室有故，告于諸侯，而王臣與盟禮之，可以義起者也。王室無故，霸勢方張而於畿内盟，王臣使陪臣主衆會，則上偪也。踐土之盟，王子虎莅之，與葵丘同，而書法異。莅明王禁，書「會宰周公」，可也，盟于王所而書「會王子虎」，不可也。王臣之與戰伐，自成十六年晉厲公伐鄭始。前此桓、文倡霸，徵兵討貳，不聞請命于王，非禮也，而實霸迹之盛也。及楚氛益熾，中夏懾威，諸侯疑貳，然後援王臣以屬之，禮也，而實霸事之衰也。然其號則正，義亦無疵焉，惟前十三年，伐秦。傳稱劉子、成子會伐而經不書，則筆削之義存焉耳。諸侯本非入朝，其會于京師，必爲請王臣同役。傳得其實，必孔子削之。凡書「如」者，無名之辭也。不書「公朝于京師」而與「如齊」、「如晉」同文，以著諸侯之志不在朝也。若書劉、成，則似因朝而受命於王，無以著其師過而朝之慢矣。書劉、成則當云「公朝于京師。夏，五月，遂與劉子、成子、某侯、某伯、某人伐秦」。不得書「會」，亦不必更書「自京師」。嗚呼！周公建六典以經邦國，中外上下聯爲一體，惟恃禮樂征伐以維持而貫達焉。周道傷于幽、厲，至平王而廢絶，然後禮樂征伐不出于天子，然人不能由，而道未嘗亡也。故桓、文倡霸，假其道而用之，則數十年中篡弑者多伏其辜。參盟幾絶，私戰亦希，晉厲公以後，征伐會盟數援王臣以莅之，則天王之葬，魯皆應時以會。惟靈王之喪，公在楚，季孫興師取卞，公幾不敢入，故志崩而不志葬。傳載鄭游吉之言曰：「靈王之喪，我先君簡公在楚，我先大夫印段實往，王吏不討，恤所無也。」則當時諸侯實因是而尚知有王，用此觀之，苟有用孔子者，皆可以爲東周，而定衛之變，必先正名，聖人撥亂反正，見諸行事之實，其端緒即于是可窺尋矣。

王使至魯魯君臣朝聘于王 三章

天王於魯來錫命者三，歸賵、含者二，歸脤者一，會葬者二，求賻、求車、求金者各一，皆以非禮書。若王臣聘魯，魯君臣朝聘于王，則禮也。禮則常事也，而不削，何也？魯不朝而王乃聘焉，顛也，聘而不報，而又聘焉，益顛也。君不朝而臣聘則抗也，聘列國勤于京師則無等也。天王下勞晉侯而公就朝，則非其所也。諸侯會伐而道如京師，則非其事也。春秋之法，常事不書，然必盡合于禮而後得爲常。二百四十二年之中，聘王者三，朝王者二，如京師者一，而得爲常事乎？又況朝非其所，而如京師不以其事乎？若并此而削之，轉疑於得禮而不書矣。僖、文以後，魯卿始有聘周之文，隱、桓間王亟加禮而無一報焉，何也？此觀于魯之邦交而知之矣。公朝於齊、晉則間得聘焉，宋、衛之聘則交相報，薛、滕、郳、杞之朝則未有以聘報者矣。魯之視周，蓋不得儕于宋、衛也。此春秋之作所以始于隱也。安知非微者往而不著于册書也？莊之三年，使微者葬王而經志之矣。隱三年，武氏子來求賻，而不志葬，則微者亦未往可知矣。莊、僖之間，王臣不聘魯者幾六十年，論者以爲齊桓明禁之功，非也。王臣下聘，禮也，非禁之所宜及也。且莊二十六年，齊桓始霸，前此固未有聘也。蓋莊、僖之間，王室多難，未遑外事，又見數禮於魯而不報耳。晉文本謀以勤王屬諸侯，故當是時王使再來，而魯應時以報焉，晉文既殁則不復然矣。毛伯求金以後，百四十年而王使僅三至，蓋自知空名不足以結魯而益怠矣。

王錫魯命者三：于文公、成公稱「天王」，于桓公稱「王」。會葬者二：于僖公稱「天王」，于成風稱「王」。此所謂「大義數十，炳如日星」者也。「歸仲子之賵」，猶稱「天王」者，因惠公而及之，猶未成之爲夫人也。若禮于成風，則視夫人之常數而有加矣。錫桓公命，王不稱「天」，而聘桓皆稱「天王」，何也？聘者懷邦國之常典，魯國之爲，非爲一人也。錫命則專禮于其人，而褒大之也。且死者，人之終事也。故篡弑之賊，有生不能討，死而加戮者矣。至是而特錫之命，是義之也不天甚矣。春秋之義非獨責王，所以決疑而定法也，隱公之弑不見於經，雖薨而不地，葬而不書，猶未知賊之在也。錫桓公命，王不稱「天」，而後獄有所歸矣。成風薨葬一同于夫人，無以明僖公之違禮也。歸含、賵、會葬，王不稱「天」，而後知大從之終不可亂矣。凡此類皆春秋之特文，有不得已而後見者也。

王使至魯，惟隱、桓、文三世爲勤，隱之世四，桓之世四，文之世五，餘九公五，而莊元年猶爲桓至也。每使至之勤，則有所求。于隱求賻，于桓求車，于文求金，此王室所以卑、諸侯所以恣也。求賻、求金不言王使，以在喪而聽於冢宰，以此知春秋時典禮未全廢也。

天王崩葬 二章

天王之崩，訃則書。魯使人會則書葬，葬而不書會者，其人微也。崩而不書，不訃也。惠王之崩也，傳猶志之，莊、僖二王之崩，則傳亦闕焉。是天下諸侯皆無訃也，其不訃何也？天下諸侯宜親周者莫如魯，王恩禮所加亦莫如魯惠公、仲子之賵，天子之宰親焉。而平王之葬，魯不會也。錫桓公命，榮叔實來，而桓王之葬，魯乃使微者往。此莊、僖二王之喪，所以不訃也。當是時，齊桓創霸而不能率諸侯以達王事，何也？齊桓之霸也，與晉文異。晉文之興，霸者之轍迹已前見矣，故曰：「求諸侯莫如勤王。」齊桓之前則未有是也，非先得諸侯，不能致勤于王室，而方是時諸侯尚涣也。莊王之崩在莊十二年，僖王之崩在莊十七年，齊桓始入，未能屬諸侯，故師于長勺而魯敗之，會于北杏而宋叛之，再會于鄄而鄭叛之，同盟于幽而魯叛之，以信則未孚，以威則未懾，諸侯方惘然自外于齊，而安能使帥王職哉？直至僖公之世，退狄、伐戎、帖楚，然後諸侯服，霸勢成，而尊王之事起著于經者可考也。魯事周之勤怠，一視乎霸迹之盛衰，文九年，葬襄王。叔孫得臣如京師。至十四年而頃王之崩，葬無聞焉。則文、襄既没，賊盾操國而霸統中絶也。自宣以後，天王之崩無不志者，以晉霸雖衰，而會盟征伐常假王命以屬諸侯也。景王之葬，叔鞅如京師，以平丘之會，劉子實莅之也。自齊桓創霸、晉文繼之，然後諸侯知有王，觀莊、僖二王崩葬之不志，則霸者之功不可没矣。觀桓、文以後諸侯卒無親赴天王之崩葬者，則霸者之罪亦不可掩矣。抑于此見，經因魯史有所損而不能益焉。天王崩葬，雖易世以後可考而知，而魯史所無者不敢益也。非不能益也，益之而悖慢之實隱矣。其文則史，而義即于是乎取焉，此其較著者也。

惠王之崩〔二〕，傳載「周公閲與王孫蘇争政，故不訃」。莊、僖之間頽有禍心，安知非以是而不訃也。王室有故，每假外諸侯之權以鎮之，無爲不訃也。景王之崩，王室之亂極矣，而崩葬皆志于經，以是知莊、僖、惠三王之不訃，非以内難也。度諸侯之弱王室，不能用典，而不訃以殺恥

〔二〕 按：依左傳文公十四年載，「春，頃王崩，周公閲與王孫蘇争政」，則此處「惠王」當作「頃王」。

也。訃而若弗聞也者，雖匹敵不可堪，況臣下乎？此當日之情實也。

王室禍亂 二章

王室禍亂，魯不與聞則不書，而先儒以筆削之旨求之，是以終不能安也。子頹之亂、惠王之定不書，以虢、鄭尸之而魯不與也。襄王之入、叔帶之討不書，以晉尸之而魯不與也。子朝之亂備書于册，以叔鞅方有事于京師，而其後戍周、城周，魯皆與也。蓋王室懿親莫重于魯，有禍亂興，魯不能救，而他國有功，則魯人恥之，而不書于册，孔子不能益也。襄王之出獨書，何也？王命特至于魯，而臧文仲有奔問官守之對，則其時已著于册書矣。厥後終不能勤王，是以忌晉之功而不書王入也。抑觀齊桓之霸也，列國禍難無不勤恤，而子頹之亂未嘗過而問焉。豈虢公、鄭伯世執周政，力能定王，未嘗赴告于外而不敢引爲己任與？叔帶、子朝之亂，傳載告難于齊、晉甚詳，而子頹之亂無聞焉，則不告于外可知矣。晉文以勤王求諸侯，襄王之入，赴告必及于魯而史不書，以是知爲魯人之私也，以爲孔子削之則未有處也。

襄王書「出」，越在鄭地也。王猛居皇、敬王居狄泉不書「出」，畿内也。王猛居皇，入王城；敬王居狄泉，入成周，皆單子、劉子左右之，而或書「以」，或不書「以」，何也？以未逾年之子猶可言也，以天王則疑于大惡矣。且王猛時尚未知誰爲當立者，以出入者獨單、劉耳。敬王之立，則晉人問于介衆而辭子朝，名義顯著，歸心者不獨單、劉矣。猛生而稱王，不稱王子者，嫌與子朝同辭也。卒而稱王子者，未逾年也。春秋之書微而顯，此其凡也。

逆后歸王姬

逆后、王姬歸，魯爲主則書者，舊史之法也。失禮然後書者，春秋之法也。夫人之娶、内女之歸，有變失禮然後書，則逆后、王姬歸，非失禮不書可知矣。王姬之歸惟見于莊之篇，所以著忘親之罪也。逆王后于紀，以祭公來而遂逆書也。逆王后于齊，以劉夏非卿書也。致女納幣而使卿以過禮書，則逆后而不使卿以失禮書宜矣。紀姜之歸京師書，而齊姜不書何也？春劉夏逆后，而夏，齊侯伐我北鄙，自是無歲不有齊師，蓋邦交絶而姜歸不告，故舊史無其文耳。歸王姬于齊襄，其事詳在喪而主讎婚，故備書以著其惡也。歸王姬于齊桓，其事略惡有差也。桓之王姬不書卒，而襄之王姬書卒，見公之偏厚于讎仇也。

戰伐會盟 三章

孔子曰："天下無道，則禮樂征伐自諸侯出。自諸侯出，十世希不失矣。自大夫出，五世希不失矣。"春秋之初，天王猶小有征伐，至子突救衛以後，則無聞焉。自隱至僖，凡會、盟、戰、伐之大者，皆諸侯主之，是天子之微而諸侯之恣也。自僖之末以至文、宣，則諸侯之怠而大夫之張也。自宣之末以至襄、昭，則大夫之恣而諸侯之微也。自昭以至定、哀，則列國之衰而吳、楚之横也。隱、桓、莊之世，諸侯之特相盟、交相伐者藉藉焉，桓、文既霸則無是矣。及定、哀而特相盟、交相伐者不異于春秋之初，則霸統之既絶也。齊桓初歿，以及靈、成、景、厲之間，晉霸中衰，則間之而私會盟、私侵伐者汲汲焉。蓋紀散則衆亂也。及其季也，會于申而天下之諸侯聽于楚矣。滅陳、滅蔡、伐吳、誅齊慶封，而天下之征伐聽于楚矣。又其季也，入郢、敗齊、伐魯、伐陳、還蔡、藩衛侯、會于黄池，而天下之會、盟、征、伐聽于吳矣。夫以天下諸侯之衆而不能支吳、楚者，非力弱也，其勢衰耳，非勢衰也，其紀散耳。定之四年，會于召陵者十八國，雖桓、文所資以屈楚，不若是之衆也。而方是時，晉有六卿，齊有陳氏，魯有三桓，宋、衛、陳、鄭皆有强家，各固其私而莫肯盡力於君事，故未見吳、楚之鋒而已涣然自離喪矣。一國之紀散則無以率臣民，霸者之紀散則無以屬諸侯，非一朝一夕之故，其所由來者漸矣。

會、盟、征、伐或書人，或以名見，皆舊史之文也。謂諸侯貶稱人者，據左氏所傳而不知其爲大夫也。謂大夫貶稱人者，不知其爲舊史之文，而以爲春秋之法也。自文以前會、盟、侵、伐，内大夫以名見，而外大夫悉稱人，蓋大夫未張，奉君命以行事，第稱爲某國之人而不必詳其名氏也。文二年，晉士穀盟諸侯于垂隴，是外大夫盟會書名之始也。由是而衡雍、新城之趙盾，承匡之郤缺，皆以名見矣。至宣十五年，無婁之盟而齊高固亦以名見矣。文三年，晉陽處父伐楚以救江，是外大夫侵伐書名之始也。由是而郤缺之伐蔡，趙盾之救陳，趙穿之侵崇，皆以名見矣。由是而宋華元、鄭公子歸生、衛孫免亦以名見矣。然自宣以前，盟會書名者，不過霸國之大夫而已；侵伐書名者，不過霸國之大夫與一國二國之大夫而已。會伐、會盟而列序大夫之名氏者無有也。自成二年戰于鞌，内大夫四人並列，而晉郤克、衛孫良夫、曹公子首皆列序焉。成十五年，會吴于鍾離。而晉士燮、齊高無咎、宋華元、衛孫林父、鄭公子鰌皆列序焉。自是以後，不以名見而稱人者，惟曹、許、邾、莒、滕、薛、杞、鄫小國之大夫而已。而大國之臣亦有不以名見者，則非卿也。襄十四年，春，會吴于向。晉士匄、鄭公孫蠆以名見而齊、宋、衛稱人。夏，伐秦。衛北宫括、鄭公孫蠆以名見，而齊、宋稱人是也。夫始皆稱人，繼而霸國之大夫以名見，繼而列國之大夫皆以名見，而小國之大夫終春秋無以名見者，以是知大夫漸張則舊史書之亦漸詳，而非春秋之法也。秦雖强而比于小國者，讎晉而遠于東夏也。自文以前，外大夫盟會皆稱人，而僖二十五年，公會衛子、莒慶盟于洮；二十六年，公會莒子、衛甯速盟于向。蓋莒慶，吾姻也。故特書其名，而甯速因例焉。終春秋，小國之大夫皆稱人，而鞌之戰，曹公子首以名見，蓋三桓自喜其事而史不能正也，以爲褒貶所寓則義無所處矣，然舊史以私意爲詳略，非有典法，而孔子不革，何也？其略者不可得而詳也，其詳者革之以定于一，則世變邦文轉不可得而考矣。

魯君臣與鄰國特盟，與一國同侵伐，或書「會」，或書「及」。自參以上皆書「會」。傳曰：「及者，我所欲；會者，外爲志也。」蓋會伐齊盟，事由衆起，非我所欲也。二國同役，而「會」與「及」異書，則知會者以我而從彼，及者要彼以從我矣。其義莫著于定四年皋鼬之盟。蓋既會而盟，當書「諸侯盟于皋鼬」，而覆書「公及」者，定受國于意如，三年，如晉見却，而以與盟爲幸也。有會盟書「及」而非以我所欲爲義者，則文當然也。首止書「及」，所以殊王世子也。盟袁僑書「及」，以上承雞澤之盟，不可曰「豹會諸侯之大夫也」。蜀之盟書「及」，不得再書「公會也」。宋之盟書「及」，不得再書「豹會也」。會吳于鍾離、于相皆「會，又會」，而首止則「及以會」，「會，又會」者，班同也，「及以會」者，尊王世子也。以是知文各有所當也。凡盟書「及」、書「會」，而不目其人者，君也。侵伐書「入」、書「伐」、書「及以伐」，而不目其人，則微者也。何以明其然也？終春秋無外微者與魯盟，則知無内微者與外盟也。幽之盟，齊桓始霸，在會皆大國公侯，而魯乃使微者往乎？高傒、處父肯與吾微者盟乎？以是知諱不書公，所以徵過而諱恥也。若侵伐則過不待徵，而書「戰」即諱敗也。圍郕、救齊稱師而外，君將稱君，大夫將稱名，而不目其人，則微者可知矣。此所以文同而義異也。凡諱恥者舊史之文也，徵過者春秋之法也，處父之盟没公以諱恥，舊史所知也。于宿、于幽、于齊、翟泉、蘇子、高傒之盟，没公以徵過，則非舊史所能知也。

會盟 八章

隱、桓、莊、閔、僖百年之中，魯君會遇及盟者五十有九，大夫會盟者四，而其中各有故焉。于折則未能信于宋，而使柔先之也；于鄄則未肯聽于齊，而使單伯先之也；結則以媵而適，遇齊、宋之盟也；友如齊莅盟，非君所親也。外大夫與魯君會盟者四，而浮來則離會也，于莀則齊無君也，于齊則楚人入受夏盟也，惟翟泉則大夫之僭端見焉，而是乃僖之季世也。魯不與而諸侯自爲會遇及盟者十有四，而大夫之盟四，惡曹則會伐之師方罷，而使大夫申其信也；鹿上則將合諸侯，而使大夫先之也；盟于邢、及狄盟，非君所親也。蓋百年之中，會盟之大者，皆諸侯自主之，而其小者乃間使大夫承事焉。至于文、宣，則諸侯少怠而大夫張矣。故魯君之會盟十有二，大夫之會盟十有一，然方是時有魯大夫會盟外諸侯者矣，有魯大夫與諸侯之大夫特會盟者矣，其衆會而皆以大夫尸之者，無有也。至宣十二年清丘之盟，則四國稱「人」，而無諸侯以莅之，是文、宣之世將變而爲成、襄之始事也。然成、襄之世，大夫與諸侯猶更出爲會盟也。至二、昭則君之會一，而不得與于盟，而大夫之會盟六。合而計之，則天下諸侯之會二，而大夫之會四，蓋列國之君無一不失其操柄者矣，此申之會所以胥天下而聽于楚也。至定、哀之世，則魯大夫再盟邾，一盟鄭，而自叔還會吴以外，齊、吴强國之會反無一不屬之公，蓋以平丘之會，意如見執，三桓懲焉，故自是以後齊、晉及吴之盟會，皆使君試其危而己不與也，亦猶伐齊、侵楚推而屬之公，而曹、邾、費、郈之師，則三桓自將也。魯君、大夫之會盟與戰伐相表裏，而列國之會、盟、戰、伐，皆與魯一轍，察其始終，則世變極矣。

首止、葵丘、平丘盟與會同地，而再書其地。説者曰：「書之重，辭之複，其中必有大美惡焉。」非也。有事而會，不協而盟，或示威于衆，或昭盟于神，其禮本異。故書「會」而不書「盟」者，專行會禮也。書「盟」而不書「會」者，專行盟禮也。既會而盟，則書「會」而又書「盟」，所以見事實也。其同地而再書，所以別于異地也。襄二十五年，夏，五月，諸侯會于夷儀。秋，八月，同盟于重丘。是會盟異地而兩書其地者也。異地者既兩書，則同地者安得不再書也？所以異于溴梁者，何也？溴梁之盟，以經考之，則盟之月即會之月也，以傳徵之，則盟之日即會之日也。而安得再書其地乎？首止、葵丘則夏而會、秋而盟，平丘則首月而會，仲月而盟。而安得不再書其地乎？首止、葵丘之覆舉諸侯也，以王世子、宰周公之不與也。平丘之盟，魯君不與，而不覆舉諸侯，何也？覆舉諸侯無以見公之不與，既明著公之不與，而覆舉諸侯，則贅矣。重丘之盟無所嫌，而覆舉諸侯何也？中有間事也。與同圍齊，盟于祝柯，中有間事而覆舉諸侯同義也。襄十一年，夏，伐鄭。秋，盟亳北。中無間事，而不覆舉諸侯，則與平丘同義也。凡盟以日繫月，而後列序其人者，常也。而新城、雞澤之盟，列序諸侯，而後書日，蓋諸侯始將爲會，至期而更爲盟也。所以别于始以盟召諸侯者也。春秋之文，因時異施，而各有典法，皆此類也。

會盟未有書其故者。而書其故者二，以決疑也。稷之會不言其故，則疑於欲討宋亂而不能也。澶淵之會不言其故，則疑於欲討蔡亂而不能也。内會盟未有不書君大夫者，而不書君大夫者三，以徵過也。于幽則諸侯而主齊盟之始也。于齊則諸侯與大夫共盟之始也。翟泉則諸侯之大夫與王臣共盟之始也。故諱不書公，以徵過焉。諸侯衆會而爲不義，其惡有甚此者矣，而獨于此諱公，何也？惡之無可疑者，不必著也。若于幽則霸者首義以尊王，于齊則修桓公之好，而楚人入受盟。翟泉則霸者率列國以承王事，董子所謂「春秋視人所惑，立説以大明之」，此類是也。于齊之盟，齊君在焉，未若會楚嬰齊盟蜀之甚也。而蜀不諱公，何也？此義之變也。楚師内侵以鞌之戰故，三桓懼討而以公試焉。且是盟也，不獨宋、衛、陳、鄭之君不與也，邾、鄫微國皆以大夫會而魯獨君往，則三桓之惡極矣。書公而不諱，所以著三桓之罪也。春秋時國事之顛，未有甚于魯者。三桓之在國重于君，而諸侯視之亦重于君。邢丘之會，公在晉而季孫宿即事，非優公也，謂公承命不若季孫之承命爲可信也。平丘之盟公不與而執意如，非恕公也，謂止公不若止季孫爲魯所急也。鄟之會，魯君親往而吴召季孫，太宰嚭曰：「國君道長，而大夫不出門，此何禮也？」觀此而蜀不諱公之義，不益深切著明矣哉！

内特盟不目其人而書「及」者四。傳于高傒、處父曰「公」，于宿曰「微者」，非也。自文以前百年之間，内大夫與于會盟者四，則大夫之專盟也僅矣，況微者乎？隱之世盟會皆公，而即位之初，使微者盟宋人，非事之情也，蓋于宿乃諸侯與大夫特盟之始，故書「及」而没公，猶于齊爲諸侯與大夫共盟之始，書「會」而没公也。高傒之盟，則求婚于讎國也；女栗之盟，則王喪不奔、王立不朝，而與王臣要盟也。盟之非義者多矣，而獨于此諱公，何也？于宿則結四鄰之好，女栗則受王臣之約，非諱公無以知其非義也。惟圖婚于齊，其惡顯著，然魯桓見戕，經無明文，而前此與齊會盟者屢矣，非特文以見義，恐習而不知其非也。若處父之盟，則舊史諱其辱也，知然者，以并没公之如晉，及至自晉也。成十一年，諱公送葬，則并没葬晉景公之文，亦猶是也。外大夫來聘，而盟亦書「及」而不書「盟」者，何也？來盟不書「盟」者，莅盟不書其人，以國與之也。來聘而盟，與來盟同義，不書「盟」者，則不得不第書「及」也。何以知其非諱也？魯大夫有特盟霸主者矣，魯君盟外大夫，屢見于經矣，無爲於來聘而盟諱也，然則公如晉、公及晉侯盟事，與來聘而盟者類，而復書「公」，何也？不復書「公」，則似公以召盟往，而無以明其爲異事也。若來聘而盟，則異事不待言矣，故從以國與之之義，而第書「及」也。盟之或書「同」，或不書「同」，皆舊史之文也，舊史之文異，以載書之辭本異也。自莊十六年盟幽以前，見經者特盟、參盟而已，不可以言「同」也，以一國而主天下之盟自幽始，故載書之辭言「同」，以紀實也，以固信也。而既盟之後，詹逃而鄭貳，西鄙伐而魯叛，則諸侯猶未同心而戢志也。故後幽之盟載書復言「同」，以申其信。自是以後，霸權日盛，召盟而諸侯聽焉，載書不復言「同」矣。宋襄再盟不言「同」，曹南、鹿上皆參盟也；晉文一戰屈楚而從者翕然，故盟不言「同」，知其無異心也。文、襄既殁，靈公方幼，陳、蔡、鄭、宋同時而折于楚，故文十四年新城之盟，復書「同」，自二幽以來未之有也，蓋合異以爲同，故以是要言而欲其無貳也。後此不書「同」，晉霸猶未衰也。自戰邲以後，楚勢益張，而諸侯反側，載書無不言「同」者矣。以悼公之盛，而雞澤、戲、亳之盟，皆書「同」者，承靈、成、景、厲之衰也，三駕以前，蓋時懼諸侯之道敝焉。平公少懦矣，而溴梁、祝柯、澶淵之盟不書「同」者，席悼之盛也。蕭魚以後，在會者無異心矣。其後晉有欒氏之亂，諸侯離叛，而重丘之盟復書「同」矣。吴興楚敝，不復有事于北方，而皋鼬之盟不書「同」矣。以是知凡書「同」者，皆懼其異而載書，以是要言也。薄、蜀二盟，楚人以力脅諸侯而不屑要之以同；宋之盟晉、楚爲成則更無二三之患矣，故皆不言「同」也。或謂用方盟之禮而書「同」，非也。葵丘、踐土之盛，皆不用方盟之禮，而清丘之盟，四國之大夫乃用之乎？至以褒貶爲義，則無一可通者矣。

會盟書「至」，歸而告廟也。必重其事，有戒心而後以告於廟。故通十二公，無與大夫會盟而致者，以其事爲已輕也。雖重其事而無戒心，亦不致，故自僖十五年牡丘以前，公與諸侯會盟無致者，雖齊桓之會盟不致，而致盟唐，則懼戎也。隱之盟戎不致，而桓致者，戎、魯壤接，鍾巫之事懼討而以盟爲幸也。齊桓之會盟，至牡丘、于淮而後致，楚、狄交横而桓德衰也。晉文之興，首爲踐土之盟而執衛侯，諸侯恐懼，自是霸者之會盟無不致者矣。衆會齊盟然後討執行焉，故特會參盟，雖霸主與焉亦不致，無所懼也。定、哀之際特會齊侯而致，則晉衰齊横而魯益微也。吴之强，諸侯皆懾焉，而鄫與橐皋之會不致，何也？吴多行無禮，雖屈伏焉而以爲辱，故反不告也。以盟處父爲辱，則不書。如晉以送葬爲辱，則不書「至自晉」。黄池之會，與晉侯偕則致矣。昭公既孫而鄟陵之盟致者，諸侯去國必載主祏以行也。襄七年，會鄬。九年，盟戲。〔二〕不書「至」者，鄬之會未歸而如晉，故以自晉致，戲之盟未歸而會柤，故歸自柤而後致也。會盟之致與戰伐同揆，特會、參盟不致，而致盟戎，猶有事于齊、宋、鄭、衛不致，而致伐戎也。與霸主衆會齊盟而致，猶與霸者同役，連數國之師而致也。宣以前會齊侯不致，而定、哀之會齊侯則致，猶有事于小國不

〔二〕「九年」，原作「八年」。按：據左傳，襄公九年，冬，十二月己亥，同盟於戲。據改。

致，而伐齊則致也。然則重其事有戒心，而後以告於廟也審矣。

外大夫會盟不書名。不書人而以大夫係國者二：莊九年，公及齊大夫盟于蔇也。文七年，公會諸侯、晉大夫盟于扈也。蔇稱齊大夫，以實屬辭也。齊無君，魯納糾而受盟者，非一人也。扈之盟則晉大夫主諸侯之始也。使書趙盾，則諸侯與大夫共會盟之常辭，而習其讀者弗之察矣。何以知非其受盟者衆也？晉有君而盾專晉也，諸侯之不序，何也？列序諸侯而晉大夫不名，非屬辭之體也。晉大夫之主盟前此矣，而見義于此，何也？垂隴之盟，士穀奉君命，以承事而已，若扈之盟則制在盾矣。悼公之世，盟陳袁僑則曰「諸侯之大夫」。平公之世，盟于湨梁，則第曰「大夫」，而不係於諸侯，即此義也。文之篇諸侯不序者三：七年，盟扈，以大夫而主諸侯也；十五年，盟扈。十七年，會扈。以大夫而列序諸侯之上也。知然者，以僖二十七年盟宋，書「公會諸侯」而不言楚人也。蓋宋之盟，魯會楚，非爲諸侯也。而所會者即楚人帥以圍宋之諸侯也。未有盟諸侯而不盟楚人者，而第書諸侯，則諱楚大夫之先諸侯可知矣。文、襄以後，凡諸侯之合，皆晉故也，未有諸侯自爲會盟而晉人不與者，而第書諸侯，則諱晉大夫之先諸侯可知矣。使晉、楚之大夫列序諸侯之下，則不必諱也。列序諸侯而不書晉、楚之大夫，又似諸侯自爲會盟，而晉、楚實不與矣。宋之盟之先楚人也，以圍宋之先楚人知之也。主兵而先，猶可言也；列會而先，不可言也。盟扈、會扈之先晉大夫也，以前扈之盟，晉大夫猶列序諸侯之下知之也。

主盟而列序于下，猶可言也。主盟而列序于上，不可言也。傳謂二扈之盟會，皆晉侯親之，而罪諸侯之不討賊，非也。賊之不討，不以諸侯之序不序異義者也。盟主大合諸侯，而不能討賊，列序之而其罪益著矣。襄二十五年會于夷儀，釋賊不討而諸侯皆序，正此義也。果晉侯主之，則何爲不序哉？

于幽、于齊、翟泉之盟，及文之篇再盟于扈，一會于扈，皆以志班位之亂，政柄之移，而或以没公而書會見義，或以諸侯不序大夫、不名見義，何也？使于幽、于齊、翟泉之盟，而總言諸侯大夫，則其事之實不可得而見也。使盟扈、會扈而序諸侯、名大夫，則其事之實亦不可得而見也。于幽，齊桓得諸侯之始也，使書「公會諸侯盟于幽」，則不知主盟者齊與從之者何國也。于齊，楚人入盟諸夏之始也，使書「公會諸侯之大夫盟于齊」，則不知欲爲是盟者楚與從之者何國也。翟泉，晉文得諸侯之始也，使書「公會王人、諸侯之大夫盟于翟泉」，則不知主爲是盟者晉與從之者何國也。若文、襄以後，則從晉會盟之諸侯俱可知矣，雖不列序而知其爲何國也。使文七年書「會齊侯、宋公、衛侯、陳侯、鄭伯、許男、曹伯、晉趙盾盟于扈」，則與垂隴同文，而無以見其爲大夫主諸侯之始矣，雖没公而不知其義之安在也。十五年，盟扈。十七年，會扈。列序諸侯，則似諸侯自爲盟會，而晉實不與矣。此春秋之文各稱其事，而不可以相易者也。其義又於莊公之狩禚見之，蓋特會、特盟之非義没公而書「及」者，其常也。而是役則義起于齊侯者也。必書

「公會」而變文稱齊人，然後知齊侯者，乃公不共戴天之讎，而必不可以會焉者也。使書「會齊侯狩于禚」，則疑以外諸侯狩于内地爲譏，而其義隱矣。盟扈、會扈以志諸侯之失位、大夫亂常，是義起於諸侯、大夫者也，使諸侯序、大夫名，則與他役同而其義不可得而見矣。

春秋通論卷二

戰伐 八章

觀魯之軍政，而盛衰存亡之由可考也。隱之世，翬再主兵而有鍾巫之變，桓、莊懲焉。桓之篇君將者四，微者之師四，君將者皆大國之事也，餘則小國疆邑之事也。莊之篇，君將者十三，大夫將者二，於餘丘，微國也，會齊伐衛亦淺事也。僖之篇，君將者九，大夫將者四，其末年遂再主兵而瑕釁萌矣。文繼以怠，自七年伐邾而外，凡役皆大夫主之，而三桓之勢成矣。宣公怵于三桓之勢，獨任歸父以抗之，而反爲所逐，于是兵柄盡歸于三桓。成、襄之世，惟霸主在行，公乃親會，非公能主兵，三桓不敢抗霸以取罪耳。其餘侵伐，皆三桓更將，自叔老會伐許，而外五十年間未嘗假手于列大夫，蓋懲于歸父之事而併力以弱公也。昭公終世未嘗親將，蓋中軍初毁，三桓各私其衆，而使公不得近也。至定、哀而又有親將者，民之去公久矣，以爲不足忌也。故私家之兵有事，則使公將之，猶魯盛時公室之兵有事，使大夫將之，公名爲主兵，實供大夫之職耳。且圍私邑、披小弱，則三桓尸之，犯强鄰、結讎釁，則公試之。據事直書，而其惡不可掩矣。書「及戰」，書「伐入」，而不目君大夫者五，而桓之世有四，豈以翬之帥師爲戒，故身所不親，轉使微者將而不敢以屬重人與？然不善之積所以階禍而滅身者，豈可以曲備哉？

魯舊二軍皆公室之兵也，作三軍者，季氏自爲一軍，孟、叔共爲一軍，而公徒爲中軍也。孟孫取四之一，叔孫取四之二，故共爲一軍，而公所得之五爲中軍，惟中軍屬公，故後復毁之，而叔孫早知其然也。鞌之戰，四卿並將，主帥與其佐也，以是知魯舊二軍也，中軍既毁，則仍二軍矣。而昭十年伐郲，三卿並將，何也？孟叔雖共爲一軍，而主兵者則不肯相下也。二卿並聘而書，二卿並會而書，亦猶是也。清之戰，季氏爲左師，孟叔爲右師，則謂三桓各有一軍，誤矣。晉六卿並出，獨書元帥者，統于君也。魯自成、襄以後，三卿出則書三卿，二卿出則書二卿者，散辭也，不屬于君而無所統也。

魯君侵伐或致或不致，或致以前事，或致以後事，皆舊史之文也。蓋重其事則反必告廟，告則書，凡書至，皆與霸主同役也，非然則連數國之師也。獨用師而致者，惟有事于齊，則畏之也。通十二公未有用師于小國而致者，以是知輕其事則不致也。莊公伐戎而致，以戎世爲魯患也。鄢陵之後，成公會伐鄭者三，前以會致而後以伐致者，前會而未伐，後會而伐也。十六年，諸侯次于鄭西，魯以内難不敢過鄭，則不與伐可知矣。十七年，夏，伐鄭，自戲童至于曲洧〔二〕。楚人師于首止，而諸侯還，則兵未嘗接可知矣。故皆以會致。惟冬伐鄭，傳稱圍則協心同攻而薄其城下，故以伐致也。盟戲之後，襄公會伐鄭者三，前以伐致而後以會致者，前會而伐，後會而不伐也。十年，秋，伐鄭，戍虎牢以逼之。十一年，夏，伐鄭，圍之，幾逾時焉，故皆以伐致。蕭魚之役則觀兵，而鄭已受盟，故以會致也。成七年，救鄭而以會致者，不成乎救也。僖十五年，救徐，公不親，徐卒爲楚敗，則以會致，以是知伐救而以會致者，皆不成乎伐救也。僖四年，伐楚。前後皆有事而獨以伐楚致者，大伐楚也。六年，伐鄭，遂救許，而以伐致急服鄭也。二十八年，會温，遂圍許，而以圍致，明周事也。皆當日各以所重告廟，而史承之以書于策也。襄二十八年，同圍齊而以伐致者，紀其事則曰「圍而告」，其功則曰「伐也有事于齊，無不致」。而哀七年，會吴伐齊，獨不致者，魯不與戰也。定公圍成而致，則事之變也。邦分崩離析，故視封内如鄰國，家臣如大敵也。然亦非經之特文，使當日不告于廟、不著于册書，則孔子不能益也。

有連數國之師而不致者。桓十五年，會袲，伐鄭也。蓋返役而告至者，重其事而有戒心也。桓以前霸事未興，東方之大國莫如魯，故師還皆不致。其致也，自桓十六年伐鄭始，蓋再出而後得其志，故歸告于廟也。傳于十五年伐鄭，曰「不克而還」，則用力之艱可知矣。有與霸國同役

〔二〕「戲童」，原作「童戲」，據阮刻本春秋左傳正義卷二十八改。

而不致者。莊二十六年，會宋人、齊人伐徐也。二十八年，會齊人、宋人伐鄭也。方是時，齊霸未盛，又二國之君不同役，故輕其事而不致也。成十年，會伐鄭；襄九年，會伐鄭，則非不致也。有繼事而未嘗返國也，故以後事告。成十年，五月，會伐鄭。六月，晉侯獳卒。七月，公如晉，次年三月歸，必公自會，遂如晉，故以自晉致也。襄九年，冬，十二月，盟戲，次年春，會吴于柤。夏，五月歸，必公自戲，遂如柤，故以後會致也。傳稱公送晉侯于河上，還至衛，冠于成公之廟，則未返國可知矣。通十二公，未有用師于小國而致者，而齊桓未霸以前用師于齊亦不致，以此知不重其事則不告，不告則不書也。若以筆削之義求之，則無一可通者矣。

魯自成公二年四卿並將，之後五十年間，自叔老會伐許，而外主兵者惟三桓，而昭公之世，叔弓三主兵，一與季仲同役，以是知叔孫舍之賢也，雖私家之兵而仍使公臣將之也。定、哀而後，公臣無將者矣。非徒不將也，卒見於經者，如叔鞅、叔輒雖會盟不與焉，此見諸行事之深切著明者也。

公羊子曰：「將尊師衆稱某帥師，將尊師少稱將，將卑師衆稱師，將卑師少稱人。」以襄二年「晉師、宋師、衛甯殖侵鄭」徵之，而知其信然也。同役而或稱師，或稱將，則或將卑而師衆，或將尊而師少，可知矣。其師將並書者，必將尊而師衆，不稱將、不稱師而稱人者，必將卑師少又可知矣。但自文二年晉陽處父伐楚以救江，然後霸國之大夫以名見。自成二年戰于鞌，然後列國之大夫以名見。自成以前，衆則稱師，少則稱人，不辨其將之尊卑也。自成以後，則帥師會伐而以名見者卿也，或稱人、或稱師者大夫也，其稱人、稱師同，而所以稱人、稱師者異矣。凡霸國之衆會未有稱師者，賦乘有常而不興大衆也。會者少則間稱師，用衆也，晉師、宋師、衛甯殖侵鄭是也。其衆會與卿並列而稱人者，大夫也。襄十一年，齊人、宋人會伐秦。十六年，宋人會伐許，是也。自宣以前軍旅之事百二十有五，而稱師者三十有八。自宣以後，軍旅之事百七十有六，稱人者二十，而小國之舉八，蓋列國君臣無不阻兵安忍，而輕用其民者矣。此春秋將變而爲戰國之漸也。

戰而不書「敗」者，勝負敵也。侵伐而不書「戰」者，或服而聽命，或守而不出也。戰而先書「伐」者，已薄其城邑，而後出戰也。不先書「伐」者，敵未迫而逆戰也。自成以前侵、伐、戰書「人」者，兼將之辭也。敗則或書「師」，或書「人」者，別衆寡也。戰而書「及」，有以尊及卑者，甗是也；有以大及小者，棘、鐵是也；有以內及外者，泓、城濮、邲、鄢陵、柏舉、艾陵是也；有以親及疏者，韓、新築、彭衙、令狐是也；有以所重及所輕者，長岸是也。惟河曲界于秦、晉，爲二國邊邑之爭，故不書「及」也。二國合兵以戰伐而書「及」者，此主兵而彼從之，晉人及姜戎敗秦于殽是也。不書「及」者，並有怨也。邢人、狄人伐衛，晉師、白狄伐秦之類是也。凡伐國，或稱君、或稱大夫、或稱師、或稱人者，其常也。而鄭伐許，秦伐晉，晉伐秦，晉伐鮮虞，獨稱國，先儒以爲號舉，非也。其事同時相次而獨于一役貶，則其異于前後者何也？蓋秦、晉、鄭、許、晉、狄之戰亟矣，又二國之私而與諸侯無與也。或赴告不及，傳聞略，不知主兵者爲君、爲大夫，又不知其師之衆寡，則第書「某國加兵于某國」而已。凡用他國之師而書「以」者，必得所以而後能戰伐也。故霸國會討，列國連兵皆列序，必以弱假强而後書「以」，宋以四國伐鄭，魯以楚師伐齊，蔡侯以吴子及楚人戰于柏舉是也。戰未有不地者，而桓十三年，齊、宋、衛、燕之戰不地，使戰于紀，則當書「四國伐紀」；戰于齊，則當書「公會紀侯、鄭伯伐齊」。蓋齊、宋之怨結于紀、鄭，而魯居其間，故四國來伐而魯援紀、鄭以拒戰也。其不書「伐我」，何也？春秋之初，魯最爲東方之貴國，諸侯未有加兵于魯者，故十年書「來戰于郎」。此年戰而不地，皆舊史諱伐之辭也。齊人伐衛，衛人及齊人戰，其不地者，于衛也則内戰而不地，由于來伐可知矣。其屬辭異于郎，何也？迫國都也。凡伐我至城下則不書四鄙，即此義也。先儒謂「來戰于郎」與「戰于宋」之義相發而弊罪内外，非也。内師、外師之非，義有過于二役者矣。而於二役特文以罪之，則輕重之衡失矣。「來戰于郎」與「齊、宋、衛、燕之戰」爲類者也。「戰于宋」與「衛人及齊人戰」爲類者也。既書「齊人伐衛」，復書「衛人及齊人戰于衛」，則贅矣。既書「及鄭師伐宋」，復書「宋人及我師、鄭師戰」，則亦贅矣。其或地，或不地，文當然耳。晉、楚之戰非兩國相伐而以争鄭、衛，故城濮書「楚人救衛」，邲書「楚子圍鄭」，録合兵之由也。鄢陵不書「晉侯伐鄭」者，鄭伯與戰，則合兵之由不必録矣。

初入春秋，魯卿會伐必書「帥師」，自齊桓以後不書，蓋伯者徵兵有常賦，而不以衆往也。列國自修怨，霸國獨伐，則書「帥師」，用衆也。外兵獨稱師，卿大夫將也。内兵獨稱師，君將無功而諱之也。莊八年，次郎，圍郕，與齊同役而齊專其利。僖十八年，救齊與宋争衡，而宋擅其功。故君以爲慚而史不敢斥也。二役皆重事，必不使微者將，如卿將則當書「某帥師」，以是知其爲諱也。

魯君即位薨葬 二章子卒附

内君之不書即位也，舊史無其文，而孔子因之以見義也。其薨而不地，葬而不志，則孔子削之以見義也。蓋攝而不行即位之禮者，不敢居也。繼弑君而不行即位之禮者，隱之也。無故而行即位之禮者，常也。繼弑君而行即位之禮者，無隱先君之心也。不行即位之禮，則舊史無其文，以爲孔子削之，則義無所處矣。謂不請命于天王，則十二公之所同也。謂不承國于先君，則於昭公之書即位不可通矣。若君之薨，則未有不地者也。路寢書，小寢書，高寢書，楚宫書，臺下書，至薨而不知其地，則其爲臣子所不忍言也，明矣。桓公之薨則不得不地者也。晉侯卒于亳，宋公卒于曲棘，皆地。公薨于外而可以不地乎？然如齊而夫人偕，薨于齊而夫人孫，則雖地而不嫌於無故矣。薨未有不書葬者，夫人書葬，君之母而用夫人之禮者書葬，君之母而不用夫人之禮者亦書葬，至君薨而不葬，則臣子之罪明矣。安知非舊史本無薨地或葬不以禮而不書也。隱公之薨也，討於蔿氏有死者，使舊史據當日之誣辭，則必書「蔿氏賊公」矣。子般之卒也，必書「圉人犖賊子」矣。閔公之薨也，必書「卜齮賊公」矣。倘爲國諱惡，則竟書「公薨于蔿氏」、「子卒于黨氏」、「公薨於武闈」矣。以是知孔子削之也。隱公之薨也，既歸獄于蔿氏，以欺國人則未有不以禮葬者，然猶可曰執國者賊臣也。子般之卒也，閔爲之變焉。閔之薨也，僖爲之變焉。而有不以禮葬者乎？且季氏絶昭公於先君之兆而書葬，則非舊史不書明矣。以是知孔子削之也。何以知不書葬之爲賊不討也？以外君見弑，賊討而書葬知之也。桓公書葬，則義之變也。敵國相仇，臣子雖志於復而不能必其時也，而先君之喪又不可以久而不葬也，故與蔡靈公别爲一例而書葬，此義理之權衡也。凡即位不日者，有定日也；定之即位日，無定日也，因事之變而録其實也。

子卒而不地，葬而不志，義與成君同。謂卒不宜地，葬不宜志者，非也。緣子之心不忍以成君自居，而國人待之猶君也。王猛在喪而稱王，子般卒而閔不行即位之禮，則子不異于成君審矣。夫人之薨不地，有常所也。君薨宜于路寢，而有不于路寢者，皆書之；則子卒宜于喪次，而有不于喪次者，亦宜書之，以志變矣。葬者，臣子之終事也，姒氏之卒也書葬，而謂子之葬可不志乎？爲此説者，蓋因傳稱子野以毁卒，而不知其爲故也。春秋之文辨果以毁卒，則書子野卒于喪次，般、赤見弒之迹不益顯乎？而其文一施之，是使故與毁無以别也。季孫之取卞也，公歸自楚而不敢入矣。瑕釁既開，故戕嗣子立稚昧以固其威權，不然君方在殯，國無變事，而子次于季氏，何爲者乎？季氏陰弒而以毁告，群臣不敢詰，國人不能知，猶鄭髡頑見弒而以瘧訃也，故與般、赤無異文焉。子般之卒也，閔爲之變而不書即位矣。子野以故卒，則昭公之書即位，何也？有隱而不行即位之禮者，變也；有隱而不能不行即位之禮者，尤變也。季氏既以毁告，則雖欲不行即位之禮而不得矣。子卒之地及葬則可削，而公之即位獨不可削，何也？經有特文以見義，而未嘗没事之實也。薨卒未有無其地者，君薨子卒未有不葬者，故可削以見義也。若即位而削之，則與未行即位之禮無别矣。昭雖立于季氏，而不與罪人同心，其迹可考而知也。桓之立也，翬爲逆女焉；宣之立也，遂爲逆女焉，昭二年如晉，至河乃復，而季孫宿如晉，蓋恐公訴於晉，使不得遂而私自託也，以是知政在季氏，惡由季氏，公羸而不能自主也。傳曰「公如晉而不得入，季孫如晉而得入，惡季孫也」，得其義矣。未葬稱名，父前子名也。既葬不名，無所屈也。子般、子野日卒，黨氏徵之，季氏告之也。赤卒不日，變由夫人、慶父，秘而不可詳也。

諸侯見弑見殺 四章

弑君目其人者，大臣貴戚，赴告有主名也。稱「人」者，倉卒生亂，賊由微者，本末得其主名也。稱「盜」者，陰賊而不知爲何國之人也，故盜不稱「弑」，非其君也。不目其人，不稱「國人」而以國舉者，懸獄而不敢有所歸也。弑君而稱「人」者三：宋杵臼死于孟諸，不知操刃者誰也。齊商人死於申池，亦不辨其爲歜與職也。第知倉卒生亂而賊由微者，舍宋人、齊人無可書也。莒密州之事必此類也。若是者乃舊史之文也。弑君而稱國者四：晉州蒲、吴僚之弑，赴告不以程滑、鱄設諸，必曰衆亂而無主名也。舊史承赴而書，非目其人，必曰「晉人、吴人也」，而實欒書、公子光也。欲仍其舊則非實，欲正其失則無徵，故第書其國有是事而不敢溢一辭焉。若書「晉人、吴人」，是決其爲衆亂賊由微者而書，光得自脱于是獄之外矣。薛比、莒庶其之事必此類也，若是者非舊史所能及也。君弑賊不討，不書葬，而蔡景公、許悼公書葬何也？世子弑君，討賊者在國人與鄰國耳，而國人奉以爲君，鄰國與之爲禮，故反不削其葬，以志人道之滅息也。晉里克、衛甯喜見殺矣，而二君之葬不書何也？不訃也。謂克與喜之討不以罪者近似而非其實也。夷吾立、衎復國，以卓與剽爲篡而殺之，爲討罪則安肯爲訃于鄰國哉？無訃而魯不會，雖克與喜以罪誅，二君之葬亦無由著于册書也。然則弑而不書葬者，安知不皆以無訃乎？君弑而當國者，其讎仇謂無訃可也，晉趙盾、宋鮑、齊元弑君者別有主名，安肯自比于逆亂而不以禮葬先君哉？以是知見弑之君之葬，其國有訃有不訃，舊史有書有不書，而一切削之者，春秋之法也。宋萬、魯慶父，傳以爲既討而二閔之葬不書，何也？魯爲慶父立後，則與瀦宮殄滅之義大悖矣，故不書葬，以罪臣子。宋則與魯深怨，故不告葬，而魯亦不會與？

國君死于非命而書葬者三：魯軌、蔡般戕之者，鄰國也。蔡侯申殺之者，盜也。殺于盜，則不知賊之在也，雖欲討而無所施也。戕于鄰國，臣子有復讎之義，而與討賊異，故異文焉。而戕于鄰國，又與盜殺異，盜則不知其孰誰也，戕于鄰國，葬雖無譏而志在復讎，則其事可按也。蔡爲楚弱久矣，國復于既滅之後，而召陵之侵、柏舉之戰，猶能以楚爲事，魯莊則在喪而主齊婚矣，此見諸行事之不可掩者也。蔡侯申之死，傳謂賊由公孫翩，非也。果翩也，則或目其人，或稱國人可矣，無爲以盜書也。惟不知賊之在，故辰以懼罪而奔，姓、霍以見疑而殺也。

魯史有以傳聞書者，楚頵、蔡固、許悼公見弑之類也。世子弑君未有赴告于鄰國者，即訃必以告終之常辭，而書弑者以傳聞得其實也。經有以義革舊史之文者，晉卓、齊荼書君、書弑之類是也。里克、陳乞以討篡爲名，舊史承而書之，必曰「殺公子卓」、「殺公子荼」。而正其君臣之名，絶亂本也。何以明其然也？左氏於奚齊、卓並稱「殺」，公、穀並稱「弑」，舊史所見，亦若是而已矣。

傳曰：「弑君之賊不氏。翬，隱之罪人，故終隱之篇不稱公子。」[二]非也。未有貶于未弑之前，而不貶于既弑之後者，且自翬以至宋萬，去氏以示貶。而自慶父至經之終，弑君者皆氏，則皆無貶乎？況小國之大夫，如邾庶其、邾快，遠國之大夫，如秦術、吴札，有至春秋之終而不以氏見者矣。以弑君之賊而去氏以爲貶，則罰不稱罪，貶弑君之賊而與無罪者同稱，則名不當物。以是知其不可通也。蓋宋萬以前外大夫皆不氏，故弑君之賊亦不氏，慶父以後内外之大夫皆氏，故弑君之賊亦氏，皆舊史之文隨世以變，而孔子因之者也。宋萬以前，祭仲、孔父、仇牧皆氏，而謂外大夫不氏，何也？祭仲命卿，故比于王朝之卿，孔父、仇牧，魯人重其節，皆舊史之特文也。其餘如紀履緰、鄭詹、鄭宛皆名而不氏，則州吁、無知、宋萬無轉書其氏之道也。慶父以後，莒挐、莒慶皆不氏，而謂外大夫皆氏，何也？小國之大夫也，如邾庶其、邾快，雖至經之終而不以氏見也。其義即于翬見之，以一人之身而當隱之世則獨以名見矣，當桓之世則稱公子矣。其勢未張，雖無罪稱名，其勢既張，雖有罪稱公子，以此知爲舊史之文而非褒貶所寓也。孔子仍而不革，何也？其書氏者可削也，其未書氏者則不能增也。苟以是爲褒貶，設其人

[二] 案：此傳見隱公十年公羊傳傳文，原文作「此公子翬也，何以不稱公子？貶。曷爲貶？隱之罪人也，故終隱之篇貶焉」。

可褒而氏爲舊史所不載，孔子惡從而得之？

討賊

討賊稱人者四：州吁、無知不可稱國殺也，又不可稱石碏、雍廪殺也。稱國以殺，則齊、衛無君，目石碏、雍廪則疑于二人之私矣。陳佗、夏徵舒不可稱蔡殺、楚殺也，又不可稱蔡侯、楚子殺也。稱蔡殺、楚殺，則與國殺大夫同文，目蔡侯、楚子則疑于二君之私矣。若是則皆辭有所窮，宜與弑君、殺大夫公子稱人同義，而先儒以爲人人得而誅之，何也？亂賊而非以其罪討者皆不稱人，殺夏徵舒稱楚人，而入陳稱楚子，尤其義顯著者也。執諸侯稱爵爲伯討，而討賊不可以稱爵，何也？必執而歸于京師，使即刑於司寇，然後於義爲盡，稱爵則疑于兼罪其專殺，故一斷以討賊之義而稱人。記曰「臣弑君，凡在官者殺無赦」，則不待九伐。「子弑父，凡在宫者殺無赦」，則不必士師。此三代之達禮，而春秋通其義於國人、鄰國，皆所以廣忠孝之路、嚴縱逸之防，使亂臣賊子無所逃于天地之間也。其見殺而或稱君，或稱爵，或稱大夫、公子，何也？惡已前見矣。春秋雖重亂賊之誅，亦不使誣衆行私者得假公義以掩其惡。故稱君者，所以罪國人始不能討而奉以爲君也；稱爵者，所以見其爲鄰敵之相誘相戕而非能討賊也；稱大夫者，見其爲君臣之相猜相圖而非能討賊也；稱公子者，見其爲公子之相傾相軋而非能討賊也。蓋輕重之權衡、曲直之繩墨，必如是而後無匿焉。欒盈、良霄何以一同於討賊之辭也？使盈與霄而得所欲，當置其君于何地乎？趙鞅、荀寅、士射吉治兵相攻而以叛書[一]，欒、范構怨，駟、良争衡，而寅與霄之死以討賊書，皆爲其有無君之心而後動于惡也。據邑以叛，罪在不赦，況伐國而乘公門者乎？其不得與討賊異辭，決矣。

吴楚徐越 二章

先儒于吴、楚、徐、越稱人、稱爵曰進之，而楚穆、莊以後稱人曰貶之，皆非也。楚始以號舉，而自僖、文以後，君臣見于册書者一同於齊、晉。蓋楚强戰勝天下，而與晉狎主諸侯之盟也。自僖以前侵伐皆書荆，而來聘獨稱人，則魯人之私也。自成以前列國之侵伐，少則稱人，衆則稱師，君將則稱君，而楚亦然。列國之會盟，君出稱君，卿大夫出稱人，而楚亦然。自成二年戰于牽，列國之卿以名見，而六年楚公子嬰齊伐鄭，亦以名見矣。成二年嬰齊會蜀，以名見，而十五

[一]「荀寅」，原作「荀盈」，據本書卷四「内圍邑」條與春秋定公十三年經文改。

年會吳于鍾離，列國之卿皆以名見矣。自成以後，列國之卿帥師盡稱名，其將卑則不以名見，而或稱人、或稱師，而楚亦然，不獨書辭同，其先後詳略之世年亦相次也。所以然者，諸侯之視楚不異于齊、晉，故魯史之記楚事一同于齊、晉也。徐勢未張，吳、越後起，故常以號舉，而其事或爲魯人之所喜，則間稱人焉，間稱爵焉。齊桓之興，徐助齊以撓楚，而魯睦于齊，故取舒、伐英氏獨稱人。襄五年，會戚，吳入聽諸侯之會，故稱人。柏舉之戰，抑楚救蔡，故書爵，皆魯人私喜之也。猶狄與邢同伐與齊邢同盟則書人，而餘從其常號也。惟柏舉稱爵，入郢舉號，一事而前後異稱，故先儒以爲筆削之旨。不知喜其敗楚而稱爵，惡其班處楚宮而仍以號舉，皆舊史之情也。謂孔子以是爲褒貶，則商臣次厥貉，伐麇，皆書爵。而自僖公以後楚無以號舉者，豈前此皆貶而後此則一無貶乎？至昭四年，會于申，徐序滕、頓、胡、沈、小邾之上而稱子。五年，伐吳，越始見經，而與徐並稱人。蓋方是時楚獨操霸權，魯畏之過于齊、晉，故視徐、越一同于列國而君會則稱爵，大夫將則稱人也。越之見經也，或稱越，或稱於越。稱越者，從吳、楚之告也；稱於越者，從越告也。一國而兩稱，舊史從告，春秋不革，而謂稱人、稱爵、稱號紛紛然易，史文以爲褒貶乎？吳之興，會、盟、侵、伐，諸侯皆聽焉，其勢不異于楚而終以號舉，何也？定、哀以前，吳雖彊，未能懾威乎上國也。定四年，入郢，而班處其宮。哀七年，會于鄫而徵百牢。八年伐魯，爲城下之盟，魯人憾焉。又知其亟暴而無能爲也，故憎而賤之。艾陵之戰，借其力以抗齊而仍以號舉，則憎而賤之可知矣。黄池之會，與晉争霸，則不得不以爵舉也，使書公會晉侯及吴于黄池，則二霸之實不可得而見矣。惟始聘而備君臣之辭，則諸卿重季氏之文，而尊而異之也。是亦魯人之私也。

春秋於吴多殊會，而楚無之。先儒遂謂春秋惡吴過于楚，非也。因事以立文，而各有所當焉耳。楚會諸侯始于盂，宋公召之，自曹以外皆楚之屬而偕楚子以來，不得曰「宋公、陳侯、蔡侯、鄭伯、許男、曹伯會楚子于盂」也。僖二十七年，楚人自帥四國以圍宋，魯懼而往會以受盟，不得曰「公會陳侯、蔡侯、鄭伯、許男、曹伯會楚人盟于宋」也。成二年，嬰齊内侵而魯君往會之，諸國之卿大夫亦各往會之而受盟焉，不得曰「公會秦人、宋人、陳人衛人、鄭人、齊人、曹人、邾人、薛人、鄫人會楚人盟于蜀」也。至宋、虢之會，晉、楚各帥其屬以至，申之會，楚召而諸侯聽命焉，不得以會楚爲文，又明矣。若成十五年，會吴于鍾離；襄十年，會吴于柤；十四年，會吴于向。則吴在是而晉帥諸侯以會之，會吴者晉志也。魯從晉而往會者也，非會又會，無以徵事實，見情勢也。襄五年，秋，諸侯會于戚。而吴人入聽命，則不書「會吴于戚」矣。夏，叔孫豹、衛孫林父並受命于晉。以會吴而非衛志也。則不書「豹會衛孫林父會吴于善道」矣。故曰：「比事屬辭，春秋教也。」

滅國

四章。遷國邑、降國邑、取邑附。

見于經者，齊滅國二，晉滅國五，楚滅國十有四，吳滅國三，衛、莒、蔡、鄭滅國各一，虞、晉滅國一，楚、秦、巴滅國一。自周之衰，諸侯相兼並者多矣，而自莊以前無一見經者，楚則與魯未通也，列國則不敢告滅也。晉武、獻兼國甚多，而下陽以外皆不書。隱二年，莒人入向。宣四年，魯伐莒，取向。而向亡不見于經，則知滅國而不告者多矣。然其事多在桓、文未霸之前，何以知其然也？霸者以存亡字小爲義，故桓、文、襄、悼之盛，諸侯鮮私爭焉，況滅國乎？齊桓滅譚、遂在未霸之前，二幽以後，則惟以救患分災爲務矣。晉主霸近百年，未嘗滅先王之建國。潞氏、甲氏、留吁、陸渾而外，惟會吳于柤，合諸侯以滅偪陽，必假公義以討告也。衛之滅邢，則齊桓既殁，晉文未興之前也。齊之滅萊，莒之滅鄫，則楚勢甚張，悼公圖霸而未成，方藉其力以服楚、鄭，故乘是以自封而不能詰也。蔡之滅沈，鄭之滅許，則霸統既散之後也。左氏傳曰：「雖及滅國，滅不告敗，勝不告克，不書于策。」吳、楚之告滅，以威中夏也。萊之滅，齊告之也。潞氏、甲氏、留吁、陸渾之滅，晉告之也。衛之滅邢，則邢告也。莒之滅鄫，則鄫告也。蓋邢，周公之裔；而鄫，魯之屬也。衛、莒滅之，不宜以告于魯。沈、許則陷于楚，而與夏不通久矣，其滅必蔡、鄭告之也。偪陽之滅，則魯人同役，歸而志之也。惟下陽，虞、晉同役，而譚、遂之滅，齊方仇魯，告者何國，不可得而推矣。

下陽之滅，公羊氏以爲虢君在焉，據左氏則虞、虢並滅于五年之冬。蓋滅下陽，執虞公以告，而書虞、虢之滅，則不告而不書，舊史所無，雖知其事不能益也。武、獻以下兼國若霍、楊、韓、魏、沈、姒、蓐、黄，無一見于策書者，況虞、虢，天子之三公，同姓之貴國乎？其無辭以告于魯明矣。然則執虞公何以告？其以執告，正欲掩其滅之迹耳。觀傳所稱修虞祀、歸職貢，則必以小邑存其五廟可知矣。何以知非虞自告也？使虞自告，則必具詳晉人之襲盜、二國之喪亡而備書于舊史矣。

春秋之初，書降國者二，使服而爲己屬也。書遷國者三，傳曰：「遷者，猶未失其國家以往者也。」故紀、邢、鄅、鄀雖遷，而季猶得以酅後五廟焉，其降之、遷之何也？重滅國也。自莊以後，無以降與遷書者矣。隱公之初，書外取邑二，而後此無聞焉。蓋列國交争，疆埸之邑攻奪無常，以爲不足赴告焉耳。此世變之尤著者也。

凡書滅者，國亡君死而他無可書也。亡國之君奔，不書出者，無所出也。國滅而君奔，或執以歸，則是君之終也。例當書名而閒失其名者，赴告略也。凡滅國，或書人、或書師、或目其君，未有名其君者，而衛侯燬名，魯人惡之也。同姓相滅，終春秋僅見于此，而邢又周公之裔，是以魯人惡之也。誘殺蔡侯般，楚子虔名，亦此類也。

諸侯奔執歸入 二章

兄弟争國，奔而以名係國者，示當承國也。鄭忽、曹羈、莒展輿是也。名不係國者，簒也，突與赤是也。諸侯出奔而名者，國有二君也，鄭伯突名，以忽也；衛侯朔名，以黔年也。北燕伯欵于傳無徵，而事宜類此矣。無二君則不名，衛成公、獻公，郕伯是也。無二君而名者，去國而不返也。諸侯卒必名，去國而不返，則以是終矣。紀侯大、蔡侯朱、莒子庚輿、邾子益是也。奔而返國，執而返國無不名者，已嘗失位矣，至是而復宜目其人也，曹負芻獨不名，歸自京師則其位未嘗絶也。争國而奔入稱名者逆也，鄭突、衛朔是也。争國而奔入不稱名者正也，衛獻公、北燕伯是也。返國而難則書入，莒去疾是也，展輿據國而强入焉，難可知矣。而鄭伯突、衛侯朔則爲逆辭，不獨其事本逆也，魯、宋、衛、陳、蔡同心而助突，齊、魯、宋、陳、蔡以納朔而抗王師，則其入也何難乎！返國而易，則書「歸」，鄭世子忽、衛侯鄭、衛侯衎是也。突既奔，則忽之歸易矣。叔武爲守，王與晉釋之，則鄭之歸易矣。剽既弑則衎之歸易矣。歸而不書所自者，赴告略也。書所自者，赴告詳也。傳以爲有奉，非也。衛侯鄭之歸也，在城濮之後，而書「自楚」，則非楚有奉可知矣。歸而書「復」者，有不復之勢也。第書歸者，無不復之勢也。惟蔡侯廬、陳侯吴書「歸」，則不與楚之封國也。且其國既亡矣，若書「復歸」，則與未亡者無别焉耳。莒去疾之係國，則文當然也。突與赤之入，其文皆有所承，雖不係國而知爲鄭、曹之公子也。去疾之入也，文無所承，不係莒，則知其爲何人哉？然則何以知展輿之爲正也？使展輿非正，則文有所承，當從突與赤之例，而不以名係國矣。曹羈之奔也，承戎侵曹之文，而復稱曹羈。鄭忽之奔也，承突歸于鄭之文，而復稱鄭忽。則以別于不當承國者可知矣，以是知展輿之爲正也。

諸侯之奔例不名，而國有二君則名，爭國而奔，其入也皆名，而正者則不名，奔而歸、執而歸皆名，而歸自京師則不名，經于爵次、名氏一仍舊史，而此又以或名、或不名見義，何也？凡爵次、名氏一仍舊史，或欲革之而無從，或雖革之而義無所取也。若諸侯之奔者、執者，其名或見于前，或見于後，即于舊史所不名而增之，所名而削之，不爲無據也。又其事實之所以分，大義之所由辨，即係于名與不名而安得不託以見義哉？何以知舊史之文本不如是也？鄭突、衛朔稱名以別二君，或舊史所能及也。爭國而奔，其入也皆名，而衛侯衎不名。執而歸皆名，而曹負芻不名；衛侯衎之入夷儀不名，而歸衛名；北燕伯欵之奔名，而納于陽不名。隨事異文，而義皆曲當，恐非舊史所能及也。孔子曰：「其義則某竊取之矣。」意在斯乎！

執諸侯大夫

春秋中執諸侯大夫者，皆霸國也。列國而相執者，非霸事未起，則霸統既絶之後也。凡執皆稱人，以是爲亂世相陵暴之事，而非典法所當行也。知然者，以晉厲公之執曹負芻，獨稱爵也。蓋古者方伯連帥，轉相監臨，故執得其罪而歸于京師則稱爵，以是知稱人者相陵暴之辭也。外取邑皆稱人，而齊侯取鄆以居昭公獨稱爵，亦此義也。晉文公之執曹伯襄不書人者，書以畀宋人，則其失已著矣。雖蒙上晉侯入曹之文，而不疑于霸討也。執宋公不稱楚人者，主會而見執，故以諸侯執盟主爲文，以見情實也。諸侯之見執，或書歸，或不書歸者，有告有不告也。衛侯鄭、曹伯襄、曹負芻，晉人自以私怨公，討而執之，故其歸以告于魯也。邾宣公、莒黎比公之執也，以魯人之訴，則其歸豈肯以告于魯哉？鄭成公之執也，雖以貳于楚，而魯與晉同伐鄭，故其歸亦不以告也。外大夫之執不書歸者，不告也；内大夫執則書至詳，内事也。晉人執衛侯歸之于京師，王在踐土，也。王在踐土，則京師以地言也，其事已達于王矣，特歸其人于其地耳。晉侯執曹伯歸于京師，王在京師也，歸于京師，猶歸于王所也。執而書以歸者，久而不釋也，不書以歸者，旋釋之也。諸侯之見執不名，而滕子嬰齊、戎蠻子赤名者，自是而失國也。諸侯卒必名，自是而失國，則其事終矣，若以褒貶爲義，則嬰齊之罪豈更加于曹負芻也？

納君大夫世子

介大國之力以求復曰「納」，先儒以爲内不受，非也。北燕伯、頓子，國其所固有也，而書「納」，則以書「納」蔽罪蒯聵，誤矣。以晉之强，而捷菑書「不克納」，則知其非正也。公孫寧、儀行父從君于昏，君弑而違其難，又假楚以求入焉，惡可知矣。蓋是非各存乎其事，而不係于書「納」也。

春秋通論卷三

殺大夫公子 三章

殺大夫稱國者，以國法殺之也。殺大夫、公子稱人者，國亂無政而群下擅相殺也。稱盜者，陰賊而未得其主名也。殺弟與世子目君者，過由君也。天王之殺大夫無見經者，義得專殺也。殺其弟書，不得專殺也。而殺得其罪則不書，故子頹、子帶、子朝之討，鄭世子華、宋公母弟須之殺，皆不見于經也。曹、宋殺其大夫不名者，舊史以傳聞書，而未得其名也。宋殺其大夫司馬，宋司城來奔，則未有不得其名者而以官書，傳謂魯人貴之，理或然也。外大夫不以名與行次稱者四，而皆與魯接者，以傳考之，齊高子、仲孫，則魯人喜之也；宋司馬華孫，則魯人以爲敏也；宋司馬、司城，則魯人貴之也。蓋史文之不當者可革也，若書氏、書官而闕其名，則孔子雖知之而不能益也。兩下相殺不志于春秋，以是爲有司之事而非王法所寓也。其持書者則辭窮也，義有所辨也。趙盾之殺先都、士縠、箕鄭父也稱晉人，而殺召伯、毛伯不可稱周人也，又不可書王殺也；殺陳世子偃師獨招之罪也，書陳人則失其實矣；殺公子比稱楚人，則棄疾之姦心隱矣，故三者特目其人也。宣、成而後，外大夫無不氏者，而宋山獨不氏，從告辭也，其國惡之，故告不以氏。謂春秋削之，非也。弑君之賊無不氏，而山以背族削氏，則其類頗矣。晉陽處父救江稱氏，而與公盟，魯人惡之則不氏，亦此類也。大夫、公子之見殺，善惡有間矣。而其辭一施之，何也？春秋書王法不誅其人身也。

殺大夫、公子之稱國、稱人，與弑君之稱國、稱人異義，何也？殺大夫，必君與秉國者共成之，不可以專目君也。若弑君，既知爲當國之大臣，則當目其人以著其罪矣，如不得其主名，又宜從稱人之例矣，此以知其異義也。弑君者必不得其主名而後稱人，大夫、公子苟非國殺，雖得其主名而亦不得不稱人也。晉趙盾之殺三大夫，非不得其主名審矣，而稱人者，不可書盾殺也。其赴告必曰國討而不稱國者，非其君之意也。凡經之辭同而異義者，皆于其事別之也。

先儒以書殺大夫而不去其官爲累上之辭，非也。鄭良霄、晉欒盈不稱大夫，奔而位絕也。其居位者皆稱大夫，不以賢愚異也。衛元咺、鄭公孫黑與陳洩冶同文，則不論殺之當否可知矣。惟晉里克、衛甯喜稱殺其大夫，則變文以著其非討罪也。知然者，夏徵舒以罪誅，則不稱陳大夫也。

大夫奔

經書外大夫出奔自衛元咺始，前此近百年豈無大夫去國者，而不見于經。蓋大夫未張，故其國不告，或告而魯史不書也。自曹公孫會而外小國大夫之奔無見經者，亦魯史略之也。其奔我則書，詳内事也。自僖以前外大夫之奔不書，而内大夫之奔書，亦此義也。奔未有書所自者，而自昭之末以至定、哀書所自者三，蓋至是而大夫之有邑與民者，皆自擅而不屬于公也。然曹公孫會書「自鄸出奔」而不書「叛」，則與宋辰、華、向異矣。大夫反國或書所自，或不書所自，或書「歸」，或書「復歸」，義與諸侯同，其書「入」，則事與諸侯同而義各異也。入者，難辭也。諸侯而强入，難之者非臣民，則當國者也，故其事猶有是非焉。若大夫而强入，則惡不待言矣，先儒謂諸侯有復道，故書「復歸」爲正，「歸」爲貶；大夫無復道，故書「復歸」爲惡，「歸」爲善，非也。趙鞅之叛也，楚公子比之弑也，而第書「歸」，則元咺之書「復歸」，亦以其有不歸之勢，而非以復爲惡可知矣。蓋咺之惡固無以加於鞅、比也，宋魚石、晉欒盈書「復入」，而鄭良霄、宋公之弟辰、仲佗、石彄、公子地第書「入」，則以著其去國有淹速，謀入有難易，而非以是爲褒貶明矣。宋華元之自晉歸，與鄭良霄之自許入同，而再書華元者，許、鄭壤接，奔與入一時之事耳。晉、宋懸隔，奔與歸非一時之事，各舉其事，不得不再見其名也。此當以經爲斷，而不可以傳亂之者也。

内大夫之奔，惟敫與歸父不書出，奉使而道奔也。晉先蔑自令狐奔秦不書出，亦此義也。周公之奔書出，而王子瑕、王子朝及尹氏、召伯、毛伯之奔不書出者，子朝與敬王分國而居，三族奉之，敗而奔楚，不可以言出也。子瑕于傳無考，而以敫、歸父、先蔑推之，必在外而奔者也。

外大夫叛復入

外大夫以邑叛者皆書「入」，奔而書「入」者，自外而入内也。在國而書「入」者，自國都而入其私邑也。其書「復入」者，已絶于國，復入而爲亂也，宋魚石、晉欒盈、鄭良霄是也。魚石之事與華、向、辰、地同而不書「叛」者，挾楚、鄭以伐國，志間晉以毒諸侯，而不止于據邑以叛也。良霄書自許而欒盈不書自齊者，告辭有詳略也。魚石不言自楚，何也？其出也奔楚，楚伐宋而後石入于彭城，則自楚不必言矣。

諸侯兄弟 四章

諸侯之兄弟見經者十，傳曰「母弟，母兄」也，奔者，譏其薄于恩也；盟聘帥師，譏其過于寵也。夫經書兄弟，未言其爲母兄母弟也，豈奔異母之弟，遂無害于恩乎？若譏過寵，則未見齊年、衛黑背之以聘與帥師階亂也，以無知與剽之篡弑，而預譏年與黑背之過寵，則義不可通矣。又況無知與剽之世繫，本不見於經哉？按：左氏秦伯之弟鍼「懼選」也，衛侯之兄縶「弱足」也，公弟叔肸不義宣公而不仕也，他如齊年、鄭語、衛黑背、陳黄、衛鱄、宋辰，無一有職司者，而經以「公子」書者多執政，然則稱公子者，大夫也，稱兄弟者，不任職也。蓋公子之屬疏而無職者，其出奔見殺皆不著于册書，惟君之兄弟特書之。盟聘帥師，則見其未有職司而任國之大政耳。獨陳招前後稱公子，而殺世子偃師稱弟，則著其以親屬而忍爲大惡也。君之兄弟與公子、公孫皆以其屬稱耳，微傳者無以知。公子爲大夫而稱兄弟者爲無職也，經固具此義矣。陳招前後皆稱公子，使非殺偃師，則竟不以弟見矣。是弟而爲大夫者，固稱公子，而不稱弟也。以是知稱弟而不稱公子者，爲無職也。會與盟聘、帥師等也，虢之會陳招稱公子，齊年、鄭語、衛黑背盟聘、帥師獨不可以稱公子乎？然則弟爲無職之稱審矣，諸侯之兄弟見經者十，而傳獨于陳招稱司徒，則公子爲大夫之稱審矣。盟聘、帥師則寵任矣，而不得爲大夫，何也？春秋時卿多世職，居位任事既久，非有大故不，得廢而使人代之也。而君之兄弟又不肯别居微職也，故獨以其屬稱，王季子來聘，亦此類也。

諸侯之兄弟不稱名而以行次書者四：許叔也，紀季也，蔡叔、蔡季也。許叔則國并於鄭而中復也，紀季則君將去而使後五廟也。以是推之，則蔡季即獻舞也，蓋封人無子，故季以次入而承國焉。入書「季」，執書「獻舞」，義各有當而不相悖也。蓋蔡季書名，則與公子之入而爭國者無以別矣。紀季書名，則疑于以邑叛矣。許叔書名，則疑于公子爭國，且無以見其中并于鄭，而至是始復矣。故皆以行次書，所以示兄終弟及之義，而明其非逆也。至公弟叔肸不仕也，而比于内大夫之書卒。鄭段弟也，而不謂弟，又義之變也。

桓十一年，柔會宋公、陳侯、蔡叔盟于折。杜預曰：「蔡大夫，叔，名也。」古未有以伯、仲、叔、季爲名者，且于季曰字，于叔曰名，非所安也。以情事推之，叔乃蔡侯封人之弟，封人老而無子，將以承國，故使會盟，其後叔又死，乃召季于陳而立之耳，非卿大夫也。故不稱公子，承國非承嗣也。故不得稱世子而以行次稱，正與蔡季、許叔、紀季類耳。世子列會皆以名見而叔不名，何也？世子以名見，固知其爲世子也，以名而繫于叔，則與卿大夫無別矣。其不稱蔡侯之弟，何也？經所書某氏之子，某君之弟，皆無位之稱也，然則叔爲蔡侯之弟，而將以承國也審矣。

按左傳衛宣公以急子屬右公子，壽子屬左公子，則爲執政重臣而位數有定，必君之子爲大夫，始得稱公子。如後世稱太弟、親王之類，非凡君之弟皆得稱太弟，凡親屬皆得稱親王也。此非先王之典禮而衰周之政俗也，故國史因之而春秋不革，以見事實焉。

遷國

遷國見經者七，皆瀕于滅亡者也。邢、衛之遷，迫于狄也。許之遷，迫于楚、鄭也；蔡之遷，迫于吴、楚也，其宗廟社稷幾不守矣。幸而能定，故以告而舊史書之，若擇地而居，則有國者之恒事也。傳所載「晉遷于新田」、「楚遷于鄀」、「邾遷于繹」是也。或其國不告，或告而舊史不書，或書而孔子削之，皆未可知也。

齊桓城三國 三章

齊桓城三國，屬辭各異，皆以其實書也。城邢者，獨三國之師也。緣陵則命諸侯城之，而齊不與也。楚丘則命魯獨城之，而諸侯不與也。霸者之令，有使諸侯承事而己不與者矣，襄五年「魯、衛會吴于善道」是也。然會吴雖列序魯、衛之大夫，而可知爲晉令也。若城緣陵而列序諸侯，則似諸侯自城之，而不知其爲齊令矣。何以知齊人不與也？使齊人率諸侯以城，則如城邢之列序可也。何以知楚丘之役，諸侯不與也？當是時，陳、鄭迫于楚，宋、曹既同城邢之役，而齊、宋復謀會江、黄，惟魯以内難，凡役皆不與，故至是使獨任楚丘之役耳。衛、杞不書遷，何也？衛之遺民聚于楚丘而作邑焉，不可以言遷，杞遷則赴告不及，或緣陵塞邑而非國都也。楚丘，衛地，而與城内邑同文，何也？春秋于會、遇、盟、戰之地，皆不係以國，蓋職方具在，書某地則知爲某國，必如彭城之披于楚，虎牢之戍于晉，而後還係之宋、鄭也。

盟扈、會扈不序諸侯，既曰「晉大夫主之」。緣陵之城不序諸侯，又曰「齊人不與」，何也？文、襄繼霸以後，百年中無諸侯自爲會盟者，而文之篇主會盟者，皆晉大夫也。以晉大夫而先諸侯，不可序也，故不序諸侯而没晉大夫，使齊帥諸侯以城緣陵，則無爲不序也。即諸侯自城之而非齊志，亦無爲不序也。惟令出于齊而齊不與，故總書諸侯，以見城者諸侯而令者齊人耳。至于列序諸侯，則似諸侯自會自盟而不屬于晉，自城而不令于齊，又三役之所同也。

以傳考之，諸侯以霸令有事於鄰國，而魯人獨書其國事者四：城楚丘也，戍陳也，戍鄭虎牢也，歸粟於蔡也。其屬詞略同，而謂楚丘之城，諸侯不與，何也？經有文同而義異者，非以事別，即於前後文見之。襄五年，秋，公會諸侯于戚。冬，戍陳。楚公子貞伐陳。公會諸侯救陳。則諸侯同戍陳可知矣。十年，秋，公會諸侯伐鄭。冬，戍鄭虎牢。楚公子貞救鄭。次年，公再會諸侯伐鄭。則諸侯同戍鄭虎牢可知矣。若城楚丘，歸粟于蔡，則前後無所見也。果同城，則如「城成周」書「會齊人、某人、某人城楚丘」可也。果並歸粟，則如「會于澶淵，宋災故」書「暨晉人、某人、某人歸粟于蔡」可也。且至定公時，晉令不行于諸侯久矣，不能救蔡而吴專其功，蔡既勝楚，無爲復令諸侯歸粟，蓋淮、泗通流，舟漕易致，故蔡人告糴而魯以粟歸耳。用此觀之，楚丘之惟魯城益信矣。

内大夫卒 二章

内大夫之卒必書。大夫，國體也。有生無所見而卒書者矣，未有生見于經而卒不書者也。而桓、莊之間五十年，如翬、如柔、如單伯、如溺、如結，其逆女、盟會、帥師大書特書，而卒則無見焉。此一經之大義也。蓋隱之大夫而臣于桓，則背君也，桓所建置則黨賊也。故凡隱之大夫而臣于桓，桓之大夫而死于莊之世者，皆不書其卒，以示爲王法所不容也。至莊三十二年而後書牙之卒，則莊之大夫也。然則叔彭生之卒不見于經，何也？此義之變也。使紀外事，當書「公子遂弑其君赤，及其大夫彭生」，而爲國諱惡，不敢然也。子之弑不書，而第書彭生之卒，則習其讀者以爲内大夫卒之常辭，而殉君之迹隱矣。内大夫生無所見，而卒猶書，況彭生十一年會晉郤缺，十四年伐邾，其事屢見于經，使以故出，則當如慶父、公孫敖之書「奔」；使以事誅，則當如公子買、公子偃之書「刺」。而當是時，兩卿並聘而子卒不地，先君既殁而夫人大歸，新君即位而强鄰取賂，則國之内亂可知矣。而彭生自是不見于經，則不與罪人同心而死于非命亦可知矣。然則彭生之不卒，即君薨子卒而不地，葬而不書之義也。内大夫卒無不書，而桓之大夫不書；宣之大夫得罪于先君者卒皆書，而殉君者不書，皆所以發疑端、見情實也。安知非舊史本不書乎？爲舊史者，非明于春秋之義也。再世而不録大夫之卒，史無是法也。彭生之事，非諱而書「卒」，即誣而書「刺」耳，以是知孔子削之也。

内君見弑者四，桓之大夫不卒而其餘皆卒，何也？繼般、繼閔者非篡也，諸大夫非與慶父同心者也。惟宣之大夫與桓之大夫同罪，然特文以見義，而餘從其常者，春秋之法也。桓之篇，月不繫王；而宣之篇，月仍繫王矣。不見義于始，不知背主事讎，皆有可誅之罪也。不實録于後，不知亂賊皆保首領以殁世也。且彭生殉君，不得從大夫卒之恒辭，而卒不見經，使宣之大夫皆不卒，則彭生之義隱矣。獨削仲遂之卒，則與彭生之不卒相混，而行父、得臣之黨惡皆得自脱于是獄之外矣。然則仲遂之卒，雖無變禮，而亦宜見于經者也。

内夫人 九章

内夫人之薨必書，不書者閔、定、哀也。書娶者五，桓、莊、文、宣、成也。餘不書，得禮而以爲常事也。或以爲娶於公子，時事或有之，而非春秋之法也。以言隱、僖可矣，定、哀則不可考。襄之立也少，經書夫人歸氏之薨，而不書其娶，以是知得禮則不書也。然則書者皆失禮乎？失禮而書者，譏也；非失禮而書者，明嫌也。桓夫人之書也，以齊侯親送至魯境也。莊夫人之書也，以娶讎女而親迎也。文、宣二夫人之書也，以喪婚也。成夫人無是也而亦書，以是知其爲嫌也。莊之有成風也，文之有敬嬴也，成之有定姒也，其卒也書「夫人」，書「薨」，葬稱「小君」，使哀姜、出姜、齊姜之娶不書，則未知孰爲嫡也。襄之篇三夫人之薨並書，使不備其始末，則未知孰爲君母、孰爲君生母、孰爲君祖母也。宣、成二夫人之書也，非譏遂與僑如之以至乎諸侯之禮，異于公子、士、庶人。卿逆而迎于境，禮也。越國而親迎，非禮也。何以知其非禮也？莊之篇前書「公如齊納幣」，後書「夫人姜氏入」，使親迎爲禮，則公如齊逆女當以常事而不書矣。卿逆爲禮，則其書何也？不書翬之逆，而書「夫人姜氏至自齊」則與文夫人歸寧而至同文，不知其爲始婚也，不書遂與僑如之逆而書「以夫人姜氏至自齊」，更不知其事之端與義之所在矣。閔、定、哀不書夫人之薨，何也？閔未娶也，哀未薨也，定則或未薨、或卒于公子時也。

内夫人至各異，文因事而屬辭也。文姜之至也，公親受之于讙矣，故不書翬以也。哀姜亦公受于齊而不書「至」者，讎人之女不可以入宗廟，故變文書「入」，以著其逆也。出姜不書「逆」者，不書「至」而併言之，何也？貴聘而賤逆，君而卑之，特略其辭以見公之薄于伉儷，著夫人不允于魯之由也。蓋宣公之立也長，至是而敬嬴、仲遂之邪謀兆矣。穆姜、齊姜則恒辭也，君不得越國而迎，則逆者以至無譏也。文姜之至也，桓親受之於讙矣。而書「至自齊」，明公之未嘗成婚于讙也，如書「至自讙」，則成婚于讙之辭也。

內夫人出入必書，舊史之文也。違禮而出則書，得禮則不書，春秋之法也。夫人之禮，父母在，歲一歸寧，悉書之，則不可勝書，而違禮而行者，其失亦不可得而見矣。然亦有得禮而書者，則著變也。文九年，「夫人姜氏如齊」是也。夫人之歸魯也，貴聘而賤逆，至而不致，敬嬴、仲遂同心以構禍，夫人至是蓋不安于魯矣。故志其出而並志其返也，是他日君薨子弒、夫人大歸之端兆也。惟得禮而歸寧者皆不書，然後知出而書者，皆失禮也；然後知得禮而特書者，爲著變也。文姜之如齊也，或在齊襄之世，或在齊桓之世，而屬辭同。文姜會齊襄于禚，姦也；聲姜會齊桓于卞，爲公請也，而屬辭同。文姜如齊，非禮也；出姜如齊，歸寧也，而屬辭同，何以別乎？此據事直書而義自別者也，不待異文以別之也。文姜鳥獸行，君死于齊，姜孫于齊，既返于魯而奔齊襄者汲汲焉，則書「會」、書「享」、書「如」，不問而知其爲姦也。若齊桓則義著于天下久矣。自襄之死，姜與齊絕已七年，至是齊、魯之邦交始通，而姜靦顔以歸母家，桓之失在不能固拒耳，他無嫌也。若聲姜則桓之子或兄弟之子也，其失在道會耳，他無嫌也。惟出姜如齊，無以明其爲得禮，故特書「至」以別焉，以違禮而行者皆不書「至」，故知書「至」爲得禮也。惟得禮而書「至」，故知不書「至」者，皆孔子削之也。何以知舊史之備書也，爲舊史者非明于春秋之法也，使夫人歸寧例不書，則出姜亦不書，而孔子無從而得之矣。以出姜之歸寧書，知凡夫人之歸寧備書也；以出姜書「至」，知凡夫人之備書「至」也。春秋獨于出姜不削以著變，而其義皆見矣。

襄夫人之娶不見于經，而左氏以齊歸爲娣，非也，未有志娣之薨葬而反削夫人之薨葬者也。歷襄、昭、定、哀而未嘗別見襄夫人之薨，以此知齊歸之爲嫡也。襄之篇並書三夫人之薨葬，何以知穆姜之非襄夫人也？夫人之薨未有不見于經者，隱、僖二夫人未書娶也，而薨葬見于經。桓、莊二夫人之大惡也，而薨葬不削。宣夫人姜氏娶見于經矣，而再世未志其薨，以是知爲穆姜也。此不待傳而知者，又況傳載穆姜之事獨詳乎？哀姜之行得罪于先君，齊人討之而魯以其喪歸葬，以夫人雖失禮而又以見僖公之厚也。出姜以子弒見逐而不得歸祔于先君，則宣公、敬嬴之惡極矣。成風、敬嬴、定姒之卒書「薨」、葬稱「小君」，非禮也。而是時魯尚有君也，故諸大夫從君所欲，姒氏卒不書「薨」、葬不稱「小君」，禮也，而非能行禮也。季氏弱其君不使備禮，君嬴而不敢專也。昭公君魯三十年，而孟子卒不書「薨」、葬不志，蓋季氏逐其君而並黜其夫人也。哀不能定其身，況能正季氏哉？傳稱昭夫人之喪，孔子適季氏，季氏不絻，則惡由季氏明矣。

内夫人出奔者二，大歸者一，奔書「孫」，罪在夫人也；大歸書「歸」，罪在臣子也。出姜之歸也不反矣，哀姜之孫也以喪至矣，文姜則孫而返，返而復出會享，而其返不見于經，何也？舊史所無也。莊公雖有念母之私，而魯之臣子未嘗不心知其醜也。其不告于宗廟，不著于册書必矣。

既孫于齊而不書其返，又無異文以見之，則後出會享者，知其爲何人哉？魯夫人皆見于經矣，隱夫人子氏既薨，莊夫人姜氏未入，則出會享者，非孫齊之夫人而誰哉？此不待異文而見者也。

娶夫人書「納幣」者二：莊二十二年，公如齊也。文二年，公子遂如齊也。納幣，淺事也；公親之，非禮也；使卿，亦非禮也。文之納幣書，譏喪婚也，何以知使卿之非禮乎？以宋公使公孫壽來納幣知之也。卿納幣爲禮，則壽之來不宜見于經。

隱夫人不書葬。傳曰：「夫人之義從君。」〔一〕非也。古者葬各有期，未有君在而久不葬者，未有君夫人葬而不書者。蓋隱志乎讓，不以夫人之禮葬，故不書于册也。不以夫人之禮葬，則書「夫人」、書「薨」，何也？隱雖不以夫人之禮葬，而史必書「夫人」，猶隱不舉即位之禮，而史必書「公」也。惟書「公」然後知不書「即位」，爲志乎讓也；惟書「夫人薨」然後知不書「葬」，爲不用夫人之禮也。經書紀伯姬之葬，傳載晉荀躒如周葬穆后，則謂君在而不葬與雖葬而不書，皆未得其實也。

夫人至，稱婦者，有姑之辭也。而稱婦姜者二，稱婦姜氏者一，或曰齊姜之書「氏」也，承嫡姑之辭也。然婦書「氏」亦無以見姑之爲嫡，或曰出姜、穆姜之去「氏」也，以喪婚而夫人與有貶

〔一〕春秋穀梁傳隱公二年作「夫人之義，從君者也」。

也。亦無以見其必然，豈文有衍闕與？

内女 四章

内女之歸也，非失禮不書；得禮而書者，著變也；無變而書者，明嫌也。鄫季姬之歸也，以及鄫子遇防而書也。宋伯姬之歸也，以公孫壽納幣，行父致女，三國來媵而書也。紀伯姬、叔姬之歸也，未嘗有失禮而書，則閔其後之變也。紀亡而伯姬葬于齊侯，變也。紀侯殁而叔姬歸于酅，葬于叔，變也，故將有其末而録其本焉。齊子叔姬、郯伯姬、杞叔姬之大歸，亦變也，而未嘗預書其歸，閔紀二姬之變，則録其後之變可矣。何用預書其歸也？二姬並歸于紀侯者也，書二姬之卒葬而不書其歸，則似伯姬爲紀夫人，而叔姬別歸于酅，且紀既亡，而叔姬之卒葬係以紀，亦不知其事之端與義之所在矣。杞伯姬之歸無變，無失禮而書者，明嫌也。歸見于經，然後知會于洮爲公之瀆于恩也，然後知杞伯姬來以非歸寧志也。若不書其歸，則不知其爲吾女也，與諸姬之女適杞者無別也。而書「會」、書「來」，幾與文姜如莒、哀姜孫邾同義，而疑于大惡矣。内女無書「逆」者，而于紀一見之，何也？古者庶女常爲嫡女之媵，而不以年爲先後，詩曰「問我諸姑，遂及伯姊」是也。並書二姬之歸，並書二姬之卒葬，則未知誰爲嫡媵也。有履緰之逆而後知叔姬之爲媵，知叔姬之爲媵然後知其歸、其卒、其葬皆不宜著于册書，而特書以著其節也，于是乎歸酅之義始顯白而無所疑矣。

内女之卒有變然後書。紀二姬之書也，以國亡君奔而失其所也。宋伯姬之書也，以災卒也。其無變而書者，則僖之篇伯姬也、鄫季姬也，文之篇子叔姬也，皆君重其事而爲之變，故著于册書而孔子不削，以徵過焉。然則内女之卒，舊史皆不書乎？史所書者國政也，故惟卿卒書，外此則公子，公兄、弟之親，公叔、伯父之尊無見于册書者矣。而況女子外適者乎？而況女子未嫁者乎？三姬之卒之，特見于舊史也，其義于齊王姬、公弟叔肸之卒而得之。王姬由魯歸齊者二，而書「卒」者獨襄之王姬，以莊公暱而爲之服也。公子不爲卿而書「卒」者僅見于叔肸，以宣公有愧焉而加隆也。然則三姬書「卒」，以君閔之而過于禮之常制可知矣，何以知非舊史備書而孔子削之也？盡削公子之卒而獨存叔肸，以著其賢猶可言也；盡削内女之卒而獨存三姬，則義所無處矣。内夫人之出入既曰舊史備書而孔子削之，公子内女之卒所以異者，何也？常事也，非國政之所及也，與婦人出疆異矣。且君夫人有行，承事者必卿大夫也，出入必告宗廟也，車徒供億動皆及于國政，而史有不志者乎？鄫季姬之卒，既爲君之所閔而不書「葬」，何也？凡書「葬」者皆禮之變也，以爲著其賢者，非也。宋共姬之葬也，以卿供葬事而書；紀叔姬之葬也，以媵而書。二姬之賢與葬之之非禮，蓋兩行而不相悖也。鄫季姬之卒也，以徵過而書其葬也，以得禮而不書，亦兩行而不相悖也。宋共姬之葬以謚，而紀二姬以伯叔，何也？夫人之謚從君者也，葬伯姬時紀侯未歿，叔姬則媵也，不得以君謚配，二姬之歸並書而於伯姬特書「逆」者，以爲後事之徵也。

内女書「來」者六，而義各異。莊之篇，杞伯姬來，以非歸寧書也；僖之篇，伯姬三至，以非歸寧而爲朝其子與求婦也；蕩伯姬來，以姑自逆婦，而公下主大夫之婚也。宣之篇，子叔姬來，以三月而歸寧，又與高固偕也。書外大夫「來逆」者二，而義各異。莒慶之逆，以公爲主也；齊高固之逆，以公爲主並徵叔姬，三月而遽歸也。書「來歸」者三，而義各異。齊人來歸子叔姬，齊臣子之罪也；郯伯姬、杞叔姬來歸，罪在姬也。杞伯姬之來也，傳以爲歸寧，然歸杞不書「子」，則非時君之女明矣。而是時文姜已死，則無母矣，且子叔姬之來也以歸寧之急，且與高固偕也，外此別無書「子某姬來」者，以是知合禮而歸寧則不書也。于此見春秋之世女教之猶謹焉。二百四十二年内，女非歸寧而來者惟杞伯姬，則違禮而行者至少也。在禮，女子二十而嫁，有故二十三年而嫁。杞伯姬，桓女也，而莊二十五年始嫁，何也？重喪也。文姜死于莊二十一年，或杞伯亦更有喪也。

文十二年，子叔姬卒。逾二年，齊人執子叔姬。或曰前叔姬卒，次襲其號以亂大從也。或曰前叔姬以庚子卒，而録者誤衍耳。

春秋通論卷四

魯滅國取田邑齊取魯田邑

魯兼國，書「滅」者，絶其祀也，項是也；書「取」者，取爲附庸也，根牟、鄟、郚、闞是也。何以知其爲附庸也？凡取外邑必先書伐某國、敗某師，而根牟、鄟、郚、闞無所繫也。凡小國爲鄰所并，而魯復取之，則與取邑同文者，其國已邑之也，須句、向是也。鄫、鄆已邑於莒，而取鄫、取鄆與取根牟、鄟、郚同文而不言伐莒，何也？魯嘗請于晉以屬鄫而莒滅之，魯嘗城鄆而其後爲莒所得，魯人蓋曰吾取鄫、鄆而非取之于莒也。與向之本并于莒、須句之本并于邾者異矣，故舊史無伐文也。季孫宿救台，遂入鄆，不言伐莒，亦此意也。齊取魯田者一，取魯邑者三，皆不書「伐」，以傳考之，濟西、讙、闡賂也，鄆則取以居公，經特書齊侯，必季氏懼討，順以承命，而不用師徒也。凡伐我而取邑不書，舊史諱之也。賂則自我與之，故不諱也。定十年，齊人來歸鄆、讙、龜陰之田，而前此不見齊人之取。僖二十二年，取須句。〔二〕文七年，復取須句。〔三〕而前此不見須句之失，則伐我而取田邑者不書審矣。故濟西、讙、闡之取，不待傳而知其爲賂也。

内圍邑

經書内圍邑七，皆不書「叛」。成三年，圍棘。拒命者非棘民，則齊有司也。定六年，圍鄆，與齊人争，皆不可以言叛也。昭二十六年，圍成。時公已孫齊，舉國拒命，不得獨書「成叛」也。定十二年，圍成。欲書「公斂處父叛」，則爲孟氏守而非叛也。欲書「孟孫以成叛」，又非其事之實，故第書「圍」以紀其拒命而不目其人焉。惟昭十三年，圍費，則南蒯以費叛。定十年，再圍郈，則侯犯以郈叛。而經不書，蓋中軍既毁，尺地一民皆歸三家，使以叛書，是爲三家討賊也。而舍叛又無以屬詞，故書「圍」以著陪臣據邑之實，而不書「叛」以寓三家竊國之誅。晉趙鞅、荀寅、士射吉治兵相攻，未嘗叛君也，而並書「叛邯鄲」；稷據邑以叛趙氏，則不書，即此義也。陽

〔二〕「僖二十二年」，原作「僖三十二年」。按：春秋僖公二十二年，春，公伐邾，取須句。據改。

〔三〕「文七年」，原作「文六年」。按：春秋文七年，三月，甲戌，取須句。據改。

虎以讙叛不書，而竊寶玉、大弓則書，蓋取之公宫，不可以不志也。比事以觀，而不書内叛之義益顯著矣。

諸國伐魯

魯被侵伐，必書四鄙，惟哀之篇兩書伐我，蓋城下之師不可以書四鄙也。定、哀以前，公室雖卑而三家協心，尚可以捍禦外侮，故鄰國侵伐及四鄙而止耳。至是則陪臣數叛，三家異心，莫肯爲國任患，故吴、齊之師徑薄國都而莫爲之蔽也。傳載吴師克東陽，而進舍于蠶室。景伯曰：「我未及虧，而有城下之盟。」清之役冉有請背城而戰，老幼守宫，次于雩門之外，則不可以書四鄙明矣。

歸田

齊歸魯田，或書「歸」，或書「來歸」，或書「歸我」，或不書「歸我」，何也？書「來歸」者，使人將命也，「鄭伯使宛來歸祊」是也。先儒以爲心服而歸之，則于來歸衛俘之義不可通矣。歸而不書「來」者，無將命者也，歸濟西田，公親受之于齊也。歸讙及闡，或疆吏相授受，或魯使微者往受，而不書其人也。濟西之田獨曰「我」者，不獨我有濟西田，而所歸獨我故封也。若鄆、讙、闡，則魯邑也，龜陰之田獨魯有也，而書「我」則贅矣。曹田之在濟西者，魯嘗介晉以取之矣，豈元年並以賂齊，而兹所歸者獨我故封與鄭？書「使宛」，而齊不目其人何也？宛，鄭卿而齊微者也。

蒐狩

經書狩二，蒐五，大閱、治兵各一。桓四年春，狩于郎，非地也。六年秋，大閱，非時也。莊八年春，治兵，非時、非地，且不以其事也。昭、定間之蒐，或時或不時，皆以非地書也。蓋蒐、狩有常地，自昭以前非其地者，獨郎之狩與治兵耳。知然者，以大閱得其地則不地也。至中軍既毁，三桓擅國，不獨軍制變，而蒐田之地亦惟其所便而不主故常矣。但書蒐者，選徒約也。曰「大」者，境内畢作也。書「公」者，公之私行也。不書「公」者，國政也。惟「及齊人狩于禚」，則志公忘讎而義不在于狩也。治兵亦不地而曰「以」，非地書者，前書「師次于郎，以俟陳人、蔡人」，後書「師還」，則治兵于郎，不待言矣。

城築

春秋之法，常事不書。臺囿之築，譏從欲也。王姬之館之築，志變禮也。若完城郭、作邑以居民，有國者之常事也，而備書于册，何也？魯再城中城、一城、西郛，作邑二十有二，皆非制也。城中城，以内難于城内，更作城也；城西郛，或拓郛之址爲城以居民，或變郛之制爲城，以備敵也。列國之畿疆有限，則城邑亦有常。魯，次國也，而二百四十二年作邑二十有二，其侵并于小國，則敗王略也。即自城其封内，亦逾舊制也，故皆以非常書。凡邑曰城，而莊二十八年書「築郿」者，制未備也。城必備郛、郭、樓、櫓之制，而築則無之也。

内歲祲有年

二百四十年，惟桓、宣之世一書「有年」，一書「大有年」，承歲祲也。隱五年，螟；八年，螟。桓元年，大水。故三年有秋，喜而志之。宣自即位以後，螽、蝝、水旱，史不絶書。故十六年，大有秋，喜而志之。莊六年，螟；七年，大水；二十四年、二十五年，皆大水。而其後不書「有年」者，繼災之後稍熟，而不可謂有年。久則民氣漸復，雖有年不復書矣。莊之篇，書「無麥苗」者一，「大無麥禾」者一。蓋二者俱無，乃非常之災，一有焉，一無焉，則農收之常不載于册書矣。僖之篇，每時書「不雨」，并志雨之時者，君重其事，故史詳之也。文之篇，亐數時而一書，又不志雨之時者，君忽其事，故史略之也。莊三十一年，一時不雨而書者，承大無麥禾、有蜚之後，故一時不雨即以爲憂，亦猶桓、宣承屢祲之後而以有年爲喜也。昭、定之篇，水、旱、螽、饑無一書者，君臣相圖，家孚構禍，而無心于民事也。

内災

經書内災者六，惟雉門、兩觀書「新作」，以是知失禮則書者，春秋之法也。桓宫、僖宫之災，因而廢焉，或不可知。若御廩、新宫、西宫、亳社，未有不復作者，而不見于經，則得禮而不書也，審矣。

内毁作

經書新作者二，譏不度也。南門之作，非因崩圮，則變古逾制明矣。凡災而復作者，皆不書。而雉門、兩觀書，承僭而不能革也。延廄之新，非改作也，其書以歲祲也，後世興工築以救荒上傭之也。古者力役征于民，則厲民甚矣。毁泉臺何以書？不宜作而作者，非常也。不必毁而毁者，亦非常也。

魯君臣如列國諸侯來諸侯如外大夫來

魯君朝霸國，奔喪、會葬，内臣出聘，皆書「如」，諱之也，王事則闕焉，而以王禮事强國，不臣也。君不朝王而間遣聘，以夷周於列國，亦逆節也，故以爲國惡而諱之。惟僖公兩書「朝王」，蓋王之出勞於義爲非，而諸侯之就朝於禮無悖也。觀僖公之書「朝」，而成公書「如京師」之義益著矣。諸侯書「來朝」，外臣書「來聘」，則明著其非而不爲之諱也。使一切削之而概書曰「來」，則與非朝、非聘而書「來」者無辨，而書「如」之爲諱國惡，其義不可得而見矣。外諸侯相如則與非朝、非聘而書「來」同，皆無名之辭也。齊、鄭强國，州公，天子三公，豈肯行朝禮於曹、紀哉。

内外平

平或稱國、或稱人。稱國者，邦交也。魯及齊平、及鄭平是也。稱人則義各異，鄭人來輸平，以來者而言也。宋人及楚人平，則衆辭也，君民上下同欲之也。蓋被圍三時，不獨宋人苦病而求息肩，即楚人亦饑疲而思反役，若書「宋及楚平」，則邦交之常辭，似君大夫專之，而無以見二國之人皆困於攻守之實矣。然則平莒及郯稱「莒人不肯」，何也？使書「莒子」，無以見公及齊侯以强脅弱而拂衆情也。

書爵書行次書名 五章

王朝卿大夫，外諸侯附庸之君，諸侯之兄弟，列國之命卿，或稱爵，或稱行次，或稱名，或稱人，皆舊史之文也，以爲褒貶所寓，非也。使其人當褒，而舊史以名書，無從而得其爵與行次也。其人當貶，而舊史以爵與行次書，無從而得其名也。王朝之史，外諸侯皆稱名，踐土載書之辭曰「晉重、魯申」是也。而春秋，魯史也，外諸侯則魯君之匹敵也，故以爵書。王朝之卿士，兼三公者亦魯君之匹敵也，故以爵書，宰周公是也。王朝卿士與諸侯之卿不可以無別也，故以行次書，凡伯、榮叔、南季之類是也。記：「五十命爲大夫。」又曰：「五十以伯仲，周道也。」附庸之君，諸侯之兄弟，將承國者，上不得儕于諸侯，下不可同于諸侯之卿，故從王朝卿士之例而書行次，蕭叔、紀季之類是也。列國之命卿，不可無別于不命之卿，故亦從王朝卿士之例而書行次，夷伯、祭仲、女叔之類是也。王朝之大夫則書名，子哭、劉夏、石尚是也。傳以爲下士，非也。齊、晉繼霸之初，王使之禮于魯者皆公卿，王子至，石尚歸脤，王室之卑甚矣，而乃使下士乎？況救衛、逆后于齊乎？文、宣以後王朝之卿不以行次書而稱子，舊説以爲爵，非也。當是時，列國之卿會、盟、侵、伐恥稱某人而以名見，恐王朝之卿亦不樂斥言其行次，故特爲是稱以尊異之，而非有典法也。王臣而稱人者三，子突書名，則大夫也，洮與翟泉之王人，則卿大夫未可知也。蓋洮之盟，諸侯皆稱爵，翟泉之盟，諸侯之大夫皆稱人，而王臣乃以名書、以行次書，非所安也，故稱「王人」，蓋辭有所窮也。何以知其爲卿大夫也？使兼三公，則如宰周公之稱爵可也，其不如尹、單、劉之稱「子」，何也？當時尚未有是稱也。子突稱名，而並稱「王人」者，亦辭有所窮也。使書「子突救衛」，則不知其爲王臣也，書「王使子突」，則伐救無此文也，去人則疑于王子而名突矣，傳以子突爲字，亦非也。古有以子某名者，見于傳、記，陳子亢、介子推之類是也；有以某父名者，經所書齊侯禄父、儀行父、箕鄭父是也，春秋未嘗有書字之法也。其不當名而名，當名而不名，皆舊史之文也。當名而不名，如齊高子、仲孫，宋華孫、司馬、司城，皆魯人喜而貴之也。不當名而名，如宰咺、宰渠伯糾、衛侯燬、楚子虔，皆魯人賤而惡之也。成僭逆、獎篡弑，苟有人心者無不藏惡也，是以賤而書其名也。邢，周公之裔而衛滅之；蔡，魯之同姓而楚誘殺其君。是以惡而書其名也，以爲孔子之特筆而褒貶寓焉，則無一可通者矣。

宰咺、宰糾、衛侯燬、楚子虔而外，不當名而名者，穀伯綏、鄧侯吾離來朝是也。此舊史之文隨世以變而不可以義理求之者也。春秋之初，小國之君常稱名而其後乃稱爵，猶戍、宣以前列國之卿大夫常稱人，而其後卿以名見也。穀、鄧國小而遠于魯，故視之如邾儀父、郳黎來之屬而書名。桓十五年，邾人、牟人、葛人來朝，三國之君也，而稱人，則穀、鄧之書名不足異也。傳以邾儀父爲字，郳黎來、介葛盧爲名而有所差別，非也。經所書齊侯祿父、箕鄭父、儀行父皆名，無以知儀父之獨爲字也。且以平丘之傳考之，邾與郳、介班也，而强爲差別，可乎？舊史所稱無義理之可求，而孔子不革，何也？穀伯綏、鄧侯吾離、楚子虔、衛侯燬、渠伯糾，爵與名並載者，革而書爵可也。而邾與牟、葛之稱人者，無從而得其名也。宰咺之稱名者，無從而得其爵與行次也，而安得不一仍其舊哉？且仍之，而世變邦交即于是可考焉，則義存乎其間矣。周語「規方千里，以爲甸服」，其餘以均分公、侯、伯、子、男。孟子曰：「天子之卿受地視侯，大夫受地視伯，元士受地視子、男。」秦、周以前之書，無言畿内有五等之爵者，惟穀梁傳曰：「寰内諸侯。」〔二〕蓋據春秋所書周公、凡伯、尹子之屬而爲言也。王制曰：「分天下爲左右，曰二伯。」蓋據公羊氏「陝以東，周公主之；陝以西，召公主之」，並周南所稱「召伯」而爲言耳，不知詩稱「召

〔二〕「穀梁傳」，原作「公羊傳」。按：春秋穀梁傳隱公元年傳文曰：「寰内諸侯。」又見於定公四年傳文，此誤記，據改。

伯」以行次言，非爵也。召公在文王時，豈得爲方伯乎？春秋所書凡伯、祭伯、召伯亦以行次書，與榮叔、南季類也。其稱伯多于叔、季者，承嗣多長嫡也。周公、祭公，天子之三公也。蘇子、尹子、單子、劉子則與諸侯列序，特爲是稱以尊異之，非伯、子、男之「子」也。尹、單、劉皆執政，使有五等之爵，豈宜居卑列哉？且王臣見經者，何以獨有公、伯、子，而無侯、男哉？又何以自文以前王臣無一子爵，自文以後會、盟、征、伐無一非子爵者出會哉？蓋天子之卿本當以行次稱，如二雅所稱南仲、申伯、召伯，周語所稱樊仲是也。春秋之初，列會而稱「王人」者，皆王朝卿大夫，以不可爵諸侯而斥王臣之名與行次，故但稱「人」。至文之世，晉卿會盟，皆以名見而不肯稱「人」，王朝之卿無轉稱「王人」之理，故女栗之盟特稱「蘇子」以尊異之，而自是王臣會盟皆稱「子」矣。列于會盟稱「子」而居畿内亦稱「子」矣。赴告於諸侯亦稱「子」矣。子朝之亂，單、劉稱「子」，而召伯、毛伯奔楚，從其恒稱，皆據王室之告辭也。召、毛得罪于王，則告辭不復尊異之明矣。閔之篇書「齊高子來盟」。昭三十二年，城成周。傳稱「魏子南面」則子乃時人相尊異之稱，而非先王之典法明矣。家父、子突、叔服、劉夏、石尚皆天子之大夫也，知然者，諸侯之命卿比于天子之卿，而稱行次，則天子之大夫比于諸侯之卿而稱名，固其所也。傳稱「内史叔服」，内史于周官爲中大夫，則稱名者爲王朝之大夫審矣。其在于詩「家父作誦」，以刺王未有自舉其字者，而以父名者屢見于經，則家父之爲名也，審矣。

程子曰：「諸侯之卿，皆不書官，以不受命於天子，故不與爲卿，惟宋王者後，得命官，故宋卿獨書官。」非也。宰咺、宰糾、宰周公而外，王朝卿大夫未有以官書者，則不受命于天子之説不可通矣。司馬華孫，司馬、司城而外，宋卿未有以官書者，則宋得命官之説不可通矣。蓋惟分職授事，然後各舉其官，若會、盟、侵、伐、聘、問而各以其官書，則義無所取，而文亦贅矣。以天子之宰而供列國聘弔與諸侯會盟，乃非常之事，故舊史以爲異而志之。宋司馬華孫，司馬、司城，則魯人重之，與齊高子、仲孫之不名同，未可以爲典法也。咺與糾之名，既曰「魯人惡之」，而以官書又曰「舊史以爲異」，何也？以爲異而書其官，惡之而斥其名，其義並行而不相悖也。

春秋所書，皆列國之卿也。大夫之名無登册書者，而盟會、帥師、國殺皆曰大夫，何也？傳載齊晏嬰曰：「惟卿爲大夫。」蓋周制列國孤卿班同王朝之大夫士，則以大夫書者，亦舊史之文也。王朝之大夫與列國之卿並書名，其義必起於此也。

書人

春秋書人，其義不一，會、盟、戰、伐稱人，臣下之辭也。來聘、歸田、取田、輸平、歸俘、獻捷、執諸侯大夫稱人，舉國之辭也。弑君、殺大夫公子、討賊稱人，因事屬辭而各有所當也。會、盟、戰、伐稱人，舊史之文也。成公以前，外卿大夫皆稱人；成公以後，列國之卿稱名，大夫則稱人，而小國之卿大夫前後皆稱人，此隨世以變著于册書，而不可更易者也。其餘稱人者，或舊史之文，或孔子所定，而皆屬辭之不得不然者也。春秋以號舉者，惟楚之先及徐與吴、越耳。使來聘、歸田、取田、輸平、歸俘、獻捷、執諸侯大夫而稱國，是以號舉也。目其君則歸田、歸俘而書「來」者，疑于其君自來矣。歸田而不書「來」者，取我田者，與齊侯取鄆同文，而疑于得正矣。執諸侯大夫者，與晉侯執曹伯同文，而疑于霸討矣，故不得不稱人也。惟荆人來聘，鄭人來輸平，近于以來者稱，而知其爲舉國之辭者，以楚人使宜申來獻捷知之也。弑君而稱人者，亦辭當然也。赴告有主名者，稱名以志惡；赴告雖有主名而非其實者，稱國以志疑。若倉卒生亂，國人本未得其主名，而第知賊由微者，則非人無稱也。殺大夫、公子而稱人者，亦辭當然也。非以國法殺之不得稱國，目其人則兩下相殺也。討賊而稱人者，亦辭當然也。國人而討賊者，稱國以殺，則國無君；目其人則疑于其人之私鄰國，而討賊者稱國以殺，則非其國之人；目其人，則疑于其君之私。若是者亦非人無稱也。然稱人同，而于討賊則别爲人盡得誅之義焉。知然者，以殺之不以其罪，則不稱人，見殺者，或稱君、或稱爵、或稱大夫公子，而不獨以名見也。此非春秋特起討賊之文，乃事殊而義自别焉者也。惟邾、牟、葛三國之君來朝而稱人，則魯人簡之；莊公及齊人狩于禚，爲孔子之特筆，然亦非用此爲褒貶也。

隱桓莊三世大夫書繫書族書名

春秋之初，内卿獨以名見者，無駭、挾、柔、溺也。外卿獨以名見者，紀履緰、鄭宛、鄭詹也。先儒謂命大夫書繫與族，未命書名，誤矣。自僖以後，無不書繫與族，豈更無不命者乎？楚卿書繫與族，豈尚請命于王朝乎？蓋隱、桓、莊之篇，内卿權盛者書繫，外卿貴重及死節者書族，舊史重其人而詳之也。其獨以名見者，輕其人而略之也。自僖以後，魯及列國之卿無不書繫與族者，大夫皆張而不敢略也。舊史之文，隨世以變者皆如此，而以義理求之，則無一可通者矣。然則孔子不革，何也？其繫與族之未書者，不可增也。其已書者若削之以歸于一，則世變、邦交轉不可得而見矣。

通例 七章

「比事屬辭，春秋教也。」先儒褒貶之例，多不可通。以未嘗按全經之辭而比其事耳。以外諸侯稱爵爲褒，則楚商臣、蔡般皆稱爵矣。以外大夫不書繫與族爲貶，則鄭公子歸生、衛甯喜、陳夏徵舒書繫與族矣。以稱人爲貶，則文、僖以前會、盟、侵、伐列國之卿大夫皆稱人而不以名見，宣、成以後，列國之卿以名見，而大夫仍稱人，小國之卿大夫終春秋恒稱人，而莒慶、曹公子首獨以名見，以是知凡此類皆舊史之文隨時勢以變更，而非有典法者也。莫悖于妾媵而稱夫人、稱薨，莫悖于守適而不稱夫人、稱卒。孔子一仍舊史，乃屑屑焉。于外諸侯忽稱爵以褒，忽去爵以貶；于外卿或稱繫與族以褒，或去繫與族以貶；于外諸侯或貶稱人，而與卿大夫無別；于外卿忽貶稱人，而與大夫無別。不惟義無所處，亦且變亂事實，而非傳信之書矣。故一仍其舊，使論世者有考焉。

春秋因事屬辭，各得其實而是，非善惡無遁情焉。豈特不以日月、爵次、名氏爲褒貶哉？亦未嘗有特起褒貶之文也。其特文皆所以發疑耳，蓋事雖變而義非隱，無所用特文也。惟事變而義隱，然後特文以揭之，文異然後疑生，疑生然後義見，是故君薨子卒而不地，葬而不書，所以見其非正命也。桓之篇，月不繫王，所以見篡弑之作，由王法不行也。見弑之君不書葬，而賊既討則書葬，所以見不書葬者，以爲無臣子也。弑于臣者，賊不討不書葬，而弑于世子者，賊不討書葬，所以見國人、鄰國不以弑君者爲賊，而以爲君乃人道之極變也。弑君之賊見殺不書爵，而晉里克、衛甯喜稱大夫，楚比稱公子，齊商人稱君，蔡般稱侯，所以見討之不以其罪，殺之不以其事也。弑于國人而賊不討者不書葬，戕于鄰國而讎不復者書葬，所以見臣子之心同，而勢則異也。會盟書「會」而没公書「及」，而没公所以見名分之始亂，事柄之始迻也。會盟而諸侯不序、大夫不名，所以見諸侯之失位、大夫之亂常也。會盟不書所爲，而稷與澶淵書所爲，所以見其非欲討亂而不果也。會盟同地，前目後凡，宜書「諸侯盟」，而臯鼬之盟覆書「公及」，所以見公之受國於意如，而以得與後盟爲幸也。諸侯赴會而道卒，宜書「未至，卒于某地」。而鄭伯髡頑書「未見諸侯」，所以見其以欲見諸侯生釁也。魯被侵伐必書四鄙，而哀之篇兩書「伐我」，所以見其爲城下之師也。諸侯奔不名，而鄭伯突、衛侯朔名，所以見國有二君也。争國而奔，其入也無不名，而衛侯衎不名，所以見其正也。奔而歸、執而歸者無不名，而曹伯負芻不名，所以見其位未絶也。執諸侯大夫恒稱人，而晉厲公執曹負芻獨稱爵，所以見稱人者，乃亂世相陵暴之事也。取國邑恒稱人，而齊侯取鄆以居，昭公獨稱爵，所以見稱人者，乃彼此相攘奪之詞也。内大夫必書卒，而桓之大夫不書卒，所以見其皆有可誅之罪也。宣之大夫皆書卒，而叔彭生不書卒，所以見其死于子赤之難也。僖二十八年，兩書「公朝于王所」而一書「王狩」，所以見就見諸侯之非禮也。内戰不書敗，而乾時書敗，所以見復讎之不宜避敗也。狩非微者之事，而魯莊公及齊襄公狩稱「齊人」，所以見其爲不共戴天之讎也。内夫人之娶也例書「至」，而哀姜書「入」，所以見讎人之女不可以入宗廟也。夫人之娶例書「至」，而出姜不書「至」，所以見其不允于魯之由也。夫人之娶，非失禮不書，而成夫人書，所以見定姒之非嫡也。夫人歸寧例不書，而出姜書，所以見其不安于魯之釁也。夫人之行不書「至」，而出姜書「至」，所以見不書「至」者，皆非禮之行也。夫人之始至無不氏，而出姜、穆姜不氏，所以見其以喪婚而與有貶也。内女之歸諸侯不書「逆」，而紀伯姬書「逆」，所以見叔姬之爲媵也。内女之卒非有變不書，而僖之篇伯姬、鄫季姬，文之篇子叔姬書，所以見君爲之變而過禮也。公叔伯、兄弟、公子之不爲大夫者不書卒，而叔肸書卒，所以見叔肸之義與君之有加恩也。内女之歸也，無變無失禮則不書，而杞伯姬書，所以見後之來魯會洮者，非諸姬之女也。歸田不書「我」，而濟西書「我」，所以見濟西之田不獨我有，而所歸獨我故封也。宫室之災不書「復作」，而雉門兩觀書，所以見其非制也。僖、文之篇，歷時不雨同而書之異，所以見君心之有勤怠也。凡此皆特文以發疑，而非用以爲褒貶也。惟王不稱天者三，近於削之以示貶，而其實非主于貶王也。隱之弑也未嘗明見于經，雖薨而不地，葬而不書，猶未知賊之在也。錫桓公命，王不稱天，而後知獄有所歸矣。成風薨、葬一同於守適，無以知僖公之違禮也。歸含、賵，會葬王不稱天，而後知大從之終不可亂矣。然則此三書者，亦所以發疑也。外此則據事直書，以見其實而已，故以褒貶求春秋之文，亦説經者之誤也。

春秋之文殺史見極，何以明其然也？凡宫、觀、門、社之災，未有不復作者，而所書獨雉門、兩觀。内女之歸其國，未有不納幣者，而所書獨宋公孫壽；未有不來逆者，而所書獨紀履緰。

吾國未有不致女者，而所書獨季孫行父如宋，爲舊史者非明于春秋之法也。使宫、觀、門、社災而復作例不書，則雉門、兩觀亦無自而見于經矣。納幣、來逆、致女例不書，則公孫壽來，紀履緰來，季孫行父如宋，亦無自而見于經矣。以雉門、兩觀，知西宫、新宫、御廩、亳社之新作，舊史備書，而孔子削之也。以宋公孫壽來，紀履緰來，季孫行父如宋，知凡納幣、來逆、致女，舊史備書而孔子削之也。

春秋書王法不誅其人身，何以知其然也？書諸侯之奔而逐之者，爲兄弟、爲大臣、爲國人、爲鄰國弗辨也。書大夫之奔而逐之者，爲國君、爲同列弗辨也。書國殺大夫而所殺之賢姦弗辨也。蓋諸侯奔爲天下之變事，大夫奔爲一國之變事，不必問其逐之之人也。國殺大夫則不王可知矣，不必問其所殺之人也。

春秋微辭隱義，每于參互相抵者見之。如隱公之弑不見于經，而薨而不地，則知非正命矣；不書葬則知賊未討矣；桓書即位，則知無隱先君之心矣；月不繫王，則知王法之不行矣；錫桓公命，王不稱天，則知其爲簒弑之賊矣；桓之大夫不書卒，則知皆有可誅之罪矣；翬至桓之篇而稱公子，則知操刃者翬矣。薨而不地之爲弑也，于他君之必地見之；賊之不討也，于外諸侯見弑賊討則書葬見之；桓之無恩于先君也，于閔、僖二公之不書即位見之；其爲簒弑之賊、王法所不容也，于錫僖、成二公之命，王皆稱天見之；桓之大夫之皆可誅也，于内大夫之皆卒見之；翬之操刃而德于桓也，于前之不稱公子見之。春秋之書微而顯，此之謂也。

舊史之文，有以魯君臣之意向爲詳略者。魯怨鄭忽而助突，故忽、亹、儀之弑不書，抗王師以立朔，故黔牟之奔不書，蓋軌以篡立，故崇姦醜正而不以忽、亹、儀、黔牟爲君也。將稱元帥、小國之卿不名，而鞌之戰四卿並列，諸國之卿皆名，則季孫侈其事也。有以國人之好惡爲進退者，則當名而不名，不當名而名者是也。孔子不革而正之，何也？弑與奔之不書者不可益也，名與不名則雖欲革之以定于一，而其道無由也。季子，魯卿，非若齊高子、仲孫，宋華孫、司馬、司城之名，無從而得之也。四人者之名不可得，故季子亦仍其舊以見魯人之情，宰渠伯糾、衛侯燬、楚子虔可去名而存爵也，而宰咺則無從而得其爵氏與行次也。咺之爵氏與行次不可得，故三人者亦仍其舊，以志非常，而因以見魯人之藏惡焉。若鞌之戰，則天下諸侯之失政皆見端于此，故即以舊史之異文爲春秋之特筆也。

左氏所傳，有與經合而可證二傳之非者，楚公子比弑其君虔之類是也。二傳以比爲不弑而歸獄焉，而以左氏徵之，則志乎弑者實比而非棄疾也。有顯與經背而不可從者，鄭歸生弑其君夷，宋華元自晉歸于宋之類是也。使弑者實公子宋，必不歸獄于歸生；使華元至河而復，必不書「自晉歸于宋」，經之作豈知後之别有傳哉？必待傳而後可求，則春秋之義荒矣。

春秋比事目録

高瑞傑　整理

整理説明

春秋比事目録四卷，作於春秋通論撰成之後，春秋直解完成之前，其弟子顧琮於序中言撰作緣起稱：「望溪先生既爲通論，以揭比事屬辭之義，而讀者未熟於三傳，旋復檢視事迹以求其端緒，重費日力。乃與先生商，别其類爲八十五類，俾從學者編次而先生訂正焉。」因此可以説，此書爲研習通論之門徑，亦爲無當。「學者欲觀通論，必先取是編，每類寧事同而書法互異者，反復思索，心困智窮，始展通論」，可以説，這種分門别類以梳理春秋事例的方式，對把握春秋義理内涵，頗有助益，有工具書之效。

春秋比事目録的版本有：清康熙嘉慶間桐城方氏抗希堂刻抗希堂十六種本，清光緒二十四年鄉嬛閣刻桐城方望溪先生全書本，本次點校，以抗希堂本爲底本，參校鄉嬛閣本。

筆者學力淺拙，見識譾陋，點校中必有舛繆，祈望博雅君子有以教我，匡我不逮。

高瑞傑

戊戌年端午于清華園

目録

春秋比事目録卷三……（一七八）

春秋比事目録卷四……（二一一）

春秋比事目録序

昔人苦儀禮難讀，良以事多複叠，辭語相類，彼此前後易至混淆，春秋亦然。望溪先生既爲通論，以揭比事屬辭之義，而讀者未熟於三傳，旋復檢視事迹以求其端緒，重費日力。乃與先生商，别其事爲八十五類，俾從學者編次而先生訂正焉。程子曰：「春秋不可每事必求異義，但一字異則義必異焉。」先生蓋循是以求之，而後曲得其精藴也。學者欲觀通論，必先取是編，每類寧事同而書法互異者，反覆思索，心困智窮，始展通論。按節而切究之，然後其義刻著於心，久而不忘，此余所心得也。敢告有志於是經者。乾隆九年冬十有二月，混同顧琮撰。

春秋比事目録卷一

王室伐救

秋，蔡人、衛人、陳人從王伐鄭。桓公五年。

冬，公會齊人、宋人、陳人、蔡人伐衛。莊公五年。　春，王正月，王人子突救衛。莊公六年。

秋，王師敗績于茅戎。成公元年。

公會尹子、晉侯、齊國佐、邾人伐鄭。成公十有六年，秋。

夏，公會尹子、單子、晉侯、齊侯、宋公、衛侯、曹伯、邾人伐鄭。成公十有七年。

三月，公會劉子、晉侯、宋公、蔡侯、衛侯、陳子、鄭伯、許男、曹伯、莒子、邾子、頓子、胡子、滕子、薛伯、杞伯、小邾子、齊國夏于召陵，侵楚。定公四年。

王室會盟

公及齊侯、宋公、陳侯、衛侯、鄭伯、許男、曹伯會王世子于首止。僖公五年，夏。

春，王正月，公會王人、齊侯、宋公、衛侯、許男、曹伯、陳世子欵，盟于洮。僖公八年。

夏，公會宰周公、齊侯、宋子、衛侯、鄭伯、許男、曹伯于葵丘。僖公九年。九月，戊辰，諸侯盟于葵丘。僖公九年。

五月，癸丑，公會晉侯、齊侯、宋公、蔡侯、鄭伯、衛子、莒子，盟于踐土。陳侯如會。公朝于王所。僖公二十有八年。

天王狩于河陽。壬申，公朝于王所。僖公二十有八年，冬。

夏，六月，會王人、晉人、宋人、齊人、陳人、蔡人、秦人，盟于翟泉。僖公二十有九年。

夏，公會尹子、單子、晉侯、齊侯、宋公、衛侯、曹伯、邾人伐鄭。六月，乙酉，同盟于柯陵。成公十有七年。

六月，公會單子、晉侯、宋公、衛侯、鄭伯、莒子、邾子、齊世子光。己未，同盟于雞澤。襄公三年。

秋，公會劉子、晉侯、齊侯、宋公、衛侯、鄭伯、曹伯、莒子、邾子、滕子、薛伯、杞伯、小邾子于平丘。八月，甲戌，同盟于平丘。昭公十有三年。

三月，公會劉子、晉侯、宋公、蔡侯、衛侯、陳子、鄭伯、許男、曹伯、莒子、邾子、頓子、胡子、滕子、薛伯、杞伯、小邾子、齊國夏于召陵，侵楚。定公四年。五月，公及諸侯盟于皋鼬。定公四年。

王使至魯魯君臣如京師

秋，七月，天王使宰咺來歸惠公、仲子之賵。隱公元年。

冬，十有二月，祭伯來。隱公元年。

秋，武氏子來求賻。隱公三年。

冬，天王使凡伯來聘。隱公七年。

春，天王使南季來聘。隱公九年。

夏，天王使宰渠伯糾來聘。桓公四年。

天王使仍叔之子來聘。桓公五年，夏。

天王使家父來聘。桓公八年，春，正月。

祭公來。桓公八年，冬，十月。

春，二月，天王使家父來求車。桓公十有五年。

王使榮叔來錫桓公命。莊公元年，冬，十月。

祭叔來聘。莊公二十有三年，春。

冬，天王使宰周公來聘。僖公三十年。

公子遂如京師。僖公三十年，冬。

天王使叔服來會葬。文公元年，二月。

天王使毛伯來錫公命。文公元年，夏，四月。

叔孫得臣如京師。文公元年，夏，四月。

春，王正月，王使榮叔歸含且賵。文公五年。王使召伯來會葬。文公五年，三月。

公孫敖如京師。文公八年，冬，十月。

春，毛伯來求金。文公九年。

二月，叔孫得臣如京師。文公九年。

夏，仲孫蔑如京師。宣公九年。

秋，天王使王季子來聘。宣公十年。

秋，七月，天子使召伯來賜公命。成公八年。

三月，公如京師。成公十有三年。

叔孫豹如京師。襄公二十有四年，冬。

六月，叔鞅如京師。昭公二十有二年。

天王使石尚來歸脤。定公十有四年，秋。

王室禍亂

冬，天王出居于鄭。僖公二十有四年。

王札子殺召伯、毛伯。宣公十有五年，六月。

王室亂。劉子、單子以王猛居于皇。昭公二十有二年，六月。秋，劉子、單子以王猛入于王城。冬，十月，王子猛卒。昭公二十有二年。晉人圍郊。昭公二十有三年，春，正月。天王居于狄泉。尹氏立王子朝。昭公二十有三年，秋，七月。冬，十月，天王入于成周。尹氏、召伯、毛伯以王子朝奔楚。昭公二十有六年，冬，十月。

天王崩葬

三月，庚戌，天王崩。隱公三年。

三月，乙未，天王崩。桓公十有五年。五月，葬桓王。莊公三年。

冬，十有二月，丁未，天王崩。僖公八年。

秋，八月，戊申，天王崩。文公八年。二月，叔孫得臣如京師。辛丑，葬襄王。文公九年。

冬，十月，乙亥，天王崩。宣公二年。葬匡王。宣公三年，春，正月。

冬，十有一月，己酉，天王崩。成公五年。

九月，辛酉，天王崩。襄公元年。春，王正月，葬簡王。襄公二年。

十有二月，甲寅，天王崩。襄公二十有八年。

夏，四月，乙丑，天王崩。昭公二十有二年。六月，叔鞅如京師。葬景王。昭公二十有二年。

冬，十月，王子猛卒。昭公二十有二年。

王后王姬

祭公來，遂逆王后于紀。桓公八年，冬，十月。春，紀季姜歸于京師。桓公九年。

夏，單伯逆王姬。秋，築王姬之館于外。莊公元年。

王姬歸于齊。莊公元年，冬，十月。

秋，七月，齊王姬卒。莊公二年。

冬，王姬歸于齊。莊公十有一年。

劉夏逆王后于齊。襄公十有五年，春。

王臣奔

春，周公出奔晉。成公十有二年。

王子瑕奔晉。襄公三十年，五月。

尹氏、召伯、毛伯以王子朝奔楚。昭公二十有六年，冬，十月。

王臣卒葬

夏，四月，辛卯，尹氏卒。隱公三年。

夏，五月，王子虎卒。文公三年。

劉卷卒。定公四年，秋，七月。葬劉文公。定公四年，秋，七月。

魯君會盟

三月，公及邾儀父盟于蔑。隱公元年。

九月，及宋人盟于宿。隱公元年。

春，公會戎于潛。隱公二年。

秋，八月，庚辰，公及戎盟于唐。隱公二年。

夏，五月，辛酉，公會齊侯盟于艾。隱公六年。

九月，辛卯，公及莒人盟于浮來。隱公八年。

冬，公會齊侯于防。隱公九年。

春，王二月，公會齊侯、鄭伯于中丘。隱公十年。

夏，公會鄭伯于時來。隱公十有一年。

三月，公會鄭伯于垂。桓公元年。

夏，四月，丁未，公及鄭伯盟于越。桓公元年。

三月，公會齊侯、陳侯、鄭伯于稷，以成宋亂。桓公二年。

公及戎盟于唐。桓公二年，九月。冬，公至自唐。桓公二年。

春，正月，公會齊侯于嬴。桓公三年。

六月，公會杞侯于郕。桓公三年。

夏，四月，公會紀侯于郕。桓公六年。

秋，公會衛侯于桃丘，弗遇。桓公十年。

公會宋公于夫鍾。桓公十有一年，九月。

冬，十有二月，公會宋公于闞。桓公十有一年。

夏，六月，壬寅，公會杞侯、莒子盟于曲池。桓公十有二年。

秋，七月，丁亥，公會宋公、燕人盟于穀丘。桓公十有二年。

公會宋公于虚。桓公十有二年，八月。

冬，十有一月，公會宋公于龜。桓公十有二年。

丙戌，公會鄭伯盟于武父。桓公十有二年，冬，十有一月。

春，正月，公會鄭伯于曹。桓公十有四年。

公會齊侯于艾。桓公十有五年，五月。

春，正月，公會宋公、蔡侯、衛侯于曹。桓公十有六年。

春，正月，丙辰，公會齊侯、紀侯盟于黄。桓公十有七年。

二月，丙午，公會邾儀父，盟于趡。桓公十有七年。

春，王正月，公會齊侯于濼。桓公十有八年。

公及齊大夫盟于蔇。莊公九年，春。

冬，公會齊侯盟于柯。莊公十有三年。

冬，十有二月，會齊侯、宋公、陳侯、衛侯、鄭伯、許男、滑伯、滕子，同盟于幽。莊公十有六年。

秋，七月，丙申，及齊高傒盟于防。莊公二十有二年。

十有二月，甲寅，公會齊侯盟于扈。莊公二十有三年。

夏，六月，公會齊侯、宋公、陳侯、鄭伯，同盟于幽。莊公二十有七年。

公會齊侯于城濮。莊公二十有七年，冬。

秋，八月，公及齊侯盟于落姑。閔公元年。

八月，公會齊侯、宋公、鄭伯、曹伯、邾人于檉。僖公元年。

公及齊侯、宋公、陳侯、衛侯、鄭伯、許男、曹伯會王世子于首止。僖公五年，夏。秋，八月，諸侯盟于首止。鄭伯逃歸不盟。僖公五年。

秋，七月，公會齊侯、宋公、陳世子款、鄭世子華盟于甯母。僖公七年。

春，王正月，公會王人、齊侯、宋公、衛侯、許男、曹伯、陳世子款，盟于洮，鄭伯乞盟。僖公八年。

夏，公會宰周公、齊侯、宋子、衛侯、鄭伯、許男、曹伯于葵丘。僖公九年。九月，戊辰，諸侯盟于葵丘。僖公九年。

公會齊侯、宋公、陳侯、衛侯、鄭伯、許男、曹伯于鹹。僖公十有三年，夏，四月。

三月，公會齊侯、宋公、陳侯、衛侯、鄭伯、許男、曹伯，盟于牡丘。僖公十有五年。九月，公至自會。僖公十有五年。

冬，十有二月，公會齊侯、宋公、陳侯、衛侯、鄭伯、許男、邢侯、曹伯于淮。僖公十有六年。九月，公至自會。僖公十有七年。

冬，會陳人、蔡人、楚人、鄭人，盟于齊。僖公十有九年。

秋，宋公、楚子、陳侯、蔡侯、鄭伯、許男、曹伯會于盂。執宋公以伐宋。僖公二十有一年。十有二月，癸丑，公會諸侯盟于薄，釋宋公。僖公二十有一年。

冬，十有二月，癸亥，公會衛子、莒慶，盟于洮。僖公二十有五年。

春，王正月，己未，公會莒子、衛甯速，盟于向。僖公二十有六年。

冬，楚人、陳侯、蔡侯、鄭伯、許男圍宋。十有二月，甲戌，公會諸侯盟于宋。僖公二十有七年。

五月，癸丑，公會晉侯、齊侯、宋公、蔡侯、鄭伯、衛子、莒子，盟于踐土。僖公二十有八年。

冬，公會晉侯、齊侯、宋公、蔡侯、鄭伯、陳子、莒子、邾子、秦人于温。僖公二十有八年。

夏，六月，會王人、晉人、宋人、齊人、陳人、蔡人、秦人，盟于翟泉。僖公二十有九年。

三月，乙巳，及晉處父盟。文公二年。

冬，公如晉。十有二月，己巳，公及晉侯盟。文公三年。春，公至自晉。文公四年。

秋，八月，公會諸侯、晉大夫，盟于扈。文公七年。

及蘇子盟于女栗。文公十年，秋，七月。

冬，公如晉，衛侯會公于沓。文公十有三年。十有二月，己丑，公及晉侯盟，公還自晉，鄭伯會公于棐。文公十有三年。

六月，公會宋公、陳侯、衛侯、鄭伯、許男、曹伯、晉趙盾。癸酉，同盟于新城。文公十有四年。

公至自會。文公十有四年，秋，七月。

六月，癸未，公及齊侯盟于穀。文公十有七年。秋，公至自穀。文公十有七年。

公會齊侯于平州。宣公元年，夏。

冬，公會晉侯、宋公、衛侯、鄭伯、曹伯于黑壤。宣公七年。春，公至自會。宣公八年。

己未，公會晉侯、衛侯、曹伯、邾子，同盟于斷道。宣公十有七年，六月。秋，公至自會。宣公十有七年。

十有一月，公會楚公子嬰齊于蜀。丙申，公及楚人、秦人、宋人、陳人、衛人、鄭人、齊人、曹人、邾人、薛人、鄫人，盟于蜀。成公二年。

十有二月，己丑，公會晉侯、齊侯、宋公、衛侯、鄭伯、曹伯、邾子、杞伯，同盟于蟲牢。成公五年。春，王正月，公至自會。成公六年。

秋，楚公子嬰齊帥師伐鄭。公會晉侯、齊侯、宋公、衛侯、曹伯、莒子、邾子、杞伯救鄭。八月，戊辰，同盟于馬陵，公至自會。成公七年。

公會晉侯、齊侯、宋公、衛侯、鄭伯、曹伯、莒子、杞伯，同盟于蒲。公至自會。成公九年，春，正月。

夏，公會晉侯、衛侯于瑣澤。成公十有二年。

癸丑，公會晉侯、衛侯、鄭伯、曹伯、宋世子成、齊國佐、邾人，同盟于戚。成公十有五年，三月。公至自會。成公十有五年，三月。

秋，公會晉侯、齊侯、衛侯、宋華元、邾人于沙隨，不見公。公至自會。成公十有六年。

夏，公會尹子、單子、晉侯、齊侯、宋公、衛侯、曹伯、邾人伐鄭。六月，乙酉，同盟于柯陵。秋，公至自會。成公十有七年。

公如晉。襄公三年，春。夏，四月，公及晉侯盟于長樗。公至自晉。襄公三年。

六月，公會單子、晉侯、宋公、衛侯、鄭伯、莒子、邾子、齊世子光。己未，同盟于雞澤。襄公三年。秋，公至自會。襄公三年。

公會晉侯、宋公、陳侯、衛侯、鄭伯、曹伯、莒子、邾子、滕子、薛伯、齊世子光、吴人、鄫人于戚。公至自會。襄公五年，秋。

十有二月，公會晉侯、宋公、陳侯、衛侯、曹伯、莒子、邾子于鄬。襄公七年。

冬，公會晉侯、宋公、衛侯、曹伯、莒子、邾子、滕子、薛伯、杞伯、小邾子、齊世子光，伐鄭。十有二月，己亥，同盟于戲。襄公九年。

春，公會晉侯、宋公、衛侯、曹伯、莒子、邾子、滕子、薛伯、杞伯、小邾子、齊世子光，會吴于柤。公至自會。襄公十年，夏，五月。

公會晉侯、宋公、衛侯、曹伯、齊世子光、莒子、邾子、滕子、薛伯、杞伯、小邾子，伐鄭。襄公十有一年，夏，四月。秋，七月，己未，同盟于亳城北。襄公十有一年。

公會晉侯、宋公、衛侯、曹伯、齊世子光、莒子、邾子、滕子、薛伯、杞伯、小邾子，伐鄭，會于蕭魚，公至自會。襄公十有一年，秋，七月。

三月，公會晉侯、宋公、衛侯、鄭伯、曹伯、莒子、邾子、薛伯、杞伯、小邾子于溴梁。襄公十有六年。夏，公至自會。襄公十有六年。

冬，十月，公會晉侯、宋公、衛侯、鄭伯、曹伯、莒子、邾子、滕子、薛伯、杞伯、小邾子，同圍齊。襄公十有八年。

春，王正月，諸侯盟于祝柯。襄公十有九年。

夏，六月，庚申，公會晉侯、齊侯、宋公、衛侯、鄭伯、曹伯、莒子、邾子、滕子、薛伯、杞伯、小邾子盟于澶淵。秋，公至自會。襄公二十年。

公會晉侯、齊侯、宋公、衛侯、鄭伯、曹伯、莒子、邾子于商任。襄公二十有一年，冬，十月。春，王正月，公至自會。襄公二十有二年。

冬，公會晉侯、齊侯、宋公、衛侯、鄭伯、曹伯、莒子、邾子、薛伯、杞伯、小邾子于沙隨。公至自會。襄公二十有二年。

公會晉侯、宋公、衛侯、鄭伯、曹伯、莒子、邾子、滕子、薛伯、杞伯、小邾子于夷儀。襄公二十有四年，八月。公至自會。襄公二十有四年，冬。

公會晉侯、宋公、衛侯、鄭伯、曹伯、莒子、邾子、滕子、薛伯、杞伯、小邾子于夷儀。襄公二十有五年，夏，五月。秋，八月，己巳，諸侯同盟于重丘。公至自會。襄公二十有五年。

公會晉人、鄭良霄、宋人、曹人于澶淵。襄公二十有六年，夏。

秋，公會劉子、晉侯、齊侯、宋公、衛侯、鄭伯、曹伯、莒子、邾子、滕子、薛伯、杞伯、小邾子于平丘。八月，甲戌，同盟于平丘。公不與盟，晉人執季孫意如以歸，公至自會。昭公十有三年。

秋，公會齊侯、莒子、邾子、杞伯，盟于鄟陵。公至自會。居于鄆。昭公二十有六年。

三月，公會劉子、晉侯、宋公、蔡侯、衛侯、陳子、鄭伯、許男、曹伯、莒子、邾子、頓子、胡子、滕子、薛伯、杞伯、小邾子、齊國夏于召陵，侵楚。定公四年。五月，公及諸侯盟于皋鼬。定公四年。秋，七月，公至自會。定公四年。

公會晉師于瓦。公至自瓦。定公八年，夏，附。

夏，公會齊侯于夾谷。公至自夾谷。定公十年。

冬，十月，癸亥，公會齊侯盟于黄。定公十有二年。

公至自黄。定公十有二年，十有一月。

公會齊侯、衛侯于牽。公至自會。定公十有四年，五月。

夏，公會吴于鄫。哀公七年。

公會吴于橐臯。哀公十有二年，夏，五月。

秋，公會衛侯、宋皇瑗于鄖。哀公十有二年。

公會晉侯及吴子于黄池。哀公十有三年，夏。秋，公至自會。哀公十有三年。

魯臣會盟

柔會宋公、陳侯、蔡叔，盟于折。桓公十有一年，九月。

冬，單伯會齊侯、宋公、衛侯、鄭伯于鄄。莊公十有四年。

秋，公子結媵陳人之婦于鄄，遂及齊侯、宋公盟。莊公十有九年。

秋，公孫敖會晉侯于戚。文公元年。

夏，六月，公孫敖會宋公、陳侯、鄭伯、晉士縠，盟于垂隴。文公二年。

冬，十月，壬午，公子遂會晉趙盾盟于衡雍。文公八年。

乙酉，公子遂會雒戎盟于暴。文公八年，冬，十月。

夏，叔仲彭生會晉郤缺于承筐。文公十有一年。

春，季孫行父會齊侯于陽穀，齊侯弗及盟。文公十有六年。

六月，戊辰，公子遂及齊侯盟于郪丘。文公十有六年。

冬，公孫歸父會齊侯于穀。宣公十有四年。

春，公孫歸父會楚子于宋。宣公十有五年。

仲孫蔑會齊高固于無婁。宣公十有五年，秋。

夏，臧孫許及晉侯盟于赤棘。成公元年。

六月，癸酉，季孫行父、臧孫許、叔孫僑如、公孫嬰齊帥師會晉郤克、衛孫良夫、曹公子首，及齊侯戰于鞌。齊師敗績。秋，七月，齊侯使國佐如師，己酉，及國佐盟于袁婁。成公二年。

夏，叔孫僑如會晉荀首于穀。成公五年。

冬，十有一月，叔孫僑如會晉士燮、齊高無咎、宋華元、衛孫林父、鄭公子鰌、邾人會吳于鍾離。成公十有五年。

十有二月，乙丑，季孫行父及晉郤犨盟于扈。成公十有六年。

十有二月，仲孫蔑會晉侯、宋公、衛侯、邾子、齊崔杼，同盟于虛朾。成公十有八年。

秋，七月，仲孫蔑會晉荀罃、宋華元、衛孫林父、曹人、邾人于戚。襄公二年。

冬，仲孫蔑會晉荀罃、齊崔杼、宋華元、衛孫林父、曹人、邾人、滕人、薛人、小邾人于戚。襄公二年。

六月，公會單子、晉侯、宋公、衛侯、鄭伯、莒子、邾子、齊世子光。己未，同盟于雞澤。陳侯使袁僑如會。戊寅，叔孫豹及諸侯之大夫及陳袁僑盟。襄公三年。

仲孫蔑、衛孫林父會吴于善道。襄公五年，夏。

季孫宿會晉侯、鄭伯、齊人、宋人、衛人、邾人于邢丘。襄公八年，夏。

春，王正月，季孫宿、叔老會晉士匄、齊人、宋人、衛人、鄭公孫蠆、曹人、莒人、邾人、滕人、薛人、杞人、小邾人會吴于向。襄公十有四年。

冬，季孫宿會晉士匄、宋華閱、衛孫林父、鄭公孫蠆、莒人、邾人于戚。襄公十有四年。

三月，公會晉侯、宋公、衛侯、鄭伯、曹伯、莒子、邾子、薛伯、杞伯、小邾子于溴梁。戊寅，大夫盟。襄公十有六年。

叔孫豹會晉士匄于柯。襄公十有九年，冬。

春，王正月，辛亥，仲孫速會莒人盟于向。襄公二十年。

夏，叔孫豹會晉趙武、楚屈建、蔡公孫歸生、衛石惡、陳孔奂、鄭良霄、許人、曹人于宋。襄公二十有七年。秋，七月，辛巳，豹及諸侯之大夫盟于宋。襄公二十有七年。

叔孫豹會晉趙武、楚公子圍、齊國弱、宋向戌、衛齊惡、陳公子招、蔡公孫歸生、鄭罕虎、許人、曹人于虢。昭公元年，春，正月。

春，叔弓會楚子于陳。昭公九年。

仲孫貜會邾子盟于祲祥。昭公十有一年，五月。

秋，季孫意如會晉韓起、齊國弱、宋華亥、衛北宫佗、鄭罕虎、曹人、杞人于厥憖。昭公十有一年。

夏，叔詣會晉趙鞅、宋樂大心、衛北宫喜、鄭游吉、曹人、邾人、滕人、薛人、小邾人于黄父。昭公二十有五年。

季孫意如會晉荀躒于適歷。昭公三十有一年，春，正月。

冬，仲孫何忌及邾子盟于拔。定公三年。

癸巳，叔孫州仇、仲孫何忌及邾子盟于句繹。哀公二年，春，王二月。

叔還會吴于柤。哀公六年，夏。

外會盟

紀子伯、莒子盟于密。隱公二年，冬，十月。

冬，十有二月，齊侯、鄭伯盟于石門。隱公三年。

秋，七月，庚午，宋公、齊侯、衛侯盟于瓦屋。隱公八年。

蔡侯、鄭伯會于鄧。桓公二年，秋，七月。

夏，齊侯、衛侯胥命于蒲。桓公三年。

春，正月，齊人、衛人、鄭人盟于惡曹。桓公十有一年。

春，齊侯、宋人、陳人、蔡人、邾人會于北杏。莊公十有三年。

春，齊侯、宋公、陳侯、衛侯、鄭伯會于鄄。莊公十有五年。

秋，九月，齊侯、宋公、江人、黄人盟于貫。僖公二年。

秋，齊侯、宋公、江人、黄人會于陽穀。僖公三年。

夏，六月，宋公、曹人、邾人盟于曹南。僖公十有九年。

秋，齊人、狄人盟于邢。僖公二十年。

宋人、齊人、楚人盟于鹿上。僖公二十有一年，春。

秋，宋公、楚子、陳侯、蔡侯、鄭伯、許男、曹伯會于盂。僖公二十有一年。

秋，衛人及狄盟。僖公三十有二年。

冬，十有一月，諸侯盟于扈。文公十有五年。

諸侯會于扈。文公十有七年，六月。

九月，晉侯、宋公、衛侯、鄭伯、曹伯會于扈。宣公九年。

夏，楚子、陳侯、鄭伯盟于辰陵。宣公十有一年。

秋，晉侯會狄于欑函。宣公十有一年。

晉人、宋人、衛人、曹人同盟于清丘。宣公十有二年。冬，十有二月。

晉人、齊人、宋人、衛人、鄭人、曹人、莒人、邾人、滕人、薛人、杞人、小邾人會于澶淵，宋災故。襄公三十年，冬，十月。

夏，楚子、蔡侯、陳侯、鄭伯、許男、徐子、滕子、頓子、胡子、沈子、小邾子、宋世子佐、淮夷會于申。昭公四年。

秋，晉士鞅、宋樂祁犂、衛北宫喜、曹人、邾人、滕人會于扈。昭公二十有七年。

秋，齊侯、鄭侯盟于鹹。齊人執衛行人北宫結以侵衛，齊侯、衛侯盟于沙。定公七年。

冬，衛侯、鄭伯盟于曲濮。定公八年。

冬，齊侯、衛侯、鄭游速會于安甫。定公十年。

秋，齊侯、宋公會于洮。定公十有四年。

諸侯遇

夏，公及宋公遇于清。隱公四年。

春，宋公、衛侯遇于垂。隱公八年。

夏，齊侯、陳侯、鄭伯遇于垂。莊公四年。

公及齊侯遇于穀。莊公二十有三年，夏。蕭叔朝公。莊公二十有三年，夏，附。

冬，公及齊侯遇于魯濟。莊公三十年。

夏，宋公齊侯遇于梁丘。莊公三十有二年。

魯君侵伐

秋，公伐邾。隱公七年。

夏，翬帥師會齊人、鄭人伐宋。六月，壬戌，公敗宋師于菅。隱公十年。

秋，七月，壬午，公及齊侯、鄭伯入許。隱公十有一年。

十有二月，及鄭師伐宋。丁未，戰于宋。桓公十有二年。

春，二月，公會紀侯、鄭伯。己巳，及齊侯、宋公、衛侯、燕人戰，齊師、宋師、衛師、燕師敗績。桓公十有三年。

冬，十有一月，公會宋公、衛侯、陳侯于衺，伐鄭。桓公十有五年。

夏，四月，公會宋公、衛侯、陳侯、蔡侯伐鄭。秋，七月，公至自伐鄭。桓公十有六年。

冬，公會齊人、宋人、陳人、蔡人伐衛。莊公五年。秋，公至自伐衛。莊公六年。

春，王正月，師次于郎，以俟陳人、蔡人。甲午，治兵。夏，師及齊師圍郕，郕降于齊師。秋，師還。莊公八年。

夏，公伐齊納糾。莊公九年。八月，庚申，及齊師戰于乾時，我師敗績。莊公九年。

春，王正月，公敗齊師于長勺。莊公十年。

二月，公侵宋。莊公十年。

夏，六月，齊師、宋師次于郎。公敗宋師于乘丘。莊公十年。

夏，五月，戊寅，公敗宋師于鄑。莊公十有一年。

春，公伐戎。夏，公至自伐戎。莊公二十有六年。

秋，公會宋人、齊人伐徐。莊公二十有六年。

夏，師次于成。莊公三十年。

九月，公敗邾師于偃。僖公元年。

春，王正月，公會齊侯、宋公、陳侯、衛侯、鄭伯、許男、曹伯侵蔡，蔡潰。遂伐楚，次于陘。僖公四年。楚屈完來盟于師，盟于召陵。僖公四年，夏。秋，及江人、黄人伐陳。八月，公至自伐楚。僖公四年。

夏，公會齊侯、宋公、陳侯、衛侯、曹伯伐鄭，圍新城。秋，楚人圍許。諸侯遂救許。冬，公至自伐鄭。僖公六年。

冬，公伐邾。僖公二十有一年。

春，公伐邾。僖公二十有二年。

公子遂如楚乞師。僖公二十有六年，夏。公以楚師伐齊，取穀。公至自伐齊。僖公二十有六年，冬。

冬，公會晉侯、齊侯、宋公、蔡侯、鄭伯、陳子、莒子、邾子、秦人于温。諸侯遂圍許。僖公二十有八年，冬。

公至自圍許。僖公二十有九年，春。

公伐邾。僖公三十有三年，夏，四月。

春，公伐邾。文公二年。

春，王正月，公及齊侯平莒及郯，莒人不肯。公伐莒，取向。宣公四年。

夏，公會齊侯伐萊。秋，公至自伐萊。宣公七年。

公伐杞。宣公十有八年，春。

春，王正月，公會晉侯、宋公、衛侯、曹伯伐鄭。二月，公至自伐鄭。成公三年。

五月，公會晉侯、齊侯、宋公、衛侯、曹伯伐鄭。成公十年。

三月，公如京師。夏，五月，公自京師，遂會晉侯、齊侯、宋公、衛侯、鄭伯、曹伯、邾人、滕人伐秦。秋，七月，公至自伐秦。成公十有三年。

公會尹子、晉侯、齊國佐、邾人伐鄭。成公十有六年，秋。公至自會。成公十有六年，十有二月。

夏，公會尹子、單子、晉侯、齊侯、宋公、衛侯、曹伯、邾人伐鄭。秋，公至自會。成公十有七年。

冬，公會單子、晉侯、宋公、衛侯、曹伯、齊人、邾人伐鄭。十有一月，公至自伐鄭。成公十有七年。

冬，公會晉侯、宋公、衛侯、曹伯、莒子、邾子、滕子、薛伯、杞伯、小邾子、齊世子光伐鄭。襄公九年。

公會晉侯、宋公、衛侯、曹伯、莒子、邾子、齊世子光、滕子、薛伯、杞伯、小邾子伐鄭。襄公十年，秋。公至自伐鄭。襄公十年，冬。

公會晉侯、宋公、衛侯、曹伯、齊世子光、莒子、邾子、滕子、薛伯、杞伯、小邾子伐鄭。襄公十有一年，夏，四月。

秋，七月，己未，同盟于亳城北。公至自伐鄭。楚子、鄭伯伐宋。公會晉侯、宋公、衛侯、曹伯、齊世子光、莒子、邾子、滕子、薛伯、杞伯、小邾子伐鄭。會于蕭魚。公至自會。襄公十有一年。

冬，十月，公會晉侯、宋公、衛侯、鄭伯、曹伯、莒子、邾子、滕子、薛伯、杞伯、小邾子同圍齊。襄公十有八年。

公至自伐齊。襄公十有九年，春，王正月。

三月，公會劉子、晉侯、宋公、蔡侯、衛侯、陳子、鄭伯、許男、曹伯、莒子、邾子、頓子、胡子、滕子、薛伯、杞伯、小邾子、齊國夏于召陵，侵楚。定公四年。秋，七月，公至自會。定公四年。

二月，公侵鄭。公至自侵鄭。定公六年。

春，王正月，公侵齊。公至自侵齊。定公八年。

二月，公侵齊。三月，公至自侵齊。定公八年。

秋，公伐邾。八月，己酉，入邾。以邾子益來。哀公七年。歸邾子益于邾。哀公八年，夏。

公會吳伐齊。哀公十年，春，二月。五月，公至自伐齊。哀公十年。

五月，公會吳伐齊。哀公十有一年。

魯臣侵伐

無駭帥師入極。隱公二年，夏，五月。

秋，翬帥師會宋公、陳侯、蔡人、衛人伐鄭。隱公四年。

夏，翬帥師會齊人、鄭人伐宋。隱公十年。

九月，入杞。桓公二年。

秋，伐邾。桓公八年。

及宋人、衛人伐邾。桓公十有七年，秋，八月。

夏，公子慶父帥師伐於餘丘。莊公二年。

春，王正月，溺會齊師伐衛。莊公三年。

春，齊人、陳人、曹人伐宋。夏，單伯會伐宋。莊公十有四年。

冬，十月，壬午，公子友帥師敗莒師于酈，獲莒挐。僖公元年。

冬，十有二月，公孫兹帥師會齊人、宋人、衛人、鄭人、許人、曹人侵陳。僖公四年。

乙巳，公子遂帥師入杞。僖公二十有七年，秋，八月。

秋，公子遂帥師伐邾。僖公三十有三年。

春，王正月，叔孫得臣會晉人、宋人、陳人、衛人、鄭人伐沈，沈潰。文公三年。

冬，十月，甲午，叔孫得臣敗狄于鹹。文公十有一年。

叔彭生帥師伐邾。文公十有四年，春，正月。

公孫歸父帥師伐邾。宣公十年，秋。

公孫歸父會齊人伐莒。宣公十有一年，夏。

六月，癸酉，季孫行父、臧孫許、叔孫僑如、公孫嬰齊帥師會晉郤克、衛孫良夫、曹公子首及齊侯戰于鞌，齊師敗績。成公二年。

秋，仲孫蔑、叔孫僑如帥師侵宋。成公六年。

晉侯使士燮來聘。叔孫僑如會晉士燮、齊人、邾人伐郯。成公八年，冬，十月。

仲孫蔑會晉欒黶、宋華元、衛甯殖、曹人、莒人、邾人、滕人、薛人圍宋彭城。襄公元年，春，正月。

春，王三月，莒人伐我東鄙，圍台。季孫宿帥師救台，遂入鄆。襄公十有二年。

夏，四月，叔孫豹會晉荀偃、齊人、宋人、衛北宫括、鄭公孫蠆、曹人、莒人、邾人、滕人、薛人、小邾人伐秦。襄公十有四年。

叔老會鄭伯、晉荀偃、衛甯殖、宋人伐許。襄公十有六年，五月。

仲孫速帥師伐邾。襄公二十年，秋。

仲孫羯帥師侵齊。襄公二十有四年，春。

戊辰，叔弓帥師敗莒師于蚡泉。昭公五年，秋，七月。

秋，七月季孫意如、叔弓、仲孫貜帥師伐莒。昭公十年。

季孫斯、仲孫何忌帥師侵衛。定公八年，九月。

冬，仲孫何忌帥師伐邾。哀公元年。春，王二月，季孫斯、叔孫州仇、仲孫何忌帥師伐邾。哀公二年。

叔孫州仇、仲孫何忌帥師圍邾。哀公三年，冬，十月。

冬，仲孫何忌帥師伐邾。哀公六年。

魯被侵伐

冬，十有二月，丙午，齊侯、衛侯、鄭伯來戰于郎。桓公十年。

五月，丙午，及齊師戰于奚。桓公十有七年。

夏，公追戎于濟西。莊公十有八年。

冬，齊人、宋人、陳人伐我西鄙。莊公十有九年。

秋，八月，丁未，及邾人戰于升陘。僖公二十有二年。

齊人侵我西鄙。公追齊師，至巂，弗及。

僖公二十有六年，春，正月。

夏，齊人伐我北鄙。僖公二十有六年。

狄侵我西鄙。文公七年，夏，四月。

邾人伐我南鄙。文公十有四年，春，正月。

秋，齊人侵我西鄙。文公十有五年。

齊人侵我西鄙。文公十有五年，十有二月。

齊侯伐我西鄙。文公十有七年，夏，四月。

春，齊侯伐我北鄙。成公二年。

莒人伐我東鄙。襄公八年，夏。

秋，莒人伐我東鄙。襄公十年。

春，王三月，莒人伐我東鄙，圍台。襄公十有二年。

莒人侵我東鄙。襄公十有四年，夏，四月。

夏，齊侯伐我北鄙，圍成。襄公十有五年。

邾人伐我南鄙。襄公十有五年，秋，八月。
齊侯伐我北鄙。襄公十有六年，三月。
秋，齊侯伐我北鄙，圍成。襄公十有六年。
秋，齊侯伐我北鄙，圍桃。襄公十有七年。
齊高厚帥師伐我北鄙，圍防。襄公十有七年，秋。
冬，邾人伐我南鄙。襄公十有七年。
秋，齊師伐我北鄙。襄公十有八年。
春，齊崔杼帥師伐我北鄙。襄公二十有五年。
齊國夏帥師伐我西鄙。定公七年，秋。
夏，齊國夏帥師伐我西鄙。定公八年。
吴伐我。哀公八年，春，正月。
春，齊國書帥師伐我。哀公十有一年。

春秋比事目録卷二

外侵伐

夏，五月莒人入向。隱公二年。

鄭人伐衛。隱公二年，十有二月。

春，王二月，莒人伐杞，取牟婁。隱公四年。

宋公、陳侯、蔡人、衛人伐鄭。隱公四年，夏。

秋，衛師入郕。隱公五年。

邾人、鄭人伐宋。隱公五年，九月。

宋人伐鄭，圍長葛。隱公五年，冬，十有二月。　冬，宋人取長葛。隱公六年。

秋，宋人、衛人入鄭。隱公十年。

宋人、蔡人、衛人伐戴，鄭伯伐取之。隱公十年，秋。

冬，十月，壬午，齊人、鄭人入郕。隱公十年。

宋人以齊人、蔡人、衛人、陳人伐鄭。桓公十有四年，冬，十有二月。

秋，九月，荆敗蔡師于莘，以蔡侯獻舞歸。莊公十年。

春，齊人、陳人、曹人伐宋。莊公十有四年。

秋，七月，荆入蔡。莊公十有四年。

秋，宋人、齊人、邾人伐郳。莊公十有五年。

鄭人侵宋。莊公十有五年，秋。

夏，宋人、齊人、衛人伐鄭。莊公十有六年。

秋，荆伐鄭。莊公十有六年。

夏，齊人殲于遂。莊公十有七年。

冬，齊人伐戎。莊公二十年。

冬，戎侵曹。莊公二十有四年。

春，王三月，甲寅，齊人伐衛。衛人及齊人戰，衛人敗績。莊公二十有八年。

秋，荆伐鄭。莊公二十有八年。

夏，鄭人侵許。莊公二十有九年。

秋，七月，齊人降鄣。莊公三十年。

齊人伐山戎。莊公三十年，冬。
狄伐邢。莊公三十有二年，冬，十月。
十有二月，狄入衛。閔公二年。
楚人伐鄭。僖公元年，秋，七月。
楚人侵鄭。僖公二年，冬，十月。
徐人取舒。僖公三年，夏，四月。
楚人伐鄭。僖公三年，冬。
秋，楚人圍許。僖公六年。
春，齊人伐鄭。僖公七年。
夏，狄伐晉。僖公八年。
夏，齊侯、許男伐北戎。僖公十年。
冬，楚人伐黄。僖公十有一年。
春，狄侵衛。僖公十有三年。
狄侵鄭。僖公十有四年，秋，八月。
楚人伐徐。僖公十有五年，春，正月。

秋，七月，齊師、曹師伐厲。僖公十有五年。

冬，宋人伐曹。僖公十有五年。

楚人敗徐于婁林。僖公十有五年，冬。

十有一月，壬戌，晉侯及秦伯戰于韓，獲晉侯。僖公十有五年。

春，齊人、徐人伐英氏。僖公十有七年。

春，王正月，宋公、曹伯、衛人、邾人伐齊。僖公十有八年。五月，戊寅，宋師及齊師戰于甗。齊師敗績。僖公十有八年。

冬，邢人、狄人伐衛。僖公十有八年。

秋，宋人圍曹。僖公十有九年。

衛人伐邢。僖公十有九年，秋。

鄭人入滑。僖公二十年，五月。

冬，楚人伐隨。僖公二十年。

春，狄侵衛。僖公二十有一年。

秋，宋公、楚子、陳侯、蔡侯、鄭伯、許男、曹伯會于盂。執宋公以伐宋。僖公二十有一年。

夏，宋公、衛侯、許男、滕子伐鄭。僖公二十有二年。

冬，十有一月，己巳，朔，宋公及楚人戰于泓。宋師敗績。僖公二十有二年。

春，齊侯伐宋，圍緡。僖公二十有三年。

秋，楚人伐陳。僖公二十有三年。

夏，狄伐鄭。僖公二十有四年。

秋，楚人圍陳。僖公二十有五年。

衛人伐齊。僖公二十有六年，夏。

冬，楚人伐宋，圍緡。僖公二十有六年。

冬，楚人、陳侯、蔡侯、鄭伯、許男圍宋。僖公二十有七年。

春，晉侯侵曹。晉侯伐衛。三月，丙午，晉侯入曹，執曹伯畀宋人。夏，四月，己巳，晉侯、齊師、宋師、秦師及楚人戰于城濮，楚師敗績。僖公二十有八年。

曹伯襄復歸于曹，遂會諸侯圍許。僖公二十有八年。

夏，狄侵齊。僖公三十年。

晉人、秦人圍鄭。僖公三十年，秋。

介人侵蕭。僖公三十年，秋。

狄圍衛。僖公三十有一年，冬。

衛人侵狄。僖公三十有二年，夏，四月。

春，王二月，秦人入滑。僖公三十有三年。夏，四月，辛巳，晉人及姜戎敗秦師于殽。僖公三十有三年。

狄侵齊。僖公三十有三年，夏，四月。

晉人敗狄于箕。僖公三十有三年，秋。

晉人、陳人、鄭人伐許。僖公三十有三年，十有二月。

晉侯伐衛。文公元年，夏，四月。

衛人伐晉。文公元年，夏，四月。

春，王二月，甲子，晉侯及秦師戰于彭衙，秦師敗績。文公二年。

冬，晉人、宋人、陳人、鄭人伐秦。文公二年。

秦人伐晉。文公三年，夏，五月。

秋，楚人圍江。文公三年。秋，楚人滅江。文公四年。

秋，侵齊。文公四年，夏。

晉侯伐秦。文公四年，秋。

秦人入鄀。文公五年，夏。

戊子，晉人及秦人戰于令狐。文公七年，夏，四月。

冬，徐伐莒。文公七年。

楚人伐鄭。文公九年，三月。

夏，狄侵齊。文公九年。

夏，秦伐晉。文公十年。

冬，狄侵宋。文公十年。

春，楚子伐麇。文公十有一年。

狄侵齊。文公十有一年，秋。

夏，楚人圍巢。文公十有二年。

冬，十有二月，戊午，晉人、秦人戰于河曲。文公十有二年。

狄侵衛。文公十有三年，冬。

晉郤缺帥師伐蔡。戊申，入蔡。文公十有五年，六月。

齊人侵我西鄙，遂伐曹，入其郛。文公十有五年，十有二月。

春，晉人、衛人、陳人、鄭人伐宋。文公十有七年。

楚子、鄭人侵陳。遂侵宋。宣公元年，秋。

宋公、陳侯、衛侯、曹伯會晉師于棐林，伐鄭。宣公元年，秋。

冬，晉趙穿帥師侵崇。宣公元年。

晉人、宋人伐鄭。宣公元年，冬。

春，王二月，壬子，宋華元帥師及鄭公子歸生帥師戰于大棘。宋師敗績，獲宋華元。宣公二年。

秦師伐晉。宣公二年，春，二月。

夏，晉人、宋人、衛人、陳人侵鄭。宣公二年。

楚子伐陸渾之戎。宣公三年，春，正月。

夏，楚人侵鄭。宣公三年。

秋，赤狄侵齊。宣公三年。

宋師圍曹。宣公三年，秋。

赤狄侵齊。宣公四年，夏，六月。

冬，楚子伐鄭。宣公四年。

楚人伐鄭。宣公五年，冬。

春，晉趙盾、衛孫免侵陳。宣公六年。

晉師、白狄伐秦。宣公八年，夏，六月。

楚師伐陳。宣公八年，冬，十月。

齊侯伐萊。宣公九年，夏。

晉荀林父帥師伐陳。宣公九年，九月。

宋人圍滕。宣公九年，冬，十月。

楚子伐陳。宣公九年，冬，十月。

六月，宋師伐滕。宣公十年。

晉人、宋人、衛人、曹人伐鄭。宣公十年，六月。

楚子伐鄭。宣公十年，冬。

丁亥，楚子入陳。宣公十有一年，冬，十月。

楚子圍鄭。宣公十有二年，春。夏，六月，乙卯，晉荀林父帥師及楚子戰于邲，晉師敗績。宣公十有二年。

宋師伐陳。宣公十有二年，冬，十有二月。

春，齊師伐莒。宣公十有三年。

夏，楚子伐宋。宣公十有三年。

晉侯伐鄭。宣公十有四年，夏，五月。

秋，九月，楚子圍宋。宣公十有四年。

秦人伐晉。宣公十有五年，六月。

春，晉侯、衛世子臧伐齊。宣公十有八年。

夏，四月，丙戌，衛孫良夫帥師及齊師戰于新築，衛師敗績。成公二年。

冬，楚師、鄭師侵衛。成公二年。

鄭公子去疾帥師伐許。成公三年，夏。

晉郤克、衛孫良夫伐廧咎如。成公三年，秋。

鄭伐許。成公三年，冬，十有一月。

鄭伯伐許。成公四年，冬。

衛孫良夫帥師侵宋。成公六年，二月。

楚公子嬰齊帥師伐鄭。成公六年，秋。

吴伐郯。成公七年，春，正月。

秋，楚公子嬰齊帥師伐鄭。成公七年。

吴入州來。成公七年，八月。

晉欒書帥師侵蔡。成公八年，春。

晉人執鄭伯。晉欒書帥師伐鄭。成公九年，秋，七月。

楚公子嬰齊帥師伐莒。庚申，莒潰。楚人入鄆。成公九年，冬，十有一月。

秦人、白狄伐晉。成公九年，冬，十有一月。

鄭人圍許。成公九年，冬，十有一月。

春，衛侯之弟黑背帥師侵鄭。成公十年。

秋，晉人敗狄于交剛。成公十有二年。

鄭公子喜帥師伐許。成公十有四年，秋。

楚子伐鄭。成公十有五年，夏，六月。

鄭公子喜帥師侵宋。成公十有六年，夏，四月。

甲午，晦，晉侯及楚子、鄭伯戰于鄢陵。楚子、鄭師敗績。成公十有六年，六月。

春，衛北宫括帥師侵鄭。成公十有七年。

夏，楚子、鄭伯伐宋。成公十有八年。

冬，楚人、鄭人侵宋。成公十有八年。

夏，晉韓厥帥師伐鄭。襄公元年。

秋，楚公子壬夫帥師侵宋。襄公元年。

鄭師伐宋。襄公二年，春，正月。

晉師、宋師、衛甯殖侵鄭。襄公二年，六月。

春，楚公子嬰齊帥師伐吴。襄公三年。

冬，晉荀罃帥師伐許。襄公三年。

陳人圍頓。襄公四年，冬。

楚公子貞帥師伐陳。襄公五年，冬。

楚公子貞帥師圍陳。襄公七年，冬，十月。

鄭人侵蔡，獲蔡公子燮。襄公八年，夏。

冬，楚公子貞帥師伐鄭。襄公八年。

楚子伐鄭。襄公九年，冬。

楚公子貞、鄭公孫輒帥師伐宋。襄公十年，夏，五月。

晉師伐秦。襄公十年，夏，五月。

鄭公孫舍之帥師侵宋。襄公十有一年，夏，四月。

楚子、鄭伯伐宋。襄公十有一年，秋，七月。

冬，秦人伐晉。襄公十有一年。

冬，楚公子貞帥師侵宋。襄公十有二年。

秋，楚公子貞帥師伐吴。襄公十有四年。

宋人伐陳。襄公十有七年，春，二月。

夏，衛石買帥師伐曹。襄公十有七年。

楚公子午帥師伐鄭。襄公十有八年，冬，十月。

夏，衛孫林父帥師伐齊。襄公十有九年。

晉士匄帥師侵齊，至穀。聞齊侯卒，乃還。襄公十有九年，秋，七月。

秋，齊侯伐衛，遂伐晉。襄公二十有三年。

齊侯襲莒。襄公二十有三年，冬，十月。

夏，楚子伐吴。襄公二十有四年。

齊崔杼帥師伐莒。襄公二十有四年，秋，七月。

冬，楚子、蔡侯、陳侯、許男伐鄭。襄公二十有四年。

六月，壬子，鄭公孫舍之帥師入陳。襄公二十有五年。

冬，鄭公孫夏帥師伐陳。襄公二十有五年。

十有二月，吴子遏伐楚。襄公二十有五年。

冬，楚子、蔡侯、陳侯伐鄭。襄公二十有六年。

晉荀吴帥師敗狄于大鹵。昭公元年，六月。

秋，七月，楚子、蔡侯、陳侯、許男、頓子、胡子、沈子、淮夷伐吴。昭公四年。

冬，楚子、蔡侯、陳侯、許男、頓子、沈子、徐人、越人伐吴。昭公五年。

楚薳罷帥師伐吴。昭公六年，秋，九月。

齊侯伐北燕。昭公六年，冬。

楚公子棄疾帥師圍蔡。昭公十有一年，夏，四月。

楚子伐徐。昭公十有二年，冬，十月。

晉伐鮮虞。昭公十有二年，冬，十月。

秋，晉荀吴帥師伐鮮虞。昭公十有五年。

春，齊侯伐徐。昭公十有六年。

楚人及吴戰于長岸。昭公十有七年，冬。

六月，邾人入鄅。昭公十有八年。

春，宋公伐邾。昭公十有九年。

秋，齊高發帥師伐莒。昭公十有九年。

春，齊侯伐莒。昭公二十有二年。

戊辰，吴敗頓、胡、沈、蔡、陳、許之師于雞父。胡子髡、沈子逞滅。獲陳夏齧。昭公二十有三年，秋，七月。

夏，吴伐越。昭公三十有二年。

秋，楚人伐吴。定公二年。

楚人圍蔡。定公四年，秋，七月。冬，十有一月，庚午，蔡侯以吴子及楚人戰于柏舉，楚師敗績，楚囊瓦出奔鄭。庚辰，吴入郢。定公四年。

晉士鞅、衛孔圉帥師伐鮮虞。定公四年，秋，十月。

於越入吴。定公五年，夏。

冬，晉士鞅帥師圍鮮虞。定公五年。

齊人執衛行人北宫結以侵衛。定公七年，秋。

晉士鞅帥師侵鄭，遂侵衛。定公八年，秋，七月。

晉趙鞅帥師圍衛。定公十年，夏。

衛公孟彄帥師伐曹。定公十有二年，夏。

衛公孟彄帥師伐曹。定公十有三年，夏。

五月，於越敗吴于檇李。定公十有四年。

鄭罕達帥師伐宋。定公十有五年，夏，五月。

楚子、陳侯、隨侯、許男圍蔡。哀公元年，春，正月。

秋，齊侯、衛侯伐晉。哀公元年。

秋，八月，甲戌，晉趙鞅帥師及鄭罕達帥師戰于鐵，鄭師敗績。哀公二年。

春，齊國夏、衛石曼姑帥師圍戚。哀公三年。

宋樂髡帥師伐曹。哀公三年，五月。

夏，齊侯伐宋。哀公五年。

晉趙鞅帥師伐衛。哀公五年，夏。

晉趙鞅帥師伐鮮虞。哀公六年，春。

吴伐陳。哀公六年，春。

宋向巢帥師伐曹。哀公六年，冬。宋人圍曹。哀公七年，八月。春，王正月，宋公入曹，以曹伯陽歸。哀公八年。

春，宋皇瑗帥師侵鄭。哀公七年。

晉魏曼多帥師侵衛。哀公七年，春。

宋皇瑗帥師取鄭師于雍丘。哀公九年，春，二月。

夏，楚人伐陳。哀公九年。

秋，宋人伐鄭。哀公九年。

夏，宋人伐鄭。哀公十年。

晉趙鞅帥師侵齊。哀公十年，夏。

冬，楚公子結帥師伐陳。哀公十年。

五月，公會吴伐齊。甲戌，齊國書帥師及吴戰于艾陵。齊師敗績，獲齊國書。哀公十有一年。

宋向巢帥師伐鄭。哀公十有二年，秋。

春，鄭罕達帥師取宋師于嵒。哀公十有三年。

楚公子申帥師伐陳。哀公十有三年，夏。

於越入吴。哀公十有三年，夏。

晉魏曼多帥師侵衛。哀公十有三年，秋。

魯君如列國

春，王正月，公會齊侯于濼。公與夫人姜氏遂如齊。桓公十有八年。

冬，公如齊納幣。莊公二十有二年。春，公至自齊。莊公二十有三年。

夏，公如齊觀社。公至自齊。莊公二十有三年。

夏，公如齊逆女。秋，公至自齊。莊公二十有四年。

春，王正月，公如齊。僖公十年。

春，王正月，公如齊。僖公十有五年。

冬，十月，公如齊。十有二月，公至自齊。僖公三十有三年。

冬，公如晉。文公三年。春，公至自晉。文公四年。

冬，公如晉。文公十有三年。春，王正月，公至自晉。文公十有四年。

秋，公如齊。公至自齊。宣公四年。

春，公如齊。夏，公至自齊。宣公五年。

春，王正月，公如齊。公至自齊。宣公九年。

春，公如齊。公至自齊。宣公十年。

公如齊。宣公十年，夏，四月。五月，公至自齊。宣公十年。

夏，公如晉。成公三年。公至自晉。成公三年，夏。

公如晉。成公四年，夏，四月。秋，公至自晉。成公四年。

秋，七月，公如晉。成公十年。春，王三月，公至自晉。成公十有一年。

公如晉。成公十有八年，春，正月。公至自晉。成公十有八年，夏。

公如晉。襄公三年，春。公至自晉。襄公三年，夏，四月。

冬，公如晉。襄公四年。春，公至自晉。襄公五年。

春，王正月，公如晉。襄公八年。公至自晉。襄公八年，夏。

公如晉。襄公十有二年，冬。春，公至自晉。襄公十有三年。

春，王正月，公如晉。襄公二十有一年。夏，公至自晉。襄公二十有一年。

十有一月，公如楚。襄公二十有八年。春，王正月，公在楚。夏，五月，公至自楚。襄公二十有九年。

冬，公如晉。至河乃復。昭公二年。

公如晉。昭公五年，春正月。秋，七月，公至自晉。昭公五年。

三月，公如楚。昭公七年。九月，公至自楚。昭公七年。

公如晉，至河乃復。昭公十有二年，夏。

公如晉，至河乃復。昭公十有三年，冬，十月。

冬，公如晉。昭公十有五年。　夏，公至自晉。昭公十有六年。

公如晉，至河乃復。昭公二十有一年，冬。

冬，公如晉，至河有疾，乃復。昭公二十有三年。

春，王正月，公如晉，至河乃復。定公三年。

魯臣如列國

公子翬如齊逆女。桓公三年，秋，七月。

冬，公子友如陳。莊公二十有五年。

秋，公子友如陳。葬原仲。莊公二十有七年。

臧孫辰告糴于齊。莊公二十有八年，冬。

公子慶父如齊。莊公三十有二年，冬，十月。

冬，公子友如齊莅盟。僖公三年。

夏，公孫兹如牟。僖公三年。

公子友如齊。僖公七年，秋，七月。

冬，公子友如齊。僖公十有三年。

公子遂如楚乞師。僖公二十有六年，夏。

公子遂如齊。僖公二十有八年，秋。

公子遂如京師，遂如晉。僖公三十年，冬。

公子遂如晉。僖公三十有一年，春。

公孫敖如齊。文公元年，冬，十月。

公子遂如齊納幣。文公二年，冬。

夏，公孫敖如晉。文公五年。

夏，季孫行父如陳。文公六年。

秋，季孫行父如晉。文公六年。

冬，十月，公子遂如晉，葬晉襄公。文公六年。

公孫敖如莒，莅盟。文公七年，冬。

公子遂如宋。文公十有一年，秋。

冬，單伯如齊。文公十有四年。

春，季孫行父如晉。文公十有五年。

季孫行父如晉。文公十有五年，秋。

冬，公子遂如齊。文公十有七年。

秋，公子遂、叔孫得臣如齊。文公十有八年。

季孫行父如齊。文公十有八年，冬，十月。

公子遂如齊逆女。宣公元年，春，正月。

夏，季孫行父如齊。宣公元年。

公子遂如齊。宣公元年，夏。

夏，六月，公子遂如齊，至黄乃復。宣公八年。

公孫歸父如齊，葬齊惠公。宣公十年，六月。

季孫行父如齊。宣公十年，秋。

冬，公孫歸父如齊。宣公十年。

公孫歸父如晉。宣公十有八年，秋，七月。

仲孫蔑如宋。成公五年，春，正月。

公孫嬰齊如晉。成公六年，夏，六月。

冬，季孫行父如晉。成公六年。
公孫嬰齊如莒。成公八年，春。
夏，季孫行父如宋致女。成公九年。
夏，季孫行父如晉。成公十有一年。
秋，叔孫僑如如齊。成公十有一年。
秋，叔孫僑如如齊逆女。成公十有四年。
叔孫豹如宋。襄公二年，秋，七月。
夏，叔孫豹如晉。襄公四年。
叔孫豹、鄫世子巫如晉。襄公五年，夏。
冬，叔孫豹如邾。襄公六年。
季叔宿如晉。襄公六年，冬。
秋，季孫宿如衛。襄公七年。
夏，季孫宿如晉。襄公九年。
冬，叔孫豹如晉。襄公十有六年。
季孫宿如晉。襄公十有九年，春，正月。

叔老如齊。襄公二十年，秋。

季孫宿如宋。襄公二十年，冬，十月。

春，叔孫豹如晉。襄公二十有四年。

仲孫羯如晉。襄公二十有八年，秋，八月。

冬，仲孫羯如晉。襄公二十有九年。

秋，七月，叔弓如宋，葬宋共姬。襄公三十年。

夏，叔弓如晉。昭公二年。

季孫宿如晉。昭公二年，冬。

夏，叔弓如滕。五月，葬滕成公。昭公三年。

夏，季孫宿如晉。昭公六年。

冬，叔弓如楚。昭公六年。

叔孫舍如齊莅盟。昭公七年，三月。

叔弓如晉。昭公八年，夏，四月。

秋，仲孫貜如齊。昭公九年。

九月，叔孫舍如晉，葬晉平公。昭公十年。

春，王二月，叔弓如宋，葬宋平公。昭公十有一年。

季孫意如如晉。昭公十有六年，九月。冬，十月，葬晉昭公。昭公十有六年。

春，王正月，叔孫舍如晉。昭公二十有三年。

春，叔孫舍如宋。昭公二十有五年。

夏，季孫斯、仲孫何忌如晉。定公六年。

叔孫州仇如齊。定公十年，冬。

叔還如鄭莅盟。定公十有一年，冬。

冬，叔還如齊。閏月，葬齊景公。哀公五年。

諸侯來

春，滕侯、薛侯來朝。隱公十有一年。

滕子來朝。桓公二年，春，正月。

秋，七月，杞侯來朝。桓公二年。

春，正月，寔來。桓公六年。

冬，紀侯來朝。桓公六年。

夏，穀伯綏來朝。鄧侯吾離來朝。桓公七年。

冬，曹伯使其世子射姑來朝。桓公九年。附。

邾人、牟人、葛人來朝。桓公十有五年，五月。

秋，郳黎來來朝。莊公五年。

杞伯來朝。莊公二十有七年，冬。

六月，齊侯來獻戎捷。莊公三十有一年。

夏，小邾子來朝。僖公七年。

夏，六月，季姬及鄫子遇于防，使鄫子來朝。僖公十有四年。附。

夏，郜子來朝。僖公二十年。

春，杞子來朝。僖公二十有七年。

春，介葛盧來。僖公二十有九年。

冬，介葛盧來。僖公二十有九年。

秋，曹伯來朝。文公十有一年。

杞伯來朝。文公十有二年，春，正月。

秋，滕子來朝。文公十有二年。
夏，曹伯來朝。文公十有五年。
秋，邾子來朝。宣公元年。
杞伯來朝。成公四年，三月。
夏，六月，邾子來朝。成公六年。
夏，五月，曹伯來朝。成公七年。
春，王正月，杞伯來逆叔姬之喪以歸。成公九年。
秋，杞伯來朝。成公十有八年。
八月，邾子來朝。成公十有八年。
邾子來朝。襄公元年，九月。
滕子來朝。襄公六年，秋。
春，郯子來朝。襄公七年。
小邾子來朝。襄公七年，夏，四月。
春，白狄來。襄公十有八年。
曹伯來朝。襄公二十有一年，冬，十月。

邾子來朝。襄公二十有八年，夏。

杞子來盟。襄公二十有九年，夏，五月。

冬，十月，滕子來會葬。襄公三十有一年。

秋，小邾子來朝。昭公三年。

春，小邾子來朝。昭公十有七年。

秋，郯子來朝。昭公十有七年。

大蒐于比蒲。邾子來會公。定公十有四年，秋。

春，王正月，邾子來朝。定公十有五年。

邾子來奔喪。定公十有五年，夏，五月。

九月，滕子來會葬。定公十有五年。

滕子來朝。哀公二年，夏，四月。

外臣來

九月，紀履緰來逆女。隱公二年。

齊侯使其弟年來聘。隱公七年，夏。

三月，鄭伯使宛來歸祊。隱公八年。

冬，齊侯使其弟年來聘。桓公三年。

夏，五，鄭伯使其弟語來盟。桓公十有四年。

冬，齊人來歸衛俘。莊公六年。

荆人來聘。莊公二十有三年，夏。

春，陳侯使女叔來聘。莊公二十有五年。

莒慶來逆叔姬。莊公二十有七年，冬。

冬，齊仲孫來。閔公元年。

冬，齊高子來盟。閔公二年。

楚人使宜申來獻捷。僖公二十有一年，冬。

齊侯使國歸父來聘。僖公三十有三年，春，二月。

衛侯使甯俞來聘。文公四年，秋。

冬，楚子使椒來聘。文公九年。

秦人來歸僖公、成風之襚。文公九年，冬。

秦伯使術來聘。文公十有二年，秋。

三月，宋司馬華孫來盟。文公十有五年。

秋，九月，齊高固來逆子叔姬。宣公五年。

冬，齊高固及子叔姬來。宣公五年。

春，衛侯使孫良夫來盟。宣公七年。

齊侯使國佐來聘。宣公十年，冬。

冬，十有一月，晉侯使荀庚來聘。衛侯使孫良夫來聘。丙午，及荀庚盟。丁未，及孫良夫盟。成公三年。

春，宋公使華元來聘。成公四年。

春，晉侯使韓穿來言汶陽之田，歸之于齊。成公八年。

宋公使華元來聘。成公八年，春。

夏，宋公使公孫壽來納幣。成公八年。

晉侯使士燮來聘。成公八年，冬，十月。

衛人來媵。成公八年，冬，十月。

晉人來媵。成公九年，夏。

齊人來媵。成公十年，五月。

晉侯使郤犨來聘。己丑，及郤犨盟。成公十有一年，春，三月。

春，晉侯使郤錡來乞師。成公十有三年。

晉侯使欒黶來乞師。成公十有六年，六月。

晉侯使荀罃來乞師。成公十有七年，九月。

晉侯使士匄來聘。成公十有八年，夏。

晉侯使士魴來乞師。成公十有八年，冬。

冬，衛侯使公孫剽來聘。晉侯使荀罃來聘。襄公元年。

夏，鄭伯使公子發來聘。襄公五年。

冬，十月，衛侯使孫林父來聘。壬戌，及孫林父盟。襄公七年。

晉侯使士匄來聘。襄公八年，冬。

夏，晉侯使士魴來聘。襄公十有二年。

春，宋公使向戌來聘。二月，己亥，及向戌盟于劉。襄公十有五年。

夏，晉侯使荀吴來聘。襄公二十有六年。

春，齊侯使慶封來聘。襄公二十有七年。

晉侯使士鞅來聘。襄公二十有九年，夏，五月。

吴子使札來聘。襄公二十有九年，夏，五月。

春，王正月，楚子使薳罷來聘。襄公三十年。

春，晉侯使韓起來聘。昭公二年。

夏，宋公使華定來聘。昭公十有二年。

夏，晉侯使士鞅來聘。昭公二十有一年。

諸侯如

夏，齊侯、鄭伯如紀。桓公五年。

冬，州公如曹。桓公五年。

外諸侯卒葬

八月，庚辰，宋公和卒。隱公三年。癸未，葬宋穆公。隱公三年，冬，十有二月。

滕侯卒。隱公七年，春，三月。

夏，六月，己亥，蔡侯考父卒。隱公八年。八月，葬蔡宣公。隱公八年。

辛亥，宿男卒。隱公八年，夏，六月。

春，正月，甲戌，己丑，陳侯鮑卒。桓公五年。葬陳桓公。桓公五年，夏。

春，王正月，庚申，曹伯終生卒。夏，五月，葬曹桓公。桓公十年。

夏，五月，癸未，鄭伯寤生卒。秋，七月，葬鄭莊公。桓公十有一年。

八月，壬辰，陳侯躍卒。桓公十有二年。

丙戌，衛侯晉卒。桓公十有二年，冬，十有一月。三月，葬衛宣公。桓公十有三年。

冬，十有二月，丁巳，齊侯禄父卒。桓公十有四年。

夏，四月，己巳，葬齊僖公。桓公十有五年。

六月，辛丑，蔡侯封人卒。桓公十有七年。癸巳，葬蔡桓侯。桓公十有七年，秋，八月。

冬，十月，乙亥，陳侯林卒。莊公元年。春，王二月，葬陳莊公。莊公二年。

乙酉，宋公馮卒。莊公二年，冬，十有二月。夏，四月，葬宋莊公。莊公三年。

邾子克卒。莊公十有六年，冬，十有二月。

夏，五月，辛酉，鄭伯突卒。莊公二十有一年。冬，十有二月，葬鄭厲公。莊公二十有一年。

冬，十有一月，曹伯射姑卒。莊公二十有三年。葬曹莊公。莊公二十有四年，春，正月。

夏，五月，癸丑，衛侯朔卒。莊公二十有五年。

夏，四月，丁未，邾子瑣卒。莊公二十有八年。

夏，四月，薛伯卒。莊公三十有一年。

夏，許男新臣卒。僖公四年。葬許穆公。僖公四年，八月。

曹伯班卒。僖公七年，秋，七月。冬，葬曹昭公。僖公七年。

春，王正月，丁丑，宋公御説卒。僖公九年。

甲子，晉侯佹諸卒。僖公九年，九月。

冬，十有二月，丁丑，陳侯杵臼卒。僖公十有二年。

夏，四月，葬陳宣公。僖公十有三年。

冬，蔡侯肸卒。僖公十有四年。

冬，十有二月，乙亥，齊侯小白卒。僖公十有七年。

秋，八月，丁亥，葬齊桓公。僖公十有八年。

夏，五月，庚寅，宋公兹父卒。僖公二十有三年。

冬，十有一月，杞子卒。僖公二十有三年。

晉侯夷吾卒。僖公二十有四年，冬。

夏，四月，癸酉，衛侯燬卒。僖公二十有五年。葬衛文公。僖公二十有五年，秋。

夏，六月，庚寅，齊侯昭卒。秋，八月，乙未，葬齊孝公。僖公二十有七年。

陳侯欵卒。僖公二十有八年，六月。

夏，四月，己丑，鄭伯捷卒。僖公三十有二年。

冬，十有二月，己卯，晉侯重耳卒。僖公三十有二年。

癸巳，葬晉文公。僖公三十有三年，夏，四月。

冬，十月，甲申，許男業卒。文公五年。春，葬許僖公。文公六年。

八月，乙亥，晉侯驩卒。冬，十月，公子遂如晉。葬晉襄公。文公六年。

夏，四月，宋公王臣卒。文公七年。

秋，八月，曹伯襄卒。文公九年。葬曹共公。文公九年，冬。

夏，五月，壬午，陳侯朔卒。文公十有三年。

邾子蘧蒢卒。文公十有三年，夏，五月。

夏，五月，乙亥，齊侯潘卒。文公十有四年。

秦伯罃卒。文公十有八年，春，二月。

冬，十月，丙戌，鄭伯蘭卒。葬鄭穆公。宣公三年。

秦伯稻卒。宣公四年，春，正月。

八月，滕子卒。宣公九年。

九月，晉侯、宋公、衛侯、鄭伯、曹伯會于扈。晉荀林父帥師伐陳。辛酉，晉侯黑臀卒于扈。宣公九年。

冬，十月，癸酉，衛侯鄭卒。宣公九年。

己巳，齊侯元卒。宣公十年，夏，四月。公孫歸父如齊。葬齊惠公。宣公十年，六月。

夏，五月，壬申，曹伯壽卒。宣公十有四年。葬曹文公。宣公十有四年，秋，七月。

春，王正月，庚子，許男錫我卒。宣公十有七年。夏，葬許昭公。宣公十有七年。

丁未，蔡侯申卒。宣公十有七年，春，正月。葬蔡文公。宣公十有七年，夏。

甲戌，楚子旅卒。宣公十有八年，秋，九月。

八月，壬午，宋公鮑卒。成公二年。乙亥，葬宋文公。成公三年，二月。

庚寅，衛侯速卒。成公二年，八月。辛亥，葬衛穆公。成公三年，春，正月。

三月，壬申，鄭伯堅卒。成公四年。葬鄭襄公。成公四年，夏，四月。

壬申，鄭伯費卒。成公六年，夏，六月。

秋，七月，丙子，齊侯無野卒。成公九年。冬，十有一月，葬齊頃公。成公九年。

丙午，晉侯獳卒。成公十年，五月。

三月，公如京師。夏，五月，公自京師，遂會晉侯、齊侯、宋公、衛侯、鄭伯、曹伯、邾人、滕人伐秦。曹伯廬卒于師。成公十有三年。冬，葬曹宣公。成公十有三年。春，王正月，莒子朱卒。成公十有四年。

冬，十月，庚寅，衛侯臧卒。成公十有四年。春，王二月，葬衛定公。成公十有五年。

秦伯卒。成公十有四年，冬，十月。

夏，六月，宋公固卒。成公十有五年。秋，八月，庚辰，葬宋共公。成公十有五年。

夏，四月，辛未，滕子卒。成公十有六年。

邾子貜且卒。成公十有七年，十有二月。

六月，庚辰，鄭伯睔卒。襄公二年。

春，王三月，己酉，陳侯午卒。襄公四年。葬陳成公。襄公四年，秋，七月。

春，王三月，壬午，杞伯姑容卒。襄公六年。秋，葬杞桓公。襄公六年。

十有二月，公會晉侯、宋公、陳侯、衛侯、曹伯、莒子、邾子于鄬。鄭伯髡頑如會，未見諸侯。丙戌，卒于鄵。襄公七年。夏，葬鄭僖公。襄公八年。

秋，九月，吴子乘卒。襄公十有二年。

秋，九月，庚辰，楚子審卒。襄公十有三年。

冬，十有一月，癸亥，晉侯周卒。襄公十有五年。春，王正月，葬晉悼公。襄公十有六年。

春，王二月，庚午，邾子牼卒。襄公十有七年。

冬，十月，公會晉侯、宋公、衛侯、鄭伯、曹伯、莒子、邾子、滕子、薛伯、杞伯、小邾子同圍齊。

曹伯負芻卒于師。襄公十有八年。葬曹成公。襄公十有九年，春，正月。

秋，七月，辛卯，齊侯環卒。襄公十有九年。冬，葬齊靈公。襄公十有九年。

三月，己巳，杞伯匄卒。襄公二十有三年。葬杞孝公。襄公二十有三年，夏。

十有二月，吴子遏伐楚，門于巢，卒。襄公二十有五年。

八月，壬午，許男甯卒于楚。襄公二十有六年。葬許靈公。襄公二十有六年，冬。

乙未，楚子昭卒。襄公二十有八年，十有二月。

庚午，衛侯衎卒。襄公二十有九年，夏，五月。秋，九月，葬衛獻公。襄公二十有九年。

六月，丁巳，邾子華卒。昭公元年。葬邾悼公。昭公元年，秋。

冬，十有一月，己酉，楚子麇卒。昭公元年。

春，王正月，丁未，滕子原卒。夏，叔弓如滕。五月，葬滕成公。昭公三年。

秦伯卒。昭公五年，秋，七月。葬秦景公。昭公六年，春，正月。

春，王正月，杞伯益姑卒。昭公六年。葬杞文公。昭公六年，夏。

秋，八月，戊辰，衛侯惡卒。昭公七年。十有二月，癸亥，葬衛襄公。昭公七年。

夏，四月，辛丑，陳侯溺卒。昭公八年。葬陳哀公。昭公八年，冬，十月。

戊子，晉侯彪卒。昭公十年，秋，七月。九月，叔孫舍如晉。葬晉平公。昭公十年。

十有二月，甲子，宋公成卒。昭公十年。春，王二月，叔弓如宋。葬宋平公。昭公十有一年。

三月，壬申，鄭伯嘉卒。昭公十有二年。五月，葬鄭簡公。昭公十有二年。

三月，曹伯滕卒。昭公十有四年。秋，葬曹武公。昭公十有四年。

八月，莒子去疾卒。昭公十有四年。

春，王正月，吴子夷昧卒。昭公十有五年。

秋，八月，己亥，晉侯夷卒。昭公十有六年。季孫意如如晉。昭公十有六年，九月。冬，十月，葬晉昭公。昭公十有六年。

春，王三月，曹伯須卒。昭公十有八年。秋，葬曹平公。昭公十有八年。

十有一月，辛卯，蔡侯廬卒。昭公二十年。春，王三月，葬蔡平公。昭公二十有一年。

夏，六月，蔡侯東國卒于楚。昭公二十有三年。

丁酉，杞伯郁釐卒。昭公二十有四年，秋，八月。葬杞平公。昭公二十有四年，冬。

十有一月，己亥，宋公佐卒于曲棘。昭公二十有五年。春，王正月，葬宋元公。昭公二十有六年。

九月，庚申，楚子居卒。昭公二十有六年。

冬，十月，曹伯午卒。昭公二十有七年。春，王三月，葬曹悼公。昭公二十有八年。

夏，四月，丙戌，鄭伯寧卒。六月，葬鄭定公。昭公二十有八年。

秋，七月，癸巳，滕子寧卒。冬，葬滕悼公。昭公二十有八年。

夏，六月，庚辰，晉侯去疾卒。秋，八月，葬晉頃公。昭公三十年。

夏，四月，丁巳，薛伯穀卒。昭公三十有一年。秋，葬薛獻公。昭公三十有一年。

二月，辛卯，邾子穿卒。定公三年。秋，葬邾莊公。定公三年。

春，王二月，癸巳，陳侯吴卒。定公四年。六月，葬陳惠公。定公四年。

三月，公會劉子、晉侯、宋公、蔡侯、衛侯、陳子、鄭伯、許男、曹伯、莒子、邾子、頓子、胡子、滕子、薛伯、杞伯、小邾子、齊國夏于召陵，侵楚。定公四年。五月，公及諸侯盟于皋鼬。杞伯成卒于會。定公四年。葬杞悼公。定公四年，秋，七月。

曹伯露卒。定公八年，三月。葬曹靖公。定公八年，秋，七月。

秋，七月，戊辰，陳侯柳卒。定公八年。九月，葬陳懷公。定公八年。

夏，四月，戊申，鄭伯蠆卒。定公九年。六月，葬鄭獻公。定公九年。

秦伯卒。定公九年，秋。冬，葬秦哀公。定公九年。

春，薛伯定卒。夏，葬薛襄公。定公十有二年。

五月，於越敗吴于檇李。吴子光卒。定公十有四年。

夏，四月，丙子，衛侯元卒。哀公二年。冬，十月，葬衛靈公。哀公二年。

冬，十月，癸卯，秦伯卒。哀公三年。葬秦惠公。哀公四年，春，二月。

秋，八月，甲寅，滕子結卒。哀公四年。葬滕頃公。哀公四年，冬，十有二月。

春，王二月，庚戌，盜殺蔡侯申。哀公四年。冬，十有二月，葬蔡昭公。哀公四年。

秋，九月，癸酉，齊侯杵臼卒。冬，叔還如齊。哀公五年。

閏月，葬齊景公。哀公五年，冬。

秋，七月，庚寅，楚子軫卒。哀公六年。

冬，十有二月，癸亥，杞伯過卒。哀公八年。春，王二月，葬杞僖公。哀公九年。

三月，戊戌，齊侯陽生卒。哀公十年。葬齊悼公。哀公十年，五月。

薛伯夷卒。哀公十年，五月。秋，葬薛惠公。哀公十年。

秋，七月，辛酉，滕子虞母卒。冬，十有一月，葬滕隱公。哀公十有一年。

夏，許男成卒。哀公十有三年。葬許元公。哀公十有三年，秋。

春秋比事目録卷三

魯滅國取邑田

三月，鄭伯使宛來歸祊。庚寅，我入祊。隱公八年。

六月，壬寅，公敗宋師于菅。辛未，取郜。辛巳，取防。隱公十年。

夏，滅項。僖公十有七年。

春，公伐邾，取須句。僖公二十有二年。

公以楚師伐齊，取穀。僖公二十有六年，冬。

春，取濟西田。僖公三十有一年。

公伐邾，取訾婁。僖公三十有三年，夏，四月。

春，公伐邾。三月，甲戌，取須句。文公七年。

春，王正月，公及齊侯平莒及郯。莒人不肯，公伐莒，取向。宣公四年。

秋，取根牟。宣公九年。

公孫歸父帥師伐邾取繹。宣公十年，秋。

取汶陽田。成公二年，八月。

取鄟。成公六年，二月。

夏，取邿。襄公十有三年。

取邾田，自漷水。襄公十有九年，春，正月。

三月，取鄆。昭公元年。

叔弓帥師疆鄆田。昭公元年，秋。

九月，取鄫。昭公四年。

春，王二月，季孫斯、叔孫州仇、仲孫何忌帥師伐邾。取漷東田及沂西田。哀公二年。

外滅國

冬，十月，齊師滅譚。譚子奔莒。莊公十年。

夏，六月，齊人滅遂。莊公十有三年。

虞師、晉師滅夏陽。僖公二年，夏，五月。

楚人滅弦。弦子奔黄。僖公五年，秋，八月。

狄滅温。温子奔衛。僖公十年，春，正月。

夏，楚人滅黄。僖公十有二年。

春，王正月，丙午，衛侯燬滅邢。僖公二十有五年。

秋，楚人滅夔，以夔子歸。僖公二十有六年。

秋，楚人滅江。文公四年。

秋，楚人滅六。文公五年。

楚人、秦人、巴人滅庸。文公十有六年，秋，八月。

楚人滅舒蓼。宣公八年，夏，六月。

冬，十有二月，戊寅，楚子滅蕭。宣公十有二年。

六月，癸卯，晉師滅赤狄潞氏，以潞子嬰兒歸。宣公十有五年。

春，王正月，晉人滅赤狄甲氏，及留吁。宣公十有六年。

楚人滅舒庸。成公十有七年，十有二月。

莒人滅鄫。襄公六年，秋。

十有二月，齊侯滅萊。襄公六年。

春，公會晉侯、宋公、衛侯、曹伯、莒子、邾子、滕子、薛伯、杞伯、小邾子、齊世子光會吴于柤。夏，五月，甲午，遂滅偪陽。襄公十年。

楚屈建帥師滅舒鳩。襄公二十有五年，秋，八月。

秋，七月，楚子、蔡侯、陳侯、許男、頓子、胡子、沈子、淮夷伐吴，執齊慶封，殺之，遂滅賴。昭公四年。

冬，十月，壬午，楚師滅陳。昭公八年。

冬，十有一月，丁酉，楚師滅蔡，執蔡世子有以歸，用之。昭公十有一年。

吴滅州來。昭公十有三年，冬，十月。

八月，晉荀吴帥師滅陸渾之戎。昭公十有七年。

冬，吴滅巢。昭公二十有四年。

冬，十有二月，吴滅徐。徐子章羽奔楚。昭公三十年。

夏，四月，庚辰，蔡公孫姓帥師滅沈，以沈子嘉歸，殺之。定公四年。

春，王正月，癸亥，鄭游速帥師滅許，以許男斯歸。定公六年。

二月，辛巳，楚公子結、陳公孫佗人帥師滅頓，以頓子牂歸。定公十有四年。

二月，辛丑，楚子滅胡，以胡子豹歸。定公十有五年。

外取内邑田

鄭伯以璧假許田。桓公元年，三月。

六月，齊人取濟西田。宣公元年。

春，晉侯使韓穿來言汶陽之田，歸之于齊。成公八年。

夏，齊人取讙及闡。哀公八年。

遷國邑

齊師遷紀郱、鄑、郚。莊公元年，冬，十月。

三月，宋人遷宿。莊公十年。

春，王正月，齊人遷陽。閔公二年。

外伐國取邑

春，王二月，莒人伐杞，取牟婁。隱公四年。

冬，宋人取長葛。隱公六年。

伐國圍邑

宋人伐鄭，圍長葛。隱公五年，冬，十有二月。

夏，公會齊侯、宋公、陳侯、衛侯、曹伯伐鄭，圍新城。僖公六年。

春，齊侯伐宋，圍緡。僖公二十有三年。

冬，楚人伐宋，圍緡。僖公二十有六年。

仲孫蔑會晉欒黶、宋華元、衛甯殖、曹人、莒人、邾人、滕人、薛人圍宋彭城。襄公元年，春，正月。

春，王三月，莒人伐我東鄙，圍台。襄公十有二年。

夏，齊侯伐我北鄙，圍成。襄公十有五年。

秋，齊侯伐我北鄙，圍成。襄公十有六年。

秋，齊侯伐我北鄙，圍桃。襄公十有七年。

齊高厚帥師伐我北鄙，圍防。襄公十有七年，秋。

春，齊國夏、衛石曼姑帥師圍戚。襄公三年。

内外救

秋，荆伐鄭。公會齊人、宋人救鄭。莊公二十有八年。狄伐邢。莊公三十有二年，冬，十月。春，王正月，齊人救邢。閔公元年。春，王正月，齊師、宋師、曹師次于聶北，救邢。僖公元年。

夏，公會齊侯、宋公、陳侯、衛侯、曹伯伐鄭，圍新城。秋，楚人圍許，諸侯遂救許。僖公六年。

三月，公會齊侯、宋公、陳侯、衛侯、鄭伯、許男、曹伯盟于牡丘，遂次于匡。公孫敖帥師及諸侯之大夫救徐。僖公十有五年。

春，王正月，宋公、曹伯、衛人、邾人伐齊。夏，師救齊。五月，戊寅，宋師及齊師戰于甗，齊師敗績，狄救齊。僖公十有八年。

晉侯伐衛。僖公二十有八年，春。楚人救衛。僖公二十有八年，春。

秋，楚人圍江。文公三年。晉陽處父帥師伐楚，以救江。文公三年，十有二月。

楚人伐鄭。公子遂會晉人、宋人、衛人、許人救鄭。文公九年，三月。

楚子、鄭人侵陳，遂侵宋。晉趙盾帥師救陳。宣公元年，秋。

楚子伐鄭。晉郤缺帥師救鄭。宣公九年，冬，十月。

宋師伐陳，衛人救陳。宣公十有二年，冬，十有二月。

楚公子嬰齊帥師伐鄭。成公六年，秋。晉欒書帥師救鄭。成公六年，冬。

秋，楚公子嬰齊帥師伐鄭。公會晉侯、齊侯、宋公、衛侯、曹伯、莒子、邾子、杞伯救鄭。成公七年。

楚公子貞帥師伐陳。公會晉侯、宋公、衛侯、鄭伯、曹伯、齊世子光救陳。襄公五年，冬。十有二月，公至自救陳。襄公五年。

公會晉侯、宋公、衛侯、曹伯、莒子、邾子、齊世子光、滕子、薛伯、杞伯、小邾子伐鄭。襄公十年，秋。楚公子貞帥師救鄭。襄公十年，冬。

春，王三月，莒人伐我東鄙，圍台。季孫宿帥師救台。襄公十有二年。

夏，齊侯伐我北鄙，圍成。公救成，至遇。襄公十有五年。

秋，齊侯伐衛，遂伐晉。八月，叔孫豹帥師救晉。襄公二十有三年。

宋人圍曹。哀公七年，秋。冬，鄭駟弘帥師救曹。哀公七年。

冬，楚公子結帥師伐陳，吳救陳。哀公十年。

内外次

冬，公次于滑。莊公三年。

春，王正月，師次于郎，以俟陳人、蔡人。莊公八年。

夏，六月，齊師、宋師次于郎。莊公十年。

夏，師次于成。莊公三十年。

春，王正月，齊師、宋師、曹師次于聶北，救邢。僖公元年。

春，王正月，公會齊侯、宋公、陳侯、衛侯、鄭伯、許男、曹伯侵蔡。蔡潰，遂伐楚，次于陘。僖公四年。

三月，公會齊侯、宋公、陳侯、衛侯、鄭伯、許男、曹伯盟于牡丘，遂次于匡。僖公十有五年。

楚子、蔡侯次于厥貉。文公十年，冬。

夏，晉韓厥帥師伐鄭。仲孫蔑會齊崔杼、曹人、邾人、杞人，次于鄫。襄公元年。

八月，叔孫豹帥師救晉，次于雍榆。襄公二十有三年。

秋，齊侯、衛侯次于五氏。定公九年。

春，齊侯、衛侯次于垂葭。定公十有三年。

齊侯、衛侯次于渠蒢。定公十有五年，夏，五月。

城戍

齊師、宋師、曹師城邢。僖公元年，夏，六月。

春，王正月，城楚丘。僖公二年。

春，諸侯城緣陵。僖公十有四年。

冬，仲孫蔑會晉荀罃、齊崔杼、宋華元、衛孫林父、曹人、邾人、滕人、薛人、小邾人于戚，遂城虎牢。襄公二年。

冬，戍陳。襄公五年。

戍鄭虎牢。襄公十年，冬。

仲孫羯會晉荀盈、齊高止、宋華定、衛世叔儀、鄭公孫段、曹人、莒人、滕人、薛人、小邾人城杞。襄公二十有九年，夏，五月。

冬，仲孫何忌會晉韓不信、齊高張、宋仲幾、衛世叔申、鄭國參、曹人、莒人、薛人、杞人、小邾人城成周。昭公三十有二年。

乞師

公子遂如楚乞師。僖公二十有六年，夏。

春，晉侯使郤錡來乞師。成公十有三年。

晉侯使欒黶來乞師。成公十有六年，六月。

晉侯使荀罃來乞師。成公十有七年，九月。

晉侯使士魴來乞師。成公十有八年，冬。

國遷

夏，六月，邢遷于夷儀。僖公元年。

十有二月，衛遷于帝丘。僖公三十有一年。

許遷于葉。成公十有五年，冬，十有一月。

許遷于夷。昭公九年，春。

冬，許遷于白羽。昭公十有八年。

許遷于容城。定公四年，六月。

十有一月，蔡遷于州來。哀公二年。

内外平

春，鄭人來輸平。隱公六年。

夏，五月，宋人及楚人平。宣公十有五年。

春，王正月，暨齊平。昭公七年。

春，王三月，及齊平。定公十年。

冬，及鄭平。定公十有一年。

賊臣子

戊申，衛州吁弑其君完。隱公四年，春，二月。九月，衛人殺州吁于濮。冬，十有二月，衛人立晉。

夏，四月，葬衛桓公。隱公五年。

春，王正月，戊申，宋督弑其君與夷，及其大夫孔父。桓公二年。

蔡人殺陳佗。桓公六年，秋，八月。

冬，十有一月，癸未，齊無知弑其君諸兒。莊公八年。春，齊人殺無知。莊公九年。秋，七月，丁酉，葬齊襄公。莊公九年。

秋，八月，甲午，宋萬弑其君捷，及其大夫仇牧。冬，十月，宋萬出奔陳。莊公十有二年。

冬，晉里克殺其君之子奚齊。僖公九年。晉里克弑其君卓，及其大夫荀息。僖公十年，春，正月。晉殺其大夫里克。僖公十年，夏。

冬，十月，丁未，楚世子商臣弑其君頵。文公元年。

齊公子商人弑其君舍。文公十有四年，九月。

冬，十有一月，宋人弑其君杵臼。文公十有六年。

夏，五月，戊戌，齊人弑其君商人。文公十有八年。

莒弒其君庶其。文公十有八年，冬，十月。

秋，九月，乙丑，晉趙盾弒其君夷皋。宣公二年。

夏，六月，乙酉，鄭公子歸生弒其君夷。宣公四年。

癸巳，陳夏徵舒弒其君平國。宣公十年，五月。冬，十月，楚人殺陳夏徵舒。丁亥，楚子入陳，納公孫寧、儀行父于陳。宣公十有一年。春，葬陳靈公。宣公十有二年。

庚申，晉弒其君州蒲。成公十有八年，春，正月。

秋，晉欒盈出奔楚。襄公二十有一年。晉欒盈復入于晉，入于曲沃。襄公二十有三年，夏。晉人殺欒盈。襄公二十有三年，冬，十月。

夏，五月，乙亥，齊崔杼弒其君光。襄公二十有五年。

春，王二月，辛卯，衛甯喜弒其君剽。衛孫林父入于戚以叛。甲午，衛侯衎復歸于衛。襄公二十有六年。晉人執衛甯喜。襄公二十有六年，秋。衛殺其大夫甯喜。襄公二十有七年，夏。

閽弒吴子餘祭。襄公二十有九年，夏，五月。

夏，四月，蔡世子般弒其君固。襄公三十年。冬，十月，葬蔡景公。夏，四月，丁巳，楚子虔誘蔡侯般殺之于申。昭公十有一年。冬，十月，葬蔡靈公。昭公一有三年。

鄭良霄出奔許，自許入于鄭，鄭人殺良霄。襄公三十年，秋，七月。

十有一月，莒人弑其君密州。襄公三十有一年。

夏，四月，楚公子比自晉歸于楚，弑其君虔于乾谿。楚公子棄疾殺公子比。昭公十有三年，夏，四月。

春，陳侯之弟招殺陳世子偃師。夏，四月，辛丑，陳侯溺卒。昭公八年。楚人執陳行人干徵師，殺之。陳公子留出奔鄭。昭公八年，夏，四月。陳人殺其大夫公子過。昭公八年，秋。冬，十月，壬午，楚師滅陳。執陳公子招，放之于越。殺陳孔奂。葬陳哀公。昭公八年。

夏，五月，戊辰，許世子止弑其君買。昭公十有九年。

冬，葬許悼公。昭公十有九年。

夏，四月，吴弑其君僚。昭公二十有七年。

薛弑其君比。定公十有三年，冬。

齊陽生入于齊。齊陳乞弑其君荼。哀公六年，秋，七月。

殺世子殺弟

夏，五月，鄭伯克段于鄢。隱公元年，附。

齊人取子糾殺之。莊公九年，九月。

春，晉侯殺其世子申生。僖公五年。

乙酉，刺公子偃。成公十有六年，十有二月。

秋，宋公殺其世子痤。襄公二十有六年。

天王殺其弟佞夫。襄公三十年，五月。

内叛

秋，叔孫僑如帥師圍棘。成公三年，附。

春，叔弓帥師圍費。昭公十有三年。

九月，己亥，公孫于齊，次于陽州。齊侯唁公于野井。十有二月，齊侯取鄆。昭公二十有五年。

三月，公至自齊，居于鄆。夏，公圍成。秋，公會齊侯、莒子、邾子、杞伯盟于鄟陵。公至自會，居于鄆。昭公二十有六年。春，公如齊。公至自齊，居于鄆。昭公二十有七年。公如齊。公至自齊，居于鄆。昭公二十有七年，冬，十月。公如晉，次于乾侯。昭公二十有八年，春，三月。春，公至自乾侯，居于鄆。

齊侯使高張來唁公。公如晉，次于乾侯。昭公二十有九年。冬，十月，鄆潰。昭公二十有九年。春，王正月，公在乾侯。昭公三十年。春，王正月，公在乾侯。季孫意如會晉荀躒于適歷。昭公三十有一年。晉侯使荀躒唁公于乾侯。昭公三十有一年，夏，四月。春，王正月，公在乾侯，取闞。昭公三十有二年。十有二月，己未，公薨于乾侯。昭公三十有二年。夏，六月，癸亥，公之喪至自乾侯。戊辰，公即位。秋，七月，癸巳，葬我君昭公。定公元年。

季孫斯、仲孫何忌帥師圍鄆。定公六年，冬。

盜竊寶玉、大弓。定公八年，冬。得寶玉、大弓。定公九年，夏，四月，附。

叔孫州仇、仲孫何忌帥師圍郈。定公十年，夏。秋，叔孫州仇、仲孫何忌帥師圍郈。定公十年。

叔孫州仇帥師墮郈。定公十有二年，夏。

季孫斯、仲孫何忌帥師墮費。定公十有二年，夏。

十有二月，公圍成。公至自圍成。定公十有二年。

外大夫叛

衛孫林父入于戚以叛。襄公二十有六年，春，二月。

宋華亥、向寧、華定自陳入于宋南里以叛。昭公二十有一年，夏。

春，宋公之弟辰及仲佗、石彄、公子地自陳入于蕭以叛。定公十有一年。

秋，晉趙鞅入于晉陽以叛。定公十有三年。晉趙鞅歸于晉。定公十有三年，冬。

冬，晉荀寅、士吉射入于朝歌以叛。定公十有三年。

諸侯奔入

突歸于鄭。鄭忽出奔衛。桓公十有一年，九月。五月，鄭伯突出奔蔡。鄭世子忽復歸于鄭。桓公十有五年。秋，九月，鄭伯突入于櫟。桓公十有五年。十有一月，衛侯朔出奔齊。桓公十有六年。夏，六月，衛侯朔入于衛。莊公六年。

冬，戎侵曹。曹羈出奔陳。赤歸于曹。莊公二十有四年。衛侯出奔楚。僖公二十有八年，夏，四月。六月，衛侯鄭自楚復歸于衛。僖公二十有八年。

春，王正月，郕伯來奔。文公十有二年。

己未，衛侯出奔齊。襄公十有四年，夏，四月。衛侯入于夷儀。襄公二十有五年，秋，八月。甲午，衛侯衎復歸于衛。襄公二十有六年，春，二月。

秋，莒去疾自齊入于莒。莒展輿出奔吴。昭公元年。

北燕伯款出奔齊。昭公三年，冬。

冬，蔡侯朱出奔楚。昭公二十有一年。

秋，七月，莒子庚輿來奔。昭公二十有三年。

衛世子蒯聵出奔宋。定公十有四年。

春，王二月，邾子益來奔。哀公十年。

魯臣奔

公子慶父出奔莒。閔公二年，九月。

公孫敖如京師，不至而復。丙戌，奔莒。文公八年，冬，十月。

公孫歸父如晉。宣公十有八年，秋，七月。歸父還自晉，至笙，遂奔齊。宣公十有八年，冬，十月。

冬，十月，乙亥，叔孫僑如出奔齊。成公十有六年。

冬，十月，乙亥，臧孫紇出奔邾。襄公二十有三年。

冬，十月，公子憖出奔齊。昭公十有二年。

外臣奔入

衛元咺出奔晉。僖公二十有八年，六月。衛元咺自晉復歸于衛。僖公二十有八年，冬。

晉狐射姑出奔狄。文公六年，冬，十月。

戊子，晉人及秦人戰于令狐。晉先蔑奔秦。文公七年，夏，四月。

宋司城來奔。文公八年，冬，十月。

宋子哀來奔。文公十有四年，九月。

齊崔氏出奔衛。宣公十年，夏，四月。

衛孫林父出奔晉。成公七年，冬。夏，衛孫林父自晉歸于衛。成公十有四年。

宋華元出奔晉。宋華元自晉歸于宋。宋魚石出奔楚。成公十有五年，秋，八月。宋魚石復入于彭城。成公十有八年。

齊高無咎出奔莒。成公十有七年，秋。

夏，宋華弱來奔。襄公六年。

宋華臣出奔陳。襄公十有七年，九月。

蔡公子履出奔楚。襄公二十年，秋。

陳侯之弟黄出奔楚。襄公二十年，秋。陳侯之弟黄自楚歸于陳。襄公二十有三年，夏。

邾庶其以漆、閭丘來奔。襄公二十有一年，春，正月。

秋，晉欒盈出奔楚。襄公二十有一年。晉欒盈復入于晉，入于曲沃。襄公二十有三年，夏。

夏，邾畀我來奔。襄公二十有三年。

陳鍼宜咎出奔楚。襄公二十有四年，冬。

衛侯之弟鱄出奔晉。襄公二十有七年，夏。

夏，衛石惡出奔晉。襄公二十有八年。

冬，齊慶封來奔。襄公二十有八年。

齊高止出奔北燕。襄公二十有九年，秋，七月。

鄭良霄出奔許，自許入于鄭。襄公三十年，秋，七月。

夏，秦伯之弟鍼出奔晉。昭公元年。

楚公子比出奔晉。昭公元年，冬，十有一月。夏，四月，楚公子比自晉歸于楚。昭公十有三年。

夏，莒牟夷以牟婁及防、兹來奔。昭公五年。

宋華合比出奔衛。昭公六年，夏。

陳公子留出奔鄭。昭公八年，夏，四月。

夏，齊欒施來奔。昭公十年。

夏，蔡朝吴出奔鄭。昭公十有五年。

夏，曹公孫會自鄸出奔宋。昭公二十年。

冬，十月，宋華亥、向寧、華定出奔陳。昭公二十年。

宋華亥、向寧、華定自宋南里出奔楚。昭公二十有二年，春。

邾快來奔。昭公二十有七年，冬，十月。

冬，黑肱以濫來奔。昭公三十有一年。

楚囊瓦出奔鄭。定公四年。

宋欒大心出奔曹。宋公子地出奔陳。定公十年，秋。

宋公之弟辰暨仲佗、石彄出奔陳。定公十年，冬。

春，宋公之弟辰及仲佗、石彄、公子地自陳入于蕭以叛。定公十有一年。秋，宋欒大心自曹入于蕭。定公十有一年。宋公之弟辰自蕭來奔。定公十有四年，秋。

春，衛公叔戌來奔。衛趙陽出奔宋。定公十有四年。

夏，衛北宫結來奔。定公十有四年。

衛公孟彄出奔鄭。定公十有四年，秋。衛公孟彄自齊歸于衛。哀公十年，五月。

蔡公孫辰出奔吴。哀公四年，春，二月。

夏，齊國夏及高張來奔。哀公六年。

夏，陳轅頗出奔鄭。哀公十有一年。

衛世叔齊出奔宋。哀公十有一年，冬，十有一月。

鄰國相戕

鄫子會盟于邾。己酉，邾人執鄫子，用之。僖公十有九年，夏，六月。

秋，七月，邾人戕鄫子于鄫。宣公十有八年。

夏，四月，丁巳，楚子虔誘蔡侯般殺之于申。昭公十有一年。

冬，十有一月，丁酉，楚師滅蔡，執蔡世子有以歸，用之。昭公十有一年。

楚子誘戎蠻子，殺之。昭公十有六年，春。

夏，四月，庚辰，蔡公孫姓帥師滅沈，以沈子嘉歸，殺之。定公四年。

諸侯相執

冬，晉人執虞公。僖公五年。

春，王三月，宋人執滕子嬰齊。僖公十有九年。

秋，宋公、楚子、陳侯、蔡侯、鄭伯、許男、曹伯會于盂，執宋公以伐宋。僖公二十有一年。十有二月，癸丑，公會諸侯盟于薄，釋宋公。僖公二十有一年。

三月，丙午，晉侯入曹，執曹伯，畀宋人。僖公二十有八年。曹伯襄復歸于曹。僖公二十有八年，冬。

晉人執衛侯歸之于京師。僖公二十有八年，冬。

衛侯鄭歸于衛。僖公三十年，秋。

晉人執鄭伯。成公九年，秋，七月。

晉侯執曹伯歸于京師。成公十有五年，三月。曹伯歸自京師。成公十有六年，秋。

晉人執莒子、邾子以歸。襄公十有六年，三月。

晉人執邾子。襄公十有九年，春，正月。

楚人執徐子。昭公四年，夏。

宋人執小邾子。哀公四年，春，二月。

晉人執戎蠻子赤歸于楚。哀公四年，夏。

内大夫執

冬，單伯如齊。齊人執單伯，齊人執子叔姬。文公十有四年。單伯至自齊。文公十有五年，六月。十有二月，齊人來歸子叔姬。文公十有五年。

九月，晉人執季孫行父，舍之于苕丘。成公十有六年。十有二月，乙丑，季孫行父及晉郤犨盟于扈。成公十有六年。

晉人執季孫意如以歸。昭公十有三年，八月。春，意如至自晉。昭公十有四年。

春，王正月，叔孫舍如晉。晉人執我行人叔孫舍。昭公二十有三年。叔孫舍至自晉。昭公二十有四年，春，二月。

外大夫執

九月，宋人執鄭祭仲。桓公十有一年。

春，齊人執鄭詹。莊公十有七年。

齊人執陳轅濤塗。僖公四年，夏。

楚人執鄭行人良霄。襄公十有一年，秋，七月。

夏，晉人執衛行人石買。襄公十有八年。

晉人執衛甯喜。襄公二十有六年，秋。

春，王三月，晉人執宋仲幾于京師。定公元年。

秋，晉人執宋行人樂祁犂。定公六年。

齊人執衛行人北宫結以侵衛。定公七年，秋。

外君臣逃

秋，鄭詹自齊逃來。莊公十有七年。

鄭伯逃歸不盟。僖公五年，秋，八月。

陳侯逃歸。襄公七年，十有二月。

諸侯專殺

曹殺其大夫。莊公二十有六年，夏。

鄭殺其大夫申侯。僖公七年，夏。

晉殺其大夫里克。僖公十年，夏。

春，晉殺其大夫丕鄭父。僖公十有一年。

宋殺其大夫。僖公二十有五年，夏，四月。

公子買戍衛，不卒戍，刺之。僖公二十有八年，春。

楚殺其大夫得臣。僖公二十有八年，夏，四月。

秋，衛殺其大夫元咺及公子瑕。僖公三十年。

晉殺其大夫陽處父。文公六年，冬，十月。

楚殺其大夫宜申。文公十年，夏。

陳殺其大夫洩冶。宣公九年，冬，十月。

冬，晉殺其大夫先穀。宣公十有三年。

春，衛殺其大夫孔達。宣公十有四年。

晉殺其大夫趙同、趙括。成公八年，夏。

宋殺其大夫山。成公十有五年，秋，八月。

楚殺其大夫公子側。成公十有六年，六月。

晉殺其大夫郤錡、郤犨、郤至。成公十有七年，十有一月。

春，王正月，晉殺其大夫胥童。成公十有八年。

齊殺其大夫國佐。成公十有八年，春，正月。

楚殺其大夫公子申。襄公二年，冬。

楚殺其大夫公子壬夫。襄公五年，秋。

齊殺其大夫高厚。襄公十有九年，八月。

鄭殺其大夫公子嘉。襄公十有九年，八月。

蔡殺其大夫公子燮。襄公二十年，秋。

楚殺其大夫公子追舒。襄公二十有二年，冬。

陳殺其大夫慶虎及慶寅。襄公二十有三年，夏。

衛殺其大夫甯喜。襄公二十有七年，夏。

秋，鄭殺其大夫公孫黑。昭公二年。

楚殺其大夫屈申。昭公五年，春，正月。

楚殺其大夫成熊。昭公十有二年，五月。

冬，莒殺其公子意恢。昭公十有四年。

楚殺其大夫郤宛。昭公二十有七年，夏，四月。

蔡殺其大夫公子駟。哀公二年，十有一月。

夏，蔡殺其大夫公孫姓、公孫霍。哀公四年。

衆殺

陳人殺其公子御寇。莊公二十有二年，春，正月。

宋人殺其大夫。文公七年，夏，四月。

宋人殺其大夫司馬。文公八年，冬，十月。

晉人殺其大夫先都。文公九年，二月。晉人殺其大夫士穀及箕鄭父。文公九年，三月。

陳人殺其大夫公子過。昭公八年，秋。

盜殺

冬，盜殺鄭公子騑、公子發、公孫輒。襄公十年。

秋，盜殺衛侯之兄縶。昭公二十年。

春，王二月，庚戌，盜殺蔡侯申。哀公四年。

盜殺陳夏區夫。哀公十有三年，冬，十有一月。

殺鄰國大夫

秋，七月，楚子、蔡侯、陳侯、許男、頓子、胡子、沈子、淮夷伐吴，執齊慶封殺之。昭公四年。

楚人執陳行人干徵師殺之。昭公八年，夏，四月。

冬，十月，壬午，楚師滅陳，執陳公子招，放之于越。殺陳孔奂。昭公八年。

外放大夫

晉放其大夫胥甲父于衛。宣公元年，夏。

蔡人放其大夫公孫獵于吴。哀公三年，秋，七月。

立君

冬，十有二月，衛人立晉。隱公四年。

尹氏立王子朝。昭公二十有三年，秋，七月。

納君大夫世子公子

夏，公伐齊納糾。莊公九年。

秋，楚人圍陳，納頓子于頓。僖公二十有五年。

晉人納捷菑于邾，弗克納。文公十有四年，秋，七月。

丁亥，楚子入陳，納公孫寧、儀行父于陳。宣公十有一年，冬，十月。

春，齊高偃帥師納北燕伯于陽。昭公十有二年。

晉趙鞅帥師納衛世子蒯聵于戚。哀公二年，夏，四月。

公子争國

突歸于鄭。鄭忽出奔衛。桓公十有一年，九月。五月，鄭伯突出奔蔡。鄭世子忽復歸于鄭。桓公十有五年。秋，九月，鄭伯突入于櫟。桓公十有五年。

夏，公伐齊納糾。齊小白入于齊。莊公九年。九月，齊人取子糾殺之。莊公九年。

曹羈出奔陳。赤歸于曹。莊公二十有四年，冬。

秋，莒去疾自齊入于莒。莒展輿出奔吴。昭公元年。

齊陽生入于齊。哀公六年，秋，七月。

諸侯兄弟以行次書

柔會宋公、陳侯、蔡叔盟于折。桓公十有一年，九月。

許叔入于許。桓公十有五年，五月。

秋，八月，蔡季自陳歸于蔡。桓公十有七年。

秋，紀季以酅入于齊。莊公三年。

亡國復

許叔入于許。桓公十有五年，五月。

蔡侯廬歸于蔡。陳侯吴歸于陳。昭公十有三年，八月。

春秋比事目録卷四

魯君即位薨葬

元年，春，王正月。隱公。不書即位。

冬，十有一月，壬辰，公薨。隱公十有一年。

春，王正月，公即位。桓公元年。

九月，丁卯，子同生。桓公六年，附。

夏，四月，丙子，公薨于齊。丁酉，公之喪至自齊。桓公十有八年。冬，十有二月，己丑，葬我君桓公。桓公十有八年。

元年，春，王正月。莊公。不書即位。

八月，癸亥，公薨于路寢。冬，十月，己未，子般卒。莊公三十有二年。

元年，春，王正月。閔公。不書即位。夏，六月，辛酉，葬我君莊公。

秋，八月，辛丑，公薨。閔公二年。

元年，春，王正月。僖公。不書即位。

乙巳，公薨于小寢。僖公三十有三年，冬，十有二月。

元年，春，王正月，公即位。文公。

夏，四月，丁巳，葬我君僖公。

春，王二月，丁丑，公薨于臺下。文公十有八年。六月，癸酉，葬我君文公。文公十有八年。

冬，十月，子卒。文公十有八年。

元年，春，王正月，公即位。宣公。

冬，十月，壬戌，公薨于路寢。宣公十有八年。

元年，春，王正月，公即位。成公。

二月，辛酉，葬我君宣公。

己丑，公薨于路寢。成公十有八年，八月。丁未，葬我君成公。十有二月。

春，王正月，公即位。襄公元年。

夏，六月，辛巳，公薨于楚宮。秋，九月，癸巳，子野卒。襄公三十有一年。癸酉，葬我君襄公。

冬，十月。

春，王正月，公即位。昭公元年。

十有二月，己未，公薨于乾侯。昭公三十有二年。

夏，六月，癸亥，公之喪至自乾侯。戊辰，公即位。定公元年。秋，七月，癸巳，葬我君昭公。定公元年。

壬申，公薨于高寢。定公十有五年，夏，五月。丁巳，葬我君定公，雨不克葬。戊午，日下昃，乃克葬。定公十有五年，九月。

春，王正月，公即位。哀公元年。

魯夫人

十有二月，乙卯，夫人子氏薨。隱公二年。

公子翬如齊逆女。桓公三年，秋，七月。九月，齊侯送姜氏于讙。公會齊侯于讙。夫人姜氏至自齊。桓公三年。

春，王正月，公會齊侯于濼。公與夫人姜氏遂如齊。桓公十有八年。三月，夫人孫于齊。莊公元年。

冬，十有二月，夫人姜氏會齊侯于禚。莊公二年。

春，王二月，夫人姜氏享齊侯于祝丘。莊公四年。

夏，夫人姜氏如齊師。莊公五年。

春，夫人姜氏會齊侯于防。莊公七年。

冬，夫人姜氏會齊侯于穀。莊公七年。

夏，夫人姜氏如齊。莊公十有五年。

夫人姜氏如莒。莊公十有九年，秋。

春，王二月，夫人姜氏如莒。莊公二十年。

秋，七月，戊戌，夫人姜氏薨。莊公二十有一年。　癸丑，葬我小君文姜。莊公二十有二年，春，正月。

冬，公如齊納幣。莊公二十有二年。　春，公至自齊。莊公二十有三年。　夏，公如齊逆女。　秋，公至自齊。

八月，丁丑，夫人姜氏入。莊公二十有四年。

九月，夫人姜氏孫于邾。閔公二年。

秋，七月，戊辰，夫人姜氏薨于夷，齊人以歸。僖公元年。　十有二月，丁巳，夫人氏之喪至自齊。僖公元年。

夏，五月，辛巳，葬我小君哀姜。僖公二年。　秋，七月，禘于太廟，用致夫人。僖公八年。

夏，公及夫人姜氏會齊侯于陽穀。僖公十有一年。

秋，夫人姜氏會齊侯于卞。僖公十有七年。

公子遂如齊納幣。文公二年，冬。夏，逆婦姜于齊。文公四年。

冬，十有一月，壬寅，夫人風氏薨。文公四年。三月，辛亥，葬我小君成風。文公五年。

夫人姜氏如齊。文公九年，春。三月，夫人姜氏至自齊。文公九年。

秋，八月，辛未，夫人姜氏薨。文公十有六年。夏，四月，癸亥，葬我小君聲姜。文公十有七年。

夫人姜氏歸于齊。文公十有八年，冬，十月。

公子遂如齊逆女。三月，遂以夫人婦姜至自齊。宣公元年。

戊子，夫人嬴氏薨。宣公八年，夏，六月。冬，十月，己丑，葬我小君敬嬴。雨不克葬。庚寅，日中而克葬。宣公八年。

秋，叔孫僑如如齊逆女。成公十有四年。九月，僑如以夫人婦姜氏至自齊。成公十有四年。

夏，五月，庚寅，夫人姜氏薨。襄公二年。己丑，葬我小君齊姜。襄公二年，秋，七月。

秋，七月，戊子，夫人姒氏薨。襄公四年。八月，辛亥，葬我小君定姒。襄公四年。

五月，辛酉，夫人姜氏薨。秋，八月，癸未，葬我小君穆姜。襄公九年。

五月，甲申，夫人歸氏薨。昭公十有一年。九月，己亥，葬我小君齊歸。昭公十有一年。

秋，七月，壬申，姒氏卒。定公十有五年。辛巳，葬定姒。定公十有五年，九月。

夏，五月，甲辰，孟子卒。哀公十有二年。

内女

九月，紀履緰來逆女。冬，十月，伯姬歸于紀。隱公二年。

春，王三月，叔姬歸于紀。隱公七年。

三月，紀伯姬卒。莊公四年。

六月，乙丑，齊侯葬紀伯姬。莊公四年。

春，王三月，紀叔姬歸于酅。莊公十有二年。

伯姬歸于杞。莊公二十有五年，六月。

春，公會杞伯姬于洮。莊公二十有七年。

冬，杞伯姬來。莊公二十有七年。

莒慶來逆叔姬。莊公二十有七年，冬。

冬，十有二月，紀叔姬卒。莊公二十有九年。八月，癸亥，葬紀叔姬。莊公三十年。

杞伯姬來朝其子。僖公五年，春。

秋，七月，乙酉，伯姬卒。僖公九年。

夏，六月，季姬及鄫子遇于防，使鄫子來朝。僖公十有四年。季姬歸于鄫。僖公十有五年，九月。

夏，四月，丙申，鄫季姬卒。僖公十有六年。

宋蕩伯姬來逆婦。僖公二十有五年，夏，四月。

秋，杞伯姬來。僖公二十有八年。

冬，杞伯姬來求婦。僖公三十有一年。

二月，庚子，子叔姬卒。文公十有二年。

齊人執子叔姬。文公十有四年，冬。十有二月，齊人來歸子叔姬。文公十有五年。

秋，九月，齊高固來逆子叔姬。宣公五年。

冬，齊高固及子叔姬來。宣公五年。

秋，郯伯姬來歸。宣公十有六年。

春，王正月，杞叔姬來歸。成公五年。冬，十月，癸卯，杞叔姬卒。成公八年。春，王正月，杞伯來逆叔姬之喪以歸。成公九年。

夏，宋公使公孫壽來納幣。成公八年。衛人來媵。成公八年，冬，十月。二月，伯姬歸于宋。夏，季孫行父如宋致女。晉人來媵。成公九年。齊人來媵。成公十年五月。

五月，甲午，宋災。宋伯姬卒。襄公三十年。秋，七月，叔弓如宋，葬宋共姬。襄公三十年。

内大夫卒

公子益師卒。隱公元年，冬，十有二月。

冬，十有二月，辛巳，公子彄卒。隱公五年。

冬，十有二月，無駭卒。隱公八年。

挾卒。隱公九年，三月。

秋，七月，癸巳，公子牙卒。莊公三十有二年。

三月，壬申，公子季友卒。僖公十有六年。

秋，七月，甲子，公孫兹卒。僖公十有六年。

春，王正月，辛卯，臧孫辰卒。文公十年。

九月，甲申，公孫敖卒于齊。文公十有四年。齊人歸公孫敖之喪。文公十有五年，夏。

叔孫得臣卒。宣公五年，秋，九月。

辛巳，有事于太廟。仲遂卒于垂。壬午，猶繹，萬入，去籥。宣公八年，夏，六月。

冬，十有一月，壬午，公弟叔肸卒。宣公十有七年。

夏，四月，甲寅，臧孫許卒。成公四年。

三月，乙巳，仲嬰齊卒。成公十有五年。

壬申，公孫嬰齊卒于貍脤。成公十有七年，十有一月。

辛未，季孫行父卒。襄公五年，十有二月。

八月，丙辰，仲孫蔑卒。襄公十有九年。

秋，七月，辛酉，叔老卒。襄公二十有二年。

己卯，仲孫速卒。襄公二十有三年，八月。

己亥，仲孫羯卒。襄公三十有一年，秋，九月。

冬，十有二月，乙卯，叔孫豹卒。昭公四年。

冬，十有一月，癸未，季孫宿卒。昭公七年。

二月，癸酉，有事于武宫。籥入，叔弓卒。去樂，卒事。昭公十有五年。

八月，己亥，叔輒卒。昭公二十有一年。

癸丑，叔鞅卒。昭公二十有三年，春，正月。

春，王二月，丙戌，仲孫貜卒。昭公二十有四年。

冬，十月，戊辰，叔孫舍卒。昭公二十有五年。

夏，四月，庚子，叔詣卒。昭公二十有九年。

六月，丙申，季孫意如卒。定公五年。

秋，七月，壬子，叔孫不敢卒。定公五年。

秋，七月，丙子，季孫斯卒。哀公三年。

魯變禮忒禮

九月，考仲子之宫。初獻六羽。隱公五年。

夏，四月，取郜大鼎于宋。戊申，納于大廟。桓公二年。

秋，丹桓宫楹。莊公二十有三年。

春，王正月，刻桓宫桷。莊公二十有四年。

八月，丁丑，夫人姜氏入。戊寅，大夫、宗婦覿，用幣。莊公二十有四年。

六月，辛未，朔，日有食之。鼓，用牲于社。莊公二十有五年。

秋，大水，鼓，用牲于社，于門。莊公二十有五年。

九月，庚午，朔，日有食之。鼓，用牲于社。莊公三十年。

夏，五月，乙酉，吉禘于莊公。閔公二年。

秋，七月，禘于太廟，用致夫人。僖公八年。

丁丑，作僖公主。文公二年，春，二月。

八月，丁卯，大事于大廟。躋僖公。文公二年。

閏月，不告月。猶朝于廟。文公六年，冬。

六月，辛丑，朔，日有食之。鼓，用牲于社。文公十有五年。

夏，五月，公四不視朔。文公十有六年。

辛巳，有事于大廟。仲遂卒于垂。壬午，猶繹，萬入，去籥。宣公八年，夏，六月。

二月，辛巳，立武宮。成公六年。

二月，癸酉，有事于武宮。籥入，叔弓卒。去樂，卒事。昭公十有五年。

立煬宮。定公元年，九月。

冬，十月，新作雉門及兩觀。定公二年。

從祀先公。定公八年，冬。

魯亂政

春，王正月，肆大眚。莊公二十有二年。

初税畝。宣公十有五年，秋。

春，用田賦。哀公十有二年。

魯郊

夏，四月，四卜郊，不從，乃免牲。猶三望。僖公三十有一年。

春，王正月，郊牛之口傷，改卜牛。牛死，乃不郊。猶三望。宣公三年。

春，王正月，鼷鼠食郊牛角，改卜牛。鼷鼠又食其角，乃免牛。成公七年。不郊，猶三望。成公七年，夏，五月。

夏，四月，五卜郊，不從，乃不郊。成公十年。

九月，辛丑，用郊。成公十有七年。

夏，四月，三卜郊，不從，乃免牲。襄公七年。

夏，四月，四卜郊，不從，乃不郊。襄公十有一年。
鼷鼠食郊牛，牛死，改卜牛。定公十有五年，春，正月。
夏，五月，辛亥，郊。定公十有五年。
鼷鼠食郊牛，改卜牛。哀公元年，春，正月。
夏，四月，辛巳，郊。哀公元年。

魯嘗禘

春，正月，己卯，烝。桓公八年。
夏，五月，丁丑，烝。桓公八年。
乙亥，嘗。桓公十有四年，秋，八月。
夏，五月，乙酉，吉禘于莊公。閔公二年。
秋，七月，禘于太廟，用致夫人。僖公八年。

魯雩

大雩。桓公五年，秋。
秋，八月，大雩。僖公十有一年。
秋，九月，大雩。僖公十有三年。
大雩。成公三年，秋。
冬，大雩。成公七年。
秋，大雩。襄公五年。
秋，九月，大雩。襄公八年。
大雩。襄公十有六年，秋。
九月，大雩。襄公十有七年。
秋，八月，大雩。襄公二十有八年。
八月，大雩。昭公三年。
秋，九月，大雩。昭公六年。
大雩。昭公八年，秋。

九月，大雩。昭公十有六年。

秋，八月，大雩。昭公二十有四年。

秋，七月，上辛，大雩。季辛，又雩。昭公二十有五年。

九月，大雩。定公元年。

大雩。定公七年，秋。

九月，大雩。定公七年。

秋，大雩。定公十有二年。

魯城築浚川

夏，城中丘。隱公七年。

夏，城郎。隱公九年。

城祝丘。桓公五年，夏。

冬，城向。桓公十有六年。

冬，浚洙。莊公九年。

冬，築郿。莊公二十有八年。

城諸及防。莊公二十有九年，冬，十有二月。

春，城小穀。莊公三十有二年。

春，公伐邾。三月，甲戌，取須句，遂城郚。文公七年。

季孫行父帥師城諸及鄆。文公十有二年，冬，十有二月。

城平陽。宣公八年，冬，十月。

冬，城鄆。成公四年。

城中城。成公九年，冬，十有一月。

城費。襄公七年，夏，四月。

冬，城防。襄公十有三年。

季孫宿、叔孫豹帥師城成郛。襄公十有五年，夏。

城西郛。襄公十有九年，冬。

城武城。襄公十有九年，冬。

冬，城中城。定公六年。

城莒父及霄。定公十有四年，秋。

冬，城漆。定公十有五年。
季孫斯、叔孫州仇帥師城啓陽。哀公三年，五月。
城西郛。哀公四年，夏。
春，城毗。哀公五年。
春，城邾瑕。哀公六年。

魯毁作

春，新延廄。莊公二十有九年，附。
春，新作南門。僖公二十年。
毁泉臺。文公十有六年，秋，八月。
冬，十月，新作雉門及兩觀。定公二年。

魯築臺囿

春，築臺于郎。莊公三十有一年。

築臺于薛。莊公三十有一年，夏，四月。

秋，築臺于秦。莊公三十有一年。

築鹿囿。成公十有八年，八月。

冬，築郎囿。昭公九年。

夏，築蛇淵囿。定公十有三年。

魯田狩

春，正月，公狩于郎。桓公四年。

春，二月，己亥，焚咸丘。桓公七年。

冬，公及齊人狩于禚。莊公四年。

秋，蒐于紅。昭公八年。

大蒐于比蒲。昭公十有一年，五月。

大蒐于昌間。昭公二十有二年[一]，春。

大蒐于比蒲。定公十有三年，夏。

大蒐于比蒲。定公十有四年，秋。

魯軍制

秋，八月，壬午，大閱。桓公六年。

甲午，治兵。莊公八年，春，正月。

三月，作丘甲。成公元年。

春，王正月，作三軍。襄公十有一年。

春，王正月，舍中軍。昭公五年。

[一]「昭公」，原作「莊公」。按：此事當發生昭公二十有二年，據改。

魯君遊觀

春，公觀魚于棠。隱公五年。

夏，公如齊觀社。公至自齊。莊公二十有三年。

魯臣返國

季子來歸。閔公元年，秋，八月。

歸田

齊人歸我濟西田。定公十年，春。

齊人來歸鄆、讙、龜陰田。定公十年，夏。

齊人歸讙及闡。哀公八年，冬，十有二月。

魯災

秋，八月，壬申，御廩災。桓公十有四年。
五月，乙巳，西宮災。僖公二十年。
甲子，新宮災。三日哭。成公三年，二月。
夏，五月，壬辰，雉門及兩觀災。定公二年。
五月，辛卯，桓宮、僖宮災。哀公三年。
六月，辛丑，亳社災。哀公四年。

魯水旱蟲

螟。隱公五年，九月。
螟。隱公八年，九月。
秋，大水。桓公元年。
螽。桓公五年，秋。

夏，大水。桓公十有三年。

螟。莊公六年，秋。

秋，大水。無麥、苗。莊公七年。

大水。莊公二十有四年，八月。

秋，大水。莊公二十有五年。

大無麥、禾。臧孫辰告糴于齊。莊公二十有八年，冬。

冬，不雨。莊公三十有一年。

冬，十月，不雨。僖公二年。

春，王正月，不雨。僖公三年。

夏，四月，不雨。僖公三年。

六月，雨。僖公三年。

冬，大雨雪。僖公十年。

八月，螽。僖公十有五年。

夏，大旱。僖公二十有一年。

自十有二月，不雨，至于秋七月。文公二年。

螽。文公八年，冬，十月。

自正月不雨，至于秋七月。文公十年。

自正月不雨，至于秋七月。文公十有三年。

秋，八月，螽。宣公六年。

大旱。宣公七年，秋。

大水。宣公十年，秋。

饑。宣公十年，冬。

秋，螽。宣公十有三年。

秋，螽。宣公十有五年。

冬，蝝生。宣公十有五年。

饑。宣公十有五年，冬。

秋，大水。成公五年。

八月，螽。襄公七年。

大水。襄公二十有四年，秋，七月。

大饑。襄公二十有四年，冬。

冬，十有二月，螽。哀公十有二年。

九月，螽。哀公十有三年。

十有二月，螽。哀公十有三年。

魯有年

有年。桓公三年，冬。

大有年。宣公十有六年。

魯異

三月，癸酉，大雨震電。庚辰，大雨雪。隱公九年。

冬，十月，雨雪。桓公八年。

無冰。桓公十有四年，春，正月。

冬，多麋。莊公十有七年。

秋，有蜮。莊公十有八年。

秋，有蜚。莊公二十有九年。

己卯，晦。震夷伯之廟。僖公十有五年，九月。

秋，大雨雹。僖公二十有九年。

隕霜不殺草，李梅實。僖公三十有三年，十有二月。

無冰。成公元年，二月。

春，王正月，雨，木冰。成公十有六年。

春，無冰。襄公二十有八年。

冬，大雨雹。昭公三年。

春，王正月，大雨雹。昭公四年。

有鸜鵒來巢。昭公二十有五年，夏。

冬，十月，隕霜殺菽。定公元年。

春，西狩獲麟。哀公十有四年。

世室屋壞。文公十有三年，秋，七月。此獨爲一條，無所附。

天地變異

夏，四月，辛卯，夜，恒星不見。夜中，星隕如雨。莊公七年。

秋，八月，辛卯，沙鹿崩。僖公十有四年。

九月，癸酉，地震。文公九年。

秋，七月，有星孛入于北斗。文公十有四年。

梁山崩。成公五年，夏。

五月，甲子，地震。襄公十有六年。

冬，有星孛于大辰。昭公十有七年。

己卯，地震。昭公十有九年，夏，五月。

八月，乙未，地震。昭公二十有三年。

夏，四月，甲午，地震。哀公三年。

冬，十有一月，有星孛于東方。哀公十有三年。

外災異

秋，宋大水。莊公十有一年。

夏，齊大災。莊公二十年。

春，王正月，戊申，朔，隕石于宋，五。是月，六鷁退飛，過宋都。僖公十有六年。

雨螽于宋。文公三年，秋。

夏，成周宣榭火。宣公十有六年，附。

春，宋災。襄公九年。

五月，甲午，宋災。宋伯姬卒。襄公三十年。

夏，四月，陳災。昭公九年。

夏，五月，壬午，宋、衛、陳、鄭災。昭公十有八年。

日食

春，王二月，己巳，日有食之。隱公三年。

秋，七月，壬辰，朔，日有食之，既。桓公三年。

冬，十月，朔，日有食之。桓公十有七年。

春，王三月，日有食之。莊公十有八年。

六月，辛未，朔，日有食之。莊公二十有五年。

冬，十有二月，癸亥，朔，日有食之。莊公二十有六年。

九月，庚午，朔，日有食之。莊公三十年。

九月，戊申，朔，日有食之。僖公五年。

春，王三月，庚午，日有食之。僖公十有二年。

夏，五月，日有食之。僖公十有五年。

二月，癸亥，日有食之。文公元年。

六月，辛丑，朔，日有食之。文公十有五年。

秋，七月，甲子，日有食之，既。宣公八年。

夏，四月，丙辰，日有食之。宣公十年。

六月，癸卯，日有食之。宣公十有七年。

六月，丙寅，朔，日有食之。成公十有六年。

十有二月，丁巳，朔，日有食之。成公十有七年。

二月，乙未，朔，日有食之。襄公十有四年。

秋，八月，丁巳，日有食之。襄公十有五年。

冬，十月，丙辰，朔，日有食之。襄公二十年。

九月，庚戌，朔，日有食之。襄公二十有一年。

冬，十月，庚辰，朔，日有食之。襄公二十有一年。

春，王二月，癸酉，朔，日有食之。襄公二十有三年。

秋，七月，甲子，朔，日有食之，既。襄公二十有四年。

八月，癸巳，朔，日有食之。襄公二十有四年。

冬，十有二月，乙亥，朔，日有食之。襄公二十有七年。

夏，四月，甲辰，朔，日有食之。昭公七年。

六月，丁巳，朔，日有食之。昭公十有五年。

夏，六月，甲戌，朔，日有食之。昭公十有七年。

秋，七月，壬午，朔，日有食之。昭公二十有一年。

十有二月，癸酉，朔，日有食之。昭公二十有二年。

夏，五月，乙未，朔，日有食之。昭公二十有四年。

十有二月，辛亥，朔，日有食之。昭公三十有一年。

春，王三月，辛亥，朔，日有食之。定公五年。

十有一月，丙寅，朔，日有食之。定公十有二年。

八月，庚辰，朔，日有食之。定公十有五年。

首時

秋，七月。隱公六年。

秋，七月。隱公九年。

冬，十月。桓公元年。

夏，四月。桓公九年。

秋，七月。桓公九年。

春，正月。桓公十有二年。

秋，七月。桓公十有三年。

冬，十月。桓公十有三年。

秋，七月。桓公十有八年。

秋，七月。莊公四年。

春，王正月。莊公五年。

春，王正月。莊公十有一年。

夏，四月。莊公十有二年。

秋，七月。莊公十有三年。

冬，十月。莊公十有五年。

春，王正月。莊公十有六年。

冬，十月。莊公十有八年。

春，王正月。莊公十有九年。

夏，四月。莊公十有九年。

秋，七月。莊公二十年。

春，王正月。莊公二十有一年。

夏，五月。莊公二十有二年。

春，王正月。莊公三十年。

春，王正月。僖公六年。

秋，七月。僖公十年。

秋，七月。僖公十有二年。

春，王正月。僖公二十有四年。

秋，七月。僖公二十有四年。

春，王正月。僖公三十年。

秋，七月。僖公三十有一年。

春，王正月。僖公三十有二年。

春，王正月。文公八年。

夏，四月。文公八年。

春，王正月。文公十有三年。

夏，四月。宣公六年。

冬，十月。宣公六年。

春，王正月。宣公十有一年。

秋，七月。宣公十有二年。

夏，四月。宣公十有八年。

冬，十月。成公元年。

冬，十月。成公十年。

冬，十月。成公十有一年。

冬，十月。成公十有二年。

夏，四月。襄公二十有二年。

春，王正月。襄公三十有一年。

春，王正月。昭公十年。

秋，七月。昭公十有二年。

夏，四月。昭公十有四年。

春，王正月。昭公二十年。

秋，七月。昭公二十有九年。

秋，七月。昭公三十有二年。

春，王正月。定公二年。

夏，四月。定公三年。

春，王正月。定公七年。

夏，四月。定公七年。

冬，十月。定公七年。

春，王正月。定公九年。

夏，四月。定公十有一年。

秋，七月。哀公八年。

冬，十月。哀公九年。

異文

紀侯大去其國。莊公四年，夏。

鄭棄其師。閔公二年，十有二月。

梁亡。僖公十有九年，冬。

冬，十月，鄆潰。昭公二十有九年。

史臣獨書魯事

春，王正月，城楚丘。僖公二年。

冬，戍陳。襄公五年。

夏，歸粟于蔡。定公五年。

闕文

紀子伯、莒子盟于密。隱公二年，冬，十月。

不書秋、冬。桓公四年。

春，正月，甲戌，己丑，陳侯鮑卒。桓公五年。

春，正月，寔來。桓公六年。

不書秋、冬。桓公七年。

夏，五。桓公十有四年。

冬，十月，朔，日有食之。桓公十有七年。不書甲子，郭公。莊公二十有四年，冬。

十有二月，丁巳，夫人氏之喪至自齊。僖公元年。

冬，不書月，書壬申。僖公二十有八年。

十有二月，甲子，宋公成卒。昭公十年。不書冬。

季孫斯、仲孫忌帥師圍鄆。定公六年，冬。

不書冬。定公十有四年。

春秋發疑

嚴壽澂　整理
高瑞傑　校理

整理説明

據嚴壽澂先生考訂，春秋發疑爲方苞手稿，其發疑一百三十條，另有總論七條（原稿云「除總論九條」，不知是否有脱），末附疑義一百餘則。其所論雖不脱於春秋通論、春秋直解中發大義之範圍，而所論精賅，又頗有提綱挈領之效。所論百餘條，以「通論」七條最佳，宜深味之。

春秋發疑以清錢復初抄稿本爲底本。需要説明的是，嚴壽澂先生從其師封耐公處得春秋發疑手稿，已做點校，刊於傳統中國研究集刊二〇〇七年第一期，本書點校頗採其成果，在此謹向嚴先生表達由衷的敬意。

高瑞傑

戊戌年端午于清華園

目録

春秋發疑

入櫟

鄭忽、子儀之弑不書，何也？既微弱，不與會盟征伐，且魯與忽有舊怨而助突，故不以忽、子儀爲鄭君，而史不書其弑也。忽出入之畢書，何也？忽與突方争國而未定，書突之出，不得不書忽之入。至突入櫟之後，忽、子儀日微，不復能交政于諸侯，而突專之，則魯人不復以忽、子儀爲鄭君矣。故不書其見弑也。曰：弑逆之變，春秋不當以傳聞書乎？曰：魯史以傳聞書者有之矣。魯史所不書，仲尼不得而益也。傳曰：「如丘所不知者何？」得其義矣。

戰牽

牽之戰，魯四卿並書，一以見報怨過當，一以後書作三軍，故于此書四卿，以明魯是時止二軍。春秋時軍帥正佐皆卿也。後於毁中軍後書三卿，以明三家各擅一軍。春秋之義，所以微而顯也。

毁中軍後，魯臣或以三軍出，或以二軍出，皆並書者，無君之詞。晉人用師，六卿並出，只書元帥，統於君命也。魯至是無所統矣。

鄢陵之戰

城濮書楚救衛，泌書楚圍鄭，惟鄢陵不書。趙子汸以書救衛，見諸侯皆已從楚；書圍鄭，以正楚罪。非也。晉、楚交兵，以争宋、衛、陳、鄭，華夷盛衰所係也，豈可不録合兵之由哉？鄢陵不書救鄭者，以鄭會戰，則楚救而合謀拒晉可知矣。

總論一

諸侯侵伐有不悉書者，或勝負微，無關於天下之故；或無赴告而魯史未嘗書。趙子以爲筆削之旨，非也。

總論二

自昭公以後，楚大夫將復稱人，以楚衰，吴乘其敝，無事於中國，而中國略之也。

吴入郢

凡書入國者，皆次國小國也。楚地數千里，若書入楚，不足以見深入疊勝、破其國都之寔矣。

殺陳佗

佗殺太子免不見經，國亂未有告命，而舊史逸之也。及以殺佗告，則策書已定，不便追書。春秋如此類者甚多。齊無虧，晉惠、懷，鄭子亹、子儀之事，皆是也。

總論三

魯怨忽而助突，故忽、亹、儀之弑不書。伐衛以納朔，故黔牟之立與奔不書。「其文則史」，此其驗也。

圍宋 僖二十七年

前書楚人、陳侯、蔡侯、鄭伯、許男圍宋，後書公會諸侯，盟於宋，則知楚非大夫矣。

楚救衛

不書楚救，則不知衛之附楚，與城濮之師所由合也。

救江

救江不書王叔桓公，爲周諱恥也。以天子之公，與列國之卿同役，傎甚矣。

殺先都

晉殺先都、士縠、箕鄭父，皆書人者，君幼，趙盾當國而殺之，不得稱國以殺，又不得書盾殺也。

新城

晉靈公會盟不序諸侯，新城伐鄭獨序者，陳、鄭屈服於楚，楚退而願與夏盟，楚、鄭加兵於陳、宋，而諸侯同心討之，此正中國可以有爲之機。而晉君不出，使賊臣主之，此中夏所以不振，盾所以無忌，而靈所以見弑也。

盟蜀

翟泉諱公，蜀之盟不諱，著三桓之惡也。稱兵泄忿，倚大國兵力，則四卿並出；蠻夷内侵，求好受盟，地危名辱，則迫公使往。且列國皆大夫往會盟，而魯獨君行，蓋楚爲齊興師，三桓恐往而見討也。比事以觀，其惡不可掩矣。

鄭伐許

以狄稱，何也？非前後伐許之比也。晉伯中衰，鄭附楚，用大衆侵魯、衛，使諸侯懼而爲蜀之盟，帥天下以從夷狄，于是始罪大惡極，義爲中國所不容，故狄之也。其不狄之于侵魯、衛，何也？侵魯、衛尚恐爲楚所迫，非其本心。而恃强夷而凌小國，勦民無已，其心安焉，故暴其罪也。其不于公子喜之師狄之，何也？惡穩而後棄之也。

晉侯執曹伯

曹負芻之罪，不著於春秋。趙氏以爲曹伯卒，太子未立乎其位，故不敢二尊。然前書曹伯以伯事卒於師，而後書晉侯執曹伯，則非曹伯之子當立乎其位者亦明矣。

總論四

晉悼公之世，楚再侵陳不書，以中國勢復盛，楚衰，雖有侵略，不足病陳，而列國之史遂略之也。襄三四年。

總論五

蔡般、齊商人見殺稱爵，國人君之也。陳佗、州吁、無知，立皆未久，國人原不以爲君，故獨稱名。

入櫟

突入櫟稱鄭伯以後，此會盟、征伐、交政於諸侯者皆突，不於其入稱爵，則疑於忽、亹、儀也。

蔡季歸

蔡季歸而書字，則不終爲君可知。不終爲君而自陳歸，則其出之爲讓、入之爲順可知。

會灤

不書夫人，先儒以爲未與行會禮。

北杏

齊桓稱爵，以書，齊人，疑五國皆微者也。

公會齊盟扈

公羊以爲危之，穀梁喜之，皆非也。公與齊侯皆失其道，故日而謹之耳。

盟齊

盟于齊，先序陳、蔡，疑陳、蔡則君，楚、鄭則大夫也。

敗殽

敗秦於殽，先儒以爲罪晉子，非也。伯禽衰絰即戎，以禦淮夷，君子無譏焉。周之東遷，晉、鄭焉依。伯主初歿，而西戎之國，窺兵畿内，隱然有并東夏、吞宗周之意。使非晉人一戰而挫其鋒，使秦得鄭而通兵于東諸侯，則腹心之禍，較之荆、舒、戎、狄而更烈矣。伯禽之時，六服乂安，淮夷蠢動，不過小有侵害于魯國，而君子尚不以衰絰即戎爲非，况夷夏盛衰，王室安危之所係乎？外以諱爲善，不書晉子，以爲能權事之變，制禮之宜，而深予之也。若以不書晉子爲貶，則凡當喪而出會盟者，皆書爵，豈反得爲褒乎？殽與箕之師，皆諱稱人，而免喪之後，則書晉侯、鄭悼公伐許，義無所處，目其人以罪之。故曰：「比事屬辭，春秋之教也。」

梁亡

不書秦滅，取梁之罪輕也。

殺洩治

胡傳謂著殺諫臣之禍，經固未著治之諫也。特上書殺治，下書徵舒弒君，則治之以忠直見殺可推耳。如里克者，其罪著於前；如治者，其徵著於後。春秋之義，所以微而顯也。

王季子聘

胡氏傳自是王聘不書，非也。天王以施禮于侯國而不見答，亦遂不遣使耳。

楚子入陳

入陳然後殺徵舒，而先書殺，何也？先書入陳，是全予以討賊之義，而入陳之罪隱矣。徵舒既殺，則陳可不入，以明楚子之志在入陳也。

楚滅蕭

傳言蕭潰而經書滅，何也？蓋自是而滅矣。

盟蜀

蜀之盟，諸國皆大夫會而公自往，著行父之罪也。己則召禍，而以危地苦君父，惡甚矣。若諱公，則疑微者往會。

貞伐

楚公子貞伐鄭，不書平，以下書諸侯伐鄭，則知鄭及楚平也。

公如楚

卿如晉，公如楚，時楚强而晉弱也。

殺過

書人，不得曰「陳招殺其大夫」也。

王入成周

王入成周何以書？岌岌乎殆哉，不復入矣。襄王出不書入，無不入之疑也。

曹殺其大夫

不書名，疑其國無赴告之文，舊史以傳聞得書而闕之者也。

子般卒

不書葬，賊未討也。

盟扈

垂隴書士縠，權在晉襄也。扈之盟在盾矣，故特書晉大夫。

鄭伐許

陳氏云：「狄、鄭以其堅附楚。」甚有見。然獨於伐許舉法，何也？一歲再興師凌小國，力非甚弱，何以遂叛中夏，而即安於楚乎？許、鄭同事楚，而鄭敢加兵於許，何也？楚急欲得者，鄭也。鄭堅事楚，故楚不責其凌許。如莒、魯同事晉，魯加兵於莒而披其地，晉人亦不之責也。

公會晉侯宋公衛侯曹伯伐鄭

左傳：「晉立太子州蒲爲君，以會諸侯。」而廬陵李氏因謂書晉侯以明其惡。經書晉侯無異文，以發人之疑。何以知其爲州蒲？左氏固妄，而李亦未審詳也。

姒氏薨

按左氏，以匠慶之言，乃得成禮。季孫非能用典以正嫡庶之分也，無君之心，借是以自試也，與逐歸父同意。其後哀公君魯，而定姒不得以小君之禮葬，其所由來者漸矣。

會戚

觀晉悼公不與陳袁僑盟，則不書盟，未與行盟禮也。

救成至遇

自宣公季年，内兵無君將者，三家專兵也。至是復使公將者，避其危而以公試之也。定、哀之際，大蒐君不與，而侵伐皆公往；中國之會以大夫，而夷狄則君往；兆於此矣。齊退而三卿帥師以城成，故知遺公以危也。

宋伐陳

晉悼公殁，而齊、宋、衛、邾同時擅興，以是知中國不可無伯也。

會夷儀

大合諸侯，而不問弑君之賊，直書其事而罪見矣。

公如晉

意如方見執，而迫公往朝，往果見止。意如之惡甚矣。

單劉以王入王城

不書晉納。天子蒙塵，不奔問官守，而使大夫帥師，其績不足序也。單劉稱爵而猛名，何也？使單劉書名，則疑於有重貶也。

叔孫婼卒

無異文，雖死而未盡君臣之義也。

天王入於成周

惠王出入不書，襄王書出不書入，而敬王書入，何也？凡諸侯見執而有不歸之疑，乃書歸；天王出而有不入之疑，乃書入也。

鄆潰

往年孟懿子、陽虎伐鄆，二人戰敗。今公如乾侯，故鄆人恐懼而潰，書之，見季氏之惡也。未有無征戰之事而民自潰者。書潰，則季氏加兵於鄆，脅其民使不敢從公，明矣。

葬晉頃公

魯使微者共葬，鄭亦使游吉往。晉伯之微甚矣。

季孫仲孫侵衛

連年侵鄭侵齊，皆公將者，晉伯已衰，而結怨强鄰，故三家畏之，而使公主其怨也。此役季孫、仲孫往者，陽虎亂謀將發，迫二子自往，欲以危之也。觀齊國夏伐我，而虎欲陷二子於難可見。

侵鄭季、孟從公，蓋以公主兵，則怨不及下也。兩侵齊，則公率微者以往，而三卿不與焉。蓋懲於西鄙之役，並不肯以身在師中也。其惡甚矣。

姒氏卒

三家卑君也。

功矣。

入總論

哀公之初，六年中四伐邾，三卿疊主兵。蓋既與齊平，侵暴小國，有利而無害，則自尸其功矣。

盜殺蔡侯申

不書名。微者書之，不足以見義也。不書蔡人，止諸大夫不欲也。下書辰出奔，必倡衆以承其君者也。殺姓與盱，必翩之近屬，以翩故見殺而非其罪者也。

孟子卒

季氏爲政，不赴，不以夫人之禮葬，故書卒。

會卞

夫人當是齊桓公女。若謂齊僖公女，則魯僖去齊僖四十餘年；以爲齊襄公女，則哀姜之妹，不宜父子同娶於齊襄。東山趙氏求其説而不得，以爲子糾之女，非也。子糾於桓爲仇，不宜有卞與陽穀之會矣。曰：趙氏固曰爲仇怨，故須久而後見。曰：陽穀與卞之會，以變禮而書。若歲一歸寧，則常事不書，何以知其久而後見也？其娶與聘不見於經，何也？曰：或以常事不書，或爲公子時不應書也。

獳卒

晉侯獳卒而不葬，以公親共葬事，諱而不書也。

總論六

孫明復以爲春秋有貶無褒。朱子以謂如晉士匄帥師伐齊至穀，聞齊侯卒乃還，分明是褒之。按：此類所謂彼善於此。若正其本原，而斷以王法，則諸侯力政，大夫專兵，已是不義之大者。以此推之，通春秋未有可褒而無貶之事也。

子氏薨

必隱妻也。若隱母則當書葬。

突奔

不書祭仲逐之者，其惡已前見也。

伐鄭

上書突入櫟，下書伐鄭，則黨突明矣。

殺糾

殺兄弟目君，其常也。糾、小白争國而糾見殺，使專目桓，則臣民之罪隱矣。春秋作而亂臣賊子懼，謂此類。若弑君竊國，按其事而書之，國史固然，不待聖人而後能修也。目小白，則齊人之罪隱；書齊人，則小白之罪不能隱。

敗宋

齊桓之世，與齊、宋戰，屢書公，所以著魯莊喪失其所以爲心，而非力不足以復仇也。

叔姬卒

外諸侯失國，而無赴告之文，會葬之禮，自不得見於經。胡氏以紀侯之不卒爲微之，似未得其寔。

叔姬魯女而歸於酅，故紀人猶得以禮葬之，而魯使人會葬。若紀侯大去，寄食他國，喪紀之不備可知矣。

季子來歸

胡氏以不書季子出奔爲諱其恥，非也。子般弒後，慶父如齊；閔公弒後，慶父出奔莒。使書季友如陳，出奔陳，則儕於慶父，不知賊之所在矣。

狄入衛

不書滅有二義。一則戴公立於曹，二則狄人侵略其人民貨寶而去，未嘗據其土地而有之也。

季姬遇鄫子

左傳季姬來寧，非也。遇者不期而遇。若見留而要鄫子，則當書會。

牡丘

會救未有書帥師者，見兵力有餘，與聶北同。

宋伐齊

十二月小白卒，正月宋伐齊。疑無虧之立，未告於諸侯，故史册不書，而孝公之立亦闕也。

宋伐齊

齊殺無虧不書，何也？無虧寺人貂所立，無先君之命，正其君臣之詞，不足以示義也。昭之不書立，何也？昭異於衛晉也。州吁篡立，國統中絶，而國人立晉，不請命於天王，故書立以罪國人之專。若昭之立，有先君之命，乃春秋列國之常，不必書也。

明矣。

文公即位

胡氏傳「康王未成服，故以黼裳入受顧命」，非也。尚書「王釋冕反喪服」，則非未成服明矣。

及江人黄人伐陳

穀梁以爲獨魯及，先儒皆因之，非也。蒙上「來盟於師」之文，在會諸侯，歸途同伐陳，江、黄見楚既敗，而以師會也。

郜子來朝

公羊謂郜子失地之君。陳清全因謂桓二年取郜大鼎，郜久爲宋并，非也。郜鼎在宋，何足以證郜之亡？晉賜子產莒之二方鼎，遂得謂莒亡乎？況郜子以桓二年失國而至是來朝，猶舉故爵，策書無是體也。

人總論

狄於齊桓、宋襄時最强，數侵伐諸侯，至能伐衛以救齊，盟邢以圖衛，故中國震之，而同於小國諸侯。其後晉興狄衰，無稱人者，故曰外夷，自爲一例也。按：前後又雜稱狄，狄與吴、楚例又别。

秦人歸襚

不可云「僖公夫人成風」，又不得云「及夫人成風」，故並舉而先僖公，屬辭之體然也。穀梁曰：「即外之弗夫人而見正，歸襚則數如守適矣。」高郵孫氏所辨，亦未得要領。

術聘

秦將伐晉而術聘魯，與楚將用師于陳、鄭而椒聘魯同，皆遠交近攻之術。胡氏以椒聘爲嚮慕中國，誤矣。

華孫來盟

不書使，見司馬之官，出盟遠國，而君不能主，所以見弑也。范氏謂緣其不臣，因曰無君。家氏以耦爲公子鮑之黨，甚有見，但與屈完、高子例不合。春秋美惡不嫌同詞，其寔事見於前後也。凡不書使，爲權不在君。屈完專召陵之盟，以從中國；高子專魯盟，以定僖公。其善可知矣。華孫來盟，未幾而君弑，則其黨賊無君，復何所掩蔽哉？

行父如齊

子般見弑，慶父如齊，季友如陳，不書，恐儕於亂賊也。遂弑子赤，行父如齊，書，與遂同惡，不使得逃罪也。

遂逆女

隱弑而桓立，繼書翬逆女，則知黨桓而謀弑者翬矣。子般、閔公之弑，繼書慶父如齊，慶父出奔齊，則知賊由慶父矣。子赤見弒，宣公立，前書遂、得臣如齊，繼書行父如齊，繼書遂逆女，則知遂首惡，而得臣、行父爲從矣。

歸生弒其君夷

歸生懼譖而弒成，蓋釁起於宋，而弒者歸生也。宋之譖得行於君，則嘗黿之憾已釋；而歸生懼譖，則相構之隙，轉形於夷與歸生。故知弒君者歸生也。觀十年傳，鄭人討幽公之亂，斲歸生之棺而逐其族，則知宋爲巧構之謀，而弒則歸生主之矣。釁起於宋，謀構於宋，而使逃於亂賊之名，何也？春秋書王法，不誅其人身。僉險小人，陰賊而好禍亂者，無國無之，目其人不足以垂戒，故惟秉國者是誅。趙盾用晉，則操刃者穿而不書；歸生用鄭，則構亂者宋而不書。歸生無弒謀，則宋之賊不成；盾無弒心，則夷皋之賊可討；此聖人所以決疑制法也。春秋時，有以强臣怙亂而弒君者，華督之類是也；有小人乘間竊發而弒君者，宋萬、閻職之類是也。使宋有督之勢，則其弒不謀於歸生；使宋有宋萬之力、閻職之謀，則歸生不許，可自爲賊，而無事反譖歸生於公。宋不能自作難而謀於歸生，歸生不許，轉構歸生於其君而不能獨發，則夷之弒，非歸生孰爲之哉？以爲舍宋而歸獄，猶未得其寔也。

意如卒

仲遂、意如書卒。疑夫子時，當國者三家子孫，不敢削其卒，而用同二之例也。

徵舒弑君

孔寧、儀行父不書奔楚，恐習其讀者，疑於請救，以討賊復仇之義予之也。大全汪氏已發此。

葬宋文公

胡氏以七月過期，證華元之厚葬，非也。以伐鄭故耳。

戰殽

晉師、白狄伐秦，秦人、白狄伐晉，不書及者，狄之。使殽之役罪晉以喪興戎，則當不書及以狄之。

魚石入于彭城

孔寧、儀行父書納者，借楚之力以復國而安其身，無他志也。此不書納者，將入國而爲亂也。孔寧、儀行父之迹似可歸，故書納，以著其陷君亂國，無可復之義。楚人之意，不止於納魚石，故書入，以暴其叛上作亂之謀。衛孫林父不書復者，請於君許之而後歸，有歸道也。

會戚

孫林父甫歸，即出會盟。衛侯不謹於操柄，所以終釀篡弒之禍也。

作三軍

疑魯舊是二軍，四卿並將，主帥與其佐也。作三軍，乃季氏自爲一軍，叔孫、孟孫爲一軍，公卒爲一軍。不然，孟氏取四分之一，叔孫氏取其半，豈能自備一軍乎？惟公徒爲中軍，故後復毁之，而三家共分其民。毁中軍後，三卿並將，則各有一軍也。

殺比

書楚人殺比，則疑於棄疾得討賊之義，而無以發其攘奪之私。不書弑，未安其位也；書公子，不成之爲君也。

王札子殺召毛

兩下相殺，不志於春秋，必有關於天下之大故而後書。於王札子見王室之無政，於陳招見寵溺之蘊禍，於棄疾見亂賊之相傾，皆經之特筆也。

華向奔

華貙召亡人不書，疑小人好亂，書之不足以示王法，故略之也。

立晉

春秋書國人立君獨衛晉，想賊既討，則立新君爲正，故書以予其國之臣子耳。

甲戌乙丑

甲戌下當是陳佗作亂殺太子免事。據左氏，陳亂，文公子佗殺太子而代之，公疾病而亂作，國人分散。是亂在陳侯鮑疾而未卒之先。故經先書陳亂，後書鮑卒，甲戌下偶斷簡亡其詞耳。若前不書佗之作亂，而後以討賊之詞書，則非屬辭之體，通春秋無是也。

此與陳侯之弟招殺陳世子偃師同。陳哀侯亦有疾而弟招倡亂，卒在亂後。

穀鄧朝

穀、鄧遠國，非滕、杞近魯迫於不得已者可比，故名之。

齊歸衛俘

朔奔齊，歸衛寶，則知抗王師，立亂人，齊爲首惡。

殺子糾

程子謂齊大夫既盟而立糾，故其殺也，以未逾年君稱之尚覺未安。鄭忽以世子繼先君即位而奔，不書；子糾以庶子未嘗入國居位，而以未逾年君稱之。頗其類矣。

敗莘

蔡侯救息，駐師於莘，楚人中道而襲執之也。按左傳可見。

宋萬弑

宋萬以前弑君賊不氏，而後皆氏。蓋以魯慶父、仲遂之徒，子孫當國，不敢削其氏。使他國弑君者皆削氏，則使人疑慶父、仲遂無弑君之寔迹，故不得已明大義於前，而餘從同也。趙盾復見經，而傳者疑其非弑；許悼公書葬，而傳者以爲赦止；春秋於魯多隱詞，而記謂君臣未嘗相弑。使經於慶父、仲遂之弑君，既微其詞，而他國弑君者，皆削其氏，則慶、仲之不去氏，不以啓後人之疑而隱其賊君之惡哉？自翬以至宋萬，魯之賊去氏，而他國例焉；自慶父以至經之終，魯之賊不去氏，而他國亦例焉；聖人之不得已也。何以明其然也？自宋萬後，齊桓倡伯，列順軌直，至慶父而篡弑之禍再見。而慶父之後爲孟氏，公子遂之後爲仲氏，世執魯柄，夫子作經，雖微詞以著其寔，而顯然削其氏系，則勢不敢也。不然，則春秋之法，誅首惡而餘從同；見義於翬，餘從同可矣，胡直至於慶父而後變此例哉？此正所以發學者之疑，使求之而得其寔也。

曰：聖人亦有所狥乎？曰：他國之篡立者皆書，而魯君不書篡。雖曰痛先君之見弑而隱之，然微文以發後人之疑而著其寔，則以篡國者，時君之祖宗也。列國之弑君者皆書，而魯大夫不書，則以弑君者，當國大夫之祖宗也。如妾母稱夫人，而仲尼不革；外君書卒，而魯書薨；皆此義也。曰：翬無子孫當國者，亦隱其詞，何也？曰：以桓而隱之也。然翬去氏，而慶父、仲遂不去氏；翬不卒，而仲遂、意如卒；則聖人之情見矣。慶父之不卒，何也？季子當國，雖推親親以立其後，而討其罪而賜之死，則於其身必無恩禮之加，故舊史不載其卒。而孔子因之，雖其子孫當國，無所施其怨惡也。仲遂則宣公德之，舊史書之，豈可削哉？定、哀之間多微詞，主人習其讀而問其傳，則未知已之有罪焉耳。噫！得之矣。

宋萬弑

萬以前賊多即討，無復與會盟聘伐之事者。弑君賊不再見經、傳者，誤也。如魯翬，則已再見矣。

閔不書即位

魯公書即位者，亦未見王之遣使，何以知閔之不告，而餘公皆告也？

首止

蘇氏言世子不以王命出會諸侯，非也。此齊桓之善行權也。當王室衰微，而方伯率諸侯請會世子，王必無辭以却之。及諸侯同盟以戴世子，而世子之勢成矣，故王隱恨而導鄭以貳。未有諸侯不請，王世子不受命，而擅會者也。

滅下陽

若書滅虢，則虞公貪愚之罪不著。下陽，虞、虢所同恃，而虞與晉滅焉，是自縕於晉也。

侵曹伐衛

寔兩事，不得言遂。如公子遂盟趙盾、雒戎，以兩事出，亦再書。

瑕稱公子，明其未嘗爲君也。高郵孫氏言，瑕立于元咺，故不曰君，謬矣。使瑕順咺之謀而立乎其位，春秋不當以無罪書矣。

沓棐

據左氏傳，似公復爲鄭如晉者然。十二月公還而正月致，似未嘗復如晉。或使人以鄭志通於晉乎？

總論七

初入春秋，大夫會伐必書帥師，自齊桓後不書。蓋作者徵兵有常數，而不以大衆往也。列國自用兵，伯主獨伐，則書帥師，用衆也。觀魯人私用兵，則稱帥師可見。

執叔姬

書齊人，不目商人，與殺子糾同義。

華孫盟

華孫書法，與高子同。故先儒以爲□其官，與其紓國難，非也。魯方内難，君弑國危，高子來盟而魯定，其得奉使之宜可知矣。宋方内難，華孫以司馬之官，不受君命而盟鄰國，君卒見弑，不臣可知矣。書華孫，見其爲亂人之後，世執國柄，以危君也。書司馬，見其主兵而專行，君不能制也。以爲予之，過矣。

晉狄伐秦

殽之役書姜戎，晉志也。晉師、白狄伐秦不書及，同惡也。左傳：「白狄及君同州，君之仇讎。」則伐秦之師，各懲其忿，不專主於晉也。

歸濟西

歸田獨是年書我，豈濟西爲魯舊封，而餘皆侵并於他國者邪？

葬陳靈公

陳靈公書葬，非以討賊之義予楚也。夏，陳侯會楚子於辰陵，則君大夫寔有謀焉。宋萬既討，而閔不書葬，何也？曰：或魯不遣赴也。

楚入陳

楚莊初意，本欲借討賊之義取陳，與楚圍之滅陳、蔡無異。使書楚子入陳殺夏徵舒，則疑入陳專爲討賊，而近於伯者之事矣。故變文書殺徵舒於前，書入陳於後。果以討賊爲務，則夏氏既討，陳可無入矣。此聖人微旨明法，而先儒乃謂予以討賊之義，故先之，謬矣。

葬陳靈公

陳靈公弑于十年夏，十一年，陳侯會楚子於辰陵，是陳有君也。而十二年春始葬，則陳君臣不忘討賊之義可知矣。故書葬，予陳君臣以討賊也。曰：安知非徵舒執國而不得葬也？曰：夏氏惡靈公，薄其禮，如崔杼之於齊莊可矣。陳既立君，使欲葬舊君，徵舒必無以禁。必其君臣陰謀討賊，而故緩其事也。曰：安知非如齊莊之改葬乎？曰：齊改葬而不書，陳改葬而書，非以討賊之義予之乎？

曹伯歸

負芻歸國不名，見天王之不絶其位，以示譏也。

殺三卿

胡氏謂削其大夫，非也。不得曰盜殺其大夫也。

牼卒

溴梁執邾、莒之君，次年書邾子牼卒，不書其歸者，無不歸之疑也。

會扈

傳言伐齊，而經止書會者，受賂未加兵，故没其伐齊之本謀，而著其成亂之大惡也。齊方有弑君之賊，諸侯會盟而不討焉，其貪賂失賊之迹顯然矣。

圍費

春秋不書内叛，蓋是時尺地一民，皆非公室所有。南蒯侯犯陽虎，叛季孫、叔孫，非叛公也。楚商臣弑父，申宜謀殺之，而春秋不以爲弑；三桓無君，南蒯侯犯陽虎之徒，欲甘心焉，而春秋不以爲叛；竊寶玉大弓書，而囚季斯不書；示亂臣賊子，雖其臣僕加刃焉而無罪也。

葬許悼公

蔡靈、許悼書葬，君子之不得已也。人事之變極矣，不忍復言討賊焉爾。

王室亂

單子殺賓起不書，恕之也。

王入成周

孫氏謂不曰京師，見周衰微，同於列國，非也。京師者，大衆之謂，王畿之内，皆可曰京師。敬王居狄泉，本畿内地。至是子朝出，始得入於成周，自不得泛稱京師耳。

城成周

孫氏曰：「諸侯不城京師，而大夫城之，是天下無諸侯也。不與大夫城京師，故書城成周以惡之。」胡氏因之，非也。天下無諸侯，大夫專政之可惡，不係於書京師與成周也。凡諸侯事接於天子稱京師，統言之也。若王室亂而列國城成周，豈可漫言京師，而不著其爲何地哉？

召陵侵

據傳未加兵於楚，而經書侵者，不書侵楚，或疑諸侯久散，而晉人合其不協，無以見主盟者之罪也。

二卿侵衛

以晉命出師，非有積怨深怒，故二卿自往。

越入吴

胡氏以夫椒之戰不書，以復父仇爲常事，非也。夫差以女謁忘父之仇，亡身滅社稷，聖人不以復仇予之也。使前書越敗吴於檇李，吴子光卒，後書吴敗越於夫椒，則習其讀者，以爲得復仇之義矣。

會牽

昭公之出，晉荀、范皆有德於季氏，故使公會牽謀救之。

納蕢

胡氏言公子出奔，復國不書納，況世子乎？蒯蕢書納，見其無道，爲國人所不受，非也。捷菑書納，猶云少不當立。北燕伯書納，猶云未能定。頓子則以故君復國，而能定其位，亦書納。書納未足以爲罪蕢之確徵也。

叔姬卒

趙氏言叔姬來魯不書，國滅非歸寧，未是。當是紀侯大去，叔姬隨之，及紀侯卒，叔姬不歸於魯，而歸於酅耳。

杞叔姬卒

杞子叔姬書卒，齊子叔姬不書者，至齊而舍已弑，不得用夫人之禮，或更嫁他國大夫也。杞叔姬書卒，而郯伯姬不書者，杞逆叔姬之喪以歸，則其出無過，而伯不然也。

曹襄復歸

衛侯鄭、曹負芻書歸，曹伯襄書復歸者，鄭戕群弟，負芻弑君兄之子，罪大宜絶，無可復之道也。

立晉

石碏不得不立晉，在晉當監國而請命於王，書人，予石碏也。所以異於尹氏也。去晉公子，明微也，示不當安然據位也。

桓無王

穀梁子曰：「桓無王，何也？桓弟弑兄，臣弑君，天子不能定，諸侯不能救，百姓不能去，以爲無王之道，遂可以至焉爾。」翬稱公子，正此義也。

來戰于郎

郎之書次，何也？二國次而一國敗，不得略其次也。且齊、宋揚兵境上，志欲闚利乘便，而未名所伐，魯遽以詐謀掩之，不書次，無以著情寔也。

夫人姜氏卒

始削姜氏，以人道絶之而正其罪也。繼復稱夫人姜氏，葬稱小君，傷魯人不能討賊，莊公不知其當絶，而使其生也泰然正夫人之位，死用夫人之禮也。

仍叔之子聘

公、穀父老子代從政，父既致政而子繼之，奉王命以出，則當專舉其子，不當牽連其父，而曰某氏之子。程子曰：「父受命而使子代行，仍叔雖專，恐亦不敢私使子代也。」按左傳，薳啓疆對楚子，韓襄爲公族大夫，韓須受命而使矣。是時韓起爲政，故其子方幼，未有職官，而奉命以使。蓋世卿專權，欲任其弱子以收威柄，而其君亦曲狥之。仍叔之子聘，未嘗非王命，但以仍叔之故，而寵任其子，且未有職司於王室，故不得不曰仍叔之子耳。胡氏謂譏世官，亦未盡其義。蓋此譏王命之重，不當付之幼弱無位之人。世卿之譏，則於尹氏、武氏發之矣。

或曰：何以知其無位也？曰：使有職司，即爲天子之士，亦得稱王人，而不曰仍叔之子矣。春秋時子代父位，故子皮之子甫代父，而位居子産之上。如魯三家，其子之當代父而未代者，固不肯別任微職以自卑也。季公彌不得立，乃使爲馬正，出爲公左宰，則當立之子，不居他職明矣。

宣公晉人宋人衛人曹人伐鄭

傳稱諸侯之師，未列諸卿名氏。或微者帥師，亦未可知。

殺慶封

殺慶封書楚子，蒙上會伐之文也。

晉弑其君州蒲

國語：「欒氏之誣晉國也久矣。」注：「以惡取善曰誣。」欒書雖殺厲公，人被其德，不以爲惡。蓋知弑君舉國，一國之人皆有夷狄之心，爲的解矣。

共三十六頁半。

抄出一百三十二頁，共一百三十條，除總論九條。

疑義

陳佗、曹負芻殺太子不書。

蔡般、齊商人見殺稱爵。桓六年陳佗傳。

宋人執祭仲。疑雍氏執之，故稱人。

突、忽並稱名。忽歸，稱世子。

子赤、文、成、襄之生不書。龔云：同之書，惟可疑，故正之。

濼之會不書夫人。先儒以爲未與行會禮，書夫人會，則與後陽穀同文。

諱桓之見殺於齊。

子糾前後異稱。

子頹之禍不書。

祭叔來聘。

公子友如齊葬原仲。陳。

齊人伐衛。陳氏、李氏皆謂貶桓。

首戴。疑太子亦必奉王命出會諸侯。

用致夫人。

季子出奔不書。若書友奔，則文混於慶父。

獲晉侯。

晉人執虞公。疑晉使大夫帥師，非君自行。

鹿上。疑齊、楚皆大夫，人宋公，嫌與北杏同文也。

蕩伯姬逆婦。傳言公主婚，亦未見其然。

城濮。宋公稱師，明功在晉也。

王出居鄭。晉納王不書。

敗秦於殽。晉用姜戎，惟此見經。

伯姬卒。

文公即位。文公亦未即命於周。

晉侯伐衛。朝王不書。或以常事不書，或以於温非地耳。

伐楚救江。疑與會澶淵、宋災故同義。

逆婦姜。穀梁氏得之。

敖卒歸喪。疑譏魯失刑。

宋人弑杵臼。不書襄夫人、公子鮑。

兩會扈。不序諸侯，言晉與天下事皆決於賊臣盾，而諸侯有若無也。

侯陳蔡。疑齊約三國同圍郕，侯而不至，遂與齊同圍也。

結盟齊、宋。既以結爲無禮，何故予之盟而後討之？

曹羈不稱子。

致夫人。文與躋僖公同，必致哀姜也。

宋公伐齊。不書納昭。

彭衙。秦師未出境而晉侯逆之。

楚、蔡次厥貉。陳、鄭、宋不書。

侵陳、宋。《傳》止言楚侵，則鄭以師從而君不與也。

晉師、白狄侵秦。高氏曰：「殽書及姜戎，此不書。《傳》載白狄爲主也。」家氏曰：「不書及，偶晉於狄，亦狄晉耳。」

執曹伯畀宋。不貶稱人。

高氏曰：「書王子札，則與王子虎無異。」陸淳曰：「文偶誤也。」

鼷鼠食郊牛角。杜氏曰：「稱牛，未卜日，免故也。」

魚石復入。胡氏取劉敞不與納之説。然孔寧、儀行父書納。

楚殺公子申。申受賂見殺，何以不去官？

貞伐鄭。

二慶不去官。

會夷儀。將討崔杼，以賂止，何以不同扈例？

吴子遏卒。吴子攻巢而見殺。

衎奔不名而歸名。或謂以殺寧喜，恐未然。

城杞。是時未見杞有外患。

殺佞夫。

蔡景書葬。

舍中軍。

留奔。留稱公子，似與鄭公子同例，爲辭其位而不居，何以見其争立也？後書殺大夫，則知留當國。或曰：非身之過也。

庚輿奔。齊納郊公不書。

公圍成。王氏箋義曰：「齊使公子鉏帥師圍成，而不書公以齊師，惡齊受季氏賂，雖得其師，不足以也。」

致出姜。豈魯夫人歸寧者獨此乎？

郕太子未立而出奔稱伯，鄭忽既君而不爵。

子叔姬卒。李氏謂未嫁稱子，但内女未嫁而死者不書，此何以書？

莒弑其君。傳稱莒紀公多行無禮於國，則國人亦不以弑爲非可知。

子卒，姜歸。使子卒非故，則姜可不歸。

曹伯歸自京師。負芻不名。胡氏謂罪天王，不絶其位。

晉殺胥童。書偃殺之，而以國稱。

齊殺高厚。崔杼主之而稱國。

蔡殺燮，履奔楚。燮欲與晉而履奔楚，二慶誣黄與燮同謀，而黄亦奔楚。

晉人殺欒盈。先儒皆以討賊之詞，愚謂稱人，大夫以私忿相殺，非國討也。於良霄亦然。陳招殺過，亦書人。

會澶淵。左氏載衛侯如會，不書。又載衛侯如晉，晉執之，不書。

莒殺其公子意恢。不稱人。無君而以君大夫之詞書，何也？

華向入南里以叛。華貙石亡人不書，何也？

晉人圍郊。

莒子庚輿來奔。郊公入不書。

昭公書葬。

意如書卒。

宋公弟辰出入，或書暨，或書及。

趙鞅、荀寅、士射吉并書叛，無異詞。

楚、陳以頓子歸。

宋辰黨出奔不書。

入曹以歸。

宋殺宋萬不書。胡氏謂陳非政，不足以討賊之義予之。則雍廩人殺無知，其以討賊之詞書，何也？

齊伐山戎，道不經魯。

會洮。襄王不發喪而告難，何以無貶？

衛侯毁滅邢。晉滅虞、虢，君不名。

公以楚師伐齊。與楚盟齊諱，以楚伐不諱。

晉侯侵曹，晉侯伐衛。

叔武死不書。

弑杵臼，不書襄夫人。鮑之立，與衛晉同而不書。

楚人殺陳夏徵舒。與誅慶封同，參看。

許莊公奔衛不書，句須子來奔不書。疑舊史闕之。但句須，成風母家，又奔魯，不宜闕。

子同生。龔孝小曰：未有書子生者，此其書，何也？別也。嗣續之際，國之存滅係焉。文姜有不可道之行，國人既曰「同乎人」，桓公亦曰「同非吾子，齊侯之子也」，豈可以不正哉？子赤、文、襄之生不書，無可疑也。

楚子伐鄭，缺救解。孝小曰：駁胡傳，甚當。但宣五年楚子伐鄭，經書人，亦須與一出路。

内大惡諱而不没其寔者，春秋之法也。宜書及齊侯，而書公及齊人狩，何也？

秦納公子雍不書。

先儒以司馬、司城書官爲予之，非也。

公子鮑不書弑君。

子野不書地。

按：齊高固及子叔姬來，則子非不婦之稱。

曹負芻殺太子不書，豈爲王諱惡邪？

陳公子留出奔書公子。

莒展輿書國，與衛元咺同。

莒郊公奔，庚輿立不書，與無虧同。

周儋、翩之亂不書。

趙汸云：「盜殺蔡侯申。蔡人既殺翩而以盜赴。」

晉爲孫氏執衛侯不書。

跋

望溪先生春秋經説，四庫著録通論四卷，在存目者有比事目録四卷而已。此爲望溪手稿，封面署「春秋發疑」，旁注「庚」字，並鈐白文「方苞之印」，朱文「望溪」二印。看葉亦同。其稿每半葉八行，每行行書十九、二十字不等，用黄筆圈點，朱筆小字，旁書「總論」及各條條目。其已標條目者，則不復書。後云：「共三十六葉半。」又云：「抄出一百三十二葉，共一百三十條，除總論九條。」末附疑義，共七葉，亦朱筆書，當是謄寫清本時所記。依記數之，條數悉合，知所云一百三十條是也。云抄出一百三十二葉，恐衍「一百」二字矣。封君庸庵出此見示，且言家有姚春木先生尺牘，審定此爲望溪手稿。因憶往歲在文華殿檢勘書籍，見望溪充三禮館總裁時删定纂修稿本，均藏内閣大庫，以視此册，手迹宛然。非惟墨本爲望溪自書，即朱筆亦出望溪自記無疑。以其真蹟，且又未刻稿也，未敢久置案頭。詳加考訂，亟書數語而歸之。宣統甲寅重九坐雨讀有用書齋，元忠寫記。澂按：君直先生，清室遺老，入民國後仍用宣統紀年。此文收入其箋經室遺集，篇末無「宣統」二字。遺集爲王欣夫先生學禮齋所刊，時在民國三十年辛巳。書中凡用年號者，不論是否入民國，一概删削。既避時忌，復隱寓陶淵明義熙後但書甲子之意，可謂兩全。

書後

望溪先生邃於經，尤精三禮、春秋。其治春秋也，不囿於三傳門户，潛心經文，體貼大義，雅近宋儒，然不取刻深之論。故四庫提要謂「以經求經，多有協於情理之平，則實非俗儒所可及，譬諸前修，其吴澄之流亞歟」。此春秋發疑手稿，乃業師封耐公夫子尊人庸庵先生舊藏，己丑、庚寅間歸於先君者。封氏華亭舊族，累世讀書，爲鄉里表率。當地踔天駭之會，數百千萬隴畝之民，世業喪於俄頃。匹夫無罪，懷璧其罪，封氏亦難幸免，縹緗萬卷，掃地以盡。破家前，耐公夫子攜舊籍數種至海上，售與友朋以易米。先君亦得數物，此稿其一也。十餘年後，所謂「文化大革命」者起，秉鈞軸者發蹤指示，密布網羅，公然抄掠，遍及九州，往史所未有也。寒家亦在劫中，物無論大小，凡視爲值錢者，悉槖載以去。又十餘年，時局丕變，海宇稍澄清。被掠諸物，陸續賜還，然已失大半矣。而此望溪手稿，赫然在賞還者之列，不可謂非天幸也。今友人虞君萬里，主傳統中國研究集刊編纂事，命澂施新式標點於望溪此作，刊印集中，公諸學界。點畢口占二絶云：

褒貶是非尊大義，紛紛門户不須論。
白頭想見青燈下，朱墨淋漓證聖言。

清芬傳世今何在，殘帙摩挲一慨然。
谷變陵遷經幾劫，憑誰沈恨訴當年。

歲次丁亥二月廿二日上海嚴壽澂識於星洲

春秋直解

高瑞傑　整理

整理説明

春秋直解十二卷，是方苞最具代表性的一部春秋學著作。其作於春秋通論撰成之後（大約成於康熙五十六年），採用逐條疏解經文的方式，將通論所載義理貫穿全經，故而也更能詳細闡發其春秋學思想。

本書進一步將經史並重的理路貫穿全經。一方面强調史的重要性，認爲春秋由舊史收集而成，舊史闕載，則春秋無從增刪，故所謂筆削之義，往往只是一仍舊史而已，屢稱「使舊史不書名，孔子無從而得之」，「春秋於爵次，名氏一仍舊史，義即於是乎存焉」，「蓋特文以見義，而後乃仍其故常者，春秋之法也」。也就是説，春秋之法往往是承襲舊史之文而來，而並没有過多增刪筆削，後代經師多强調「微言大義」，皆有過度解讀之嫌。因此方苞批評道：「孔子豈預料後世之必有傳哉？」又言「蓋舊史之情而誤以爲筆削之旨也」，「舊史以勢之强弱爲詳略，而非有典法也」。這樣的例子，在方苞春秋解説體系中，隨處皆是。這種春秋學理路必然使經師倒向對史學的重視，避免臣經而廢史。

另一方面，在尊經、史的前提下，方苞對三傳以及經家都或多或少有所批評。首先，方苞仍對經十分推崇，認爲春秋之文，簡而有法，有彼此互見者」，因而對某種以傳釋經的方式不以爲然，稱「傳有顯與經異者，不可據以釋經」，「凡此類當以經義爲斷，不可以傳汨之」。如指出「左氏所傳誤也」、「公、穀二傳以爲存陳，非也」，等等，往往在尊經的前提下，對傳注提出批評。不過，方苞雖然多批評傳，但實際上采傳之說也並不鮮見，如亦稱「以是知公羊所傳於經爲合也」，在發揮其義理時亦屢言「以傳考之」。

這種尊經重史、慎用三傳的方式雖然可以體現其不篤信前人、實事求是的學風，但難免會有一些紕漏。如僖公三十三年，晉人及姜戎敗秦師於殽。公、穀皆以爲稱晉文公未葬，太子背殯用師，稱「人」爲貶辭。方苞反駁道：「左傳稱『子墨衰絰』，蓋墨以發命，實不在師中，而傳聞誤焉耳。」以爲太子其時並不在軍中，故無「背殯用師」之事，二傳有誤。但左傳載：「子墨衰絰，梁弘御戎，萊駒爲右。」梁弘、萊駒二人爲太子御車，故太子當在師中，方苞所言不確。春秋發疑又言：「伯禽之時，六服乂安，淮夷蠢動，不過小有侵害於魯國，而君子尚不以衰絰即戎爲非，況夷夏盛衰，王室安危之所繫乎？」春秋載孔子改制之法，本不得以前史質疑；且禮記曾子問鄭玄注已言伯禽「喪卒哭而征之」，並非背殯用師，故不得以彼難此。方苞擔心此處貶斥太子背殯用師會影響伯禽居喪征伐的合理性，實則二者完全不同，不必牽涉。此外，方苞疑傳之風習也會轉移到對經的質疑上，如成公八年，秋，七月，天子使召伯來賜公命。方苞言：「其曰『天子』，文誤也。」二傳以稱「天子」爲正。方氏舍傳之精義，直疑經誤，似乎與其一貫主旨有差。

另外，方苞解經頗切實際，而與宋儒「王道」理念相左。如僖公四年「侵蔡，遂伐楚」，胡安國以爲「譏其專」，即批評齊桓公擅兵專權，對此方苞並不認可。他認爲楚人「僭王猾夏之罪，乃九伐之法所未有」，但諸侯無力抗衡，不得已托侵蔡以伐楚，度德量力，本不當譏。在方苞的義理體系中，有自己的「王道」理念。其尊王思想，兼雜道義與效用，十分複雜。其屢屢批評大夫專政，哀閔王侯失權。如批評三桓擅權，處處維護昭公，認爲昭公所作，幾乎皆出於不得已。如昭公六年，冬，叔弓如楚。方苞指出：「群儒乃争以附楚責昭公，蔽於理而失情實矣。」昭公十六年，夏，公至自晉。方苞云：「公内則困於强臣，外則蔽於霸國，無可爲謀，而胡傳及諸儒交口而責公之自棄，可謂不察其情矣。」更明確表明：「凡傳所載，皆季氏之誣辭耳。」其尊王之意，溢於言表。同時他也維護定、哀諸公，曰：「先儒於定、哀侵伐，尚責公不已，亦昧於事實矣。」對别國諸侯亦有維護者，如辨「先儒皆罪晉侯之不能，非也」，等等，其尊王思想貫徹始終。

此外，其學宗程、朱，又兼採漢學，以禮解經等等，都是其解經之特色。蘇惇元評價其「論學一以宋儒爲宗，説經之書大抵推衍宋儒之學而奪心得，名物訓詁皆所略」，稍中其實。但針對其尊經毁傳的風習，也遭到一些批評，如陳澧東塾讀書記道：「方靈皋春秋直解序云：『聖人作經，豈豫知後之必有傳哉？使去傳，而經之義遂不可求，則作經之志荒矣。』此説似足以惑人，而實不通也。伏羲、文王作易，豈豫知後世必有孔子十翼哉？如方氏之言，則十翼亦可去矣。且後儒去傳解經者，彼其所著之書，亦傳之類也，非經也。使古之三傳可去，何不並去其自著之書乎？夫聖人之作經，所以必待傳而著者，聖人雖異人者，神明而朽没之期亦等。」其説確實發人深思。

其實，方苞雖然屢言傳注爲非，但春秋直解引用繁複，博採衆儒，網羅百家，實非一出於臆斷。計有引用董仲舒、鄭玄、何休、杜預、范寧、孔穎達、李靖、徐彦、楊士勛、韓愈、啖助、趙匡、陸淳、陳岳、孫復、劉敞、孫覺、程頤、蘇轍、胡安國、黄震、陳傅良、劉絢、吕大圭、朱熹、吕祖謙、家鉉翁、程迥、胡寧、李淇、趙汸、薛季宣、汪克寬、高閌、張洽、趙鵬飛、鄭玉、李廉、許翰、吴澂、李光地、馮荆南、黄仲炎、邵寶、李紱、黄世成、王源、郝敬、王葆、項安世、嚴啓隆、任公輔、黄正憲、萬孝恭、戴溪、陳嶽、卓爾康等諸家之説。可謂融百家於一爐，用力頗深。總而言之，方苞春秋直解尊經排傳，重史尊文，以義理勾連經史，兼採漢、宋，卓爲一家。

春秋直解的版本有：清康熙嘉慶間桐城方氏抗希堂刻抗希堂十六種本素稱善本，其中收録春秋直解，故據以爲底本，參校清光緒二十四年鄉嬛閣刻桐城方望溪先生全書本及續修四庫全書本。另外，春秋直解底本經文之間不做隔行，今爲求讀者閲讀方便，經文之間隔行處理，以求眉目清晰。

筆者學力淺拙，見識譾陋，點校中必有舛繆，祈望博雅君子有以教我，匡我不逮。

高瑞傑

戊戌年端午于清華園

目録

春秋直解後序

始余治春秋，惟與學者商論，而不敢筆之書。乙未、丙申間，衰病日滋，代州馬珩、南河間王振聲趣余曰：「凡子所云，皆學者所未前聞也。子老矣，設有不諱，忍使是經之義蔽晦以終古乎？」余感焉，爲著通論九十七章，分别其條理，而二子少之曰：「是成學者之所治也。必合舊説，節解句釋，然後蒙士喻焉。」逾歲而書成，凡通論所載悉散見於是編而不復易其辭，蓋余之爲此，非將以文辭耀明於世也，大懼聖人之意終不可見焉耳。其義非學者所習聞，復變易其辭，使反復以求其端緒，曷若辭之複而易熟於目哉？昔墨子之著書也，言多不辨，恐人之懷其文而忘其質也。是則余之志也夫。

春秋直解後序

始先生治春秋，惟與學者商論口授。乙未、丙申間，先生衰病日滋，崟與北平王兆符請曰：「凡先生所云，學者皆未前聞也。不筆之於書，是經之義將蔽晦以終古。」先生感焉，爲著通論九十七章，分別其條理。崟曰：「是成學者所治也。必節解句釋，然後蒙士能喻焉。」乃更爲直解，逾歲而書成，凡通論所載悉散見是編而不復易其辭，崟請其故，先生曰：「余之爲此，非將以文辭耀明於世也，大懼聖人之意終不可見焉耳。其義非學者所習聞，復變易其辭，使反復求其端緒，曷若辭之複而易熟於目哉。」崟思昔墨子之著書也，言多不辨，恐人之懷其文而忘其質也。是亦先生之志也夫。

序

聖人作春秋，辨是非以正王法，所以存三代之直道也。而二千餘年，其義尚多鬱闇而不彰，則以群儒曲爲之説也。班叔皮述古傳所稱，曰：「殺史見極，平易正直。」蓋惟正故直，惟直故平易而可通。而群儒乃以曲艱之説蔽蝕其本義，望溪方子有憂焉，以比事屬辭之義分疏其條理，俾按以全經而始終相貫，作通論九十九章。又懼始學者茫然不知其端緒也，更爲直解，使每事而求之，知舍是則義弗安，説不貫，然後曲説之蔽不攻而自破。程子曰：春秋大義數十，炳如日星者乃易見也，惟其微辭隱義爲難知。所謂微辭隱義，莫若齊桓城三國而書辭各異，故曲爲之説者嘖嘖焉。方子則曰：此皆以其實書也。邢則齊帥二國以城之，緣陵則命諸侯城之而齊不與也，楚丘則命魯獨城之而諸侯不與也。按以經之法、傳之事，而其義了無可疑。曲爲之説者，莫若文之篇盟扈、會扈，總言諸侯而不序。方子則曰：七年盟扈，以晉大夫而主諸侯也。十五年盟扈、十七年會扈，以晉大夫列序諸侯之上也。故特文以發疑而見其義。證以僖二十七年盟宋，言公會諸侯，不言楚人，而確乎其不可易。曲爲之説亂雜而無章者，莫若爵等同而或稱人，或稱爵，或稱行次，或稱名。方子則曰：凡此皆舊史之文，以爲褒貶所寓者非也。使其人當褒，而舊史以名書，無從而得其爵與行次也；其人當貶，而舊史以爵與行次書，無從而得其名也。吳、楚、徐、越之或稱國，或稱人，或備君臣之辭，而一同于齊、晉，皆舊史之文隨世以變，因其勢之彊弱，以爲詳略，而孔子因之以見世變者也。使革之以定於一，則世變、邦交轉不可得而見矣。至若桓之大夫不書卒，以爲皆可誅；晉州蒲、吳僚之弒不書，晉人、吳人使欒書、公子光不得脱于是獄之外子野卒以毁乃季氏之誣辭，内叛不書，乃不爲三桓討賊，凡此類，皆大義炳如日星者，而二千餘年其覆皆未發，自有方子之説，乃知精義入神，發微抉隱，皆以直而得之。蓋直者生人之本性，理義之所從生也。聖人所以〔一〕

〔一〕按，以下闕文。

自序

自程、朱二子不敢以春秋自任，而是經爲絶學矣。夫他書猶孔子所删述，而是經則手定也。今以常人自爲一書，其指意端緒必有可尋，況聖人之不得已而有言者乎？蓋屈摺經義以附傳事者，諸儒之蔽也。執舊史之文爲春秋之法者，傳者之蔽也。聖人作經，豈預知後之必有傳哉？使去傳而經之義遂不可求，則作經之志荒矣。舊史所載事之煩細，及立文不當者，孔子削而正之可也，其月、日、爵次、名氏或略或詳，或同或異，册書既定，雖欲更之其道，無由而乃用此爲褒貶乎？於是脱去傳者諸儒之説，必義具於經文始用焉，而可通者十四五矣。然後以義理爲權衡，辨其孰爲舊史之文，孰爲孔子所筆削，而可通者十六七矣。余之始爲是學也，求之傳、注而樊然殽亂，按之經文而參互相抵，蓋心殫力屈幾廢者屢焉。及其久也，然後知經文參互，及衆説殽亂而不安者，筆削之精義每出於其間。所得積多，因取傳、注之當者并己所見合爲一書，以俟後之君子。其功與罪，則非蒙者所能自定也。

春秋直解卷之一

隱公

元年，春，王正月。

元年者，君之始年也。春，王正月者，周正建子之月也。周人即以子月爲春。先儒謂孔子以夏時冠周月，非也。襄公二十八年，春，書「無冰」。若夏時之春，則無冰非異矣。僖公十年，冬，書「大雨雪」。若夏時之冬，則大雨雪非異矣。加「王」於「正」，以春秋，魯史也。若周史，則無以月繫王之義矣。凡元年，雖無事必舉正月，謹始也。公不書即位，先儒以爲内無所承，上不請命，故孔子削之，非也。即位者，告廟踐祚臨群臣也。其行即位之禮而書於册者，不可削也。其未行即位之禮而不書於册者，不能增也。隱將致國於桓，莊、閔、僖繼，故本未行即位之禮，故舊史無其文，以爲孔子削之，則義無所處矣。謂上不請命於天子，則十二公之所同也；謂内不承國於先君，則定公之書即位不可通矣。

三月，公及邾儀父盟于蔑。

盟者，刑牲、歃血而要信於神也。凡會盟書「及」，我所欲也。儀父，邾君之名也。邾儀父、介葛盧、郳黎來稱名，魯待之異於列國之君，而舊史忽之也。魯，侯爵而稱公者，聘禮、大射儀、燕禮五等諸侯皆稱公，而公食大夫禮又以名篇，則謂君爲公，周制也。故外諸侯卒，各以其爵而葬，必稱公也。

夏，五月，鄭伯克段于鄢。

段，鄭伯之弟也。何以知其爲弟也？春秋之始，公子争國謀篡者獨稱名，齊糾、鄭突、曹赤是也。以段之獨稱名，知其爲弟也。凡放殺大夫稱國而不目君，以其目君，知其爲弟也。段，弟也，而不謂「弟段」，不弟也。曰「弟段」，則似專罪鄭伯矣。鄢，段之邑也。春秋之初，公子、大夫未有擅其私邑者，而段獨據邑以抗其君，故書「克」，敵辭也。不書「出奔」者，自僖二十八年衛元咺出奔以前，外大夫、公子之奔，皆不書也。隱、桓、莊、閔、僖五公近百年，外大夫、公子豈無奔者？而無一見於經，必其國不告，或告而魯史不書也。鄭突、曹赤書「歸」，而奔不見經，則公子之奔不書審矣。段據邑以抗君，動干戈於邦内，故以爲非常而志之；其敗而奔，則以爲不足志焉耳。莊十二年，宋萬出奔陳，則志失賊，而非志大夫、公子之奔也。

秋，七月，天王使宰咺來歸惠公、仲子之賵。

天王之名，非孔子所創立也。周官司服職爲天王斬衰，戴記昏義述焉，曲禮曰：「臨諸侯，畛於鬼神，曰：有天王某甫。崩，曰：天王崩。復，曰：天子復矣。告喪，曰：天王登假。」國語亦稱天王，則周人舊有是稱明矣。宰者，冢宰；咺，其名也。惠公者，隱公之父也。仲子者，桓公之母也。不稱夫人，非嫡也。賵者，以車馬供喪紀也。隱將致國乎桓，故以桓母之卒赴，而天王因賵惠公而并及之。不書「卒」，猶未成之爲夫人，與成風、敬嬴異也。王臣無以官書者，而宰則書，志非常也。天子之宰不宜供外事，天子之卿無以名書者，咺，六卿之長而斥其名，舊史惡之也。以天王之尊，冢宰之重而違禮以媚下國，苟有人心者，無不藏惡也。謂孔子貶而稱名，非也。使舊史如仍叔、毛伯以行次書，如宰周公以爵書，孔子無從而得其名，何以知其爲兼賵也？謂惠公之仲子則可，謂僖公之成風則不可，成風之喪，歸含、賵，會葬，王皆不稱「天」，而賵仲子稱「天王」，何也？因惠公之賵而并及之，猶未成之爲夫人也。若禮於成風，則視夫人之常數而有加矣。凡王使之至魯，皆譏也，不可勝譏，必於其甚者而見義焉。桓之篇，聘稱「天王」，至錫命而後王不稱「天」，亦此義也。

九月，及宋人盟于宿。

内稱「及」，外稱「人」，先儒以爲皆微者，非也。自僖以前，外卿特至於魯，然後以名見，其會、盟、侵、伐皆稱「人」，而不辨其爲卿、爲大夫也。盟者，春秋時所重，自外卿以名見之後，列國來盟、魯盟列國，無非貴卿，而隱公即位之初使微者盟宋人，非情也。莒，微國，浮來之盟，公猶親之，況宋乎？然則不目其人，何也？此諸侯與卿大夫特盟之始也，故諱不書公，以見義焉。宿，微國也。其後宋人遷之，始爲宋邑。會盟以國地者六，宿、鄧、曹、齊、邢、宋是也。會盟於其國，則其君必與矣。

冬，十有二月，祭伯來。

祭，畿内邑名；伯，王朝卿以行次書也。秦、周以前之書無言内諸侯者，戴記言内諸侯，亦未有五等之爵，以是知詩稱召伯、申伯，與南仲同，春秋書祭伯、凡伯，與榮叔、南季同，皆行次也。召公在文王時而稱伯，則非爵明矣。通春秋王臣無稱侯、男者，則伯與子亦非五等之爵明矣。詳見文十年女栗之盟。其稱公者，則天子之三公也。祭，周公之裔，故與魯爲好，而非朝、非聘，故直書曰「來」，先儒謂不與其朝，非也。王朝卿士豈肯降列而朝於魯？觀祭叔之來，以聘爲名，則祭伯、祭公之非朝可知矣。祭與魯接者三，伯與叔，其行次也。公則三公，而以爵書。

公子益師卒。

凡書「卒」者，皆卿也。卒而不日，史或失之也。自莊以前，魯卿或獨書名，或并書繫；自僖以後，無不書繫與族者。列國之卿，事接於魯，或獨書名，或并書族；自僖以後，無不書族與繫者。自僖以後，列國之卿無不書族與繫，而楚椒、秦術獨名；自成以後，楚卿無不書族與繫，而吴札獨名，此國勢邦交隨世以變，而舊史因之者也。獨書名者，略之也；并書繫與族者，詳之也。重其人則詳之，輕其人則略之，而先儒必求以筆削之旨，或傅會先王之典法，是以終不可通也。

二年，春，公會戎于潛。

穀梁子謂會者，外爲主，非也。凡盟或書「公及」，或書「公會」，所以辨其孰爲主也。會而不盟，則舍會無以屬辭焉耳。○范氏甯曰：「凡年首，月承於時，時承於年，文體相接，春秋因書『王』以配之，所以見王者上奉時承天，而下統正萬國之義。然春秋記事有例時者，若事在時例，則時而不月；月繼事末，則月而不書『王』。書『王』必皆上承春，而下屬於月，表年始事，文莫之先，所以致恭而不黷也。他皆仿此，惟桓有月無王，以見不奉王法爾。」

夏，五月，莒人入向。

向，微國也。穀梁傳謂「我邑」。據桓十六年書「城向」也。然書「入向」，而不書「伐我」，則非我邑明矣。入者，得而不居也。自宣以前，列國卿大夫事接於魯，或稱人，或以名見，事不接於魯，則止稱「人」，皆舊史之文也。

無駭帥師入極。

無駭，魯卿也。極，微國也。魯卿獨主兵，皆書「帥師」，用衆也。會、侵、伐則或書「帥師」，或不書「帥師」，以别所用之衆寡也。○汪氏克寬曰：「春秋之初，大夫猶稱名而不氏；僖公以後，大率書氏見世卿之盛也。經書『帥師』者百有三十，僖公以前書『帥師』者僅九，皆内大夫。文、宣以後，外大夫多書『帥師』，定、哀之間尤數，大夫之强又可見矣。」

秋，八月，庚辰，公及戎盟于唐。

盟書「公及」，内志也。○蘇氏轍曰：「事成於日者日，成於月者月，成於時者時，故崩、薨、卒、葬、日食、山崩、地震、火災、郊雩、烝嘗、盟戰、滅入、弑殺之類，皆以日成；朝、聘、會、同、侵、伐、圍、救之類，皆以月成；城、築、蒐、狩之類，皆以時成。」

九月，紀履緰來逆女。

履緰，紀卿也。卿爲君逆則書「逆女」，所以别於齊高固、莒慶之自逆也。内女適諸侯，未有書「逆」者，而紀伯姬獨書，以其後紀亡，伯姬、叔姬並書於册，故叔姬之歸不得略，而於伯姬特書「逆」，以明其爲嫡也。古者庶女常爲嫡女之媵，而不以長幼尊卑爲序，詩曰「問我諸姑，遂及伯姊」是也。若但書「伯姬歸于紀」、「叔姬歸于紀」，則未知誰爲嫡媵焉耳。先儒謂「譏不親迎」，非也。委宗社而迎婦於他國，先王之禮，恐不如是也。

冬，十月，伯姬歸于紀。

内女之歸不書者也。知然者，郯伯姬、杞叔姬書「大歸」，而其歸不見於經也。紀伯姬書「歸」，以其後姬卒紀亡，而齊侯葬之耳。以是知舊史載魯事甚詳，其得禮而爲常事者，則孔子削之也。使内女之歸與逆者，舊史不備書，則紀伯姬之歸，履緰之逆，孔子亦無從而得之矣。

紀子伯、莒子盟于密。

程子曰：「闕文也。當爲『紀子、某伯、莒子盟于密。』」

十有二月，乙卯，夫人子氏薨。

隱公之妻也。先儒以爲隱公之母，非也。君之母而未成之爲夫人者，卒不稱夫人，葬不稱小君，定姒是也。成之爲夫人，則薨葬一同於夫人，成風、敬嬴是也。子氏書「薨」而不書「葬」，以是知其非隱母也。隱妻則何以不書「葬」？隱志乎讓而不以夫人之禮葬也。不以夫人之禮葬，則書「夫人薨」，何也？猶隱不舉即位之禮，而史必書「公」也。惟書「公」，然後知不書即位爲志乎讓也；惟書「夫人薨」，然後知不書葬爲不用夫人之禮也。傳謂「夫人之義，從君」，非也。古者葬各有期，傳載晉荀躒如周葬穆后，經書紀伯姬之葬，紀侯尚存，則謂君在而不葬，與雖葬而不書，皆未得其義也。

鄭人伐衛。

聲罪致討曰「伐」。不書「戰」者，或服而聽命，或守而不出也。

三年，春，王二月，己巳，日有食之。

傳曰：「書『某月某日朔，日有食之』，食正朔也。言日不言朔，食晦日也。言朔不言日，食既朔也。不言朔，不言日，夜食也。」以不書「朔」爲食朔前，可也。以書「朔」爲食朔後，不可也。

以不書「朔」與「日」爲夜食，尤不可也。夜食而曉見其傷，則既得其朔與日矣。即按度以推知，當夜食亦必先得其朔與日，而後知其食，於是夜俱不可通，蓋舊史有疏闕耳。其久而不食，何也？或食以夜，或陰晦而人不見也。其頻月而食，何也？後月之食，衆所共見也；前月之食，史所誤推也。設前月陰晦，據所推以書於策，而食在後月，則莫肯追，正其失而並書於册矣。或曰，其一則日之災而誤以爲食也。既書「王正月」，則二月有事不復書「王」，事起二月則書「王二月」，至三月然後有事，則書「王三月」，若正月、二月已有事，而例當書時，或舊史第以時書，則三月雖有事，亦不復書「王」矣。如「九年春，天王使南季來聘。三月癸酉，大雨震電」之類是也。

三月，庚戌，天王崩。

書「崩」，赴告及魯也。不書「葬」，魯不會也。崩、葬皆志者，桓、襄、匡、簡、景也。志崩不志葬者，平、惠、定、靈也。崩、葬皆不志者，莊、僖、頃也。以是知魯史所無，孔子不能益也。如可益，則天王之崩，雖易世可考而知也。崩而不名，臣子辭也。先儒謂太上不名，非也。義與魯君之薨而不名同。

夏，四月，辛卯，尹氏卒。

王臣之卒赴於魯則書，尹氏汰，訃不稱名，舊史承而書之，孔子不能易也。何以知其非君氏也？不曰「君母某氏」而曰「君氏」，非辭也。且定十五年，姒氏卒，書葬，果君母也，不宜志卒而不志葬矣。

秋，武氏子來求賻。

賻者，以貨財供喪紀也。魯不賻，不臣也。周求之，不君也。不稱使，當喪未君，聽於冢宰，而發命者非王也。稱「武氏子」者，未有職司，徒以其父，故任之也。傳以爲「大夫之未命者」，非也。桓五年來聘，稱王使亦曰「仍叔之子」，則當喪未命之說，不可通矣。其與仍叔之子異辭，何也？使書「武氏之子來求賻」，則似武氏有喪而其子私求賻也。

八月，庚辰，宋公和卒。

外諸侯稱「卒」，非吾君也。薨者，臣子之辭也。其書名，非吾君也；或不書名，不知其名也。傳稱「同盟則訃以名」，非也。在禮，死而後諱，未有君死而稱名以訃者。晉獻公、惠公未嘗與魯同會盟，通聘問而卒書名，宿男同盟，滕子、杞子來朝而卒不書名，則趙氏匡之説，亦非也。皆承舊史而不可損益耳，或日，或不日，亦史有詳略。

冬，十有二月，齊侯、鄭伯盟于石門。

外諸侯盟，來告則書。無王命而會、盟、侵、伐，皆亂世之事也。

癸未，葬宋穆公。

葬而稱公，周制也，故傳於諸侯舉謚則必曰「公」。不曰「宋葬穆公」，而曰「葬宋穆公」者，據魯會而爲言也。會者，非卿則不書，其或日，或不日，舊史有詳略也。先儒謂會葬備禮則書日，略則書時，非也。齊、晉大國，魯人會葬，敢不備禮哉？

四年，春，王二月，莒人伐杞，取牟婁。

牟婁，杞邑也。隱公之篇，書外取邑者二，而後此無聞焉。蓋列國交争疆場之邑，攻奪無常，以爲不足赴告焉耳。○陳氏傅良曰：「春秋之初，猶以取邑爲重，故外取邑自隱以前則書之，桓十四年宋以諸侯伐鄭，取牛首而後，皆不書。」

戊申，衛州吁弑其君完。

州吁不稱公子。先儒謂孔子削其屬籍，非也。鄭歸生、楚比皆稱公子，而獨削州吁、無知、宋萬之屬籍，其義何居？蓋宋萬以前外大夫本不書繫與族，故弑君之賊亦不書繫與族；慶父以後内外之大夫皆書繫與族，故弑君之賊亦書繫與族，此舊史之文，隨世以變，而不可以義理求之者也。何以知非孔子削之也？其已書繫與族者可削也，其未書者則不能增也，苟以是爲褒貶，設其人可褒而繫與族，爲舊史所不載，孔子無從而得之，翬稱公子，則魯軌所親重，而舊史特書其世繫也。

夏，公及宋公遇于清。

遇者，不期而會也。古者諸侯承王事，不期而道見，故有遇禮。春秋所書則期而見，特不行盟會之禮耳。春秋之初，書遇者六，自閔以後無聞焉。蓋霸事未起，諸侯之特會多，故簡其禮而爲遇。其後特會希有，不得已而爲特會，則其禮不可得而簡耳。何以知經所書皆期而見也？自閔以後，豈遂無不期而道遇者，而無一見於經，則不期而道遇。例不著於册書，可知矣。

宋公、陳侯、蔡人、衛人伐鄭。

宋以公子馮在鄭，故與諸侯伐之。州吁篡弑，不能致討，而反與合黨連兵，惡可知矣。自宣公以前，外卿大夫侵、伐恒稱「人」。

秋，翬帥師會宋公、陳侯、蔡人、衛人伐鄭。

翬，魯卿也。再序四國，與「單伯會伐宋」異者，此大夫與諸侯衆會之始也。若但書「翬帥師會伐鄭」，則此義不可得而見矣。先儒謂以罪魯之黨惡，非也。魯之黨惡，不待再序四國而見也。

九月，衛人殺州吁于濮。

稱國以殺，則衛無君，目石碏則與里克殺奚齊同文，而疑於石碏之私，故稱人以示亂臣賊子人人得而誅之，不必士師也。濮，衛地也，何以知其爲衛地也？使殺於異國，則當書國而不書地矣。齊人殺無知，何以不地？或曰殺於國都，不可以地舉也；或曰告有詳略。

冬，十有二月，衛人立晉。

經書立君惟此，蓋立君者，當國大臣之事也。君弑賊不討，則無辭以告鄰國，故舊史無其文。

陳佗、齊無知既討，而躍與小白之立不告，何也？以傳考之，殺佗者蔡人也，立躍者亦蔡人也，陳之臣子固無辭以告也。小白讎魯，則不以立告必矣。其稱「人」，何也？書尹氏立王子朝，則知非周人之公也；書衛人立晉，則知非石碏之私也。然衛之臣子可以討賊，而不可以立君，直書其事而功罪俱不可掩矣。晉不稱公子，何也？公子者，大夫之稱也，故兄弟代立者不稱公子，然則楚比、棄疾之稱公子，何也？比，右尹也。棄疾，縣公也。其爲大夫也舊矣。不得與兄弟代立者同文也。

五年，春，公觀魚于棠。

夏，四月，葬衛桓公。

葬，臣子之事也。君弑賊討者二，而二君皆書「葬」。以是知不討賊、不書「葬」，以爲無臣子也。

秋，衛師入郕。

公羊傳：「曷爲或言帥師，或不言帥師？將尊師衆，稱某帥師；將尊師少，稱將；將卑師衆，稱師；將卑師少，稱人。君將不言帥師，書其重者也。」○自宣公以前，外卿大夫將，少則稱以名見也。

九月，考仲子之宮。初獻六羽。

公羊傳：「桓未君，則曷爲祭仲子？隱爲桓立，故爲桓祭其母也。」○考者，宫廟初初成而祭也。禮無二嫡，春秋之初，猶以爲疑，故别宫以祭仲子，成風、敬嬴則並祔於廟矣。六羽者，六佾也。魯僭用天子之禮樂，舊矣，仲子之宫不敢同於群廟，故降用六，書「初獻」，明前此用八之僭也。凡舞有干羽，婦人無武事，但陳羽舞，故不謂之佾。

邾人、鄭人伐宋。

胡傳：按左氏，主兵者，邾也。故雖小國而序鄭上。凡班序上下，以國之小大，從禮之常也。而盟、會、侵、伐以主者先，因事之變也。

螟。

蟲食苗心曰螟，食葉曰螣，食節曰賊，食根曰蟊。凡天地間一物之反其常，皆人事所感，君人者所當省察也。故變見於上，則必書；災及於民則必書，所以示「天人相與之際，甚可畏也」。

冬，十有二月，辛巳，公子彄卒。

彄，魯卿也。卒書，公子貴重也。

宋人伐鄭，圍長葛。

圍者，環而攻之也。長葛，鄭邑也。自僖公以後，外圍邑不書。春秋之初，猶以圍邑爲重也。

六年，春，鄭人來輸平。

平者，成也。輸者，納也。謂輸寫其情以釋前憾，蓋四年秋，宋主伐鄭而魯會之，至是鄭來納成，欲結魯以讎宋，故後復歸祊，而魯遂會鄭伐宋。

夏，五月，辛酉，公會齊侯，盟于艾。

會盟書「會」，外志也。

秋，七月。

雖無事，首時過則書，四時具而後成歲也。

冬，宋人取長葛。

圍之期年，必强奪而後已，直書其事而王法之不行可見矣。

七年，春，王三月，叔姬歸于紀。

叔姬，伯姬之娣也。娣歸不書，以其後紀亡而姬歸於酅，故録其始也。

滕侯卒。

不日，史失之也。不名，不知其名也。不葬，魯不會也。

夏，城中丘。

内城邑必書，諸侯封域有定制，則都邑有定數。魯，次國也，而作邑二十有二，其侵并於小國則敗王略也。即自城其封内，亦逾舊制也，故雖築以時必書。僖公嘗修泮宫，作閟宫，而不見於經。則知凡城之志皆譏矣。凡書城未有繫月者，城築之事非可月成也。

齊侯使其弟年來聘。

凡書「弟」者，公子而不爲大夫者也。盟聘帥師，國之大政也。無職司而任國之大政。故書「弟」以志異也。先儒謂譏其有寵愛之私，非也。使弟果賢，乃以弟故而不得爲大夫任國政乎？何以知其非大夫也？陳招會虢、放越，皆稱公子。使非殺世子偃師，則竟不以弟見矣。是弟而爲大夫者，固稱「公子」而不稱「弟」也。以是知稱「弟」而不稱「公子」者，爲無職也。諸侯之兄弟見經者十，傳獨於陳招稱司徒，而經所書公子多執政，則公子爲大夫之稱審矣。傳謂「母弟稱弟，母兄稱兄」，非也。經書兄弟，無以知其爲母兄母弟也。以同母爲義，則奔異母之弟，遂不爲傷恩；任異母之弟，遂不爲過寵乎？其義益不可通矣。

秋，公伐邾。

左傳：「爲宋討也。」

冬，天王使凡伯來聘，戎伐凡伯于楚丘以歸。

諸侯不朝而王臣下聘，非禮也。凡，畿内邑名；伯，行次也。其聘也已達於魯矣，歸而後見伐也。知然者，以内臣聘而不至、外諸侯如會而未至者，必書也。使書「至楚丘，戎伐之以歸」，則不至而道伐之辭也。卿行旅從，戎以大師克之，故書「伐」。楚丘，衛地也，直書其事而衛不救王臣，凡伯不能死於其位之罪皆見矣。

八年，春，宋公、衛侯遇于垂。

外諸侯遇，來告則書。四年，四國伐鄭，衛造謀，宋主兵，其怨爲深。故聞魯、鄭之平亦重相結。然往年秋，魯爲宋伐邾，則雖與鄭平，而宋交未絶也，是以垂之遇尚來告與？

三月，鄭伯使宛來歸祊。庚寅，我入祊。

祊，鄭地也。宛，鄭卿也。諸侯土地受於天子，鄭以歸魯，罪也；魯入之，罪也。春秋之初，外卿皆不書繫與族，祭仲書族，命卿也；孔父、仇牧書族，魯人重其節，乃舊史之特文也。紀、履緰、鄭苑、鄭詹不書族，與魯卿無駭、挾、柔、溺同也。何以知其非大夫也？成、襄以後，會、盟、侵、伐列國之卿以名見，而大國之大夫稍人，以是知見於册書者，皆卿也。春秋之初，齊、魯、宋、衛爲大國，鄭深怨宋、衛，故先與魯平，而魯尚未與宋絶也。宛來而祊入，然後伐宋之謀定矣。

夏，六月，己亥，蔡侯考父卒。

辛亥，宿男卒。

不知其名也。

秋，七月，庚午，宋公、齊侯、衛侯盟于瓦屋。

參盟始此，前此不過兩國交盟。參盟者，摟諸侯以伐諸侯之始也。魯、鄭之交固，故宋復連齊，然瓦屋既盟，齊乃親魯、鄭而有中丘之師。豈齊僖本欲糾合諸侯以踐先君臨長九伯之迹，既乃以班爵先，宋違其本志，遂爲魯、鄭所間與？

八月，葬蔡宣公。

九月，辛卯，公及莒人盟于浮來。

傳以稱人爲微者，非也。宣公以前，外卿大夫皆稱「人」。

螟。

冬，十有二月，無駭卒。

無駭，魯卿也。春秋之初，魯卿非權盛者不書繫與氏，舊史之文也。

九年，春，天王使南季來聘。

南氏，姓也。季，行次也。隱公之篇，無公朝京師及魯臣聘周之文，而王使三至，王之不君、魯之不臣皆可見矣。觀魯史所載，而天下諸侯及齊、晉大國舉可知矣。

三月，癸酉，大雨，震電。庚辰，大雨雪。

周三月建寅，非大雨震電之時也。雷已出，電已見，而復大雨雪，八日之間，再有大變，陰陽錯行，故以異志也。陰陽運動有常，凡失其度，皆人爲感之，故春秋災異必書；而必求其説，則漢儒之妄也。

挾卒。

魯卿也。

夏，城郎。

郎，魯近邑。據傳，隱元年，費伯已城之矣。至是始書，必前此城制猶未備也。桓之世，三國來戰於此，莊之世，公侯陳、蔡於此，齊、宋又駐師於此，蓋魯之要地。

秋，七月。

冬，公會齊侯于防。

周官：「時會以發四方之禁。」天子之事也。諸侯私會，非禮也。此會必公爲鄭通於齊，故明年遂會齊侯、鄭伯於中丘，而師期定焉。

十年，春，王二月，公會齊侯、鄭伯于中丘。

夏，翬帥師會齊人、鄭人伐宋。六月壬戌，公敗宋師于菅。辛未，取郜。辛巳，取防。

公主兵，何以書翬會伐？左氏以爲公後至也。敗宋師者獨公，二國會伐而不與戰也。皆陣曰戰，詐戰曰敗。魯乘機逐利，非刻日之戰，故不與齊、鄭偕。齊、鄭稱人。將者，卿大夫也。不稱師，師少也。翬不稱公子，隱之世權未盛也。

秋，宋人、衛人入鄭。宋人、蔡人、衛人伐戴，鄭伯伐取之。

戴在鄭北鄙，三國雖入鄭而未能克，故移師以戕其附庸。鄭出其不意而攻之，遂盡俘其衆。

冬，十月，壬午，齊人、鄭人入郕。

魯助鄭以歸祊，齊助鄭爲藉其力以弱郕，而謀并焉。邦交之鄉背，惟利是視而已。

十有一年，春，滕侯、薛侯來朝。

諸侯不朝於三，而自相朝，非禮也。來朝而累數，旅見也。知然者，以穀伯綏、鄧侯吾離來朝，同時而別言之也。非天子無旅見，諸侯直書而罪不可掩矣。

夏，公會鄭伯于時來。

左傳：「謀伐許也。」

秋，七月，壬午，公及齊侯、鄭伯入許。

桓十六年，書「許叔入于許」，則前此君奔而國爲鄰敵所據明矣。而不書，何也？平、桓之間，王綱初墜，群侯擅興，伐國取邑者有之矣，尚未有迫逐其君而强據其國者，有之，自入許始，而魯實助之。故許君之奔與鄭之貪賴其土，舊史皆諱而不書，而第書「入許」以比於入其國而不留者，舊史所無，孔子不能益也。先儒謂奔非其罪則不書，非也。春秋時小國逼於大國，而奔非其罪者多矣。豈書「奔」者盡有罪乎？凡書「及」者，内志也。鄭賴其土則書「公及」，何也？鄭既歸祊，又助魯取郜、防，故以是爲報，乃魯所欲也。凡公之行皆不書「至」，以志在讓國，不行飲至之禮。

冬，十有一月，壬辰，公薨。

薨而不地，故也，臣子所不忍言也。知然者，以君之薨無不地也。不書「葬」，賊不討也。葬者，臣子之事也。君弑而賊不討，以爲無臣子也。知然者，以外諸侯見弑賊討者二，而二君皆書葬也。先儒謂隱公見弑，舊史必以實書，非也。傳稱「討於寫氏，有死者」，則當時告於國人必曰：「寫氏弑公矣。」或舊史爲國諱惡，則竟書「公薨於寫氏」矣。孔子因之，是釋賊而誅無罪也。欲正之，當書「公子翬使翬弑公於寫氏」，則未敢然，故微文志痛，使後人有考焉。

十下言「有」者，十盈則更始，以奇從盈數，故言「有」。

傳曰：「隱無正。」蓋以春秋紀事有以時成者，則例不書月。而隱公二年，會戎。五年，矢魚。六年，鄭人來輸平。八年，宋、衛遇垂。九年，南季來聘。十一年，滕、薛來朝。事皆以月成者，例當書月。而書時，以此知事在正月，而曲避之以見義也。榕村李氏曰：「終隱之世，王臣屢來，而隱朝聘之事無一焉。是不奉正朔也。」故十年無正以著其罪，十二公不朝聘者衆矣，而獨於隱舉法，何也？春秋之始也。

春秋直解卷之二

桓公

元年，春，王正月，公即位。

公羊傳：「繼弑君不言即位，此其言即位何？如其意也。」〇穀梁傳：「桓無王，其曰王，何也？謹始也。其曰無王，何也？桓弟弑兄、臣弑君，天子不能定，諸侯不能救，百姓不能去，以爲無王之道，遂可以至焉爾。元年有王，所以治桓也。繼故不言即位，正也。繼故不言即位之爲正，何也？曰先君不以其道終，則子弟不忍即位也。繼故而言即位，則是與聞乎弑也。繼故而言即位，是爲與聞乎弑，何也？曰先君不以其道終，己正即位之道而即位，是無恩於先君也。」

三月，公會鄭伯于垂。

鄭伯以璧假許田。

穀梁傳：「許田者，魯朝宿之邑也；祊者，鄭伯之所受命而祭泰山之邑也。」蓋鄭以祊易許，魯人祊而未歸許也。故乘桓之未定而求焉，天子所賜、先祖所受而私相易，直書而罪自見矣。

夏，四月，丁未，公及鄭伯盟于越。

及者，内爲志也。結好於鄭以自安也。春秋之世，簒弑之賊列於諸侯之會盟，則不討，故鄭挾以求許，而魯志乎爲此盟也。

秋，大水。

左傳：「凡平原出水爲大水。」

冬，十月。

二年，春，王正月，戊申，宋督弑其君與夷，及其大夫孔父。

君弑而大夫見殺，不論其死之先後於君，而皆以「及」書者，尊卑之義也。春秋之初，外大夫皆稱人，而或以名見者，非特至於魯，則其事不得不名也。特至於魯者，紀履緰、鄭宛、鄭詹是也。其事不得不名者，宋督、齊無知、宋萬、孔父、祭仲、仇牧是也。紀履緰、鄭宛、鄭詹之不氏，舊史略之也。孔父、祭仲、仇牧之氏，舊史詳之也。蓋祭仲命大夫，而孔父、仇牧則魯人重其節也。命大夫以行次書者也，故必繫於氏，然則祭仲之書氏，常辭也；孔父、仇牧書氏，則舊史之特文也。何以知其非春秋之法也？使舊史没其氏，孔子無從而得之也。左傳君子以督爲有無君之心，然後動於惡，故先書「弑其君」。

滕子來朝。

滕侯稱「子」，時王所黜也。先儒謂以朝桓貶，非也。躬爲簒弑者，書爵而貶其朝之者，罪在一人，而貶及子孫，其義頗矣。或謂列尊貢重，故小國降爵以從殺禮，亦非也。春秋於吴、楚、徐、越之自尊者，從周禮而稱「子」；則其自降者，無爲徇其私意以亂名實也。蓋見於經，降爵者獨滕、薛、杞，皆小國也。春秋之初，晉曲沃之亂，周屢伐之；衛朔之簒，邾婁叔術之立[一]，皆聲討焉。則滕、薛、杞小侯爲時王所黜，理或然也。或曰：「時王能黜諸侯，春秋豈復作

［一］「叔術」，原作「術叔」，據公羊傳乙正。

乎？」强大之國，簒弑逆命，王靈不加，且降禮焉。滕、薛、杞小侯未聞大惡而見黜，是即王法之不行，而春秋所以作也。

三月，公會齊侯、陳侯、鄭伯于稷，以成宋亂。

會未有書所爲者，其特書以決疑也。不書「成宋亂」，則疑於欲討宋亂而不終，或以他事會，而無以著其受賂立華氏之實也。春秋之初，臣子尚知大義，鄰國尚重邦交，故羽父之亂，僞討寪氏，而州吁、陳佗、無知、宋萬無得其死者，是先王禮教入於人心者未盡泯也。而三國之君受賂以成宋亂，此宇宙混闢以來莫大之變，宋之亂成而天下之亂成，而百世之亂成矣。故聖人懼而特書，以正首惡之罪焉。垂之會不書「成魯亂」者，不敢書也。扈與夷儀則承齊、宋弑君之後，盟主大合諸侯而不討，不待書而知罪之所在矣。

夏，四月，取郜大鼎于宋。戊申，納于大廟。

成宋亂而取其賂器，以置大廟，置書而惡見矣。郜鼎，郜所爲也。猶莒之方鼎之類。蓋宋取之郜而復以賂魯也。不書「宋歸」而曰「取于宋」，專罪公也。納者，不受而强致之辭，與哀姜書「入」同義。

秋，七月，杞侯來朝。公、穀作「紀」。

程子曰：「凡杞稱侯者，皆當爲紀，杞爵非侯，文誤也。及紀侯大去其國之後，杞不復稱侯矣。」

蔡侯、鄭伯會于鄧。

左傳：「始懼楚也。」公羊傳以鄧爲國；釋例以爲蔡地；孔氏穎達謂鄧國去蔡甚遠，蔡、鄭不宜遠會于其國。未詳孰是。

九月，入杞。

不書其人，將非卿也。

公及戎盟于唐。冬，公至自唐。

左傳：「凡公行，告於宗廟。反行，飲至、舍爵、策勳焉，禮也。」或書「至」，或不書「至」者，舉告廟之禮，則史書於册，而孔子因之。史所闕者，無考也。先儒謂或志其去國逾時之久，或録其會、盟、侵、伐之危，或著其黨惡附姦之罪，若孔子或筆或削，以爲予奪，誤矣。蕭魚之會，晉霸方盛，諸侯同心，役不逾時，而書「至」；哀公會吳于鄫、于橐皋，會吳伐齊，危甚矣，而不書「至」，則志其去國逾時之久，録其會、盟、侵、伐之危，不可通矣。桓二年，會于稷，以成宋亂而不書「至」，則著其黨惡附姦之罪，不可通矣。以此知因舊史之文也。凡特相會往來稱地，自參以上，則往稱地、來稱會。

三年，春，正月。

桓三年以後，月不繫王，何也？桓弟弑兄、臣弑君，惟王法不行，乃可以至焉耳。元年書「王」，謹始也。二年書「王」，猶望王之能討也。過此而不討，則無可望矣。十年書「王」，數之一終也。十八年書「王」，桓之終也。惟始、中、終書「王」，然後知非實無王也。知實有王，然後知餘年之不書「王」，所以明王法不行，與無王等也。春秋於桓發特文三，紀事則月不繫王，錫命則王不稱天，桓之大夫皆不卒，蓋隱公之弑，未嘗明見於經，雖薨而不地，葬而不書，猶未知獄之所歸也。惟大變其常文，屢書不一書，然後可以發後人之疑，而得其實焉耳。

公會齊侯于嬴。

左傳：「謀昏於齊也。」鄭莊爲王卿士，每假王討以逞其私，故魯軌不惜割地以求盟，而齊又東州之大國也，亦請昏以自託焉。宣公之篡也，請昏割地以自託於齊，與桓公同，而不汲汲於結晉者，趙盾謀弒無外志，扈之盟釋齊不討，以爲不足忌焉耳。

夏，齊侯、衛侯胥命于蒲。

公羊傳：「胥命者，相命也。」結言而不盟也。荀卿曰：「春秋善胥命。」

六月，公會杞侯于郕。杞，公、穀作「紀」。

秋，七月，壬辰朔，日有食之，既。

公羊、穀梁傳：「既，盡也。」

公子翬如齊逆女。

隱之篇翬獨舉名，至是稱公子，權盛也。以是知春秋之初，獨書名者，乃舊史輕其人而略之也。兼書繫與族者，乃舊史重其人而詳之也。一人之身前後異稱，則以意爲詳略，而非有典法明矣。孔子仍而不革，何也？使革之以定於一，則世變物情轉不可得而見矣。

九月，齊侯送姜氏于讙。

送女而君親之，非禮也。越境，非禮也。入國矣，何以不稱夫人？未廟見，猶未入國也。何以知讙爲魯地也？以其後齊人歸讙，再見於經也。安知是時不屬於齊也？使屬於齊，則當書「公及夫人姜氏至自齊」。

公會齊侯于讙。

夫人姜氏至自齊。

穀梁傳：「其不言翬之以來，何也？公親受之於齊侯也。」

冬，齊侯使其弟年來聘。

左傳：「至夫人也。」聘而書「弟」，非大夫而任國政也。

有年。

有年者，僅有年也。僅有年，何以書？隱五年，螟。八年，螟。桓元年，大水。民困於災，故喜而志之也。其不承屢祲，則雖有年，而不書於册矣。

四年，春，正月，公狩于郎。

四時之田：春曰蒐，夏曰苗，秋曰獮，冬曰狩。周正月，狩之時也，其書，以非常狩之地也。哀十四年，傳稱「西狩於大野」，而經不書，常地故也。凡蒐、閲不書，公國事也。此獨書，公非以國事出也。

夏，天王使宰渠伯糾來聘。

渠，氏；伯，行次；糾，名也。王朝卿士皆書行次，以宰之尊而書名者，魯人惡之也。篡弒之賊，舍曰不討，又從而加禮焉，苟有人心者，無不藏惡也。何以知非孔子書名以貶也？使舊史不書名，孔子無從而得之。

五年，春，正月，甲戌、己丑，陳侯鮑卒。

左傳曰「再赴」，公羊、穀梁曰「傳疑」，皆非也。「甲戌」下文闕耳。據左氏，陳亂，文公子佗弒太子而代之，公疾病而亂作，是亂在鮑疾而未卒之先。「甲戌」下所書，疑即佗作亂事也。

夏，齊侯、鄭伯如紀。

左傳曰：「欲以襲紀也。」通春秋無强大而朝於弱小者，其諼明矣。鄭假齊力以併許，故助齊謀紀，所以報也。

天王使仍叔之子來聘。

公羊傳「父老，子代從政」，非也。父既致政而子代之，則宜專舉其子，不當更及其父。程子曰：「父受命而子代行」，亦非也。非身受命，不當書王使。按：左氏薳啓彊對楚子「韓襄爲公族大夫，韓須受命而使矣」。是時韓起爲政，故其子方幼，未有職司而奉命以使，蓋世卿專權，欲任其弱子以收威柄，而其君亦曲徇之。仍叔之子未有職司於王室，故不得不曰「仍叔之子」耳。使有職司，爵列雖卑，亦當從石尚之例而書名。春秋時子代父位，故子皮之子甯代父而位子産之上，季公彌不得立，乃使爲馬正，出爲公左宰，則承嗣之子，不肯别居他職明矣。

葬陳桓公。

城祝丘。

秋，蔡人、衛人、陳人從王伐鄭。

王親在行而三國之君不從，王靈之不振甚矣。不書「天王伐鄭」者，王命不至於魯，從三國之告辭也。告伐必并告敗，而不書敗，孔子削之也。屬辭之法，首舉王而事繫於下，則稱「天王」，其不稱「天」者，特文也。先舉其事以屬於王而不稱「天」者，恒辭也。公朝於王所，亦此類也。

大雩。

雩，旱祭也。經書雩皆於秋，因旱而祭，非龍見之常期也。程子曰：「大雩，雩於上帝，用盛樂也。」魯郊禘、大雩，皆非禮，而歲之常事不能備書，故雩則因旱而書，郊禘亦因事而書。

螽。

冬，州公如曹。

州，畿内邑名。州公，天子之三公也。左傳：「淳于公如曹。度其國危，遂不復。」公羊傳：「外相如不書，此何以書？過我也。」

六年，春，正月，實來。

左傳：「自曹來朝。」書曰「實來」，不復其國也。果爾則書「遂來奔」，或「州公自曹來奔」，如「鄭詹自齊逃來」之例可也。宋華元出奔晉，宋華元自晉歸於宋，事以連及，尚再舉其名，況事不相屬，時年已隔而徑省其文，使辭旨不可别白乎？此經文有闕，傳者傅會而爲之説也。

夏，四月，公會紀侯于郕。

左傳：「紀來諮謀齊難也。」

秋，八月，壬午，大閲。

胡傳：「大閲，簡車馬也。」周禮大司馬：「仲冬，大閲教〔一〕。」衆庶修戰法獨詳於三時，爲農隙也。魯懼齊、鄭，不因田狩而閲兵車，厲農失政甚矣。不書地，有常所也。大閲、大蒐，先儒皆謂僭禮，而於古無徵，未知其果然也。

〔一〕「大閲教」，周禮大司馬作「教，大閲」。

蔡人殺陳佗。

經書「某人殺某」，皆討亂之辭。「五年春正月甲戌」下爲陳佗作亂之事明矣。春秋之初，先王之澤未泯，人心正，理猶存。故蔡人不以佗爲陳君，而殺之。凡篡賊而稱君者，見臣子不能復讎，鄰國不能討亂而成之爲君也。有一人能知其爲賊而加刃焉，則不問其情之公私而以討賊之義與之，所以使亂臣賊子無所逃於天壤之間也。

九月，丁卯，子同生。

適冢之生，舊史必備書於册，而見經者獨子同，何也？穀梁子曰：「疑，故志之也。」自桓以及齊、魯之人皆曰同爲齊侯之子，故獨存而不削，以正其爲周公之裔也。其不曰「世子」，何也？天下無生而貴者，誓於天子然後爲世子。

冬，紀侯來朝。

左傳：「請王命以求成於齊，公告不能。」

七年，春，二月，己亥，焚咸丘。

田狩有定所，焚咸丘，譏非地，且盡物也。古者田獵必有囿禁。春蒐，用火不過應萊之地耳。

夏，穀伯綏來朝，鄧侯吾離來朝。

穀、鄧遠國，近於荆楚，故魯人視之如介葛盧、郳黎來而以名書，同時來朝而別言之，離至而不旅見也。傳謂失地之君故名，非也。失地之君，不可以言朝。先儒謂以朝桓貶稱名，亦非也。朝桓而不名者多矣，不宜同罪而異罰。○四年與此年不書秋、冬，皆闕文。

八年，春，正月，己卯，烝。

烝，冬祭也。周正月乃烝時，其書以再烝也。

天王使家父來聘。

家父，王朝大夫之名也。古有以某父名者，經所書，齊侯禄父、箕鄭父、儀行父皆是也。

夏，五月，丁丑，烝。

志不時，且黷也。

秋，伐邾。

不書「伐」者，將非卿也。桓自弒立，結歡齊、鄭，數出會盟，小國畏之，紀、郕、滕、杞或會、或朝，惟邾不至，故伐之。

冬，十月，雨雪。

記異也。

祭公來，遂逆王后于紀。

内夫人之娶，非失禮不書，則逆后不書者也，此何以書？以祭公來而遂逆書也。蓋魯爲主則書，舊史之法也。失禮然後書，春秋之法也。公羊傳：「使我爲媒可，則用是往逆矣[一]。」吴氏澂曰：「魯必先報可於王矣，此過魯而問期也。」視傳義爲優，蓋王命祭公過魯問期，因往逆后，書「遂」者，未嘗復命於王而遂往也。祭公之來，安知非以他事也？使祭公之私行，則當書「天王使祭公逆王后于紀，祭公來，遂如紀」。若王命以他事來，亦當直書，如求金、求車

[一] 「則」下，公羊傳有「因」字。

之類，以明其爲異事，以是知其爲過魯而問期也。劉敞謂不與王之使祭公，非也。非朝非聘若書「天王使祭公來」，非所以爲文也。

九年，春，紀季姜歸于京師。

逆稱「王后」，歸稱「季姜」，文當然也。使逆稱「季姜」，則不知其爲王后；歸稱「王后」，則不知其爲季姜，無他義也。紀姜書「逆」、書「歸」，襄十五年齊姜書「逆」而不書「歸」者，其歸之時齊、魯構怨，不以歸期告也。

夏，四月。

秋，七月。

冬，曹伯使其世子射姑來朝。

穀梁傳：「諸侯相見曰朝。」使世子抗諸侯之禮而來朝，曹伯失正矣。以待人父之道待其子，内失正矣。胡傳：周官典命「凡諸侯之嫡子誓於天子，而攝其君，則下其君之禮一等，未誓，則以皮幣繼子男」。謂諸侯老疾，使世子攝己事，以見天子急述職也。諸侯間於王事則相朝，曹伯既有疾，何急於朝桓而使世子攝哉？

十年，春，王正月。

十者，盈數也。使通桓之世皆不書「王」，則疑於實無王，故十年書「王」，示未嘗無王，凡此皆所以發疑端、見隱義也。

庚申，曹伯終生卒。

夏，五月，葬曹桓公。

秋，公會衛侯于桃丘，弗遇。

桃丘，衛地。衛初與魯約會而中變也，故齊、鄭來戰于郎，衛亦與焉。

冬，十有二月，丙午，齊侯、衛侯、鄭伯來戰于郎。

其書「來戰」，何也？春秋之初，魯最爲東方之望國，諸侯未有加兵於魯者，有之自郎始。故舊史不書「伐我」，而以「來戰」爲文。内戰不言敗，舊史諱之也。何以知言戰即敗也？侵伐猶有未成乎戰者，戰則必有勝負，而魯戰之勝者，皆載於册書，以是知不言勝者，即敗也。外戰惟河曲、長岸不言敗，先儒以爲勝負敵，然亦足以徵其事爲至希矣。○汪氏克寬曰：「州吁非宋殤則不能舉伐鄭之師，鄭人非齊僖則不能舉戰魯之師，故雖主兵者衛、鄭，而春秋必序宋、齊爲首。」

十有一年，春，正月，齊人、衛人、鄭人盟于惡曹。

自宣公以前，會、盟、侵、伐，外卿大夫皆稱人，先儒謂三國之君貶而稱人，非也。簒弑之賊皆稱爵，而徵罪則貶而稱人，與卿大夫之稱混，又或以稱人爲卿大夫之貶辭，其説無一可通。

夏，五月，癸未，鄭伯寤生卒。

秋，七月，葬鄭莊公。

九月，宋人執鄭祭仲。

祭仲，命卿，故比於王朝之卿而書行次也。凡執他國之君及卿大夫，皆稱人，以是爲亂世相凌暴之事也。知然者，以晉厲公之執曹負芻，執得其罪而歸于京師，則書爵；猶外取邑皆稱人，而齊侯取鄆以居公，則書爵也。書爵者，從其常也。稱人者，著其變也。

突歸于鄭，鄭忽出奔衛。

突不繫鄭，篡也。忽繫鄭，當承國也。知然者，曹羈之奔，承戎侵曹之後，而復稱曹羈，鄭忽之奔，承突歸于鄭之後，而復稱鄭忽，非著其爲正則覆舉曹、鄭，於文爲贅矣。凡争國而書「歸」者，易辭也。書「入」，難辭也。祭仲既執而忽不能自固，則突之歸易矣。忽不稱爵，未逾年也；不稱世子，舊史據告辭也。忽與魯怨，其奔必突告之也，則不稱世子明矣。其歸也，忽自告之，故稱世子也。莊公卒，忽承國，諸侯會葬，突介宋之力以入焉。忽之爲正，其迹顯著，雖舊史不繫忽於鄭，而孔子特繫焉，不爲無據也。若忽之以世子而承國，或以公子之長與貴而承國，告辭所無，雖舊史不能定也。其歸也，既稱世子矣，則孔子不革而一之，何也？春秋於爵次，名氏一仍舊史，蓋舊史有可革有不可革，或革或否，則義無所處而法益亂矣。翬或稱公子，或不稱公子，晉陽處父或稱氏，或不稱氏，一仍舊史，而於忽革而一之，何義乎？且鄭忽、曹羈事正相類，使忽之奔，革而稱世子，必羈之決，非世子而後可也。而羈之爲世子與否，固未可知也。故一仍其舊，使後世得因之以考事變，而見情實焉。自宣以前，列國無以公子書者，突與曹赤不稱公子，亦舊史之文也。

柔會宋公、陳侯、蔡叔，盟于折。

柔，魯卿也。蔡叔，蔡侯之弟也。諸侯之兄弟將承國者，則以行次書，所以示兄終弟及之義。而別於公子爲卿大夫者，紀季、蔡季、許叔之類皆是也。然則叔乃蔡侯封人之弟，封人無子，將以承國，其後叔又死，乃召季於陳而立之耳，凡世子列會皆以名見，而叔不名，何也？世子以名見，則明知其爲世子也。以名而繫於叔，則與外大夫無別矣。其不稱蔡侯之弟，何也？凡書某氏之子、某君之弟，皆無位之稱也。

公會宋公于夫鍾。

冬，十有二月，公會宋公于闞。

十有二年，春，正月。

夏，六月，壬寅，公會杞侯、莒子，盟于曲池。

程子曰：「杞，當作紀。」

秋，七月，丁亥，公會宋公、燕人盟于穀丘。

八月，壬辰，陳侯躍卒。

公會宋公于虛。

冬，十有一月，公會宋公于龜。

汪氏克寬曰：「宋所以會魯者，將以求賂於鄭；而魯所以會宋者，將以爲鄭免賂，是以卒不能降心以相從也。」桓爲鄭突，委國與民，五出與宋會，蓋與突同惡，大懼鄰國有反正者，即「成宋亂」之意也。

丙戌，公會鄭伯，盟于武父。

許氏翰曰：「王迹既熄，霸統未興，諸侯自擅，無所禀命，觀隱十年，見兵革之亂也。桓十一年、十二年，見盟會之亂也。霸統興而諸侯有所一，無復此亂矣，是以君子不得已而與桓、文。」

丙戌，衛侯晉卒。

通一經惟此重書日，蓋册書之體，一日二事，本宜各書其日，而史所未詳，不可復考，偶有存者，則仍其舊文耳。或謂丙下非申則子，文誤，非也。會盟與諸侯之卒皆宜日，其不日者，史失之耳。得其日者再書日，然後知册書之正體，而凡宜日而不日者，皆史失之也。

十有二月，及鄭師伐宋。丁未，戰于宋。

胡傳謂：「來戰者，罪在彼，戰于郎是也。往戰者，罪在内，戰于宋是也。」誤矣。内師、外師之非義，有過於二役者矣。而獨於二役特文以罪之，則輕重之衡失矣。來戰于郎，舊史諱伐之辭，與齊、宋、衛、燕之戰爲類者也。戰于宋，與衛人及齊人戰爲類者也。既書「齊人伐衛」，復書「衛人及齊人戰于衛」，則贅矣。既書「及鄭師伐宋」，復書「宋人及我師、鄭師戰」，則亦贅矣。凡此皆因事屬辭，而各有所當者也。伐宋者公也，何以不言公？十一月丙戌，公會鄭伯盟。十二月，及鄭師伐宋。丁未，戰于宋。相去浹日，中無間事。衛侯晉卒，即與鄭盟之日再書日以别之，不得爲間事。故蒙上文而書「及」耳。内戰不言敗者四，舊史諱之也。内勝畢書，以是知不書勝者即敗也。外戰不言敗者二，先儒以爲勝負敵也。或曰以傳聞書，而不知其孰爲勝負也。外戰無諱敗之道，則與内異義明矣。

十有三年，春，二月，公會紀侯、鄭伯。己巳，及齊侯、宋公、衛侯、燕人戰。齊師、宋師、衛師、燕師敗績。

凡魯與他國戰，皆書「魯及」，以我及彼也。胡氏謂「戰而不地於紀」，非也。使戰於紀，則當書「四國伐紀」。戰於齊，則當書「公會紀侯、鄭伯伐齊」，蓋齊、宋之怨結於紀、鄭，而魯居其間，故四國來伐而魯援紀、鄭以拒戰也。其不書「伐我」，何也？春秋之初，諸侯未有加兵於魯者，故十年書「來戰于郎」，此年戰而不地，皆舊史諱伐之辭也。齊人伐衛，衛人及齊人戰，其不地者，於衛也則内戰而不地，爲敵國來伐可知矣。其屬辭異於郎，何也？國都也。凡伐我至城下則不書四鄙，即此義也。觀此則往年魯會宋公、燕人，亦爲平齊、紀也。紀與齊世讎，而魯之婚姻，宋、燕附齊，故魯欲藉爲之解而齊終不聽，故爲此戰，衛以桃丘與魯惡，故黨齊，鄭舊黨齊而今附魯者，突既簒而惡於宋，又與魯軌同惡相濟，故魯爲鄭而伐宋，鄭爲魯而戰齊也。但文姜歸魯，而魯以紀故交兵於齊，則當日之邦交，有不可考者矣。

三月[二]，葬衛宣公。

胡傳：「葬自内録也。既與衛人戰，曷爲葬宣公？怨不棄義，怒不廢禮，是知古人以葬爲重也。禮，喪在殯孤無外事，衛宣未葬，朔乃即戎，已爲失禮，又不稱子，是以吉服從金革之事，其爲惡大矣。凡此類據事直書，年月具存，而惡自見也。」吴氏澂曰：「衛助齊、魯爲紀，非敵怨，故不廢喪紀。」

夏，大水。

秋，七月。

〔二〕「三月」，原作「二月」，據春秋經改。

冬，十月。

十有四年，春，正月，公會鄭伯于曹。

無冰。

此年正月無冰，寒遲也，丑月尚有冰也。成元年二月，無冰，燠早也，子月已有冰也。襄二十八年春，無冰。通一時而常燠，尤爲災異之大。

夏，五。

傳寫有闕，非聖人疑而不益也。

鄭伯使其弟語來盟。

突既與宋惡，所恃惟魯。忽方在外，儀、亹在内，恐諸大夫或有異心，故使其弟來盟，所以示親暱、防詐諼也。州吁如陳，而石碏請討，突蓋以此爲懼與？

秋，八月，壬申，御廩災。乙亥，嘗。

傳謂未易災之餘而嘗，非也。以災之餘供粢盛，非事之情也。壬申至乙亥，相去僅二日，疑粢盛已出廩，故嘗不廢，以不時書，非用災之餘也。御廩之新不書，常事也。

冬，十有二月，丁巳，齊侯禄父卒。

宋人以齊人、蔡人、衛人、陳人伐鄭。

左傳：「報宋之戰也。」凡用他國之師以戰伐，而書「以」者，必得所以而後能戰伐也。故霸國會討，列國連兵，皆列序；必以弱假强，而後書「以」，此役及魯以楚師伐齊、蔡侯以吴子及楚人戰于柏舉是也。

十有五年，春，二月，天王使家父來求車。

左傳：「非禮也。諸侯不貢車服，天子不私求財。」

三月，乙未，天王崩。

書「崩」，赴告及也。不書「葬」，魯不會也。

夏，四月，己巳，葬齊僖公。

王氏葆曰：「桓負大惡，王非唯不討，而八年之間三遣使來聘，恩禮厚矣。今王崩來赴，魯無奔喪會葬之事。齊僖之存干戈歲尋卒，則會葬如禮，比事以觀，不貶而惡自見。」

五月，鄭伯突出奔蔡。鄭世子忽復歸于鄭。

突稱爵，國人君之也。稱名，國有二君，所以別也。忽稱「世子」，舊史據告辭也。突君鄭數年矣。忽之歸稱爵以告，稱子以告終，無以別於群公子之先立者，必稱「世子」而後可以正突之簒也。何以知非孔子之特筆也？舊史不承告而書「世子」，孔子無從而得之，凡書「復歸」者，有不復之勢也。突簒而國人安焉，諸侯附焉，忽幾有不復之勢矣。○陸氏淳曰：「聖人之教在乎端本情源，故凡諸侯之奔，皆不書出君之臣，而以自奔爲名，所以警乎人君也。」○劉氏敞曰：「公羊謂『復歸』者，出惡歸無惡，如忽之奔，蓋有不得已，亦何惡乎？」又曰：「歸者，出入無惡，突之簒國可云出入無惡乎？」

許叔入于許。

許失國十五年叔始入，與蔡侯盧、陳侯吴同而書法異者，春秋雖不與楚之封陳、蔡，而盧、吴實既復而後歸，故得書爵，叔既入而後君許，故入從其本稱。盧、吴，楚實復之，易可知矣，故書「歸」。許叔，則鄭未之復而强入焉，難可知矣。許莊公之奔不書，何以見其已失國也？三國入許之後，許不見經，今鄭亂而叔入焉，則中絶而始復可知矣。許無内難，叔非争國，而書「入于許」，則復國之辭也。○高氏閌曰：「叔無罪而書名，則與入篡者無辨。」

公會齊侯于艾。

邾人、牟人、葛人來朝。

朝者，諸侯之禮，三國之君來朝而書「人」者，魯人忽之也。盟蔑，儀父以名見，今與牟、葛俱稱人，桓公惡其伐而不服，久而後至，故史承其意而卑之也，並書「朝」，旅見也。

秋，九月，鄭伯突入于櫟。

突入櫟，稱鄭伯，以後此會盟征伐交政於諸侯者，皆突也。不於其入稱爵，則疑於忽、亹、儀矣。忽、亹、儀之弑不書，何也？魯軌、鄭突皆弑兄簒國，故雖有忽、亹、儀而魯軌第以突爲鄭君，以突爲鄭君則忽、亹、儀之弑，史臣不得而書之矣，非爲突諱也。書忽、亹、儀之弑，則似不以突爲鄭君而與軌相形，故略而不載耳。突之入鄭不書，與衛衎異者，非爲其不正也。突入櫟之後自以爲鄭君，諸侯皆以突爲鄭君，故入鄭不告而史無其文耳。○或曰：「忽與魯舊有怨，亹、儀與魯不通，故見弑不告，而突自以爲鄭君，又不肯以忽、亹、儀之弑告，此舊史所以闕也。」

冬，十有一月，公會宋公、衛侯、陳侯于袲，伐鄭。

左傳：「將納厲公也。」上書「鄭世子忽復歸于鄭」，繼書「鄭伯突入于櫟」。繼書「會于袲，伐鄭」，則助突而讎忽明矣。會書地而後伐者，先行會禮而後伐，二事也。不書地者，一事也。陳氏以前定未前定爲義，非也。四國之助突，無所疑也。鄭突與宋讎久矣，及突奔而宋與魯、衛出死力以助之，何也？魯軌、宋馮、衛朔皆以不正得國，聞諸侯之國有反正者，恐己國臣民之生心，故悉力以固其黨，以張其聲勢而鎮其國人也。

十有六年，春，正月，公會宋公、蔡侯、衛侯于曹。

左傳：「謀伐鄭也。」

夏，四月，公會宋公、衛侯、陳侯、蔡侯伐鄭。

會于曹，蔡先於衛；伐鄭，衛先於蔡。傳曰：「其序則主會者爲之也。」

秋，七月，公至自伐鄭。

連數國之衆，再會、再伐而後得其志，故重其事而行飲至之禮也。

冬，城向。

汪氏克寬曰：「凡書城未有繫月者，蓋城築之事，非可月成也。然周之十月、十一月，皆農收之時，蓋戒事於冬，而以春正月畢功，則無妨農之病矣。」

十有一月，衛侯朔出奔齊。

諸侯出奔而名者，國有二君也，衛侯朔名以黔牟也。黔牟之立何以不書？魯助朔，故黔牟之立與奔不書，猶助突而忽之弑，亹、儀之立與弑不書也，其文則史，此其驗也。

十有七年，春，正月，丙辰，公會齊侯、紀侯，盟于黄。

左傳：「平齊、紀，且謀衛也。」

二月，丙午，公會郳儀父，盟于趡。

夏，五月，丙午，及齊師戰于奚。

左傳：「疆事也。」不書其人，微者也。穀梁傳：「内諱敗，舉其可道者也。」盟而第書「及」者，既曰諱公，何以知此非諱公也？强國之臣屈公以盟，故諱其辱而戰，則無所屈也。内卿帥師自入，春秋即以名見，此以知其爲微者也。

六月，丁丑，蔡侯封人卒。

秋，八月，蔡季自陳歸于蔡。

以經所書按之，則季即獻舞，蓋召于陳而立之也。知然者，許叔、紀季以兄弟而承國者，皆書行次也。若别立獻舞，則季位非國卿，出非奔叛，其歸也蔡不宜告，無由見於魯史，如曹子臧之出入不書是也。胡氏謂季不有國，蓋以後書獻舞之執，不知歸國書行次，見執書名，其義本並行而不悖，如謂季之賢不宜不死於位，則據經所書其入，無惡耳。安保其後之見危而授命乎？

癸巳，葬蔡桓侯。

傳寫誤「侯」也。

及宋人、衛人伐邾。

左傳：「宋志也。」不目其人，微者也。

冬，十月朔〔一〕，日有食之。

十有八年，春，王正月。

復書「王」，桓之終也。明弑君之賊，雖身已没而王法不得赦也。

〔一〕「十月」，原作「十有二月」，據春秋經文改。

公會齊侯于濼。公與夫人姜氏遂如齊。

姜氏在會明矣，而不書者，志不在會也。僖公及夫人姜氏會齊侯于陽穀，則志於會者也。陽穀之會，書「公及夫人」，婦從夫之辭也，此不書「及」，不以夫人屬公也。凡此類，皆特文以發疑也。

夏，四月，丙子，公薨于齊。丁酉，公之喪至自齊。

内弑君，薨而不地，此其地，何也？不書「于齊」，無以别於「如齊」；或歸自齊，而道薨也。

秋，七月。

冬，十有二月，己丑，葬我君桓公。

何以書葬？復讎非討賊之比也。賊在國内，臣子不可一日與居也，而將安焉？故不書葬，以爲無臣子也。若弱小而戕於强大，雖志在復讎，不能必其事與時也。故魯桓公、蔡靈公並書葬，此春秋之義，所以無微而不辨也。薨而地、葬而書，何以知其非正命也，别有所見也。

春秋直解卷之三

莊公

元年，春，王正月。

穀梁傳：「繼，故不言即位，正也。」〔一〕先君不以道終，則子不忍即位也。胡氏謂「内無所承，上不請命」，非也。記曰：「夫人之不命於天子，自魯昭公始。」子同之生，以世子生之禮舉之，則必爲請誓於周矣。然記有之，「未賜爵，視天子之元士，以君其國」尚可，曰「非嗣世類見，不得爲受命於天子」，至適子承國於父，則自始生而已定矣。命於國人、稱於友邦，著位於學、舉奠於廟，豈必待彌留之一言而後爲定乎？

三月，夫人孫于齊。

〔一〕按：穀梁傳作「繼弑君，不言即位，正也」。

穀梁傳：「孫之爲言，猶遜也。諱奔也。」然公如齊而夫人偕，公薨于齊而夫人孫，則與聞乎故之實，不可掩矣。舊説「不稱姜氏，絶不爲親」，非也。夫人之名從魯，絶不爲親，則稱姜氏而去夫人可也。人受生於父母，則有姓氏，所以别於禽獸也。姜氏淫於同氣而賊其夫，人道絶矣，故削其姓氏，所以發疑而著其與齊侯亂之實也。其復歸於魯不書，何也？舊史所無也。既孫而復歸，其迹曖昧，魯之臣子雖不能絶而未嘗不心知其醜也。其不告於宗廟，不著於册書，決矣。歸既不書，則後此出會享者，知其爲何夫人哉？此不待異文而見者也。魯夫人皆見於經矣，隱夫人子氏既薨，莊夫人姜氏未入，則會享者非孫齊之夫人而誰哉？若孫齊去夫人而稱姜氏，則似孫者别爲娣姪，而後出會享者爲夫人，且莫辨其罪之所在矣。

夏，單伯逆王姬。

穀梁傳：「命大夫，故不名。」公羊傳：「單伯者，吾大夫之命於天子者也。天子嫁女於諸侯，必使諸侯同姓者主之。」十有一年，王姬歸于齊。不書「逆」者，此何以書？志變也。義不可受於京師也，以此知魯主王姬，舊史備書「逆」者，孔子以爲常事而削之也。其不削，則志變以發疑。

秋，築王姬之館于外。

魯主王姬舊矣。古者婚禮接於廟，魯人知接於廟之不可也，故築館于外，以仇讎接婚姻，以衰麻接弁冕，而避於廟以自欺，所謂放飯流歠而問無齒決也。

冬，十月，乙亥，陳侯林卒。

王使榮叔來錫桓公命。

穀梁傳：「禮有受命，無來錫命。」錫命者，以傳考之，或專命以辭，或兼命以服物也。襄十四年，靈王賜齊侯命。昭七年，景王追命衛襄公，專命以辭也。僖二十八年，襄王册命晉侯爲侯伯，兼命以服物也。隱公之弒，未嘗明見於經，雖薨而不地、葬而不書，猶未知罪之在也。錫桓公命，王不稱天，而後獄有所歸矣。桓之篇來聘皆稱天王，何也？聘者，懷邦國之常典。魯國之爲，非爲一人也。若錫命則專禮於其人之身也。且死者，人之終事也。故篡弒之賊，有生不能討、死而加戮者矣。至是而特錫之命，是義之也，不天甚矣。傳曰：「不可勝譏，則於其甚者而一譏焉。」此之謂也。

王姬歸于齊。

王姬之歸，不書者也。王后之崩、葬，夫人之娶、内女之歸，皆以常事不書，則王姬之歸，法不當書審矣。而莊之篇再書之，志變以發疑也，其辭有詳略，其惡有淺深也。

齊師遷紀郱、鄑、郚。

郱、鄑、郚，紀邑也。齊欲滅紀而披其地以逼之也。

二年，春，王二月，葬陳莊公。

夏，公子慶父帥師伐於餘丘。

於餘丘，傳以爲邾婁之邑，非也。果邾邑則當書「伐邾，圍於餘丘」，其附庸小國如顓臾、留吁之類與？

秋，七月，齊王姬卒。

齊桓之王姬不書卒，此何以書？記曰：「君爲之服也。」以此見公之偏厚於仇讎也。

冬，十有二月，夫人姜氏會齊侯于禚。

左傳：「書，姦也。」趙氏匡曰：「姜氏、齊侯之惡著矣，亦所以病公也。」

乙酉，宋公馮卒。

三年，春，王正月，溺會齊師伐衛。

衛朔在齊，溺會齊師伐衛，謀納朔也。先君見戕而會仇讎，黨有罪以逆王命，其惡極矣。

夏，四月，葬宋莊公。

五月，葬桓王〔二〕。

左傳：「後也〔三〕。」王崩至是七年矣。魯使微者會，故不目其人。

〔二〕「王」，原作「公」，據春秋經文改。

〔三〕「後」，左傳作「緩」。

秋，紀季以酅入于齊。

紀季以行次書，紀侯將去而使承國也。以酅入于齊者，請爲附庸以後五廟也。季無貶辭，有紀侯之命也。使無紀侯之命，則當以奔叛書。

冬，公次于滑。

穀梁傳：「次，止也，有畏也，欲救紀而不能也。」左傳：「凡師，一宿爲舍，再宿爲信，過信爲次。」〇或曰：「紀在魯東北，滑在西南，救紀之師不宜次於此。莊公方幼，惟齊是從，豈敢謀紀乎？滑在衛南鄙，豈奉齊命以俟諸侯納朔而不至與？」

四年，春，王二月，夫人姜氏享齊侯于祝丘。

享者，兩君相接於廟中之禮也。夫人去國而享齊侯，甚矣。

三月，紀伯姬卒。

内女之卒不書，常事也。紀伯姬何以卒？以紀侯去國而齊侯葬之也。

夏，齊侯、陳侯、鄭伯遇于垂。

鄭伯，厲公也。蘇氏以爲子儀，非也。

紀侯大去其國。

凡書「奔」者，倉卒而出亡也。紀侯委國於季而去之，故不言「奔」。不書所適，不告也。紀侯大去，未知其國之誰屬也。下書「齊侯葬紀伯姬」，則知爲齊所并矣。若書「齊師滅紀」、「齊人取紀」，則似以攻戰而得之，非當日之情實也。郱、鄑、郚既遷，酅繼入，紀侯大去，於是乎齊人安坐而撫有之。故書法如此，大去者，先儒以爲土地、人民、儀章、器物悉委置之而不顧也。或曰：大，名也。

六月，乙丑，齊侯葬紀伯姬。

吾女，紀夫人。國亡君竄而齊侯葬之，故以爲非常而志之也。高氏謂書齊葬，以罪魯之不敢會，非也。書「葬紀伯姬」，則與紀葬其夫人而魯人往會無別，故變文以著其實，而魯人會葬與否，義無所關，可從略耳。

秋，七月。

冬，公及齊人狩于禚。

公羊傳：「公曷爲與微者狩？齊侯也。齊侯則其稱人何？諱與讎狩也。前此者有事矣，後此者有事矣，則曷爲獨於此焉譏？於讎者，將壹譏而已，故擇其重者而譏焉，莫重乎其與讎狩也。於讎者，則曷爲將壹譏而已？讎者無時，焉可與通？通則爲大譏，不可勝譏，故將壹譏而已，其餘從同同。」〇狩，非微者之事也。其曰齊人何也？發疑也。示公之不得與齊侯接也。桓公薨、葬無異文，雖書夫人之孫，猶未知惡之所從起也。書夫人之會享齊侯而諱公之及齊侯狩，然後知齊侯者，夫人所暱而嗣君不共戴天之讎也。而桓公之薨、夫人之孫，其情不可得而掩矣。不書「及齊侯狩于禚」，而書「公及齊人」，義見通論。

五年，春，王正月。

夏，夫人姜氏如齊師。

高氏閌曰：「不言地者，師之次、止，無常也。」

秋，郳犂來來朝。

其稱名，魯人忽之也。

冬，公會齊人、宋人、陳人、蔡人伐衛。

左傳：「納惠公也。」朔之出也奔齊，齊合諸侯以伐衛，而朔入焉，則納朔可知矣。

六年，春，王正月，王人子突救衛。

書王救則朔爲天王所不與，而五國黨惡之罪著矣。子突，名也。先儒謂稱字以褒，非也。古有以「子某」名者，陳子亢、介子推是也。凡會盟第稱「王人」者，與諸侯列序，不可以爵諸侯而斥王臣之名與行次也。王朝之大夫例稱名，救衛之役不與諸侯列序，若第書「王人」而没子突，則義無所處。第書「子突」，又不知其爲王人也。書「天王使子突救衛」，則救伐無此文。然則書「子突」而冠以「王人」，文當然耳。先儒必曲爲之説，過矣。

夏，六月，衛侯朔入于衛。

入有二義：一，難詞也；一，逆詞也。朔連五國之師，拒王人以復歸於衛，其勢無難，而書

「入」，逆王命也。諸侯返國未有不言復者。衛侯鄭、曹伯襄、衛侯衎，皆稱「復」。鄭伯突入櫟、衛侯入夷儀不言復，未得國也。蔡侯廬、陳侯吴不言復，非奔君也。朔奔君而變文書「入」，與莊夫人姜氏書「入」同，示義不得入也。諸侯納朔及黔牟之放不書，何也？魯君雖貪以動於惡，而史臣未嘗不心知其非也。故書「伐衛」而不書「納朔」，魯既黨朔，則不以黔牟爲君。若書「放黔牟於周」，則放大夫之辭，義不可也，故並闕焉。朔既爲天子所黜，而入仍舉爵，何也？春秋於簒弒之賊，苟國人及諸侯君之，則以爵書，不没其實也。使朔之入衛、突之入櫟不舉其爵，則疑於彼雖簒竊而國人、鄰國不以爲君，後此會、盟、侵、伐、交政於中國者，不知其爲何人，而亂賊公行、王綱縱弛之迹，轉不見於後世。且經於公子當承國者簒弒而見討者以名繫國，今朔乃反國，非衛州吁、陳佗見討之比，若書「衛朔入于衛」，轉與齊小白、鄭忽、曹羈相混而不知其義之所在矣。○或曰：「魯黨朔，故黔牟不以奔告，而朔亦不以放黔牟告也。」

秋，公至自伐衛。

螟。

冬，齊人來歸衛俘。

公羊傳：「衛寶也。」商書稱「遂伐三朡，俘厥寶玉」。則俘者以其事言也，寶者以其物言也。

朔自齊入而齊爲致賂，則知抗王師定亂人，齊爲首惡矣。

七年，春，夫人姜氏會齊侯于防。

夏，四月，辛卯，夜，恒星不見。夜中，星隕如雨。

穀梁傳：「恒星，經星也。」左傳：「恒星不見，夜明也。」其不見者，有名之經星也。經星不見，則衆星可知矣。隕而如雨者，無名之衆星也。隕者，自天而墜也。夜中而見衆星之隕，則恒星復見可知矣。○張氏治曰：「蓋王運將終，而霸統方作之祥，自此堯、舜、禹、湯、文、武之紀綱法度，掃滅殆盡矣。」○李氏廉曰：「經書星隕、隕石、隕霜，於『隕』字有先後之異者，蓋星在天有象，先見星而後見其隕，石與霜則隕而後見也。」

秋，大水，無麥、苗。

周之始秋，建午之月也。麥之熟者，及五稼之苗皆爲水所没，非常之災也。故志之。

冬，夫人姜氏會齊侯于穀。

八年，春，王正月，師次于郎，以俟陳人、蔡人。

范甯曰：「時陳、蔡將伐我，故出師以待之。」〇杜預曰：「期共伐郕，陳、蔡不至，故駐師于郎以待之。」

甲午，治兵。

公羊傳：「爲久也。」承「次郎」之後，而不言其地，即治兵於郎也。

夏，師及齊師圍郕。郕降于齊師。秋，師還。

胡傳：「書『及齊師』者，親仇讎也。圍郕者，伐同姓也。郕降于齊師者，見伐國無義而不能服也。師還，譏久役也。」〇内師無用衆，而非君與國卿將者，無君與國卿將，而不目其人者，此用大衆歷三時而不目其人，何也？公也。其不言公，何也？舊史諱之也。俟陳、蔡而不至，圍郕而不服，名辱勢沮，故公以爲恥，而史臣不敢斥也。魯君侵伐歷三時者衆矣，未有書「師還」者，致公則不言師還可也，不書「公」則不得致公，不致公則不得不言師還，何以知非筆削之旨也？春秋有没公而不書者，乃特文以發疑，意不主於諱也。凡諱敗、諱辱，皆魯史之私也。成宋亂、納朔、助突不諱，而諱俟陳、蔡圍郕乎？此以知爲舊史之文也。何以知非卿將也？卿將則舊史亦無事於諱也。

冬，十有一月，癸未，齊無知弑其君諸兒。

陳氏傅良曰：「弑君者連稱、管至父，而專罪無知者，君弑而無知受之，則賊不在二子矣。」

九年，齊人殺無知。

雍廩雖有宿憾於無知，然其毅然加刃而不疑，實以其負弑君之大惡，故書「齊人」，示非雍廩之私也。楚棄疾於比非討罪也，則爲公子相殺而已。○陳氏傅良曰：「州吁之弑，衛人爲之變，不逾年卒討之；無知之弑，齊人亦爲之變，逾年卒討之。故無知不成君，而雍廩得書人，國猶有臣子也。春秋之初，王道猶未墜，人心猶止於禮義也。」

公及齊大夫盟于蔇。

公將納糾，受盟者非一人，故統言「齊大夫」，而不目其人也。

夏，公伐齊，納糾。齊小白入于齊。

程子曰：「春秋書『齊小白』，言當有齊國也。於糾不言『齊』，以不當有齊也。」闢是説者曰：「糾不書『齊』，蒙上伐齊之文，小白書『齊』，又一事立文。」當如此其然，則後二十四年，當書「戎侵曹，羈出奔陳。曹赤歸于曹」，而立文相反，則知程子之説不可易也。小白書「入」，赤書「歸」者，齊大夫既與魯盟，魯師臨境，則小白之入爲難；羈既出奔，戎勢方張，則赤之歸爲易耳。

秋，七月，丁酉，葬齊襄公。

無知既討，故襄公之葬不削，與衛桓公同。

八月，庚申，及齊師戰于乾時。我師敗績。

不書「公」，蒙上「公伐齊納糾」之文也。内師未有書「敗績」者，此何以書？莊公雖無復讎之心，而自桓公見戕於齊，至此齊、魯之兵始交，故託此以見義也。魯人忍辱負痛不敢興師而問罪於齊，不過畏齊之强，恐不能勝耳。而不知與讎戰，以死敗爲榮，既能憤然交兵，至於敗北而不悔，何不用於先君見戕之日，乃以納讎人之子哉？凡此類皆特文以發疑也。孔子於史文不敢益，無所據也；内敗第書「戰」，則可據者也。故特起是文而不爲益。

九月，齊人取子糾，殺之。

以糾爲當立者，皆據此稱子。不知不足據也。糾，魯所納，故舊史書「子」以罪齊。春秋於爵次、名氏皆從舊史，故叔武受盟，舊史從載書而稱衛子，孔子不革也。況齊大夫既與魯盟，同心奉糾，力不能奉，則聽其隱身於魯可也。桓雖忌克，使高、國世臣爲之内主者，以大義勸勉而力持之，可以無動於惡，乃聽其窮糾於魯而殺之，諸大夫猶有人心乎？故於糾稱「子」，以正其君臣之名；於殺糾稱「齊人」，以著其悖逆之罪，義各有當而非以糾爲當立也。何以知稱「子」非春秋之特筆也？使舊史不書「子」，孔子不能益也。○殺兄弟，目君其常也，然目小白則齊人之罪隱，書「齊人」則小白之罪不能隱。觀楚公子比之死專目棄疾，則知子糾之死，兼罪諸大夫矣。

冬，浚洙。

公羊傳：「洙者何？水也。浚之者何？深之也。曷爲深之？畏齊也。」

十年，春，王正月，公敗齊師于長勺。

胡傳：「齊師伐魯，經不書『伐』，意在責魯。」非也。舊史至是尚以伐我爲諱耳。春秋責魯則意不在是，蓋能比勝齊、宋之師，則魯非甚弱而不足以復讎也。胡爲不用於君親見賊之時，待仇讎既殁而乃以私忿小怨用之哉？此所謂直書其事而罪自見者也。

二月，公侵宋。

公羊傳：「戰不言伐，圍不言戰，入不言圍，滅不言入：書其重者也。」

三月，宋人遷宿。

宿，微國也。春秋之初，書遷者三。傳曰：「遷者，猶未失其國家以往者也。」蓋周室始衰，諸夏之邦猶未敢擅相滅，故遷其人於己國，而使己國之人據其地，未遽絶其祀也。〇許氏翰曰：「遷之，使未失其國家以往，其義猶有所難，則是王澤之未竭也。僖、文以後，有滅國，無遷國矣。」

夏，六月，齊師、宋師次于郎。公敗宋師于乘丘。

其書次于郎，何也？舊史諱伐之辭也。

秋，九月，荆敗蔡師于莘，以蔡侯獻舞歸。

荆，楚之故號也。其以號舉，何也？未與夏通而舊史略之也。蔡侯獻舞何以名？自是而不返也。諸侯卒必名，奔執而不返，則自是終矣。其奔執不返而不名者，不知其名也。猶卒而不知其名者，第書某君卒也。

冬，十月，齊師滅譚，譚子奔莒。

譚子不名，不知其名也。亡國之君奔不書，出無所出也。春秋之初，先王之禮教猶未盡泯，諸夏之邦擅興取邑者有之，而滅先王之建國，猶未敢也。故鄭入許而許叔猶居東偏，齊遷紀而紀季得後五廟，郕降于齊，宋人遷宿，皆有所顧忌也。滅國自譚遂始，故曰：「五霸者，三王之罪人也。」以傳考之，惟晉、楚有滅國而無一見經者，楚則與魯未通，晉則雖滅而不敢告也。

十有一年，春，王正月。

夏，五月，戊寅，公敗宋師于鄑。

左傳：「宋爲乘丘之役故，侵我。公禦之。宋師未陳而薄之，敗諸鄑。」

秋，宋大水。

胡傳：「凡外災，告則書。」

冬，王姬歸于齊。

魯爲諸姬宗國，餘公豈無主王姬者，而無一見於經，常事也。惟莊之篇兩書「王姬歸于齊」，著忘親之罪也。王氏葆曰：「主襄公婚，其罪大，故書之詳。主桓公婚，其罪小，故書之略。」

十有二年，春，王三月，紀叔姬歸于酅。

紀侯去國，叔姬從，至是紀侯卒，姬不歸於魯而歸于酅，魯人重其節，故特書於册也。胡氏謂叔姬歸奉紀祀。非也。在禮，舅没則姑老，冢婦主祭，以祭必夫婦，親之也。季承紀祀，叔姬何與焉？

夏，四月。

秋，八月，甲午，宋萬弒其君捷，及其大夫仇牧。

先儒謂大夫從君以死有不書者，故知書者皆春秋之所取。非也。春秋之初，禮教猶明，故從君以死者無不告，而舊史得備書焉。其後篡弒接迹，禮教益衰，又當國者多弒君之仇讎，則從死之臣有不以告者矣。以傳考之，宋杵臼之弒，雖弒者未得其主名，則蕩意諸之死未必以告於鄰國也。齊光之弒，從死者皆嬖倖，非孔父、仇牧、荀息重臣之比，而崔杼當國則不以告明矣。凡此類皆舊史所本無，非孔子削之以爲貶也。至子惡之弒，未嘗明見於經，使書「叔彭生卒」，則卒内大夫之常辭，故不得已而闕焉，以發疑端、見情實，而先儒謂無君命而死，故孔子削之，益誤矣。

冬，十月，宋萬出奔陳。

胡氏謂陳人受賂，非討賊之義，故不書「陳人殺萬」。非也。據左氏，殺萬者實宋人，非陳人也。臨川吴氏謂賊既逋去，始得而誅之，有愧於石碏之義，亦非也。據左氏：八月，萬弒君據國。十月，蕭叔大心以公族及曹師伐之，不得謂緩於討賊。萬奔陳，而陳人要賂，不得不曲從其欲，於臣子討賊之義無虧也。雍廩私殺無知，猶以討賊予之，況宋人伸明大義而討以干戈，視石碏以計執州吁者有光矣。然則殺萬不書、閔公不葬，何也？豈魯、宋方惡，宋不以討萬告，而魯亦不會閔公之葬，故舊史無其文與？〇萬以十月奔陳。明年，春，會北杏。宋、陳在列。使萬猶存，桓公不宜置而不問，萬之事與魯慶父略同，豈萬亦道死，及宋而後醢之，未得明正其誅，故不得以討賊書，而二閔並不書葬與？但宋人始終志在討賊，艱難而得遂，聖人不宜苛責，與魯庇慶父同科，豈左氏所傳討萬之事，皆非其實與？

十有三年，春，齊侯、宋人、陳人、蔡人、邾人會于北杏。

先儒以北杏獨書「齊侯」，爲始霸之辭，蓋據穀梁會者宋公。以經義推之，恐不然。宋先君被弒，若新君出會，其以喪服見，當書「宋子」；以吉服見，當書「宋公」以著其惡，無爲没而不書。如曰以示齊霸，則齊以侯爵序宋上，書「宋公」，齊之始霸益明矣。以貶諸國，則據經所書，止列國大夫聽命於會之文，無由發治經者之疑，而知宋人之獨爲君也。李氏廉因此謂曹南獨書宋公，城濮獨書晉侯，皆始霸之辭。益誤矣。曹南無傳，何用知非列國大夫？城濮據左氏雖曰宋公，然經書齊師、宋師，宋序齊後，則非君明矣。傳者單辭片言未可據之以汩經義。

夏，六月，齊人滅遂。

國滅而但書「滅」者，亡國之善辭，上下之同力也。國滅而君奔，是不能死社稷也。執而以歸，則失身辱國，其罪又甚矣。

秋，七月。

冬，公會齊侯，盟于柯。

左傳：「始及齊平也。」○胡傳：「於傳有之：敵惠、敵怨不在後嗣，故柯之盟其辭無貶。」

十有四年，春，齊人、陳人、曹人伐宋。

程子謂管仲爲政。莊十一年後，未嘗興大衆。而胡氏遂謂未嘗遣大夫爲主將。誤矣。聶北、城邢、代厲而外無稱師者，謂不興大衆可也。春秋初，會、盟、侵、伐，外大夫無以名見者，稱人即大夫爲主將也。知然者，桓十三年，及齊侯、宋公、衛侯、燕人戰，齊師、宋師、衛師、燕師敗績，則稱師、稱人，皆大夫將之辭審矣。

夏，單伯會伐宋。

隱公四年，諸侯伐鄭，翬帥師會伐，再舉四國者，大夫與諸侯衆會之始也。三國之大夫伐宋，單伯會之而再舉三國，則贅矣。此文各有所當也。

秋，七月，荆入蔡。

冬，單伯會齊侯、宋公、衛侯、鄭伯于鄄。

十有五年，春，齊侯、宋公、陳侯、衛侯、鄭伯會于鄄。

杜氏預曰：「陳國小，盟會皆在衛下，齊侯始霸，楚亦始强，陳介二國而爲三恪，故齊桓進之在衛上，遂終於春秋。」

夏，夫人姜氏如齊。

自齊襄之殁，姜氏不與齊通八年矣。至是齊桓欲求好於魯，遂受之而不能拒，此仲尼之徒所以羞稱桓、文也。

秋，宋人、齊人、邾人伐郳。

左傳：「諸侯爲宋伐郳。」宋主兵，故序齊上。

鄭人侵宋。

胡傳：「聲罪致討曰伐，潛師掠境曰侵。」

冬，十月。

十有六年，春，王正月。

夏，宋人、齊人、衛人伐鄭。

往年鄭侵宋，故諸侯爲宋興師，亦宋爲主兵也。○許氏翰曰：「中國諸侯，宋爲大，既爲之服郳，又爲之服鄭，宋蓋自是與齊爲一，宋親而中國諸侯定矣。」

秋，荆伐鄭。

汪氏克寬曰：「齊方圖霸，楚亦浸强，北侵不已。陳、蔡、鄭、許適當其衝，鄭之要害尤在所，先中國得鄭則可以拒楚，楚得鄭則可以窺中國，故鄭者，齊、楚必争之地也。自是鄭被兵於中國者三十有九，於楚者二十，春秋備書，以見夷夏之盛衰焉。」

冬，十有二月，會齊侯、宋公、陳侯、衛侯、鄭伯、許男、滑伯、滕子，同盟于幽。

凡盟或書「同」，或不書「同」，載書之辭異也。舉天下而聽命於一國，齊桓以前未之有也。故載書要言曰「同」。未幾而魯、鄭復貳，故二十七年盟幽，復言「同」，自是以後，諸侯衆信，載書不復言同矣。書「會」而不書「公」，特文以見義也。霸迹之興，實宇宙非常之變，恐天下狃於桓、文之功而昧其義，故特起此例。董子云「春秋視人所惑，爲説以大明之」，此類是也。經之書會而没公者三：以諸侯主天下之盟自幽始，大夫與諸侯抗盟自于齊始，大夫衆會而盟王臣自翟泉始。皆前此所未有，故特文以見義焉。莊之篇，與讎會、與讎狩之大惡未嘗没公，而於此類没公，何也？與讎會、與讎狩不待異文而惡見者也。若于幽，則齊桓始霸，率天下以尊周；于齊，則楚人曰「無忘桓公之好」；翟泉則晉文始霸而尊周，非特文以見義，則習而不知其非矣。

郳子克卒。

先儒據此以儀父爲字，克爲名，不知小國諸侯之卒不見於魯史者多矣。蓋克與儀父非一人，儀父之卒不書，至克而後書卒耳。隱公初立，儀父來盟，桓公定位八年，郳獨不至，雖伐之不遽服也。然則儀父卒於桓之末、莊之初，醜魯而不訃，理宜有之。

十有七年，春，齊人執鄭詹。

鄭既同盟而旋執其國卿，必懼楚而有貳心也。

夏，齊人殲于遂。

左傳：「遂因氏、頜氏、工婁氏、須遂氏饗齊戍，醉而殺之，齊人殲焉。」殲者，自滅之義。不曰「遂人殺齊戍」，齊自取也。

秋，鄭詹自齊逃來。

魯之叛盟，詹之苟免，齊之義不足以服鄭，皆可見矣。

冬，多麋。

凡書「有」者，所未有也。書「多」者，以多爲異也。

十有八年，春，王三月，日有食之。

不言日、不言朔，史失之也。傳以爲夜食，非也。

夏，公追戎于濟西。

舊史諱伐也。

秋，有蜮。

冬，十月。

十有九年，春，王正月。

夏，四月。

秋，公子結媵陳人之婦于鄄，遂及齊侯、宋公盟。

程子曰：「鄄之巨室嫁女於陳人，結以其庶女媵之，大夫私行出疆不書，其書，以有遂事也。」

夫人姜氏如莒。

冬，齊人、宋人、陳人伐我西鄙。

舊史諱伐我，至是而不諱，何也？書「戰而後伐」，可諱也，不然則事有闕矣。書「及齊侯、宋公、衛侯、燕人戰」，則四國伐我，不書可也。書「齊侯、衛侯、鄭伯來戰于郎」，則三國伐我，不書可也。書「齊師、宋師次于郎，公敗宋師于乘丘」，則二國伐我，不書可也。書「追戎于濟西」，則戎伐我，不書可也。是役也，霸者討貳，魯不敢校而聽命焉。若諱伐，是没其事也，故置書而不隱焉。自是以後，伐我無不書者矣。書伐以後，未有書伐而戰者，何也？桓、莊以前，政在君而國勢强，敵至而戰，無所牽制也。文、宣以後，政在三桓而國勢弱，無肯爲國任患者，是以敵至而不能戰也。惟僖二十六年，齊人伐我北鄙，以傳考之，則展喜有辭而齊師退，然則書「伐」而不書「戰」，亦事之實耳。胡傳：「罪結失己與人以招寇。」非也。齊桓怒結不恭，則不當與之盟，未有既與之盟，而又以與盟爲討者，以情事推之，似魯背幽之盟而受鄭詹，齊、宋尋盟以討貳，結專命以講好，歸而魯不用其謀以親齊，故三國復來討耳。齊、晉大國怒魯之君大夫而不與盟者多矣，果以結之抗盟爲失禮，何難以拒鄭子華者拒之哉？

二十年，春，王二月，夫人姜氏如莒。

夏，齊大災。

杜預曰：「天火曰災。」

秋，七月。

冬，齊人伐戎。

齊桓得國，首作内政而寄軍令，繼滅譚、遂以闢土疆，然後親宋、致魯、討鄭以張國勢，至是霸事將成，始有事於戎，蓋戎近齊、魯，必先服戎，然後可經營中夏而無東顧之憂耳。

二十有一年，春，王正月。

夏，五月，辛酉，鄭伯突卒。

胡傳謂突奔蔡、入櫟皆稱爵，以其雖篡而實君，忽出奔不稱子、復歸不稱伯，以其實不能君。非也。魯助突而讎忽，第以突爲鄭君，所書會、盟、戰、伐皆突之事，故常稱爵。忽與子儀，其生也事不接於魯，其弑也國不赴於魯，故無由見於册書耳。忽奔不稱子，歸不稱伯，則舊史據赴告之辭，而孔子因之也。

秋，七月，戊戌，夫人姜氏薨。

孫齊不書「姜氏」，以人道絶之，而正其罪也。其後復稱「夫人姜氏」，葬稱「小君」，傷魯人不能討賊，莊公不知大義當絶，使其生也，仍泰然而正夫人之位，死用夫人之禮耳。

冬，十有二月，葬鄭厲公。

二十有二年，春，王正月，肆大眚。

胡傳：「舜典曰：『眚災肆赦。』未聞『肆大眚』也。大眚皆肆，則廢天討、虧國典、縱有罪、虐無辜，惡人幸以免矣。」○説二傳者皆以文姜爲言，蓋有所傳受而失其真也。文姜身爲大惡，淫妏縱恣，莊公暗於大義，欲以夫人之禮葬之，恐國人弗順，故因其喪肆赦，國人雖罪大無疑者皆釋之，將以求媚於衆，不知其欲蓋而彌彰也。

癸丑，葬我小君文姜。

程氏迥曰：「婦人之謚從夫，文姜別作謚，以其得罪於先公也。」

陳人殺其公子御寇。

殺公子、大夫稱人者，或國亂，衆人擅殺，或班同者自相殺，皆不得不書人也。蓋非以國法殺之，不得稱國，而兩下相殺不見於册書，則第書其國之人有是事而已。

夏，五月。

秋，七月，丙申，及齊高傒盟于防。

不書「公」，傳以爲諱與大夫盟。非也。魯君之盟外大夫屢矣，何獨於高傒諱乎？蓋桓戕於齊，未嘗明著於經，非特文以見義，不知其婚於讎也。公之與齊會盟屢矣，獨見義於此，何也？他會盟猶邦交之公也，而是盟則公之私也。不可勝譏，則必於其甚者而譏焉，莫甚乎其與讎狩也，莫甚乎以取讎人之女而要盟也。

冬，公如齊納幣。

公羊傳：「納幣不書，此何以書？親納幣，非禮也。」公朝第書「如」，爲國諱也。惟莊公爲娶讎女，三如齊，直書其事而不爲之諱，與桓之篇書「成宋亂」同義。

二十有三年，春，公至自齊。

祭叔來聘。

祭叔之聘，非王命也。私來爲好而用聘禮，故書法如此：祭伯、祭公不肯行朝禮而徒來，祭叔又以徒來爲未安，而託於聘，皆非禮也。

夏，公如齊觀社。

穀梁傳以爲尸女。蓋齊雖許婚，而猶遲之，故自往請期而託於觀社。或曰十七年，執鄭詹。傳謂鄭不朝，蓋齊霸漸盛而徵朝於列國也。魯以納糾舊怨，懼齊終不親，故請婚以自託，公再如齊實行朝禮，而自入春秋，未有匹敵之國而相朝者，猶欲陽避其名，故告廟、飲至著於册書，以納幣、觀社爲辭，而不知忘親逆天之惡，較之違禮失位之羞，則又甚焉。聖人因而不削，而其義並著矣。至僖十五年，則霸體益尊，直行朝禮而不復有所託，又邦交之常，故第書「如齊」，以從諱朝之常例耳。

公至自齊。

荆人來聘。

荆益强，又自通於魯，故魯人漸重之而稱人也。不稱君使，猶未同於列國也。胡氏謂喜其慕義而進之。非也。楚陵蔡、鄭而聘魯，乃遠交近攻以濟其猾夏之謀，春秋何進乎爾？

公及齊侯遇于穀。蕭叔朝公。

蕭，附庸之國。其君以行次稱異於列國之君也。朝不於廟而於異國，公與蕭叔皆失正矣。

秋，丹桓宫楹〔一〕。

穀梁傳：「禮：天子、諸侯黝堊，大夫倉，士黈。丹楹，非禮也。」

冬，十有一月，曹伯射姑卒。

十有二月，甲寅，公會齊侯，盟于扈。

程子曰：「遇于穀、盟于扈，皆爲要結姻好也」。胡氏曰：「莊公生於桓公六年，至是三十有六矣，尚無内主，蓋爲文姜所制，使必娶於母家。而齊女待年未及，故莊公越禮不顧，如此其急，齊人有疑，如此其緩也。」

二十有四年，春，王三月，刻桓宫桷。

〔一〕「桓宫」，原作「桓公」，據春秋經文改。

穀梁傳：「禮：天子之桷，斲之礱之，加密石焉；諸侯之桷，斲之礱之。大夫斲之，士斲本。刻桷，非正也。取非禮與正〔一〕，而加之於宗廟，以飾夫人，非正也。」

葬曹莊公。

夏，公如齊逆女。

逆夫人使卿，禮也。君親之，非禮也。何以知其非禮也？凡卿逆，雖得禮必書，以不書「逆」而書「至」，則與歸寧而至者無別也。既書「公如齊納幣」，則第書夫人之至，而知其爲始婚矣。使親迎爲得禮，以常事不書可也。然則文公之娶既書「納幣」，復書「逆婦姜于齊」，何也？貴聘而賤逆，以非禮志也。且夫人之至不書，則逆安得不書乎？

秋，公至自齊。八月，丁丑，夫人姜氏入。

穀梁傳：「入者，内不受也。何用不受也？以宗廟不受也。娶讎人子弟，以薦舍於前，其義

〔一〕「取非禮與正」，春秋穀梁傳作「取非禮與非正」。

不可受也。」蓋論屬詞之常，則同時而至，當書「公及夫人姜氏至自齊」；即異時而至，亦可書「八月，夫人姜氏至自齊」，而變文言「入」，以是知其義不可入也。○公之圖婚於齊也，始則降尊出國以盟高傒，繼則再至齊庭，繼又遇穀、盟扈，今既親迎，公至逾月而後夫人入，何也？以傳考之，公嘗與孟任盟以爲夫人，子般爲世子，故齊人難之，夫人憾之，而公不憚委曲以順其欲，他日夫人淫縱姦臣、篡弑之萌皆兆於此，履霜堅冰至，其所由來者漸矣。

戊寅，大夫宗婦覿，用幣。

覿，見也。宗婦者，同姓大夫之婦，及凡公族之婦也。男贄，大者玉帛，小者禽鳥；女贄，榛、栗、棗、脩。今男女同覿，是無别也。贄皆用幣，非其物也。蓋公黷貨以悦齊女，與丹楹、刻桷同意。不稱及，宗婦不惟大夫之妻，不可以相及也。

大水。

冬，戎侵曹。曹羈出奔陳。赤歸于曹。

羈立既葬，逾年而不稱子，何也？舊史承赤告而書也。羈奔而赤告，則不肯以子與世子稱明矣。蓋羈承國而赤介戎之力以求入，則羈之爲正，其迹顯著，若赴辭不稱子、不稱世子，則非異國之史可意爲之稱者也。胡氏於鄭忽、曹羈皆曰不能君，非也。卓子庶孽，甫立即弑，猶正其君臣之名，而於鄭忽、曹羈不與爲君，何義哉？

郭公。

杜預曰：「蓋經闕誤。」

二十有五年，春，陳侯使女叔來聘。

穀梁傳：「其不名，何也？天子之命大夫也。」

夏，五月，癸丑，衛侯朔卒。

六月，辛未朔，日有食之。鼓、用牲于社。

左傳：「非常也。惟正月之朔，慝未作，日有食之，於是乎用幣於社，伐鼓於朝。」○穀梁傳：「鼓，禮也。用牲，非禮也。天子救日，置五麾，陳五兵、五鼓；諸侯置三麾，陳三鼓、三兵；

大夫擊門，士擊柝。」〇胡傳：「不鼓於朝而鼓於社，則非禮矣。」〇劉氏敞曰：「夏書：季秋月朔，日有食之，亦奏鼓，豈必正陽之月哉？左氏之説非也。」

伯姬歸于杞。

内女之歸，非失禮不書，得禮而書者，閔其後之變也。紀伯姬、叔姬是也。杞伯姬之歸也，無失禮，其後無變而特書，明嫌也。歸見於經，然後知二十七年公會杞伯姬于洮，爲瀆於恩也。然後知其冬杞伯姬來，以非歸寧志也。若不書其歸，則不知其爲吾女也。與諸姬之女適杞者無别也。而書「會」、書「來」，幾與文姜如莒、哀姜孫邾同義，而疑於大惡矣。左氏以伯姬爲莊公女，非也。時君之女則當書「子伯姬」，在禮：女子二十而嫁，有故二十三年而嫁。伯姬，桓女也。而至是始嫁，何也？重喪也。文姜喪畢之後，或杞伯更有喪也。

秋，大水，鼓，用牲于社、于門。

左傳：「亦非常也。凡天災，有幣，無牲，非日月之眚，不鼓。」〇公羊傳：「于社，禮也。于門，非禮也。」〇穀梁傳：「救日以鼓兵，救水以鼓衆。」〇劉氏敞曰：「若于社爲得禮，則春秋亦不當書。」

冬，公子友如陳。

經於内朝聘皆書「如」，以爲國惡而諱之也。魯十二公未嘗特朝於京師，是無王也。君不朝而使大夫聘則抗也。不朝王而數於齊、晉，則失位也。聘列國勤於京師，則無等也。故皆書「如」，以志其出之無名。其義於僖公之兩書朝王見之，蓋在天王則非所，兩朝者無失禮也。又於成公之書「如京師」見之。蓋以會伐秦，道過京師而朝，故不與以朝也。外君大夫直書朝聘，則明志其失禮而不爲之諱焉耳。州公，天子三公，齊、鄭强國，豈肯行朝禮於曹、紀？以是知如者，無名之辭也。

二十有六年，春，公伐戎。

戎與徐皆桀大而近於齊、魯。二十年，齊人伐戎。明年，公會宋人、齊人伐徐。則此年出師，雖以報濟西之役，亦必齊桓爲主謀也。

夏，公至自伐戎。

曹殺其大夫。

國殺大夫必書。諸侯不得專殺也。故天王殺大夫之文，無見於經者。曹殺其大夫，宋人殺其大夫，不名，舊史以傳聞書而未得其名也。春秋時尤以殺大夫爲變事，未得其名，則第書其國有是事而已。

秋，公會宋人、齊人伐徐。

汪氏克寬曰：「宋先於齊而公書會，則宋主兵明矣。」

冬，十有二月，癸亥，朔，日有食之。

二十有七年，春，公會杞伯姬于洮。

夏，六月，公會齊侯、宋公、陳侯、鄭伯，同盟于幽。

凡霸主齊盟，皆曰會。召盟而公會之也。

秋，公子友如陳，葬原仲。

若書「公子友葬陳原仲」，則似不禀君命，與宋司馬華孫同譏。若書「出奔」，則逃罪之辭。故書「葬原仲」，以著其避内難之實，而上書「如陳」，用内大夫出聘之例，以見其有君命也。禮有「大夫私行出疆」之文，假無異故，則不宜著於册書。

冬，杞伯姬來。

凡内女直曰來者，惡其無事而來也。以事來者，譏在事也。伯姬之來，傳曰「歸寧」，非也。歸寧得禮，則法不宜書姬不書子，則爲先公之女明矣。文姜既死，則無母矣。伯姬之歸魯四，皆以非歸寧書，其求婦則與蕩伯姬之逆婦同，皆譏在事也，譏在事則得禮，而歸寧亦書，子叔姬之與高固偕是也。叔姬而外，别無書子某姬來者，以是知得禮而歸寧則不書也。

莒慶來逆叔姬。

穀梁傳：「諸侯嫁子於大夫，主大夫以與之。」内女適大夫者衆矣，而見於經者僅二焉。謂非失禮，不可也。鄫季姬、宋伯姬之歸也，其失禮皆别有所見。而莒慶之逆叔姬，失禮别無所見，則以公爲之主明矣。不書「歸」而書「逆」，所以别於適諸侯也。不書「逆女」，所以别於爲君逆也。

杞伯來朝。

公會齊侯于城濮。

左傳：「王賜齊侯命，且請伐衛。」以事情推之，子頽受誅已十年，衛君又易世矣。齊桓特以衛不會幽之盟，申明其立子頽之罪，而請討於王耳。與公會於衛地而伐衛之師，魯不與焉。亦猶會於魯濟以謀伐戎，而魯不與伐。或曰：「謀伐衛而次於其地，非情也。蓋始將使魯致衛，衛竟不至，然後謀伐耳。」

二十有八年，春，王三月甲寅，齊人伐衛，衛人及齊人戰，衛人敗績。

戰而先書伐者，已薄其城邑，而後出戰也。不先書伐者，敵未迫而逆戰也。伐未有書日者，此何以日？戰以至之日也。戰稱人，敗稱師，屬辭之常也，此何以稱人？齊人甫至衛境，疆埸之吏出兵拒戰，君大夫不在行間，而亦未嘗興大衆，故不得書師敗績，觀戰以伐之日，則可見矣。

夏，四月，丁未，邾子瑣卒。

秋，荆伐鄭。

公會齊人、宋人救鄭。

冬，築郿。

凡邑曰城，此何以書「築」？制未備也。城必備郛、郭、樓、櫓之制，而邑則無之也。

大無麥、禾。

二者俱無，乃非常之災。一有焉，一無焉，則農收之常，不載於册書矣。於冬書者，周之冬，築場納稼之時也。始生曰苗，既熟曰禾，故七年秋以苗書，此年冬以禾書。

臧孫辰告糴于齊。

不言如齊告糴，與如楚乞師異辭，何也？如者，無名之辭，故内朝聘皆書「如」，乞師亦書「如」，若國有饑饉，卿出告糴，非無名也，則直書其事可矣。何以不稱使？内臣之出無言公使者，不獨告糴也。

二十有九年，春，新延廄。

書「新」，非改作也。法不當書而特書，以歲祲也。穀梁傳：「古之君人者，必時視民之所勤：民勤於力，則工築緩[一]；民勤於財，則貢賦少；民勤於食，則百事廢矣。大無麥、禾，冬築郿，春新延廄，以其用民力已悉矣。」〇後世有興工作以救荒者，上傭之也。古者力役征於民，則不堪命矣。

夏，鄭人侵許。

許、鄭壤接，齊、晉倡霸，鄭服則次治許。霸勢少衰，許必南鄉，自十六年同盟以後，再盟于幽而許不會諸侯，救鄭，許又不至，然則是役亦齊桓之命，與晉文之霸，許不會踐土、河陽，則帥諸侯以圍之，齊桓獨用鄭人，所以養諸侯之力而大用之也。晉文既歿，而許貳，故襄公敗秦克狄，即帥陳、鄭以伐之，晉霸中衰，許屏迹於盟會，悼公復霸，則有苟罃之師。自是以後，則堅於附楚而猾夏之師無役不從，以是知桓、文、襄、悼之慮深而謀遠也。

[一] 「工築緩」，春秋穀梁傳作「功築罕」。

秋，有蜚。

冬，十有二月，紀叔姬卒。

内女適諸侯者不書卒，叔姬以媵而書，魯人閔其變而重其節也。胡氏以紀侯不卒爲微之。非也。叔姬歸酅，故紀人猶得以禮葬之，而魯使人會葬，若紀侯寄食他國，則彼不能成喪，我不能備禮，無由著於册書耳。

城諸及防。

同時城二邑，皆曰「及」，先後之辭也。

三十年，春，王正月。

夏，師次于成。

穀梁傳：「次，止也。有畏也。欲救鄣而不能也。不言公，恥不能救鄣也。」○趙氏匡曰：「魯蓋欲會齊圍鄣，至成待命，聞鄣已降，不復行耳，以前會城濮，明年獻捷考之，理必然也。」

秋，七月，齊人降鄣。

八月書「郕降于齊師」，承上師及齊圍郕之文也。此無圍伐之文，蓋不用師而以威脅之。必書「降鄣」而後可以見情實；若書「鄣降于齊」，則辭義不備，先儒必曲爲之説，過矣。孔氏穎達曰：「紀侯去國二十七年，邑不得獨存此，蓋附庸小國若鄟、邿者。」

八月，癸亥，葬紀叔姬。

魯人閔其變而重其節，故葬之如嫡也。凡書葬者，皆禮之變也。謂著其賢，非也。賢則存乎其事矣。紀叔姬之葬也，以媵而書。宋共姬之葬也，以卿共葬事而書。二姬之賢與葬之之非禮，其義兩行而不相悖也。

九月，庚午朔，日有食之。鼓，用牲于社。

冬，公及齊侯遇于魯濟。

左傳：「謀伐山戎，以其病燕也。」杜氏曰：「濟水歷齊、魯界，在齊界爲齊濟，在魯界爲魯濟。」

齊人伐山戎。

山戎在燕南齊北，齊欲伐楚，恐戎議其後，故先有事焉。晉悼之霸亦曰無以待戎，不能濟河，古之謀國者詳審如此，是以動則有成也。○吕氏大圭曰：「凡用兵，非有大役，恒稱人，以『僖十年，齊侯、許男伐北戎』觀之，則此不用大衆明矣。豈山前之戎不若北戎地廣而衆强，度偏師可制而躬駐魯濟以爲之援與？」

三十有一年，春，築臺于郎。

一歲三築臺，豈即丹楹、刻桷之意，務悦齊女而示之以侈與。

夏，四月，薛伯卒。

築臺于薛。

六月，齊侯來獻戎捷。

公羊傳：「旗獲而過我。」非也。山戎在齊北，魯在齊南，無緣道出於魯。又謂「威我」，亦非也。齊、魯釋怨爲婚，盟會必同，無爲示威。且使人獻捷，亦足以示威，而親至魯庭，則損威而傷重多矣。齊侯之來，蓋以報魯莊公三至之勤，用示昵好，而託於獻捷以爲名也。入春秋未有以大國而相朝者，故魯莊雖急於圖婚，而始如齊以納幣爲名，繼以觀社爲名，齊欲使大夫報聘，恐魯以爲羞，若無故而君親來，則非名也。用相朝之禮，又不甘也。故因勝戎紆道以來，託於獻捷而陰報禮焉。其急於結魯如是，何也？春秋時爲天下患者莫如楚，而非得魯、宋之死力，則不能與楚爭。蓋秦、晉處偏，各守其疆，中原次國惟魯、宋、衛、鄭、陳、蔡，而三國邊於楚，蔡既南折，陳方内難，楚屢爭鄭而齊不能抗，則諸夏摇心而霸勢去矣。而方是時，衛殘於狄，邢亦困焉，曹、郲小國不足恃也。惟魯、宋無内難、無外患，地大力完而寬然可用，齊桓此年來魯，明年遇宋，蓋救鄭抑楚之師，將以時舉矣。而魯旋内難，是以楚再伐鄭，而齊師終不敢興也。直待魯僖列定且數年，而後伐楚之謀決焉。觀貫與陽穀會宋之後，隨要季友以盟，則齊之急於得魯可知矣。宋之未附也，齊嘗臨之以威矣。既附，則再爲報怨而推以主兵，所以深結宋也。魯之未附，亦嘗臨之以威矣。既附，則就會于魯濟，而復親至其庭，所以深結魯也。二十二年，齊、魯之交始通，而次年荆人來聘，蓋用以爲間，故齊桓抑楚之師必深得魯心，而後可動焉。不然，豈桓公與管仲謀國之詳，乃爲此無名之舉哉？抑觀晉霸以後，雖會、盟、侵、伐，道經列國，亦未有親至其庭者，而齊桓乃行此於魯，良由去古未遠，王綱初墜，而霸體猶未敢過肆也與？

秋，築臺于秦。

冬，不雨。

二百四十年，一時而不雨者必多矣。此何以書？承大無麥禾、有蜚之後，故一時不雨，即以爲憂而書於册，亦猶桓、宣承屢祲之後而書有年也。

三十有二年，春，城小穀。

高氏閌曰：「齊自有穀。文十七年，盟穀。宣十四年，會穀。乃齊穀也，非魯之小穀。」

夏，宋公、齊侯遇于梁丘。

左傳：「齊侯爲楚伐鄭之故，請會於諸侯。宋公請先見。夏，遇于梁丘。」

秋，七月，癸巳，公子牙卒。

牙之謀弑，季友欲隱其迹，則舊史書卒明矣。而孔子因之，何也？牙非死於刑，不得書刺〔一〕，且其惡未形而死先於公，即變文書刺，亦内大夫被戮之常辭，義無所取也。

八月，癸亥，公薨于路寢。

穀梁傳：「路寢，正寢也。寢疾居正寢，正也。男子不絶於婦人之手，以齊終也。」

冬，十月，己未，子般卒。

公羊傳：「君薨稱子某，既葬稱子，逾年稱公。」啖氏助曰：「未逾年曰卒，未成君也。」子卒而不地，葬而不志，義與成君同。謂卒不宜地，葬不宜志者，妄也。緣子之心不敢以成君自居，而國人待之猶君也。王猛在喪而稱王，子般弑而閔公不行即位之禮，則子不異於成君審矣。夫人之薨不地，有常所也，君薨宜於路寢，而有不於路寢者備書之，則子卒宜於喪次，而有不於喪次者，亦宜書之以志變矣。姒氏之卒書葬，而謂子之葬可不志乎？爲此説者，蓋因傳稱子野以毁卒，而不知其爲故也。春秋之文辨，果以毁卒，則書子卒於喪次，般、赤見弑之迹不

〔一〕「刺」，原作「剌」，據公羊傳改。

益顯乎？而其文一施之，是使故與毀無以别也。子般、子野名，未葬也，父前子名之義也。子赤不名，既葬無所屈也。

公子慶父如齊。

其不書「奔」，何也？奔者，逃罪之辭也。慶父於時蓋出入自如而無所忌。

狄伐邢。

春秋直解卷之四

閔公

元年，春，王正月。

穀梁傳：「繼弑君，不言即位，正也。」親之，非父也；尊之，非君也。繼之如君父也者，受國焉爾。閔公立於慶父而能不行即位之禮，何也？慶父實欲自取，故視嗣君即位之禮無關輕重，又以傳考之，既歸獄於鄧扈樂，則不得不爲之變矣。

齊人救邢。

胡傳謂，凡書救，以善救者，而罪伐者與不救者。非也。其實救也。則舍救無以爲辭。若伐者與不救者之罪，則存乎其事矣。

夏，六月，辛酉，葬我君莊公。

左傳：「亂，是以緩。」魯君之葬，皆不過五月，惟桓公見戕於齊，九月而後葬，昭公客死於外，八月而後葬，皆俟喪之歸，兼國亂也。莊公在國十有一月而後葬，則子般之見賊微傳而迹固可推矣。

秋，八月，公及齊侯盟于落姑。

左傳：「請復季友也。齊侯許之，使召諸陳，公次於郎以待之。」○吴氏澂曰：「此時慶父、哀姜惟恐季友之歸，閔公方九齡，孰能奉之？出會霸主，必魯之世臣有如衛石碏者，深謀秘計請復季友，俾桓公以霸令召閔公至齊地而與之盟，使召友於陳，而公待以俱入，則慶父不敢違。」卓氏爾康曰：「時魯事與衛州吁時異，季友既出，慶父專國，豈復有如石碏者能自安於内而請於齊？以經傳推之，陳方爲齊所厚，而魯交亦親，友與陳故，故託迹焉。落姑之盟，亦友介陳以請於齊而得之耳。」

季子來歸。

曰季子，舊史之文也，與齊高子、仲孫同，皆魯人喜其事、重其人而不名。先儒謂孔子賢之，非也。季友之名非若高子、仲孫之無考也，而孔子不正，何也？春秋於爵次、名氏一仍舊史，義即於是乎存焉。惟翬以一人而或稱公子，或不稱公子，然後知内卿之或稱公子，或不稱公子，皆舊史之文，而非有典法也。惟晉陽處父以一人而或氏，或不氏，然後知外卿之或氏，或不氏，皆舊史之文，而非有典法也。惟明知季子之名而不正，然後知當名而不名，如齊高子、仲孫，宋華孫、司城、司馬，不當名而名，如宰咺、宰糾，皆舊史之文，而非有典法也。其曰「來歸」，何也？非奉使而歸，不得書「至自陳」也。其出不書何也？據經所書，似季友如陳，葬原仲，至是始歸，但叔牙之討，友時秉政；子般見弑，友再出奔，事變甚大，年代非遠，三傳略同，未可以爲無據，豈書「如陳」則無慶父如齊同文，未知獄之所歸，書「出奔陳」，則似歸獄於季子，故削而不書，與彭生之不卒同義與？

冬，齊仲孫來。

仲孫不名，何也？魯人重之，故史不書名。與宋司馬、華孫同。至孔子修春秋，則名無可徵，而事不可削，故一仍其舊也。胡氏以不書使爲譏齊桓，非也。非聘非盟而書「齊侯使仲孫來」，非屬辭之體也。

二年，春，王正月，齊人遷陽。

降鄣遷陽，不絶其祀也。豈懲於遂之殲乎，抑霸業既就，而避其名之惡也？

夏，五月，乙酉，吉禘于莊公。

言「吉」者，未可以吉也。于莊公者，方祀于寢，未可稱宫廟也。直舉祭之名者，其失兼在祭也。禮，不王不禘，且非群廟所得行也。記稱莊公之喪，既葬而絰不入庫門，大夫、士既卒哭，麻不入，春秋書「吉禘于莊公」，蓋淫逆之人所忌者，群臣、百姓有先君之思，故早用吉以變人之耳目耳。〇趙氏匡曰：「禘，非時祭之名也。禮記諸篇皆漢儒約春秋爲之。又見春秋有禘于莊公，遂以爲時祭，見春秋惟兩書禘，一春一夏，遂有春禘夏禘之説。又見春秋止有烝、嘗、禘三祭，遂爲諸侯缺一祭之説，皆不可信。而鄭康成注祭統以爲夏、殷禮，誤矣。」

秋，八月，辛丑，公薨。

薨而不地，葬而不書故也。

九月，夫人姜氏孫于邾。

哀姜棄位而姣，與弑二君，懼罪出奔，一與文姜同而書「姜氏」，則文姜之削姓氏，乃所以發疑而著其鳥獸行之實，義益顯矣。齊女也而孫于邾，畏桓公之義也。季友歸而慶父不能難，閔公弑而夫人、慶父不能安，實由桓公爲之大主。孔子所稱「一匡天下」，此其尤著者。

公子慶父出奔莒。

般之弑也書「慶父如齊」，出入自由也。此書「奔」，惡盈罪著而不能安於魯也。書「奔」而不書「殺」，譏失賊也。

冬，齊高子來盟。

其不言齊侯使高子，何也？高子非受命而來盟，以義制事，權在高子，故變文以著其實也。高、國，齊世卿，齊人尊之，皆以子稱。猶詩稱尹氏、漢史稱大將軍而不名。魯人喜其來盟，故即以齊人尊之之稱載於册書。

十有二月，狄入衛。

傳以爲滅，而經書「入」，何也？侵略而去，未嘗據其土，戴公旋立而廬於漕也〔二〕。

鄭棄其師。

舊史以傳聞書也。赴告不及，但知其國有是事而已。高克奔陳不書，自僖二十八年以前，外大夫之奔，皆不著於册書也。

〔二〕「廬於漕」，春秋左氏傳作「廬于曹」。

春秋直解卷之五

僖公

元年，春，王正月。

公羊傳：「繼弑君，不言即位，此非子也。臣、子一例也。」〇何氏休曰：「禮，諸侯、臣、諸父、昆弟，以臣繼君，猶以子繼父也。其服皆斬衰，故傳稱『臣子一例』。」

齊師、宋師、曹師次于聶北，救邢。

文、宣以前，外師無見大夫之名氏者。其稱人，師少也；稱師，用衆也。先儒謂書「次」，譏救邢之不力。非也。邢、衛接壤，狄以十二月入衛，而救邢之師以正月至，是時狄尚在衛，故三師次于聶北，以爲聲援，狄不敢逼而邢得自還焉耳。知然者，以經未書邢之有狄師也。狄未至邢，曷爲救邢？狄覬邢、衛久矣。莊三十二年，狄伐邢，以齊救退，今既入衛，勢必及邢，故預遏之。齊救邢而不救衛，何也？衛以失衆無與守戰，狄師一至而渙然離，非齊所及料也。

故懲衛事而於救邢汲汲焉。

夏，六月，邢遷于夷儀。齊師、宋師、曹師城邢。

再舉三師，示役非更舉也。使書「諸侯城邢」，則似救邢之師既返而復興是役矣。邢既遷則夷儀乃邢國都，故不曰「城夷儀」而曰「城邢」也。

秋，七月，戊辰，夫人姜氏薨于夷，齊人以歸。

穀梁傳：「夫人薨不地。地，故。」非也。夫人在國必薨於内寢，故不地。設歸寧而道卒，或卒於母家，亦可不地乎？公羊傳：「夷，齊地。」亦非也。使夷爲齊地，則當書「齊人以夫人姜氏歸，薨于夷」。胡傳謂以喪歸魯。亦非也。凡經書以歸者，皆歸其國也，使夫人薨于夷，齊人以喪歸魯，則後當書「夫人氏之喪至自夷」，且齊、魯接壤，使七月以喪歸，魯不應十二月始至，然則何以知其爲故也？魯夫人奔而薨於外，而齊以其喪歸，則故可知矣。

楚人伐鄭。

前此聘稱人，今伐而稱人，楚益强而魯人重之。

八月，公會齊侯、宋公、鄭伯、曹伯、邾人于檉。

左傳：「謀救鄭也。」

九月，公敗邾師于偃。

胡傳：「既會邾人于檉，又敗邾師于偃，直書其事而義自見。」

冬，十月，壬午，公子友帥師敗莒師于酈，獲莒挐。

不言莒師來伐，何也？未迫吾地，逆而擊之，與外師不書「伐」而書「戰」同。

十有二月，丁巳，夫人氏之喪至自齊。

公羊傳：「不稱姜氏，與弑公也。然則曷爲不於其弑焉貶？貶必於其重者，莫重乎其以喪至也。」趙氏謂文姜孫齊，不稱姜氏，哀姜喪歸，不稱姜，皆承前文而聯爲一事。非也。宋華元出奔晉，宋華元自晉歸，于宋中無間事，猶再書「宋華元」，安有閲月逾時而云姓氏，以聯爲一事者哉？

二年，春，王正月，城楚丘。

齊桓城三國，屬辭各異，皆以其實書也。城邢者獨三國之師也，緣陵則命諸侯城之，而齊不與也。楚丘則命魯獨城之，而諸侯不與也。何以知諸侯不與也？當是時，陳、鄭迫於楚，宋、曹既同城邢之役，而齊、宋復謀會江、黄，惟魯以内難，凡役皆不與，故至是使獨任楚丘之役耳，不書「衛遷」，何也？魯爲衛城，故魯史書之，城畢而衛人自遷，則法不宜書。考之於經，杞遷於緣陵不書，徵之以傳，邾遷於繹、晉遷於新田不書是也。然則邢遷于夷儀何以書？自遷而告於諸侯以求城，將有其末，不得不録其本也。楚丘，衛地，而與城内邑同文，何也？春秋於會、遇、盟、戰之地，皆不繫以國，蓋職方具在，書某地則知爲某國，必如彭城之披於楚、虎牢之戍於晉，而後還繫之宋、鄭耳。○孔氏穎達曰：「不言城夷儀而言城邢，邢已遷也，言城楚丘不言城衛，衛未遷也。」

夏，五月，辛巳，葬我小君哀姜。

虞師、晉師滅下陽。

下陽，附庸之國也。據左傳，虢與虞皆滅於五年之冬，蓋滅下陽、執虞公以告而書，虞、虢之滅則不告而不書耳。晉武、獻兼國如霍、揚、韓、魏之屬無一見於經，況虞、虢屬尊位重，晉人首敗宗盟而滅寰内同姓，其無辭以告於魯明矣。

秋，九月，齊侯、宋公、江人、黄人盟于貫。

公、穀二傳，諸侯皆在，獨言齊、宋。非也。未有與會盟而不列序者，蓋齊桓方謀伐楚，不欲先事數勤諸侯，江、黄與楚鄰而楚邊於宋，故取道里之近，獨與宋公盟之，江、黄再會而謀定，然後興諸侯之師耳。

冬，十月，不雨。

次年書「六月雨」，故每時獨書首月也。

楚人侵鄭。

三年，春，王正月，不雨。○夏，四月，不雨。

穀梁傳：「一時言不雨者，閔雨也。閔雨者，有志乎民者也。」蓋君重其事，則史詳之。○高氏閔曰：「不雨，八越月而不書旱，何也？凡書旱者，雖有時而雨，猶以不足爲旱也。若直不雨，則旱在其中矣。」

徐人取舒。

徐見於經者，取舒、伐英氏稱人，敗于婁林、伐莒舉號，會申書爵，皆舊史之文也。蓋僖公初年，齊霸方盛，諸侯歸附，「荆、舒是懲」，魯且以爲己功，故徐之取舒，爲齊撓楚，魯史因進而稱人。至十五年，楚人伐徐，諸侯怠救，楚卒敗徐，在會者皆以爲恥，而魯史因以裔蠻相敗爲文。文公時，魯方親莒，莒以徐伐請盟，故以號舉，皆史臣因時事邦交以爲進退，而非有義理之可求者也。至申之會，則天下諸侯皆服於楚，楚既右徐列諸滕、頓、胡、沈、小邾、宋世子之上，故舊史承赴告之辭而並以爵稱，若以褒貶爲義，則伐莒可貶，而婁林之敗爲從中國而受師，貶之何義乎？取舒伐英氏可褒，而申之會，褒之何義乎？

六月，雨。

穀梁傳：「雨云者，喜雨也。喜雨者，有志乎民者也。」

秋，齊侯、宋公、江人、黄人會于陽穀。

左傳：「謀伐楚也。」貫與陽穀不徵會於列國，而既會之後季友如齊莅盟，必陰戒師期，而恐爲楚所覺也。齊、魯之師既出，曹、衛、宋、鄭、許、陳絡繹道會，旬餘可壓蔡境。是以蔡不能支，而楚亦不暇爲備耳。

冬，公子友如齊莅盟。

穀梁傳：「莅者，位也。其不日，前定也。不言其人，以國與之也。」

楚人伐鄭。

鄭頻受楚師，未聞齊救，而曰「齊方勤我」。蓋知檉、貫、陽穀三會，皆謀伐楚故也。

四年，春，王正月，公會齊侯、宋公、陳侯、衛侯、鄭伯、許男、曹伯侵蔡。蔡潰，遂伐楚，次于陘。

胡傳：「齊不請命，擅合諸侯，書『遂伐楚』，譏其專。」非也。楚人僭王猾夏之罪，乃九伐之法所未有也，而其强則天下莫加焉。桓公陽怒蔡人，出其不意，以諸侯之師臨之，故服罪請盟而屈完嘖有煩言，尚云「雖衆，無所用之」，使先期請命以興諸侯之師，楚人完守蓄謀，以逸待勞，甚則喪師辱國，否亦負固不服，師罷無功，楚勢益張而不可遏矣。書「遂」者，所以志其行師之次，虛實之變，以著桓公、管子之本謀耳。凡書「遂」者，繼事之辭，何以知侵蔡之本爲伐楚也？自管子用齊，侵伐未有用大衆者，諸侯之師未有聯數國者。山戎之遠，且獨伐之矣。蔡，羸國，命將出師可以得志，何至盡役諸侯而勤天下之師以與之角力哉？然則齊不請命無譏乎？諸侯擅興，其由來遠矣。桓公之不請命，亦前此矣。豈侵蔡非專，直至伐楚而後爲專乎？此以知其不可通也。

夏，許男新臣卒。

劉氏敞曰：「諸侯卒於師，則稱師。在會，則稱會。許男無一稱焉。此去師與會而復歸其國之驗也。」

楚屈完來盟于師，盟于召陵。

其不書「使」，何也？完受命而視師，非受命而請盟也。傳謂此前定之盟，非也。果前定則當書「使」，或書「乞盟」矣。其再言盟，何也？既盟于師，而復盟于召陵。如宋之盟，傳載「戊寅，趙孟及楚公子晳盟，以齊言」，及癸巳，乃與諸侯之大夫盟於蒙門之外也。使未盟於師，宜書「楚屈完如師，盟于召陵」，然後辭與事相得。召陵之盟與袁婁同，而不書「及楚屈完」，何也？受盟於師，猶可言也。以天下公侯而與楚大夫齊盟，失位甚矣。故召陵之盟，屈完與焉而不書「及屈完」，猶僖二十七年公會諸侯盟于宋，楚人主之，而不書楚人，皆所以發疑而見義也。晉悼公雞澤之盟，陳袁僑如會，尚使諸侯之大夫盟之，桓公乃急於要楚而再降體於屈完，使無異文以發之，則習而不知其非矣。楚大夫未有以名見者，此何以名？其事不得不名也。來盟而不目其人，册書無是體也。完之氏何也？舊史侈其事、重其人而詳之也。○胡傳：「齊師雖强，桓公能以律用之而不暴，楚人已服，桓公能以禮下之而不驕，庶幾乎王者之事。」非也。文王伐崇，遂作豐邑。周公滅唐，遂建叔虞。楚僭王號、殘諸姬，有王者作，移以六師而建置他姓可也。即不然，亦削其兼地、黜其僭號，然後可以張天討、定民志，此義管子非不知也，特以楚勢盛强，量敵揣己，未能得志，故不敢訟言其大惡，而姑責以可受可辭之罪。楚人雖曰受盟，而君不赴會，使其臣出盟，諸侯既盟而擅淫名，侵敗王略如故，此王霸者苟且之事，王者所不爲，仲尼之徒所不道也。胡氏乃善其不暴而能以禮下楚，悖矣。且南宋君臣苟且疲痿已甚，而胡氏説經，於次陘則美之以王道，於紀、魯禦寇之師則罪其抗兵出戰，而謂當修辭命以求好，其立言之意殊不可得而推矣。○文王伐崇而不降，仲尼圍成而不服，然必明正其罪以爲後圖，是謂王者之道。

齊人執陳轅濤塗。

陳侯會伐同盟而歸，塗執其國卿，則必謀有不協可知矣。稱人以執，則不當其罪亦可見矣。

秋，及江人、黄人伐陳。

穀梁傳：「獨魯及。」非也。蒙上來盟于師之文，在會諸侯歸途同伐陳，而江、黄以師會耳。或曰：「蒙上執陳轅濤塗之文，獨齊及也。公以八月始至，則諸侯之師皆未返國可知矣。」

八月，公至自伐楚。

歸致伐楚，其出本以伐楚告也。六年，伐鄭，圍新城，遂救許。而以伐鄭致其出，本以伐鄭告也。觀此可以知桓公之本謀矣。

葬許穆公。

冬，十有二月，公孫兹帥師會齊人、宋人、衛人、鄭人、許人、曹人侵陳。

齊桓略於責楚而苛於治陳，召陵以後氣象一變矣。蓋惟至誠無息，未有假而能久者也。

五年，春，晉侯殺其世子申生。

公羊傳：「殺世子母弟目君，甚之也。」○陳氏傅良曰：「太子縊於新城，則其斥殺何？春秋之法，苟有譏而不見，則其君之罪也。是故申生以驪姬之譖自殺，宋痤以伊戾之譖自殺，直稱君殺而已矣。」○汪氏克寬曰：「春秋書殺大夫四十七，或稱國，或稱人，惟晉侯殺申生，宋公殺痤，天王殺佞夫，鄭伯克段不稱國、不稱人而直稱君，以爲獨其君之罪也。僖十六年，鄭伯殺其世子華；文十八年，宋公殺其母弟須。殺得其罪則不書。」

杞伯姬來朝其子。

穀梁傳：「婦人既嫁，不逾竟；逾竟，非正也。諸侯相見曰朝，伯姬爲志乎朝其子也。伯姬爲志乎朝其子，則是杞伯失夫之道矣！諸侯相見曰朝，以待人父之道待人之子，非正也。故曰『杞伯姬來朝其子』，參譏也。」○非歸寧，故託於朝其子而來也。使姬爲歸寧，則來不宜書，而其子之朝，當從曹射姑之例矣。

夏，公孫茲如牟。

左傳謂「娶焉」。而經不書，常事也。韓侯因覲而娶，列於雅歌，則於禮無悖可知矣。

公及齊侯、宋公、陳侯、衛侯、鄭伯、許男、曹伯會王世子于首止。

左傳：「謀寧周也。」及以會王世子，不可與諸侯同列也。王世子不名，所以異於諸侯之世子也。

秋，八月，諸侯盟于首止。

諸侯不序，一事而再見者，前目而後凡也。無中事而復舉，諸侯見王世子不與也，盟者不相信也。不敢以所不信而加之尊者，首止、葵丘、平丘皆盟與會同地，而再書其地，先儒以爲「書之重，詞之複，其中必有大美惡」焉。非也。有事而會，不協而盟，其禮本異，故書會而不書盟者，專行會禮也。書盟而不書會者，專行盟禮也。既會而盟，則書會而又書盟，所以見事實也。其同地而再書，所以別於異地也。襄二十五年夏五月，諸侯會于夷儀。秋八月，同盟于重丘。是會、盟異地而兩書其地者也。異地者既兩書，則同地者安得不再書也。

鄭伯逃歸不盟。

左傳：「王使周公召鄭伯，曰：『吾撫女以從楚，輔之以晉，可以少安。』鄭伯喜於王命，而懼其不朝於齊也，故逃歸不盟。」

楚人滅弦，弦子奔黄。

國滅而君奔例當名，而弦子不名，不知其名也。楚人滅弦，知齊不能問也。而黄猶恃齊而受弦子之奔，由是楚人深惡，卒致滅亡，而齊坐視焉。黄慕義而不自揣，桓假仁而不能終，其負愧於黄深矣。

九月，戊申朔，日有食之。

冬，晉人執虞公。

左傳：「晉修虞祀，歸職貢於王。」蓋首滅同姓貴國，且在畿内而爲三公，惡莫大焉。故以此自塗飾，所謂修虞祀，必聚其族姓，畀以小邑，使後五廟以附於山川，因國之祀，其不肯以滅告明矣。

六年，春，王正月。

夏，公會齊侯、宋公、陳侯、衛侯、曹伯伐鄭，圍新城。

秋，楚人圍許，諸侯遂救許。

冬，公至自伐鄭。

七年，春，齊人伐鄭。

夏，小邾子來朝。

杜氏預曰：「郳犂來始得王命而來朝，邾之别封，故曰小邾。」

鄭殺其大夫申侯。

李氏廉曰：「左傳載申侯初有寵於楚文王，自楚奔鄭，蓋申侯不忘故國，故導鄭伯以從楚。鄭伯乃暴其罪以告齊也，不然，齊方愛申侯而賜以虎牢，鄭乃殺之，得罪於齊矣，何得謂説於齊乎？」

秋，七月，公會齊侯、宋公、陳世子款、鄭世子華，盟于甯母。

曹伯班卒。

公子友如齊。

趙氏鵬飛曰：「僖三年，公子友如齊聘，聽伐楚之期而莅盟焉。其後每三年，公不朝則季友聘。六年，伐鄭，自春徂冬不暇朝聘，故七年，公子友如齊。十年，公如齊。十三年，公子友如齊。十五年，公如齊。十六年，公子友卒。十七年，而齊桓即世。」

冬，葬曹昭公。

八年，春，王正月。公會王人、齊侯、宋公、衛侯、許男、曹伯、陳世子款，盟于洮，鄭伯乞盟。

據左傳，王人告難於齊，桓公合諸侯而王人莅盟，則子帶之亂謀折矣，故無譏焉。王人先諸侯載書之序，然也。先儒以王人爲下士，非也。王臣至魯者皆公卿，王子其大夫而稱名者僅焉。况方伯公侯之衆會，而乃以下士臨之乎？蓋列序諸侯，不可以斥王臣之名與行次，其稱人即卿大夫也。乞盟者，鄭伯親之也。傳謂「處其所而請與」，非也。果爾則當書使某乞盟矣。親至於會則不書如會，何也？如會者，後至之辭也。乞盟則先期而請也。書盟而後書乞，則不得與盟之辭也。○吴氏澂曰：「左氏以爲惠王已崩。然天王之崩，天下所聞，豈有一年秘不發喪之禮，竊疑此時王或有疾，襄王惟恐叔帶簒立，故遣使告難於齊，桓公於是合諸侯以謀之，王人本不當與盟，以所謀者王室之事，而王人特爲此事而來，故亦與盟。至冬王崩而嗣王得安其位者，齊桓之力也。」又曰：「鄭伯前年徇惠王之邪心，逃首止之盟，蓋不欲定世子也。今見齊桓再會諸侯結盟，以定世子之位，襄王將嗣位爲王矣。故懼後禍、悔前非，而乞與此盟也。」

夏，狄伐晉。

趙氏鵬飛曰：「狄伐邢，齊救而城之。狄入衛，齊徙而封之。今狄伐晉，齊桓不問，何也？蓋自齊霸，晉歷三世未嘗一窺諸侯之壇坫，蓋自以爲畿北之大國，不屈於齊，故齊亦視之蔑如也。」

秋，七月，禘于太廟，用致夫人。

太廟書「禘」，則知魯以禘祀周公，非禮也。可以徵成王賜祭之説妄矣。夫人，風氏也。致生者之辭也，若哀姜入廟，則當書「祔」矣。其不言「風氏」，何也？舊史書夫人而不書風氏，孔子不能益也。觀三傳傳聞各異，則知舊史止書夫人，而傳者當日已不辨其爲風與姜矣。

冬，十有二月，丁未，天王崩。

九年，春，王正月，丁丑，宋公御説卒。

夏，公會宰周公、齊侯、宋子、衛侯、鄭伯、許男、曹伯于葵丘。

宰周公，爵也。可與諸侯列序，故不稱王人也。王方在殯，而宰出會諸侯，則王室多故可知矣。但齊桓號曰尊王而魯不會惠王之葬，當日之情事蓋不可得而推也。宋稱子，未葬之辭。

秋，七月，乙酉，伯姬卒。

舊史於内女之卒，非有變不書，無變而卒者，君重其事而爲之變也。僖之篇，伯姬、鄫季姬；文之篇，子叔姬是也。二百四十年，内女無變而卒者多矣，而見經者惟三姬，則以君爲之變而特書也審矣。公子而不爲大夫者卒皆不書，而叔肸書，亦此類也。然則孔子不削，何也？變常則書者，春秋之法也。故存而不削，以徵過焉。凡公子、内女之卒，焉知非舊史備書而孔子削之也？盡削公子之卒，而獨存叔肸以著其賢，猶可言也；盡削内女之卒，而獨存三姬，則義無所處矣。

九月，戊辰，諸侯盟于葵丘。

復舉諸侯，宰周公不與也。洮之盟，必扳王人以莅之，然後可以遏亂。謀葵丘之盟，必不敢與宰周公偕，然後可以著臣節。此桓公、管子制事以義，足爲後法者。

甲子，晉侯詭諸卒。

冬，晉里克殺其君之子奚齊。

書「殺」，著簒也。書「君之子」，非自爲簒弑，不得例於州吁也。傳謂國人不子，非也。豈國人於奚齊則不子，而於卓則君之乎？此春秋之特筆也。

十年，春，王正月，公如齊。

狄滅温。温子奔衛。

據左傳，温，蘇氏邑也。王臣無五等之爵，不當稱「子」。温邑而非國，不當書「滅」，豈如鄭桓公、武公始爲王卿士，其後建國，遂比於外諸侯與？傳稱蘇子與檀伯達封於河，則建國舊矣。畿内之國，狄乃滅之，而桓公弗圖狄，所以侮王室、輕諸夏，而卒致襄王出居之禍也。

晉里克弑其君卓，及其大夫荀息。

胡傳以爲里克君之，而引其在獻公時中立自免爲斷，非也。果爾，則當於奚齊之死而正其罪矣。然則卓之異於奚齊奈何？驪姬發大難，禍太子，爲奚齊而非爲卓也。奚齊無可立之道而有可討之罪，義不得書弑。至奚齊見殺，諸公子惟卓在國，夷吾、重耳故非守適，卓未嘗無可立之道也。且克威權能殺奚齊，而使其黨莫可誰何，使能申明大義，廢卓黜荀息，迎諸公子之賢者而立之，豈不名正言順？乃任荀息立卓而復殺之，視賊其君如豚特，故成其君臣之名以正其怙亂無上之罪也。或謂卓逾年，故稱君而別於奚齊，是也。齊舍未逾年而稱君，則其説不可通矣。此聖人緣情制法，大義之炳然者，以傳考之，左氏於卓與奚齊並稱殺，公、穀並稱弑，蓋史所見，亦若是而已矣。荀息從君於昏，而得與孔父、仇牧同書，何也？以視苟免者則有間矣。

夏，齊侯、許男伐北戎。

諸侯嘗救許，故伐北戎，專以役許而休諸侯。然當是時狄及晉、楚之患甚於戎，不宜避强而圖弱，且許方患楚而毆以遠攻，非字小之道也。

晉殺其大夫里克。

非討其弑君之罪也，則爲殺其大夫而已。

秋，七月。

冬，大雨雪。

冬，以大雨雪爲異，則知春秋所書非夏時矣。

十有一年，春，晉殺其大夫丕鄭父。

胡傳，鄭之謀出惠公，由殺里克致之，故不去其官，非也。人臣懼禍及身，以謀其上，罪遂可末減乎？凡居位而見殺者，皆稱大夫，不論其罪之有無也。況貴戚之卿可以易位，惠公淫昏悖亂，不足以定國。鄭之謀建重耳，未嘗非社稷之利，自不得與討亂同文耳。晉人告亂，必曰殺公子卓，而以弑其君書告。殺丕鄭父必曰討亂，而以殺大夫書。若此類，恐非舊史所能及也。

夏，公及夫人姜氏會齊侯于陽穀。

夫人歸寧可也，兩君爲會，而夫人與焉可乎？然書「公及夫人」，則婦從夫之常辭，與文姜異矣。

秋，八月，大雩。

冬，楚人伐黄。

滅未有書伐、圍者。而黄書「伐」，江書「圍」，蓋以從中國被兵，故望救而來告也。

十有二年，春，王三月，庚午，日有食之。

夏，楚人滅黄。

黄以從齊見滅，城守三時而齊救不至，無以宗諸侯矣。○胡傳：「春秋滅人之國，其罪則一，而見滅之君，其例有三：以歸者，既無死難之節，又無克復之志，貪生畏死，甘就執辱，其罪爲重，許斯、頓牂之類是也；出奔者，雖不死於社稷，有興復之望焉，託於諸侯，猶得寓禮，其罪爲輕，弦子、温子之類是也；若夫國滅死於其位，是得正而斃焉者矣，於禮爲合，於時爲不幸，若江、黄二國是也。公羊傳所謂『亡國之善辭，上下之同力』也。」

秋，七月。

冬，十有二月，丁丑，陳侯杵臼卒。

十有三年，春，狄侵衛。

夏，四月，葬陳宣公。

公會齊侯、宋公、陳侯、衛侯、鄭伯、許男、曹伯于鹹。

左傳：「淮夷病杞故，且謀王室也。」

秋，九月，大雩。

冬，公子友如齊。

十有四年，春，諸侯城緣陵。

凡統言諸侯者，前目而後凡也。前此諸侯無列序者，而統言之，何也？令出於齊，城之者則諸侯，而齊不與也。霸者之令，有使諸侯承事而已不與者矣。「襄五年，魯仲孫蔑、衛孫林父會吴于善道」是也。此其不可列序何也？蓋會吴雖列序魯、衛之大夫，而可知爲晉令也。若城緣陵而列序諸侯，則似諸侯自城之，而不知其爲齊令矣。何以知齊人不與也？使齊人率諸侯以城，則如城邢之列序可也。

夏，六月，季姬及鄫子遇于防。使鄫子來朝。

内女適人者繫國，未嫁書「字」。季姬書字而不繫國，則女而非婦明矣。及者，内爲志，蓋使自擇配，故得與鄫子遇也。如左氏所傳鄫季姬來寧，公怒，止之，而要鄫子使來朝，則當書「某月，鄫季姬來。某日，及鄫子會于防」；使鄫子來朝，若卒然相遇，不由期約，則當書「季姬遇鄫子于防」。以是知公羊所傳於經爲合也。明年，季姬歸于鄫，以始嫁之辭書，則此非歸寧益明矣。

秋，八月，辛卯，沙鹿崩。

經書山川不繫以國者，自古有定名，非一國所得專也。

狄侵鄭。

冬，蔡侯肸卒。

十有五年，春，王正月，公如齊。

張氏洽曰：「公十年朝齊，此又朝齊，蓋用事天子五年一朝之禮矣。」

楚人伐徐。

三月，公會齊侯、宋公、陳侯、衛侯、鄭伯、許男、曹伯盟于牡丘。遂次于匡。

穀梁傳：「遂，繼事也。次，止也，有畏也。」

公孫敖帥師及諸侯之大夫救徐。

胡傳：「大夫帥師而諸侯不行，桓德益衰而志怠矣。」

夏，五月，日有食之。

左傳：「不書朔與日，官失之也。」

秋，七月，齊師、曹師伐厲。

左傳：「伐厲，以救徐也。」蓋齊實畏楚，不敢攖其鋒。故託言攻楚所必救，而帥曹師以伐厲，齊師既移，則諸侯之大夫益無固志矣。此徐所以不支而楚益無忌也。

八月，螽。

九月，公至自會。

李氏廉曰：「不以救徐致，諸侯不親行也。」公以九月至，則知齊、曹伐厲，次匡之諸侯，救徐之大夫，皆引而歸矣。蓋實逃楚，而陽避其名耳。

季姬歸于鄫。

内女之歸，非失禮不書。此以「及鄫子遇防」而書也。

己卯，晦，震夷伯之廟。

胡傳：「不曰『夷伯之廟震』，而曰『震夷伯之廟』，天應之也。」或曰：「曰『夷伯之廟震』，則似震由地起，曰『震夷伯之廟』，乃知爲雷震。」劉氏敞謂君前臣名，不宜稱謚。非也。在禮：大夫殁，雖言於君所稱謚，若字以他事著於史册，與生卒稱名之義異，無可疑者。

冬，宋人伐曹。

齊桓避楚，不獨爲楚所弱，且爲宋所窺，故自莊十四年，曹從齊伐宋，宋不敢釋憾，而至是始加兵也。

楚人敗徐于婁林。

徐嘗稱人矣。此役諸侯救之而乃以號舉，何也？諸侯逃楚，魯亦恥之。而舊史因以裔蠻相敗爲文耳。

十有一月，壬戌，晉侯及秦伯戰于韓，獲晉侯。

戰不言伐，蓋戰於國境，則見伐不待言矣。不書以歸，未入於秦也。書「獲」而不書「歸」者，獲告而歸不告也。○劉氏敞曰：「君將不言帥師，君重於師也。君傷、君獲亦不言師敗績，三者異文同義。」

十有六年，春，王正月，戊申朔，隕石于宋，五。是月，六鷁退飛，過宋都。

公羊傳：「曷爲先言霣而後言石？霣石記聞，聞其磌然，視之則石，察之則五。曷爲先言六而後言鷁？六鷁退飛，記見也，視之則六，察之則鷁，徐而察之則退飛。」○穀梁傳：「於宋，四境之内曰宋。後數，散辭也，耳治也。是月者，決不日而月也。六鷁退飛過宋都，先數，聚辭也，目治也。」

三月，壬申，公子季友卒。

胡傳：「聞之師曰：『魯卿有生而賜氏者，季友、仲遂是也。』生而賜氏，命爲世卿也。季子忠賢，在僖公有翼戴之勤；襄仲弑逆，在宣公有援立之力。二君欲以異賞報之，故皆生而賜氏，俾世其官。卒以氏書，誌變法亂紀之始也。」

夏，四月，丙申，鄫季姬卒。

内女之卒有變然後書，無變而書者，君重其事而過於禮之常制，故特書於册也。存而不削，以徵過也，重其事則不書葬，何也？内女書葬，亦禮之變也。以爲著其賢者，非也。宋共姬之葬也，以卿共葬事而書。紀叔姬之葬也，以賸而書。二姬之賢與葬之之非禮，其義兩行而不相悖也。鄫季姬之卒也，以過禮而書其葬也，以無變而不書其義，亦兩行而不相悖也。

秋，七月，甲子，公孫兹卒。

冬，十有二月，公會齊侯、宋公、陳侯、衛侯、鄭伯、許男、邢侯、曹伯于淮。

邢未嘗與齊桓會，豈至是稍能立國，桓乃徵會與？抑將致難於衛，而自請從役，以求親於齊也。

十有七年，春，齊人、徐人伐英氏。

婁林之敗，徐以號舉，此又以與徐同役而稱人，舊史以意爲之，而非有典法明矣。

夏，滅項。

胡傳：「考於經，未有書外滅而不言國者，如『齊師滅譚』是也；亦未有書内取而直言魯者，如取鄟、取邿、取鄫是也。由此知項爲魯滅無疑矣。」其辨公、穀之誤確切而有據，但以取鄟、取邿、取鄫爲爲君諱滅，滅項則僖公在會，乃季孫所爲，故不爲之諱，則非也。凡書「取」者，取爲附庸也，徐人取舒是也。滅而書「取」，則非其事之實矣。文姜之會齊侯，莊公之與齊狩不諱，而諱滅國乎？況僖公時政未下移，季友之子無佚早亡，行父稚年，安能擅興而滅國乎？蓋魯、宋恃齊交之固，知桓志之衰，故牡丘會罷而宋伐曹，淮之會罷而魯滅項耳。其不書「公滅」，與取鄟、取邿、取鄫不書「公」同義。

秋，夫人姜氏會齊侯于卞。

先儒皆據左傳，謂齊以滅項止公，夫人會齊侯，請而釋之，但公若以滅項見止，則夫人當如齊，俟齊侯之歸而請之，豈能致齊侯來魯？且齊夙重魯、宋，齊方與曹同役，而宋人伐曹，齊不能詰也。乃以滅項執魯君乎？況霸主既歸，孰止公於會者？疑齊侯以疾先歸而留諸侯於會，以防淮夷之變，援伐英之師，齊侯道經魯境，故夫人往問疾，而公九月始至自會耳。○夫人，齊桓公女也。魯僖公去齊僖公四十餘年，哀姜又齊襄公女，不應父子同娶於齊襄。趙氏汸求其説而不得，遂以爲子糾之女，爲讎怨故，久而後見，不知陽穀與卞之會以變禮書，若歲一歸寧，則常事不書，無以知其久而後見也。其聘娶不見於經，則或以常事不書，或娶於公子，時不應書耳。

九月，公至自會。

冬，十有二月，乙亥，齊侯小白卒。

吕氏大圭曰：「春秋之世，盛衰凡三變。王臣下聘而不報王師，出伐而無功，戎强於北，荆盛於南，鄭分許鄎，宋廢鄭嗣，此桓公之未興也。王禁明而王臣不下聘者六十年，盟會同而諸侯無私争者三十載，序績召陵而荆帖，陳旅聶北而狄退，獻捷過魯而戎弭，此桓公之主霸也。天王出居而官守不問，衛滅懿親而義師無討，楚書『子』而主會矣，狄書『人』而參盟矣，此桓公之既没也。桓公一人之身，盛衰又凡三變。伐郳侵宋，衆心未一；入蔡侵鄭，戎疾未殄；滅遂降鄣，設施多舛；遇穀、盟扈，檢防易肆，蓋桓公圖霸之初也。貫澤而下，葵丘以前，衣裳不歃血，兵車無大戰，仲尼稱其一匡，孟子與其爲盛，在是數年，桓公定霸之日也。九國叛而萌震矜，管仲死而放繩墨，城杞貶於城邢，救徐怠於救許，伐黄則外憂起，會卞則家法虧。蓋桓公成霸之後也。驗春秋大勢之三變，則桓公主霸爲有功，即桓公一身之三變，則桓公立功爲不遠，功過乘除，齊霸之顛末可考矣。」

十有八年，春，王正月，宋公、曹伯、衛人、邾人伐齊。

宋之伐齊，納孝公也。而不書，何也？魯之救齊，將以抗宋也。而宋人獨勝殺無虧，定昭而還，魯以爲耻，故宋人之納昭，昭之立，無虧之殺，皆不著於册書，而備書師救、狄救，以偏著其伐喪之罪，舊史所無，孔子不能益也。

史師救齊〔二〕。

公將也。與宋争衡而宋擅其功，故君以爲慚而史不敢斥也。抗大國，用大師，必不使微者將，卿將則當書某帥師，以是知其爲諱也。

五月，戊寅，宋師及齊師戰于甗。齊師敗績。

戰而書「及」，主乎是戰者也。凡戰以主及客，設主人完守而不出，則戰無由接。獨此以客及主，深罪宋也。伐書「宋公」，戰書「宋師」，何也？公羊傳「宋公與伐而不與戰」是也。○李氏廉曰：「鄭康成謂及者，别異客主，不施於直不直，直不直自在事而已。鄭説固足以辨何氏之失，然兵凶戰危，何得汲汲欲戰？故凡爲志乎戰者，春秋皆貶之。在主人而及客，則非處己息争之道；在客而及主人，又豈仗義執言之師乎？故春秋書伐而戰者三，獨宋公以客及主，乃變文以深貶宋也。穀梁之説精矣。」

狄救齊。

〔二〕按：此經文書「史師」，三傳皆無「史」字，而作「師救齊」。

秋，八月，丁亥，葬齊桓公。

冬，邢人、狄人伐衛。

救齊以號舉，此稱人，蓋邢，周公之裔，亟困於衛，而公之救齊，衛與宋同心，魯不能抗而私以爲憾，故狄與邢同伐，舊史以人書。

十有九年，春，王三月，宋人執滕子嬰齊。

滕子何以名？自是不返國也。○齊桓九合，皆魯、宋、陳、衛諸大國，而邾、滕同役者鮮焉。故德足以懷而力亦足以威也。宋襄圖霸大國，無與同好而亟示威於小國，非獨德薄，謀亦傎矣。

夏，六月，宋公、曹人、邾人盟于曹南。

鄫子會盟于邾。己酉，邾人執鄫子，用之。

穀梁傳：「用之者，叩其鼻以衈社也。」○如左傳所云，則當書「宋公使邾人執鄫子，用之」，乃得其實。疑邾、鄫有私怨，鄫子後會，宋公心惡之，適至於邾，邾人遂假宋之威戕之，以快其私忿耳。然宋公以惡鄫子之後盟而縱邾人之大惡，其罪亦有不可掩者矣。鄫子宜名者也，又魯姻也，而失其名，則舊史記事有詳略也。

秋，宋人圍曹。

左傳：「討不服也。」

衛人伐邢。

冬，會陳人、蔡人、楚人、鄭人盟于齊。

書「會」而不目其人，何也？此諸侯與大夫齊盟之始也。前此有霸主徵會而列國之大夫聽命者矣，有離盟、參盟而大夫與焉者矣，有遠國之人入受霸主之盟者矣，此則四國之大夫來盟齊、魯之君，是大夫與諸侯抗盟之始也，故特文以見義焉。○中夏諸侯之合，非楚人之利也。齊桓甫没，宋襄屢合諸侯，曹、衛、邾、滕皆從之，楚恐其勢復合，故倡爲此盟以敗之，齊忌宋之奪其霸權，而不知實墮楚計也。曩令齊、魯、宋、衛同心，則陳、鄭將持兩端而附楚不堅，楚顒豈敢深入内地，虐執盟主而無所旋忌哉？自有此盟，然後宋孤而中夏之勢大屈，盟薄、戰泓，楚氛益熾，曹、衛亦折而南嚮矣。至於戍穀、逼齊、合兵圍宋，遂有鞭笞天下之心，非晉文暴起而挫之，殆哉岌岌乎？蓋世未有内釁不作而外患乘之者也。〇楚人序陳、蔡之下，必嘗試諸夏所使，非國卿也。

梁亡。

梁之亡，舊史以傳聞書也。秦取之不書，不告也。凡滅國，勝者或告克焉。梁自潰而秦取之，無爲告於鄰國，且時秦、魯尚未通也。

二十年，春，新作南門。

非因崩圮也，則變古逾制明矣。周官匠人：「營國，方九里，旁三門。」内外傳於列國無言南門者，豈南門獨天子有與？〇孫氏復曰：「新延廄不言作，此言作，改舊制可知。」

夏，郜子來朝。

公羊傳以郜子爲失地之君。何氏休遂謂春秋前，宋已滅郜，蓋據取郜大鼎之文，不知不足據也。晉賜子産莒之二方鼎，遂得謂莒亡乎？

五月，乙巳，西宫災。

何氏休曰：「禮，夫人居中宫，少在前；右媵居西宫，左媵居東宫，少在後。」

鄭人入滑。

秋，齊人、狄人盟于邢。

魯重齊而親邢，故狄書「人」，舊史之不可爲典要如此。

冬，楚人伐隨。

二十有一年，春，狄侵衛。

宋人、齊人、楚人盟于鹿上。

三國大夫之盟也。

夏，大旱。

秋，宋公、楚子、陳侯、蔡侯、鄭伯、許男、曹伯會于盂。執宋公以伐宋。

胡傳：「執宋公者，楚子也。何以不言『楚子執』？分惡於諸侯也。」○齊桓之謀帖楚也，深結魯、宋、衛、鄭，繼得陳、許、徐中夏小國，以及江、黄之遠，莫不服從，然後舉侵蔡伐楚之師。盂之會，自曹以外，皆從楚之諸侯，而宋襄欲以虚名駕楚，其慮疏而事舛不必言矣。但方是時，獨衛有狄難，使齊、魯大國皆會楚，亦未敢遽執宋公，其避而不前，蓋深忌宋霸之成，而不知轉授楚以柄也。魯於盂之會則自外以孤宋，薄之盟則取先以附楚，而齊之忌宋尤甚，楚之張，齊、魯實成之。

冬，公伐邾。

楚人使宜申來獻捷。

不書「宋捷」，公羊傳謂爲宋諱，非也。未有不諱執而諱敗者。胡傳又謂爲魯諱，亦非也。乞師於楚以伐齊不諱，而諱受楚捷乎？春秋之文，簡而有法，有彼此互見者，盂之會，以同執爲文，而獻捷獨楚，則知見執於楚矣。前書執宋公以伐宋，而此書楚人獻捷，則知所獻宋捷矣。言使則未有稱人者，此其稱楚人何？魯雖忌宋，而未嘗不憤其見執，雖畏楚而未嘗不惡其暴，故舊史以人書。

十有二月，癸丑，公會諸侯盟于薄，釋宋公。

書「會諸侯」，前目而後凡也。凡諸侯見執，或書「歸」，或不書「歸」者，有不歸之勢，而後其國以歸告也。宋公書「釋」，有不釋之勢也，何以不書「歸」？執於宋，釋於宋也。○穀梁傳：「不言楚，不與楚專釋也。」

二十有二年，春，公伐邾，取須句。

夏，宋公、衛侯、許男、滕子伐鄭。

宋公見執而三國旋就宋而棄楚，陳亦離心，蓋深懼楚人之暴詐而思中國之有霸也。使襄公當此能内紀國政，布德修禮以綏諸侯，同心固守，息力蓄謀，觀釁而動，雖未能遽得志於楚，尚無大殃，乃急於争鄭以致楚師，智小而謀大，力小而任重，鮮不及矣。○宋再折於楚，而衛侯尚同伐鄭之師，楚、越、陳、鄭、宋、衛，而後可加兵於魯，非若衛之迫楚禍也，而附楚每汲汲焉，比事以觀，益知魯之非義矣。

秋，八月，丁未，及邾人戰于升陘。

據左傳，則公實親戰而書法與戰，奚同其爲微者之戰，或諱公敗，要之皆舊史之文，謂孔子以諱爲貶，則義無所處。

冬，十有一月，己巳朔，宋公及楚人戰于泓。宋師敗績。

以內及外也。楚稱人，非君也。左傳宋公身傷而書法與鄢陵異，蓋宋人告敗而諱君傷，楚則未得其詳，故獻捷未之及耳。鄢陵之敗書「楚子」，晉人欲伐其功，故赴告特張其事。

二十有三年，春，齊侯伐宋，圍緡。

案：左傳：「討其不與盟於齊。」以是知齊之忌宋尤深也。齊侯昧大義，忘舊德，乘人之危而肆其暴，直書而罪自見矣。

夏，五月，庚寅，宋公兹父卒。

自齊桓以來，魯於宋襄無盟不同，而不會其葬，蓋楚方惡宋，戰勝威行而魯畏之也。左傳載魯爲楚戍衛，懼晉而殺公子買以説，春秋時邦交蓋如此。

秋，楚人伐陳。

宋盟曹，南伐鄭，陳皆不與，而盟齊、會盂、伐宋並從，楚未見其貳於宋也。蓋以伐宋之後，鄭朝楚而陳不朝，故假以爲辭而伐之耳。或曰：「頓背陳事楚，陳猶責禮焉。伐陳，由頓訴也。」

冬，十有一月，杞子卒。

杞稱子，時王所黜也。伯姬在杞而杞子之卒不名，則知舊史記事有詳略，而不可以義法求矣。

二十有四年，春，王正月。

夏，狄伐鄭。

據左傳，王出狄師。則是冬王出，不宜反依鄭，豈頹叔、桃子陰黨叔帶，以鄭爲王所毗倚，而先啓狄以伐之耶？

秋，七月。

冬，天王出居于鄭。

其書「出」，何也？去王畿而越在鄭地也。與皇與狄泉異矣。自周無出，傳者之誤也。天王之入不書，何也？王室禍亂，魯不與聞，則舊史不書，子頹之亂，惠王之定不書，以虢、鄭尸之而魯不與也。襄王之入、叔帶之討不書，以晉尸之而魯不與也。子朝之亂備書於册，以叔鞅方有事於京師，而其後魯與城成周之役也。蓋王室懿親，莫重於魯，有禍亂興，魯不能救而他國有功，則魯人恥之，而不書於册，孔子不能益也。然則其書「出」何？王命特至於魯，而臧文仲有奔問官守之對，則已著於册書矣。厥後終不能勤王，故忌晉之功而不書王入耳。

晉侯夷吾卒。

二十有五年，春，王正月，丙午，衛侯燬滅邢。

記曰：「諸侯不生名。」據春秋所書而爲言，不知其爲舊史之文，而非春秋之法也。其曰失地名，據蔡侯獻舞、徐子章羽之類而言也。然於國亡君奔而不名者，不可通矣。其曰滅同姓名，據衛燬滅邢而言也。然楚滅夔、齊滅萊，同姓也而不名，楚子虔誘蔡侯般，殺之於申，非滅同姓也而名，則其義又不可通矣。凡此類皆舊史之文也。邢，周公之裔而衛滅之；蔡，文之昭而楚誘殺其君，故魯人惡之而名其君也。然則孔子不削，何也？衛侯燬、楚子虔之名可削也，宰咺、宰糾之行次，高子、仲孫、華孫之名，何從而得之乎？使有革有不革，則凡舊史所稱之亂雜而無章者，愈不可得而推矣。

夏，四月，癸酉，衛侯燬卒。

宋蕩伯姬來逆婦。

莊之篇，伯姬歸杞不稱子，則爲桓公之女明矣；僖之篇，伯姬卒不書「子」，則爲莊公之女明矣。以是推之，蕩伯姬必僖公女也。其始嫁以常事不書，今書其來，以公下主大夫之昏也，非公主之，則其人微，其事微，雖以姑逆婦爲失禮，亦不宜載於策書。

宋殺其大夫。

舊史以傳聞書也，赴告不及，但知其國有是事而已。

秋，楚人圍陳，納頓子于頓。

圍陳以納頓子也。使爲二事，則當爲更端之辭。如侵曹、伐衛之並舉晉侯矣。胡氏謂納者不與其納，非也。北燕伯款亦不與其納乎？○孔氏穎達曰：「圍陳而納頓子，明頓子迫於陳而出奔，楚人納之，知其奔楚。」○汪氏克寬曰：「失地出奔則名，他國納之不名，以諸侯不得相名也。故頓子、北燕伯皆不名。」此別爲一説，存以備參考。

葬衛文公。

冬，十有二月，癸亥，公會衛子、莒慶，盟于洮。

成公以前，列國之大夫會盟無以名見者；至春秋之終，小國之大夫會盟無以名見者。莒慶何以名？魯姻也。故史册稱名以寵異之。

二十有六年，春，王正月，己未，公會莒子、衛甯速，盟于向。

衛甯速何以名？洮之盟，册書登莒慶，故向之盟不得不登甯速也。宋襄敗死，晉霸未興，齊有夙憾，近魯之國衛、莒少强，故公與相結而再盟以申固之。

齊人侵我西鄙，公追齊師至巂，弗及。

胡傳謂前書齊人，是見其弱以誘魯，後書齊師，是伏其衆以邀魯。非也。戰稱人，敗稱師，春秋之通例，戰稱人者，兼將而言也。敗稱師，間亦稱人者，别衆寡也。至謂稱齊人爲罪齊，益誤矣。齊桓之師非自將，鮮不稱人者，蓋自宣以前，外大夫會、盟、侵、伐恒稱人。○齊孝公争立，舊有憾於魯，以魯旋會盟於齊，無辭復爲兵端，及宋既敗，遂妄意争霸，故伐宋則曰「討其不與於齊之盟」，而再加兵於魯，亦以洮之盟爲辭。

夏，齊人伐我北鄙。

衛人伐齊。

公子遂如楚乞師。

雖憾於齊，豈宜延楚師入伐？自公子遂用事，僖公末政無一可觀者。明年，入杞，遂實主兵會楚盟宋，魯實争赴。幸晉文興霸，數年未敢肆惡，而間文之殁，逞志於邾，憸人之罣，誤人君若此。

秋，楚人滅夔，以夔子歸。

夔子不名，不知其名也。

冬，楚人伐宋，圍緡。

左傳：「以其善於晉侯也。」

公以楚師伐齊，取穀。

内師不義，無過於此者，而直書不諱。故知凡會盟，書「會」而不書「公」，乃特文以發疑，非主於諱過也。

公至自伐齊。

二十有七年，春，杞子來朝。

夏，六月，庚寅，齊侯昭卒。

秋，八月，乙未，葬齊孝公。

乙巳，公子遂帥師入杞。

左傳：「責無禮也。」伯姬拳拳託其子於魯。桓公，魯甥也。嗣位而來朝，豈敢不恭？所謂無禮，必旅幣或闕耳，而遂興大衆以入其國，是誠何心哉？其後伯姬復來求婦，可哀也矣。

冬，楚人、陳侯、蔡侯、鄭伯、許男圍宋。

穀梁傳：「人，楚子，以人諸侯[二]。」先儒因之，非也。二十一年，會盂，執宋公，不貶稱人，而於圍宋貶乎？城濮之戰，左傳：「楚子入居於申。使申叔去穀，使子玉去宋。」則圍宋者實得臣耳。楚虔使群帥圍徐而次乾谿以爲之援，蓋其國軍政如此。

十有二月，甲戌，公會諸侯，盟于宋。

公之會爲楚，非爲諸侯也。而不書「楚人」，何也？凡大夫主會盟，而列序諸侯之上，則總書「諸侯」而没大夫，蓋特文以見義也。主是盟者楚人，所會者即楚人帥以圍宋之諸侯，未有盟諸侯而不盟楚人者，而第書「諸侯」，則諱楚大夫之先諸侯可知矣。僖、文以後，凡諸侯之合皆晉故也，未有諸侯自爲會盟而晉人不與者。而文之篇，盟扈、會扈第書「諸侯」，則諱晉大夫之先諸侯可知矣。然則圍宋何以先楚人？其主兵之實不可没也。且主兵而先，猶可言也；列會而先，不可言也。會盟之非義，有諱不書「公」，以發疑者矣。而此更以不序諸侯爲義，何也？使于幽、于齊翟泉之盟，而總言諸侯、大夫，則不知主盟者何國，從之者何國矣；使此盟及文十五年盟扈，十七年會扈，列序諸侯而没晉、楚之大夫，則似諸侯自爲會盟而晉、

[二]「以人諸侯」，春秋穀梁傳作「所以人諸侯也」。

楚實不與矣。此所以文各有當而不可以相易也。春秋於簒弑直書不諱，而大夫之主諸侯則諱之，何也？簒弑而不書，則竟没其事之實矣。若此類文變義立，而實亦未嘗没也。所謂微辭隱義，時措從宜者此也。

二十有八年，春，晉侯侵曹。晉侯伐衛。

齊桓本以伐楚出，而侵蔡爲兵端，故書「侵蔡，遂伐楚。」本以伐鄭出，而救許爲繼事，故書「遂救許。」晉文侵曹、伐衛本以二事出，不得書「侵曹，遂伐衛」也。再書「晉侯」，文當然耳。公子遂盟趙盾、雒戎，以兩事出則再書，即此義也。

公子買戍衛。不卒戍，刺之。

魯殺大夫稱刺，臣子之辭也。猶外諸侯書卒，而魯君書薨也。魯刺大夫二，或言其故，或不言其故，皆舊史之文。蓋殺大夫必録其得罪之由，史之常法也。然公子買見殺之故可言也，而公子偃見殺之故不可言也，故書辭異焉。孔子不革而一之，何也？偃之不言其故者，不可增也。於買而削其故，則刑之不中與當日之邦交，皆不可得而見矣。

楚人救衛。

胡傳謂書楚救以罪晉，非也。不書楚救，則不知衛之附楚與城濮之師所由合也。

三月，丙午，晉侯入曹，執曹伯，畀宋人。

凡執諸侯、大夫皆稱「人」，以是爲亂世相凌暴之事也。此其不稱人，何也？書「畀宋人」，則其失顯著。雖蒙上晉侯入曹之文，而不疑於霸討也。若書「晉人入曹」，則似晉大夫以偏師入曹，而不知晉侯親之矣。

夏，四月，己巳，晉侯、齊師、宋師、秦師及楚人戰于城濮，楚師敗績。

楚稱人，主兵者得臣也。以晉及楚，以内及外也。齊、宋、秦稱師，而楚稱人，何也？齊、宋、秦稱人，則不知其師之衆也，楚於敗績稱師，故戰稱人，以明主兵者大夫耳。

楚殺其大夫得臣。

稱國以殺者，以國法殺之也。胡傳以不去其官爲譏楚子，非也。凡見殺而不書「大夫」者，非其大夫也。得臣又非州吁、無知之比也。然則舍殺其大夫何以屬辭哉？楚屈完嘗書氏矣，而宜申、得臣、椒復獨書名，猶狄於盟邢、伐衛書人而後復以號舉也。舊史以意爲詳略，豈可以義理求之哉？

衛侯出奔楚。

衛侯出不名而歸名，何也？凡諸侯出奔而名者，非國有二君，則去國而不反也。國有二君，非名無以別也，鄭伯突、衛侯朔是也。去國而不反，則是君之終也，蔡侯朱、莒子庚輿、邾子益是也。若其國止一君，又非是君之終，則無事舉其名也。奔而反國、執而反國，則必名者，已嘗失位矣，至是而復不得不目其人也。曹負芻獨不名者，歸自京師，則其位未嘗絶也。

五月，癸丑，公會晉侯、齊侯、宋公、蔡侯、鄭伯、衛子、莒子盟于踐土。

衛侯猶在而叔武以未逾年之君稱，何也？晉人君之而叔武讓焉，不可以稱爵，又不可以稱公子，故舊史以子書而孔子因之，以著其不安於位之實也。使叔武如鄭突之志乎篡，則天子臨之，方伯命之，可泰然立乎其位而稱衛侯矣。孔子不革，何也？使書「公子武」或「衛侯之弟武」，則大夫受盟之常辭，而晉侯之專、叔武之讓，反不可得而見矣。叔武所處與公子瑕異，立瑕者元咺耳，可固拒也。天子臨之，方伯命之，武固辭，則他人即之矣。公羊傳：「文公逐衛侯而立叔武，叔武辭立而他人立，則恐衛侯之不得反也。」此爲得其情實。齊桓、晉文受侯伯之命，未有不告於諸侯者，而不見於經，何也？魯史於異國，非變事不録也。定四年傳載踐土載書之辭曰「晉重、魯申、衛武、蔡甲午」，則既以武爲衛君矣，而武不敢居，故列國之史猶以子稱。

陳侯如會。

穀梁傳：「如會，外乎會也。」

公朝于王所。

公及諸侯盟於踐土而朝王，則王在踐土明矣。而不書「王狩」，何也？特文以發疑也。是歲王兩出以見諸侯，而前出不書，猶于幽、于齊、于翟泉之盟書「會」而不書「公」也。會者公而不書「公」，然後知三盟之非義也。王在踐土而不書「王出」，然後知就見諸侯之非禮也。後出書「狩於河陽」，猶於幽之後諸侯衆會仍書「公」，于齊之後諸侯與大夫之會仍書「公」也。蓋始不發疑，無以見義，後不直書，則事實不著也。曰「王所」者，明在踐土而非京師也。晉以諸侯朝王而不書者，惡其不朝於京師而使王降尊以臨會也。吴氏澂謂「春秋，魯史。故但書公朝」，非也。外諸侯會盟，魯公不與者，皆得著於經。周室衰微，曠不嶽狩，一旦侯伯率天下諸侯以朝天子，在天下爲創見之事，其人爲莫並之功，義當大書特書，以示於後。若謂以常事不書，則又宜並公朝而没之矣。故知削而不書，爲不以尊王之義予晉，而誅其意也。然則公朝之不削，何也？書公朝，然後知王在而諸侯皆朝，知諸侯皆朝，然後知削而不書，爲不以尊王之義予晉也。

六月，衛侯鄭自楚復歸于衛。

凡歸而書所自者，赴告詳也。不書所自者，赴告略也。穀梁傳：「楚有奉。」非也。時楚師新敗而與夏不通，則不能有奉明矣。叔武見殺不書，舊史所無也。衛侯徐知武之無罪而歸獄於獻犬，故諱而不告，而魯、衛方睦，故國史亦爲之諱而不書。至公子瑕之死，則衛以討罪告，而魯亦書之於册耳。公羊傳爲叔武諱殺。非也。使書「衛侯殺其弟武」，則武之無罪不益明乎？

衛元咺出奔晉。

自隱至此近百年，列國之大夫豈無得罪而去國者，而不見於經。蓋大夫未張，故其國不告也。

自元咺訟君，君臣爲獄而晉侯右之，爲之執君，君入則己出，君出則己入，然後大夫之勢張，故以出奔告者，自咺始也。○劉氏敞曰：「衛侯果不知情，枕尸而哭，爲殺歂犬，則兄弟之恩篤矣。元咺何爲奔訴於晉，何故衛侯反不勝乎？左傳所云，非其實也。」

陳侯款卒。

秋，杞伯姬來。

何以書？非歸寧也。姬嫁於莊公之世而不書「子」，則爲桓公之女明矣。杞伯來朝而見伐，故伯姬復來謝過，而求平也。

公子遂如齊。

齊助晉以成城濮之功，故魯懼而求平，以解取穀之怨也。

冬，公會晉侯、齊侯、宋公、蔡侯、鄭伯、陳子、莒子、邾子、秦人于温。

天王狩于河陽。

使踐土即書「王狩」，則似王出而諸侯就朝，爲嶽狩之常禮。使河陽不書「王狩」，又似書「朝」而不書「王出」，爲朝王於外之常辭。一書一不書，而義皆見焉。此春秋之辭，游、夏所以不能贊也。河陽書「狩」，胡傳謂爲晉解，程子謂晉文迹譎而心正，啖氏助謂原其自嫌之心，嘉其尊王之義。皆非也。帥諸侯以朝於京師，義無所嫌，成十三年，晉厲公且爲之矣，若原其力不足以致諸侯之朝，則晉方一戰勝楚，諸侯拱手聽命，何令不從？且河陽近在王畿，而許遠鄰於楚，力能遠役諸侯以圍許，而不能近帥以朝王，非情也。其以狩書，屬辭之體然耳。蓋晉侯雖陰召王而王必以時巡之禮出，或魯史本書「狩」，或孔子革而書「狩」，雖不可知，而册書之體，則舍狩無以爲辭。汲冢周書：周襄王會晉文公於河陽，當時史臣文士所見止如此，故孔子懼而作春秋。

壬申，公朝于王所。

朝王，禮也。何以書？二百四十年，僅再見焉。而又非其所，故以非常志也。

晉人執衛侯，歸之于京師。

公羊傳：「歸之于者，執之於天子之側者也。罪定不定，已可知矣。歸于者，非執之於天子之側者也，罪定不定，未可知也。」〇李氏光地曰：「王在京師，則曰『歸于京師』，義已備也。京師即王也，王在會所，則曰『歸之于京師』，義始備也。王既知其事矣，歸其人於京師耳。」

衛元咺自晉復歸于衛。

先儒謂大夫無復道，故稱「復歸」爲惡，「歸」爲善，然趙鞅叛而書「歸」，則元咺書「復」，乃以其勢難復歸，而非以別歸之善惡明矣。其異於魚石、欒盈之書「入」，何也？鞅則君許之歸，咺亦介霸令以求復，與魚石、欒盈有徒衆而稱兵以入者異耳。

諸侯遂圍許。

李氏廉曰：「合十一國之衆，逾時閱歲而不能服許，其甘心從楚，蓋亦有懲於江、黄也。」

曹伯襄復歸于曹，遂會諸侯圍許。

衛鄭、曹襄之惡，不大於曹負芻，而歸書名，何也？負芻之執歸於京師，而天王釋之，則其位未絶，晉文深怨曹、衛，則必請於天王而絶其位矣。故其歸書名，與蔡侯廬、陳侯吴同也。鄭突、衛衎未聞天王絶其位而書名，何也？時鄭、衛有二君，不書名則不知孰誰也？

二十有九年，春，介葛盧來。

公羊傳：「何以不言朝，不能乎朝也。」○郳、介與邾、小邾等也，而其君稱名，魯人忽之也。

公至自圍許。

不致會而致圍，何也？襄十八年，圍齊而致伐，此致圍，皆舊史據告廟之辭書之於册。

夏，六月，會王人、晉人、宋人、齊人、陳人、蔡人、秦人，盟于翟泉。

諸侯之大夫與王臣同盟，通春秋僅見於此。故書會不書公，以見義也。自成以前，諸侯之大夫無以名見者，諸侯之大夫稱人，不可斥王臣之名與行次，故稱王人。先儒以稱人爲貶，蓋以王子虎不可謂微者，而不知王人本非微者之稱，又自成以前，列國之大夫皆不以名見也。

秋，大雨雹。

高氏閌曰：「劉向以爲盛陽雨水，温煖而湯熱，陰氣脅之，不相入，則轉而爲雹，盛陰雨雪凝滯而冰寒，陽氣蕩之不相入，則散而爲霰。故雹者陰脅陽也，霰者陽薄陰也。春秋不書「霰」，猶不書月食。」

冬，介葛盧來。

三十年，春，王正月。

夏，狄侵齊。

齊桓召陵之後，狄侵晉；晉文城濮之後，狄侵齊。知齊、晉不能再出師也。

秋，衛殺其大夫元咺，及公子瑕。

衛侯未返而以國殺爲文，何也？使書「衛人」，則衛侯之惡隱矣。咺不去官，殺之不以其罪也。以國君自賂其群臣，使殺其同列以求入，志在求入而非以討罪，則爲殺其大夫而已。瑕稱公子，則未嘗爲君，徒以咺故，濫及可知矣。瑕之死在衛侯未入之先，而稱國殺以罪衛侯；叔武之死在衛侯既入之後，而不書，則知舊史所無，孔子不能益也。○范氏甯曰：「案宣九年，陳殺其大夫泄冶。傳曰：『稱國以殺其大夫，殺無罪也。』此傳曰：『稱國以殺，罪累上也。』然則稱國以殺有二義，泄冶忠賢而君殺之，是君無道也；衛侯雖不德，臣無訟君之道，衛侯不思致訟之愆，過而不改，上下皆失。故曰『罪累上』。」

衛侯鄭歸于衛。

衛侯鄭始稱「復歸」者，霸主惡之，國人出之，有不復之勢也。再歸不稱「復」者，天王與晉既釋之，元咺已死，則無難之者矣。○李氏廉曰：「衛侯嘗歸於京師而但書『歸於衛』，譏不在王室也。曹伯書『歸自京師』，譏不在晉也。」○陳氏傅良曰：「向者言復歸，今歸不言『復』何？奔，失國之辭也。執，未失國之辭也。凡執不言『歸』，執而言『歸』，危不得歸也。是故執君不名，歸然後名之，執書『衛侯』，歸書『衛侯鄭』；執書『曹伯』，歸書『曹伯襄』，名之者，亦失國之辭也。」

晉人、秦人圍鄭。

傳有顯與經異者，不可據以釋經。自宣、成以前大夫主兵常稱人，傳以爲晉侯、秦伯，誤也。

介人侵蕭。

張氏洽曰：「一介再來魯，而次年遂侵蕭，與荆人、秦術之聘同。」

冬，天王使宰周公來聘，公子遂如京師，遂如晉。

魯之聘周，禮也。何以書？聘禮也。不朝而聘，則非禮也。猶王之聘魯，禮也。魯不朝而王乃聘焉，則非禮也。王之聘魯屢矣，惟此應時而報，蓋以晉文之霸，專以勤王屬諸侯，故不敢後耳。胡氏罪其夷周於晉，誤矣。使聘周得禮，則繼事於晉，亦未爲失也。

三十有一年，春，取濟西田。

趙氏匡曰：「凡力得之曰取，雖取本邑亦無異辭，不當取也。」○吕氏大圭曰：「取濟西田不繫曹，則魯故田也。取汶陽田不繫齊，則亦魯故田也。汶、濟皆近魯之境也，然汶陽、濟西則言取，鄆、讙、龜陰、讙、闡則言歸。言取者非彼所欲也，非彼所欲，我取之曰取；言歸其所欲也，非我强之而彼自歸曰歸。」○汪氏克寬曰：「春秋書内取者十有七，以兵力取他國之地，則書戰伐，若敗宋師取郜、取防，伐齊取穀，伐莒取向，伐邾取訾婁、取繹，取漷東田及沂西田是也。藉大國之威，不以兵力而復故地，則不書侵、伐而止書取，濟西、汶陽之田是也。」○李氏廉曰：「不繫國者，吾故田也。非吾田則繫國，襄十九年，取邾田是也。取漷東、沂西田，不繫國者，承上伐邾文也。」

公子遂如晉。

夏，四月，四卜郊，不從。乃免牲，猶三望。

魯郊，非禮也。然歲事之常，不可勝書。故或以卜、或以時、或以牲、或以牛，於失禮之中又失禮，或有變然後志焉。其時常在夏、秋者，據家語魯有祈穀之郊，而無冬至之郊也。卜郊無書於春者，自正月至於三月，郊之時也。以十二月下辛卜正月上辛，如不從，則以正月下辛卜二月上辛，如不從，則以二月下辛卜三月上辛，如不從，則不郊矣。故三卜，禮也；四卜，非禮也。免牲者爲之緇衣、纁裳，有司玄端，奉送至於南郊，免牛亦然。曰「牲」者，卜之而可用也。曰「牛」者，尚未卜也。凡不郊皆卜，免牲，吉則免之，不吉則否。書「免牲」，則不郊見矣，此年及襄七年止書「免牲」是也。若不郊而不行免牲之禮，則不書「免牲」，成十年、襄十一年止書「不郊」是也。若牛死，則無可免矣，宣三年牛死，乃不郊是也。獨成七年既書「免牛」，又書「不郊」者，逾時而中有間事，不得不再起不郊之文也。望祭也，郊之細也。天子有方望，無所不通，魯雖僭而望，止於三，殺於天子也。公羊傳曰：「祭泰山、河、海也，不郊亦無望可也。猶者，譏其可已而不已也。」

秋，七月。

冬，杞伯姬來求婦。

非歸寧，特以求婦來也，使歸寧得禮，而因以求婦，則不宜著於册書。

狄圍衛。

吴氏澂曰：「狄去年侵齊，今又圍衛，若無晉霸然，豈以晉文居狄之久而狎之與？」

十有二月，衛遷于帝丘。

三十有二年，春，王正月。

夏，四月，己丑，鄭伯捷卒。

衛人侵狄。秋，衛人及狄盟。

再言衛人者，侵狄之師已返，至秋而盟，非一事，故别言之。

冬，十有二月，己卯，晉侯重耳卒。

三十有三年，春，王二月，秦人入滑。

齊侯使國歸父來聘。

夏，四月，辛巳，晉人及姜戎敗秦師于殽。

書「及」者，晉爲主而姜戎聽役也。晉師、白狄伐秦，秦人、白狄伐晉，各逞其忿，故不書「及」也。稱人，大夫主兵之辭也。二傳晉子親之，貶而稱人。非也。伯禽衰絰即戎以禦淮夷，君子無譏焉。周之東遷，晉、鄭焉依。霸主初没而西戎之國窺兵畿内，隱然有并東夏、逼宗周之意，非晉人一戰而挫其鋒，秦得鄭而通兵於東諸侯，則腹心之禍較之戎、狄、荆、舒而更烈矣。然則晉子雖實主兵，亦未可厚非，況經第以大夫主兵之辭書，習其讀者，何由知爲晉子乎？蓋是役實先軫主之，自陽處父救江以前，雖霸國之大夫不以名見，故稱人也。若謂晉子主兵而稱人以貶，則凡當喪出會盟而書爵者，豈及得爲褒乎？鄭悼公當喪伐許，則目其人以罪之，何獨於晉子而不然？左傳稱子墨衰經，蓋墨以發命，實不在師中，而傳聞誤焉耳。

癸巳，葬晉文公。

狄侵齊。

公伐邾，取訾婁。

秋，公子遂帥師伐邾。

魯每間霸國有事，則釋憾取利於小國，直書而罪自見矣。

晉人敗狄于箕。

吳氏澂曰：「秦、晉同圍鄭，秦擅及鄭盟，晉文不忍伐其師，狄嘗侵齊，又圍衛，晉文俱不救，蓋出亡在狄，歸國由秦，皆嘗受其惠也。今晉襄紹霸，惟恐威稜不振，霸業遂衰。故汲汲焉盡力挫强，既敗秦而又敗狄也。」

冬，十月，公如齊。十有二月，公至自齊。

張氏洽曰：「魯間晉而虐邾，所以因齊聘而朝之以自託也。」〇薛氏季宣曰：「周公下聘而卿往報，鄰國聘而君朝，不可以言禮矣。」

乙巳，公薨于小寢。

左傳：「即安也。」〇胡傳：「周制：王宮六寢：路寢一，小寢五。禮記『君日出而眡朝，退適路寢聽政，使人眡大夫，大夫退，然後適小寢釋服』，是路寢治事之所，而小寢燕息之地也。公羊傳以西宮爲小寢，曾子以諸侯有三宮，則列國之制蓋降於王，其以路寢爲正則一爾。」

隕霜不殺草，李梅實。

穀梁傳：「未可殺而殺，舉重也。可殺而不殺，舉輕也。」家語：「哀公問於孔子曰：『春秋記隕霜不殺草，何爲記之也？』曰：『此言可殺也。夫宜殺而不殺，則梅李冬實，天失其道，草木猶干犯之，而況君乎？』」

晉人、陳人、鄭人伐許。

春秋直解卷之六

文公

元年，春，王正月，公即位。

穀梁傳：「繼正，即位，正也。」○胡傳：「國君嗣世，定於初喪，必逾年然後改元書『即位』者。」公羊傳曰：「緣始終之義，一年不二君；緣臣民之心，不可曠年無君。」

二月，癸亥，日有食之。

天王使叔服來會葬。

王使會葬，禮也。何以書？魯於天王之葬未嘗親赴，甚者不遣使以會，而王亟禮焉，則非禮也。

夏，四月，丁巳，葬我君僖公。

天王使毛伯來錫公命。

穀梁傳：「禮有受命，無來錫命。錫命，非正也。」○胡傳：「諸侯終喪入見，則有錫；歲時來朝，則有錫；能敵王所愾，則有錫。載冕圭璧，因終喪入見而錫之者也，禮所謂『喪畢以士服見天子，已見，賜之載冕圭璧，然後歸』是已。車馬衮黼，因歲時來朝而錫之者也，詩所謂『君子來朝，何錫予之？雖無與之，路車乘馬。又何與之？玄衮及黼』是已。彤弓玈矢，因敵愾獻功而錫之者也，詩所謂『彤弓弨兮，受言藏之。我有嘉賓，中心貺之。鐘鼓既設，一朝饗之』是已。文公繼世，喪制未畢，非初見、繼朝而獻功也，何爲來錫命乎？」

晉侯伐衛。

縠、箕伐許稱人，皆大夫主兵，至是喪期既畢，而後晉侯自出也。

叔孫得臣如京師。

左傳：「王使毛伯衛來錫公命，叔孫得臣如周拜。」

衛人伐晉。

秋，公孫敖會晉侯于戚。

以大夫而專會霸主，魯之政在大夫矣。

冬，十月，丁未，楚世子商臣弑其君頵。

世子弑君，未有直赴於鄰國者，蓋宇宙未有之變，列國之史皆以傳聞而書也。○啖氏助曰：「楚僭號已久，世子必不誓於天子，今以商臣大逆，故特書世子以明其罪。」

公孫敖如齊。

二年，春，王二月，甲子，晉侯及秦師戰于彭衙。秦師敗績。

凡戰書人，敗書師，屬辭之常也。此戰書師，何也？稱「人」者，大夫將之辭也。若赴告稱師，而不及主兵者，則莫辨其爲君、爲大夫，故第稱師也。先儒或謂敗秦師于殽爲罪秦，此戰爲稍恕秦，非也。殽之師要而擊之，此結陣以戰，故於彼不得言戰，於此不得專言敗。

丁丑，作僖公主。

穀梁傳：「立主，喪主於虞，吉主於練。作僖公主，譏其後也。」○公羊傳：「虞主用桑，練主用栗，用栗者，藏主也。」

三月，乙巳，及晉處父盟。

穀梁傳：「不言公，爲公諱也。何以不言公之如晉？所恥也。出不書，反不致也。」○屈完之盟，諸侯以爲功，則書其氏。處父之盟，魯人以爲恥，則削其氏，以此知爲舊史之文而不可以義理求之也。

夏，六月，公孫敖會宋公、陳侯、鄭伯、晉士縠，盟于垂隴。

此霸國之大夫會盟特以名見之始也。至文之世而魯大夫益張，晉大夫亦漸張，由是而列國之大夫皆張矣。

自十有二月，不雨，至于秋七月。

穀梁傳：「歷時而言不雨，文不憂雨也。」蓋君忽其事，故史書之略也。僖之篇每時首月書不雨，必書六月雨，乃知通三時。此書「自十有二月不雨，至于秋七月」，而又書「八月雨」，則贅矣。

八月，丁卯，大事于大廟，躋僖公。

大事，大祫也。毁廟之主與未毁廟之主皆升，合食於太祖之廟也。不言祫者，譏不在祭也。躋僖公，升其主於閔公之上也。魯人以僖公爲兄，閔公爲弟，故易其位次，而不知君臣之分不可易也。〇趙氏匡曰：「凡祭而失禮則書祭名，祭非失禮，爲下張本，則稱事。」〇張氏洽曰：「吉祭而不言吉者，閔二年書已明。」

冬，晉人、宋人、陳人、鄭人伐秦。

先儒謂貶而稱人，非也。自陽處父救江以前，雖霸國之卿大夫稱人；自戰窪以前，列國之卿大夫皆稱人。

公子遂如齊納幣。

公羊傳：「納幣不書。此何以書？譏喪娶也。娶在三年之外，則何譏乎？三年内不圖婚。娶者，大吉也，非常吉也。其爲吉者主於己，以爲有人心焉者，則宜於此焉變矣。」○汪氏克寬曰：「宣公元年逆女，其蔑禮視此尤甚。然篡立之罪已極，於喪娶乎何誅？」

三年，春，王正月，叔孫得臣會晉人、宋人、陳人、衛人、鄭人伐沈。沈潰。

左傳以其服於楚也。○文之篇會、盟、侵、伐皆諸卿疊出，所以政逮於大夫也。而霸國之大夫帥列國之大夫以侵伐，亦始於此。蓋天下諸侯皆怠於政矣。

夏，五月，王子虎卒。

孔氏穎達曰：「王子虎即王叔文公也。謚之爲『文』，必當有爵。不書爵者，畿内之國不得外交諸侯。其臣不敢赴魯，必天子爲之赴，赴以王子爲親，不復言其爵也。」○汪氏克寬曰：「或謂王子虎、劉卷皆夾輔天子於危困之中，故春秋賢而卒之，然單穆公旗與劉文公翼贊敬王以安周室，亦不書卒，竊疑王子虎盟諸侯於王庭，劉文公爲王官伯，尹氏世執朝權，皆王室之秉政者，故特赴於諸侯，而魯史記其卒也。」○觀王子虎、劉卷卒不書爵，則王臣無五等之爵明矣。經於劉卷之葬稱文公，傳於虎稱王叔文公，蓋卒加之謚而後稱公，與外諸侯卒皆稱公同耳。

秦人伐晉。

秋，楚人圍江。

商臣負覆載不容之罪，楚人棄之，晉襄不能及其未定，合諸侯以討亂，逾二年乃使大夫伐其與國，所以爲商臣所窺，轉生猾夏之謀，而圍江以試之也。

雨螽于宋。

穀梁傳：「著於上，見於下，謂之雨。」左傳：「墜而死也。」

冬，公如晉。十有二月己巳，公及晉侯盟。

左傳：「晉人懼其無禮於公也，請改盟。」

晉陽處父帥師伐楚以救江。

此春秋特文，與「會于澶淵，宋災故」同義，使去「救江」而獨書「伐楚」，則疑於討賊之師至於伐楚之後，時救江之無策亦可按迹而得之，此聖人之文所以詞約而義備也。〇李氏光地曰：

「若止書『救江』，則處父之師向楚而不向江，故書法如此。」

四年，春，公至自晉。

夏，逆婦姜于齊。

穀梁傳謂「公逆」，非也。莊公娶讎女親逆不諱，而喪娶親逆乃諱乎？公親逆，是重其事也，乃不書夫人至乎？左氏所傳得之，蓋微者逆，故不以名見；不以夫人之禮致於廟，故不書「至」。不稱夫人，所謂「君而卑之，立而廢之」也。蓋宣公之立也長，至是而敬嬴、仲遂之邪謀已兆矣。文公昏懦而不能察，是即他日子弒、夫人大歸之端兆也。其稱婦，有姑之辭也。夫人無不氏，而出姜、穆姜不氏，以喪而婚，夫人與有貶也。女子制在父母疑無貶，故特文以見義。

狄侵齊。

秋，楚人滅江。

汪氏克寬曰：「江、黄二國從中國而致滅，黄書『伐』，江書『圍』，皆著中國之不能救也。」○自箕之敗，狄師三年不出，及秦、晉兵連，晉有西顧之憂而狄侵齊、魯，楚滅江、六，拱手坐視。襄公旋卒，霸勢遂不可復振矣。

晉侯伐秦。

胡傳於秦、晉之師，曲爲之説，而不可通，皆因以稱爵爲褒，稱人爲貶，而不知自宣以前君將則稱君，大夫將則稱人也。秦穆公次年卒，故不能報晉，乃以見伐不報美秦，誤矣。

衛侯使甯俞來聘。

冬，十有一月，壬寅，夫人風氏薨。

風氏稱薨、稱夫人，葬稱小君。春秋一仍舊史之文而不革，可解先儒謂外諸侯貶爵稱人之蔽。

五年，春，王正月，王使榮叔歸含且賵。

珠玉曰含，死者所以實口也。歸仲子之賵，猶因惠公而及之也。至成風而特使卿歸含、賵，且會其薨，則視夫人之常禮而有加矣。故王不稱天，所謂於其甚者而譏之也。○趙氏匡曰：

「公、穀皆云『兼之』，非禮也。據禮，含、賵、襚止一人兼行爾。若每事須一人，則罄王朝之臣不足以充喪禮之使也。」

三月，辛亥，葬我小君成風。

王使召伯來會葬。

夏，公孫敖如晉。

秦人入鄀。

秋，楚人滅六。

呂氏祖謙曰：「須句，司大皞之祀。六、蓼實皋陶之後。此皆先王所封諸侯，唐、虞、三代綿延不廢，何故纔入春秋之世便見屠戮？蓋向時間有聖賢之君相與維持，故得世守其國祀，至此先王德澤既斬，故先王之諸侯亦不能自存，此最見得天下大勢。」

冬，十月，甲申，許男業卒。

六年，春，葬許僖公。

夏，季孫行父如陳。

秋，季孫行父如晉。

八月，乙亥，晉侯驩卒。

李氏琪曰：「齊孝公不能率桓公之烈，晉襄能繼文公之統。孝公初，宋有抑齊之志；襄公初，秦懷駕晉之謀。宋啓甗之争，秦尋殽之釁，此皆争霸之端也。孝公不能抗宋，而襄公夏戰殽以却秦，秋敗箕以翦狄，冬伐許以離楚。一年之間三敵悉退，亦可謂有霸者之略，而外患既息，舉動即異。伐衛則損威矣，會公孫敖則毀列矣，士穀主盟則權散矣，處父救江則謀怠矣。越一二載，事不逮初，況能持久乎？襄之規模又後於文公矣。」

冬，十月，公子遂如晉，葬晉襄公。

晉殺其大夫陽處父。晉狐射姑出奔狄。

晉必不以國殺赴。先君既殁，嗣子在抱而以累上之辭言之，則公、穀所傳襄公漏言，理或有之。

閏月不告月，猶朝于廟。

馮荆南曰：「告朔，非告於廟也。以是月應行之政告群臣耳。閏月不告月，猶朝于廟，則爲二事可知矣。既朝於廟，何難以朔告哉？魯論『子貢欲去告朔之餼羊』，餼，餽生者之辭也。蓋以月政告群臣而因以餼之也。」〇諸侯於三廟皆月祭，故不告朔而猶朝於廟也。謂之朝者，豈以有告朔、聽朔應發之政事，而祭之儀節多不備矣。〇胡傳：「不告月者，不告朔也。不告朔則曷爲不言朔？因月之虧盈而置閏，是主乎月而有閏也。故不言朔而言月。」

七年，春，公伐邾。三月，甲戌，取須句。遂城郚。

僖公嘗伐邾、取須句矣，此復書「取」，而須句之失不見於經，以是知外取内田邑，舊史皆諱而不書。

夏，四月，宋公王臣卒。

宋人殺其大夫。

赴告不及，以傳聞書，其名不可得而詳也，則第書其國有是事而已。凡弑君而稱人者，倉卒生亂，國人本未得其主名，而第知賊由微者也。殺公子、大夫而稱人，或微者相殺，或大臣貴戚相殺，或赴告有主名，或赴告無主名，皆不得不以人書也。蓋稱國以殺，則非其君之意，目其人則兩下相殺，不見於册書，與弑君可直書其人者異矣。盜則陰使人賊殺，而莫知其爲誰，君大夫無異義也。

戊子，晉人及秦人戰于令狐。晉先蔑奔秦。

戰而不言敗，勝負敵也。奔而不言出，在外也。秦納公子雍不書，晉不告也。所告者禦秦師及先蔑之奔而已。

狄侵我西鄙。

秋，八月，公會諸侯、晉大夫，盟于扈。

公羊傳謂公後會，故諸侯不序，大夫不名。非也。經書公會而盟，乃曰後會而不與盟，可乎？且不序、不名，無以徵公之後會也。蓋大夫而主諸侯之盟自此始，故變文以見義焉。垂隴之盟，士穀嘗主之矣。其序諸侯而見士穀，何也？晉襄公時權未下移，盟者士穀而主者襄公，此會則趙盾專之，禮樂征伐自大夫出矣。何以不書「盾」？義在大夫，不在盾，使序諸侯而目盾，則諸侯與大夫衆會之常辭，而習其讀者莫之察矣。

冬，徐伐莒。

魯方親莒，故徐以號舉，舊史之文也。

公孫敖如莒莅盟。

左傳：「徐伐莒，莒人來請盟。」

八年，春，王正月。

夏，四月。

秋，八月，戊申，天王崩。

冬，十月，壬午，公子遂會晉趙盾，盟于衡雍。

是時文公懦弱，政在遂。盾以公之盟未可恃也，故復與遂要言，至是而堅冰之勢成矣。他日魯君在晉，而季孫即事於會，兆於此矣。

乙酉，公子遂會雒戎，盟于暴。

公孫敖如京師，不至而復。丙戌，奔莒。

經曰「如京師」，而二傳皆曰「未如」，以敖之復不地耳。汪氏遂謂敖以乙酉如京師，而丙戌奔莒，則受命而不行可知，其實非也。内大夫出聘，未有以日書者，安得以文繼暴盟，遂定以乙西之日遺乎？公子遂書「至黄乃復」，公孫歸父書「至笙，遂奔」者，國故也，故詳其遘疾而返致命而奔之地。若赦則從己之私耳，未必以返地告，魯人即知之，義不必著於册書。

螽。

宋人殺其大夫司馬。宋司城來奔。

左傳：「司馬握節以死，故以官書；司城蕩意諸來奔，效節於府人而出，公以其官逆之，亦書以官，皆貴之也。」所謂貴之者，蓋魯史之情，非春秋之法也。其名爲册書所不載，則孔子無從而得之，雖得之亦不可益矣。○胡傳：「主兵者見殺，守土者出奔，而其君不免失身見弑之禍矣。」

九年，春，毛伯來求金。

公羊傳：「何以不稱使？當喪未君也。逾年矣，何以謂之未君？即位矣，而未稱王也。未稱王，何以知其即位？以諸侯之逾年即位，亦知天子之逾年即位也。以天子三年然後稱王，亦知諸侯於其封内三年稱子也。逾年稱公矣，則曷爲於其封内三年稱子？緣始終之義，一年不二君;,緣臣民之心,不可曠年無君;,緣孝子之心,則三年不忍當也。」

夫人姜氏如齊。

夫人之歸寧,不書者也。此何以書?夫人至是不安於魯矣。是他日子弑、夫人大歸之始事也,故特書以發疑焉。

二月,叔孫得臣如京師。

辛丑,葬襄王。

晉人殺其大夫先都。

君幼,不得書國殺,又不得書盾殺,故稱人。晉人以殺三大夫之故來告,必曰「使賊殺先克」,故討其罪,魯史必承而書之,而克之死不見於經,何也?據左傳「使賊殺先克」,則當時本無主名,盾惡三大夫不附己,而夙與克怨,遂以疑獄蔽其罪,若書「盜殺先克」,繼書「晉人殺三大夫」,則似歸獄於三大夫,聖人固不忍據趙氏之疑詞,而以未有主名之獄歸於三大夫也。

三月，夫人姜氏至自齊。

出而致者，得禮也。所以别於文姜也。以是知夫人之出與至，舊史備書其出之得禮而無變者，則孔子削之也。其出之非禮而致者，亦孔子削之也。使舊史於夫人之出與至例不書，則出姜亦不書，而孔子無從而得之矣。

晉人殺其大夫士穀及箕鄭父。

陳人殺其公子禦寇，宋人殺其大夫，皆國亂無政而衆人擅殺也。若晉先都、士穀、箕鄭父乃趙盾挾私怨而以國法殺之，其稱人何也？殺大夫非若弑君之可目其人也，兩下相殺不著於册書，雖得其主名，舍晉人無以稱也，然方是時盾執晉政，主諸侯專會、盟、侵、伐，則非國亂無政而衆人擅殺可知矣。其爲執政者之私意，而假於公討，亦可按迹而得之矣。

楚人伐鄭。公子遂會晉人、宋人、衛人、許人救鄭。

陽處父救江，嘗以名見矣，而此復稱人，何也？處父獨伐也。若會師，則自夆以前策書未有載卿大夫之名氏者，故雖霸國之卿亦稱人。

夏，狄侵齊。

秋，八月，曹伯襄卒。

九月，癸酉，地震。

據魯史而書，故不及他國也。地本聯合一體一處，震則通體皆撼，但發動之所，甚震必大，漸遠則震勢漸微而人不覺耳。

冬，楚子使椒來聘。

楚至是而備君臣之辭，一同於列國。故二傳以爲褒楚，胡氏以爲思善悔過、向慕中國，故進之，皆非也。商臣覆載不容之賊，乃以聘魯而褒進其君臣，謬矣。況明年伐宋，次厥貉。又明年，伐麇。皆以爵書，亦得謂褒進乎？楚伐鄭、宋與聘魯並行，蓋遠交近攻，以濟其憑陵諸夏之謀，未見其思善悔過、向慕中國也。蓋齊桓之没也，楚師内侵，魯附之恐後，今晉文、襄既没，楚勢甚張，而聘使忽至，魯君臣以得與結好爲喜，故備其君臣之辭以書於册。穀梁所謂「以其來我故褒之」者，蓋舊史之情而誤以爲筆削之旨也。春秋於吴、楚、徐、越所稱之貴賤詳略一仍舊史，蓋因之以見事實，以弑父與君之賊，泰然安於其位，通聘問、主會盟、專征伐，而舊史至是乃進之，而一同於列國之君，則時事可知矣。

秦人來歸僖公、成風之襚。

不可以「成風及僖公」，又不可云「僖公夫人成風」，又不可云「及夫人成風」，故並舉而先僖公，屬辭之體然也。穀梁傳謂「即外之弗夫人而見正焉」，未達於此也。○張氏洽曰：「是時秦、楚交病中國，秦欲伐晉而歸襚於魯，猶楚欲圖北方而來聘也。」

葬曹共公。

十年，春，王三月，辛卯，臧孫辰卒。

夏，秦伐晉。

列國之師，君將稱君，卿大夫將或稱人、或稱師。成、襄以後卿將以名見，未有獨稱國者，而秦伐晉、晉伐秦、鄭伐許獨稱國，先儒以爲貶，非也。其事同時相次，而獨於一役貶，則其異於前後者，何也？蓋秦、晉、鄭、許之戰亟矣。或赴告不及，傳聞略不知主兵者爲君、爲卿大夫，又不知其師之衆寡，則第書某國加兵於某國而已。

楚殺其大夫宜申。

自正月不雨，至于秋七月。

及蘇子盟于女栗。

及者，公也。何以知其爲公也？魯雖亢，或未敢使微者盟王臣也。天王之喪不赴，而與王臣要盟，故没公以見義焉。蘇子，王朝之卿也。其稱子，非五等之爵也。蓋至是大夫張，晉卿盟會、册書皆以名見，而不復稱人，則王朝之卿無轉稱王人，及斥言其行次之義，故特爲是稱以尊異之。自是以後，會、盟、征、伐，王臣與諸侯列序皆稱子矣。赴告於諸侯亦稱子矣，如以爲五等之爵，則前此百餘年王臣無一子爵，而後此會、盟、征、伐，將王命以出，無一非子爵者，其義不可通矣。然則自是以後，召伯來賜公命，召伯、毛伯奔楚，復仍其恒稱，何也？會盟則據載書，赴告則據簡書，若承使而來，其號名本不見於公之命策，魯史無爲私易其恒稱也。子朝之亂，召、毛從其恒稱，而單、劉稱子，則皆從王室之赴告可知矣。用此推之，則高子來盟，亦以魯方内難，急而求齊，故載書不敢稱其名，而特爲是稱以尊異之也。陸氏淳謂畿内諸侯皆曰子，殷制已然。非也。自周以前史記無徵，何以知微、箕非五等之爵乎？僖十年，狄滅温，温子奔衛。書滅建國也。左傳蘇忿生與檀伯達封於河，則周初舊國先鄭且數百年矣。然則記稱五官之長曰伯，於外曰公，皆不足據乎？凡記皆約春秋之文而爲之也。若王臣有五等之爵，則記亦無此文。傳稱温子，蘇忿生之後也，狄滅温而王以其地賜晉，則失國久矣。豈魯人以其先世本爲建國，故稱子以尊異之，而後此遂以爲王朝之卿列於會盟之舊典與？

冬，狄侵宋。

楚子、蔡侯次于厥貉。

此楚世子商臣也。其次厥貉，乃胡傳所謂「藏禍心以憑陵諸夏」也。而書爵，則知稱爵爲褒之説不可通矣。

十有一年，春，楚子伐麇。

張氏洽曰：「楚侵伐書『子』，益盛强也。」

夏，叔仲彭生會晉郤缺于承筐。

秋，曹伯來朝。

公子遂如宋。

狄侵齊。

冬，十月，甲午，叔孫得臣敗狄于鹹。

晉人敗狄於箕，其後侵齊、侵魯、侵宋，不敢復犯晉。得臣敗狄於鹹，不敢復犯齊、魯，立國貴自强也。

十有二年，春，王正月，郕伯來奔。

孫氏復曰：「諸侯失地皆名，此不名者，非自失國也。莊八年，郕降於齊師。自是入齊爲附庸，此又來奔，爲齊所逼耳，故不名也。」○或曰：「舊史略之，與僖二十三年杞子卒不名同例。杞、魯姻也，以微而略之，況郕伯乎？」

杞伯來朝。

二月，庚子，子叔姬卒。

其稱子，時君之女也。不繫國，未嫁也。君爲之變而過於禮之常制，故特書於册。傳謂許嫁則卒之，非也。十二公之女許嫁而卒者，獨僖之篇伯姬，文之篇子叔姬乎？○啖氏助曰：「左傳大誤，當在成八年，誤置此耳。」

夏，楚人圍巢。

秋，滕子來朝。

秦伯使術來聘。

自僖以後，列國之大夫無不氏者矣。秦屢與夏盟，使再至魯而術猶不氏，何也？僻遠而隔於晉，故舊史略之。

冬，十有二月，戊午，晉人、秦人戰于河曲。

秦、晉以河爲界，此二國邊邑之争也，故不書「及」。宣、成以前，卿大夫將常稱人，而先儒每以傳汨之曰「此君將貶而稱人」，是以經釋傳也。孔子作經，豈預知後之有傳哉？宜乎其説之自相戾也。

季孫行父帥師城諸及鄆。

孫氏復曰：「帥師而城，畏莒故也。鄆，莒、魯所争。」〇李氏廉曰：「成九年，楚公子嬰齊伐莒入鄆。襄十二年，季孫宿救台，遂入鄆。昭元年，取鄆。其秋，叔弓疆鄆田，莒人愬諸晉。至昭二十五年，齊侯取鄆以居公。二十九年，鄆潰。此一鄆之始終也。其成四年城鄆乃西鄆也。」〇諸魯邑亦帥師以城，何也？與鄆逼近，恐莒人窺見其謀，而出師以相撓，故預防之。

十有三年，春，王正月。

夏，五月，壬午，陳侯朔卒。

邾子蘧蒢卒。

自正月不雨，至于秋七月。

大室屋壞。

穀梁傳：「譏不修也。大室，猶世室也。周公曰大廟，伯禽曰大室，群公曰宫。」天久不雨而廟屋自壞，奉先之怠忽可知矣。不書新，與御廩、新宫同義，魯祖周公，頌曰「周公皇祖」是也，而伯禽始封廟亦不可毁，故别稱大室，其後妄立武宫，而明堂位傅會比於武世室，其書本僞作，不足據也。

冬，公如晉。衛侯會公于沓。

狄侵衛。

十有二月，己丑，公及晉侯盟。公還自晉，鄭伯會公于棐。

衛、鄭俱不忘晉，援魯以自通，此新城之盟所以復合也。商臣罪大惡極，苟有人心者，皆藏惡焉。而靈公幼弱，盾懷異心，自顧其私，不恤國恥，坐失可爲之勢，俾楚益張，惜哉。

十有四年，春，王正月，公至自晉。

左傳：「頃王崩，周公閲與王孫蘇争政，故不赴。凡崩、薨不赴，則不書。禍、福不告，亦不書。」

邾人伐我南鄙，叔彭生帥師伐邾。

承筐之會稱叔仲彭生，此文闕也。

夏，五月，乙亥，齊侯潘卒。

六月，公會宋公、陳侯、衛侯、鄭伯、許男、曹伯、晉趙盾。癸酉，同盟于新城。

扈之盟，諸侯不序，大夫不名，此復序諸侯而見趙盾，何也？義已前見矣。則録其實以傳信，可也。盟書「同」，自二幽以後未之有也。蓋晉怠楚張，諸侯既貳而復合，故載書要言以「同」。凡會盟書日而後列序其人者，常也。此列序其人而後書日，始將爲會，及期而易爲盟也。

秋，七月，有星孛入于北斗。

公羊傳：「孛者何？彗星也。」穀梁傳：「孛之爲言茀也。其言入北斗，斗有環域也。」

公至自會。

晉人納捷菑于邾，弗克納。

以晉而不能行强於邾，則捷菑之非正，與晉人之爲義屈，皆可見矣。前此陽處父伐楚以名見，後此郤缺伐蔡以名見，而此稱人，則主兵者非卿也。左傳帥師者趙盾，公、穀曰郤克，則知舊史本未得其主名，而非孔子没其名以爲貶矣。

九月，甲申，公孫敖卒于齊。

穀梁傳：「奔大夫不言卒，而言卒，何也？爲受其喪，不可不卒也。」

齊公子商人弑其君舍。

未逾年而曰「君」，何也？書「君之子」，則疑於奚齊之不正；書「世子」，則疑於偃師之未立，舍「弑其君」，無以屬辭也。蓋未逾年不稱君者，緣孝子之心以立制，見弑則稱君者，正君臣之分以明法，其義並行而不相悖也。商人弑君而稱公子，何也？至是外大夫無不書繫與族者矣。故弑君者亦書繫與族，舊史之文也。○穀梁傳：「成舍之爲君，所以重商人之弑也。」

宋子哀來奔。

左傳謂子哀書字爲貴之，非也。古有以「子某」名者，陳子亢、介子推是也。春秋無以字書者，其稱伯仲叔季，行次也。乃記所謂「五十以伯仲」爾。

冬，單伯如齊，齊人執單伯。

其不書「執我行人」，何也？凡以他事執則書「行人」，以見其執之不與也。故以本事執，則不書「行人」。汪氏克寬謂晉欒書、欒黶父子同稱欒伯，士渥濁、士彌牟祖孫同稱士伯，而家父、仍叔詩序皆有之，單伯蓋其世稱，但莊之篇單伯卒不見經，以其爲桓之大夫也。若此單伯乃其子孫，則卒無不書之義。

齊人執子叔姬。

傳以叔姬爲舍母，非也。果舍母，則當書「齊人執其君之母叔姬」。蓋姬，舍所聘，至齊而舍已見殺，不得稱「君夫人」，其不目商人，何也？書「齊人」則商人之罪見，目商人則齊人之罪不見。時君之子不應有兩叔姬，豈前十二年子叔姬承上「庚子」之文，而録者誤衍與？

十有五年，春，季孫行父如晉。

三月，宋司馬華孫來盟。

其不名，何也？魯人以爲敏而貴之，猶齊仲孫、高子、宋司馬、司城之不名耳。不書使，非奉命而來盟也。

夏，曹伯來朝。

齊人歸公孫敖之喪。

志魯無政，使敖喪得歸也。胡傳謂因其二子之哀以著教，非也。二子事不見經，何從著教哉？○汪氏克寬曰：「齊人但置諸境上，而敖之子自收以葬，故不曰來。」

六月，辛丑朔，日有食之。鼓，用牲于社。

單伯至自齊。

穀梁傳：「大夫執則致，致則名，此其不名何也？天子之命大夫也。」

晉郤缺帥師伐蔡。戊申，入蔡。

入不言伐，先書伐而詳其入之日，見伐之不服而後入也。莊二十八年，齊人伐衛。日在伐前，則知以至之日戰矣。此日在伐後，則知伐未服而後入矣。

秋，齊人侵我西鄙。

季孫行父如晉。

冬，十有一月，諸侯盟于扈。

此盟及十七年會扈，傳謂皆晉侯親之，故不序諸侯，以罪其不討賊，非也。使晉侯在行，正當列序諸侯，以著靈公方幼，趙盾誤國釋賊不討之罪。宣七年，會于黑壤。襄二十五年，會于夷儀。釋賊不討而諸侯皆序，其明徵也。盟扈、會扈，蓋以晉大夫實序諸侯之上，故總言諸侯而没晉大夫，以發疑而著變焉。其義與僖二十七年盟于宋同，蓋楚人主會乃書「公會諸侯」而没楚人，以得臣實序諸侯之上，不可以訓也。使得臣序諸侯之下，則仍如于齊及鹿上之盟，諸國及楚人皆列序可矣。晉主會盟，乃總言諸侯而没晉大夫，以趙盾實序諸侯之上，不可以訓也。使盾序諸侯之下，則仍如新城之盟列序諸侯，而目盾可矣。假而没晉、楚之大夫而列序諸侯，則似諸侯自爲會盟，而晉、楚實不與，所謂微辭隱義、時措從宜者，此類是也。

十有二月，齊人來歸子叔姬。

曰「齊子叔姬來歸」，則已嫁而出之辭也。曰「齊人來歸子叔姬」，則弑其君而逐其妃，情迹顯然矣。孰不稱君夫人，歸不稱齊，叔姬，未配之辭也。吴氏澂謂姬歸齊，當在九月之末，至齊而舍弑，疑得其實，但舍當喪而娶，則叔姬之逆與歸宜備書以志非禮，豈舊史因齊婚不終，遂略其事，而孔子不能益與？○家氏鉉翁曰：「齊商人既歸子叔姬，遂以兵加魯，邀公爲盟，公懼爲齊辱，託病使二臣會盟，前書陽穀之會，後書郪丘之盟，其間書『四不視朔』，著公不欲自出耳。」

齊侯侵我西鄙，遂伐曹，入其郛。

十有六年，春，季孫行父會齊侯于陽穀，齊侯弗及盟。

左傳：「公有疾，使季文子會齊侯于陽穀。請盟，齊侯不肯，曰：『請俟君間。』」

夏，五月，公四不視朔。

公羊傳「自是公無疾不視朔」，非也。曰「四不視朔」，則後此仍視朔明矣。但或視，或否，習以爲常，不可勝書，故其文不再見耳。不曰告朔而曰視朔者，凡朔事，公皆不親也。蓋自朝廟以及告朔、聽朔之禮皆廢矣。○高氏閌曰：「前此未有書不視朔者，若其有疾，則亦常事耳。此特書者，見公非有疾而然也。蓋欲符季孫行父之言，使齊不疑耳。」

六月，戊辰，公子遂及齊侯盟于郪丘。

左傳：「公使襄仲納賂於齊侯，故盟于郪丘。」

秋，八月，辛未，夫人姜氏薨。

何以知其爲僖夫人也？以後書「夫人姜氏歸于齊」也。子卒而夫人大歸，必君之妻也。未有君之母，而大歸於君薨之後者也。

毁泉臺。

穀梁傳：「喪不二事。二事，緩喪也。自古爲之，今毁之，不如勿處而已矣。」

楚人、秦人、巴人滅庸。

庸地介三國之間，故秦、巴乘其將滅而取分焉。若秦、巴不利其土，則雖以師從，滅國之罪當專屬於楚。胡傳謂列書三國而楚不稱師，爲滅楚之罪，非也。

冬，十有一月，宋人弑其君杵臼。

稱人以弑者，本未得其主名，而第知賊由微者。傳稱襄夫人使帥甸攻而殺之，則未有主名可知矣。傳載蕩意諸之死而經不書。胡傳以爲不能正君，坐待其及而死之，故不得班於孔父、仇牧、荀息。非也。春秋之初，凡弑君之賊，國人皆欲致討，而赴告必有主名，故并詳從死之臣。此孔父、仇牧、荀息所以備載於册書也。宋昭公之殺，襄夫人、公子鮑欲自掩其迹，以衆亂告而賊無主名，則蕩意諸之死無以爲辭，以爲死節不甘也，以爲討罪又不可也，故隱而不宣。若以爲孔子削之，則不能正君，坐待其及而死之，正孔父、仇牧、荀息之所同耳。何爲獨苛於意諸哉？

十有七年，春，晉人、衛人、陳人、鄭人伐宋。

至是霸國之卿獨伐以名見，而與列國之大夫會伐猶稱人，與九年救鄭之師同也。篡弑大逆，兵戎重事，盾不自出而使林父，本無心於討賊可知矣。方是時歸生柄鄭，亦有無君之心，故使石楚會伐，非獨怠於公義，其曲庇亂人，乃所以自爲地耳。陳序衛下，則亦非上卿也。

夏，四月癸亥，葬我小君聲姜。

高氏閌曰：「九月乃葬，慢也。不稱僖姜而別爲之謚，非禮也。」

齊侯伐我西鄙。六月，癸未，公及齊侯盟于穀。

諸侯會于扈。

自趙盾專晉，惟十三年，公如晉，晉侯及公盟。蓋盟於國都，盾無説以專之。其餘會、盟、侵、伐，晉侯無一與者。左傳以二扈皆晉侯親之，誤矣。時靈公少長，君臣之隙已成，盾之逆心已蓄矣。後二年，即身爲賊，豈肯討齊、宋之賊，使天下知大義之不可泯哉？既欲陰庇亂黨，設靈公親會，安知諸侯不有以大義相激，助伸霸討者乎？以情事推之，而斷以聖經之義法，此二役必盾實主之決矣。史記稱盾專，靈公忌之，蓋得其情實。傳稱盾忠，靈公無道，蔽於趙氏之誣辭耳。

秋，公至自穀。

冬，公子遂如齊。

十有八年，春，王二月，丁丑，公薨于臺下。

秦伯罃卒。

秦穆公卒不見經，蓋雖與中國會盟，而未與魯通，卒不赴告，至康公歸襚來聘，故卒赴而得書於册也。

夏，五月，戊戌，齊人弑其君商人。

衛人殺州吁，衛人本以爲賊也。齊人弑其君商人，齊人本以爲君也。傳稱邴歜、閻職弑懿公於申池，則得其主名矣。而稱人何也？懿公死於申池而二人亡，故齊人以爲賊由二人而終不辨其爲歜與職也。○黄氏仲炎曰：「春秋篡弑之賊如魯桓、齊懿、蔡侯般、楚子虔之類，雖幸免於王法之誅，而卒受殺身之禍，豈非以此始者，必以此終與？」

六月，癸酉，葬我君文公。

秋，公子遂、叔孫得臣如齊。

二卿並聘，前此未有也。蓋惡視齊甥也。遂之姦謀恐齊人庇之，故與得臣並聘以要於齊，蓋謂舉國臣庶皆歸心於公子接，而非己一人之私使，齊人見，謂勢不能止而曲聽之也。而遂强横，得臣同惡之罪皆見矣。舊史之法，非卿不見於册書，聘與會，介者必大夫也。而得臣以卿而介遂，叔詣以卿而介宿，故並舉焉。將稱元帥，史法之常也。故晉六卿並出，獨稱元帥，而魯自戰鞌以後，四卿出則並書，三卿出則並書，二卿出則並書，蓋三桓無君，各不相下，而史不敢略也。孔子仍而不削，何也？使削得臣之並聘，則遂之逆謀轉不可得而見矣。削叔詣之並會，則宿之僭端轉不可得而見矣。諸卿並將者削之而獨稱元帥，則三桓無君、魯國分裂之迹，轉不可得而見矣。故即以舊史之異文爲作經之特筆也。

冬，十月，子卒。

子卒而不地，葬而不書，故也。子般之卒日，黨氏微之也。子野之卒日，季氏告之也。子赤之卒不日，蓋事在宫闈，不可得而考矣。傳載叔仲彭生之死，而不見於經，何也？孔子削之也。曷爲削之？使人疑而考其實也。子赤之弒諱，則彭生之死不得直書，漫志其卒則殉君之迹隱矣。○或曰：「經雖不書彭生之卒，何足以發後人之疑而得其實哉？」魯卿有事不見經而書其卒者矣，未有事見於經而不書其卒者也。彭生會晉郤缺、帥師伐郲，其名屢見於經，若以故出，則當如慶父、公孫敖之書「奔」；若以事誅，則當如公子買、公子偃之書「刺」，今非奔也，非刺也，則斷無不書其卒之義。而方是時，兩卿並聘而子卒不日，先君既没而夫人大歸，新君即位而强鄰取賂，則國之内亂可知。君弑既諱，則從君以死者不得明著其節可知。若經書「叔彭生卒」，則習其讀者以爲内大夫卒之常辭，而無所用其疑矣。或曰：「翬之不卒，既曰以討其罪矣。彭生不卒，何以知其非翬類也？」翬之時内大夫無罪者皆書「卒」，而桓之大夫皆不卒，則知以討其罪矣。彭生之時，内大夫之首惡、脅從無不卒，而彭生無故而缺焉，則知其死於君國而有不忍言者矣。赤之卒也，前書「公子遂、叔孫得臣如齊」，嗣書「夫人大歸」，嗣書「行父如齊」；接之立也，首書「遂如齊，逆女」，嗣書「行父如齊」，則知群姦同惡相濟，而彭生自是不見於經，則其不與罪人同心而死於非命，其迹亦昭然不可掩矣。胡傳乃謂彭生不死於君命，故不以死節予之，當君父急難，必待詔而後往，於臣子之義安乎？變故倉卒，幼君之命何由得達？且仲以君命召，何由知其非真，乃以公冉務人「非君命」一言爲彭生咎，誤矣。彭生力不能衛幼主，較之孔父不能止君之過，荀息從君於昏，豈反不及，而聖人乃督過之深哉？

〇胡傳：「在喪稱子，繼世不忍當也。既葬不名，終人子之事也。何以不日？以見其弑也。」

夫人姜氏歸于齊。

婦人之出由夫，未有夫死而大歸者，況嗣君之母乎？書「歸」而不書「孫」，則夫人之行無惡可知矣。子卒不地、不日，則非正命可知矣。而夫人大歸，則嬖妾僭君、庶孽篡弑而逐君母，其迹皆不可掩矣。○家氏鉉翁曰：「齊人弑舍而歸叔姬於魯，魯人弑赤而歸出姜於齊，弑君、出母，後先一轍，莫有聲其罪而討之者，桓、文之功不可没也。」

季孫行父如齊。

夫人歸而行父如齊，則畏齊之討可知矣。行父之與遂同心亦可見矣。

莒弑其君庶其。

弑君而書國者四，其義之異於書人者。何也？凡書人者，倉卒生亂，其國本未得主名，而第知賊由微者，故舊史承赴而書人也。若赴告有主名而非其實，或謾以爲無主名，舊史據而書之，至孔子修春秋，欲仍之，則非其實，欲正之，則無所徵，故以國書，蓋懸獄而不敢有所歸也。庶其之弑，據赴告必曰「微者」，或衆亂而未得其主名也。舊史承而書之，必曰「莒人」也，而傳聞則太子僕也。故第書「莒」，有是事而不敢溢一辭焉。若書「莒人」，是決其爲衆亂、賊由微者，而僕得自脱於是獄之外矣。安知非舊史本以國書也？經修於異世而所據者舊史，故懸獄而不敢有所歸也。若舊史則以傳聞書者有矣，果得其實，何以不目其人哉？楚商臣、蔡般之無赴告，或赴不以實也，審矣。而皆目其人何？獨於莒僕、欒書、吴光而隱之也。○吴氏澂曰：「如左氏之言，則是僕以太子弑父也。春秋何以書國弑乎？且僕既與國人同弑君，則當自立矣。又何以奔魯乎？疑『僕因國人』下『以』字當作『之』字，謂僕因國人之弑君，懼并及禍而來奔也。」

春秋直解卷之七

宣公

元年，春，王正月，公即位。

穀梁傳：「繼故而言即位，與聞乎故也。」〇宣公篡立與桓公同，而月皆繫王，何也？義見於前，則餘仍其常可也。

公子遂如齊逆女。

在喪而婚，懼討而急自結於齊也。桓之立，翬爲逆女焉。宣之立，遂爲逆女焉。則其爲先君之賊、時君之謀主可知矣。納幣不書，豈公薨之後約婚以爲篡弑之地，而納幣在子卒之前，故不得書於册與？

三月，遂以夫人婦姜至自齊。

六禮不備，則女不行，近世未嫁守貞而父母不能奪者多矣。不稱氏，夫人與有貶也。稱婦，責敬嬴也。

夏，季孫行父如齊。

左傳：「納賂以請會。」

晉放其大夫胥甲父于衛。

殺三大夫稱人，盾主之也。放胥甲稱國，非盾主之也。據傳討軍門之呼，則趙穿實爲罪首。八年不討，盾庇之耳。疑靈公陰謀除盾，欲翦其羽翼，命治舊獄，意本在穿，而盾專國政，乃釋穿而放甲，故公之惡盾益深而穿之謀亂益急，明年，遂有桃園之弑也。

公會齊侯于平州。

胡傳：「案左氏曰：『會於平州，以定公位。』春秋以來，弑君簒國者已列於諸侯之會，則不討也。欲定其位者，魯宣宜稱『及齊』，而曰『會』者，討賊之法也。凡討亂臣賊子，必深絕其黨。」

公子遂如齊。

六月，齊人取濟西田。

穀梁傳：「内不言取，言取，授之也。以是爲賂齊也。」蓋内地被侵奪，舊史常諱而不書，惟濟西、讙、闡，魯以授齊得書於册，知然者，以經所書歸田，其始失皆不見也。觀濟西田之取，而子弑、夫人大歸得免於討之故可知矣。二卿之聘、婦姜之歸、平州之會皆以貪而動於惡可知矣。不書魯賂而書齊取，著齊侯之罪也。魯君臣負篡弑之惡，於致賂何誅焉？○張氏洽曰：「桓公篡立，求援於鄭，而誘以許田；宣公奪嫡，主齊以自立，而賂以濟田。以利自固，前後一轍，使鄭莊、齊惠不貪其利，則桓、宣必不能以自立矣。」

秋，邾子來朝。

楚子、鄭人侵陳，遂侵宋。

鄭稱人，君不行也。是役也，雖左傳亦無鄭伯在師之文，而胡傳必以爲貶，過矣。晉襄文、襄霸業，而會、盟、討、伐，君皆不出，使大夫專行。楚則鋭意中國，凡有大役，君必親之，據事直書而盛衰之本見矣。

晉趙盾帥師救陳。

盾自九年以後，凡侵伐皆使諸卿，今復自出，蓋弑謀益急，欲示威於衆，而假公義以服諸侯也。

宋公、陳侯、衛侯、曹伯會晉師于棐林，伐鄭。

胡傳：「地而後伐，于衺則疑辭，此則著其美。」非也。其事果善，豈待書會地而後美著耶？蓋伐國有成謀而連兵以往，則直書會伐；中道而定謀焉，則先書會地，衺與棐林無異義也。晉師本出救陳，會於棐林，而後伐鄭之謀定焉。安得不先書會地哉？其不曰會晉趙盾，何也？書會晉師，則專會伐也；書會趙盾，則似盾與諸侯先行會禮而後伐矣。

冬，晉趙穿帥師侵崇。

胡傳：「晉欲求成於秦，而伐其與國，意者趙穿已有逆心，欲得兵權，託於伐國以用其衆乎？不然，何謀之迂也。」

晉人、宋人伐鄭。

胡傳「貶而稱人」，非也。自文以後，霸國之卿獨伐以名見，與列國會伐仍稱人。自宣以後，卿將以名見，而大夫將則稱人，皆舊史之文，因時勢以爲詳略者也。盾方内憂，志不在諸侯，實將卑師少耳。左傳紀戰、伐，於軍帥十得八九，而是役亦曰「晉人」，則微者可知矣。秋，救陳，伐鄭，盾方在行。冬，穿又帥師侵崇。豈能爲宋復勤大師、遣貴將乎？

二年，春，王二月，壬子，宋華元帥師及鄭公子歸生帥師戰于大棘。宋師敗績，獲宋華元。

自是列國卿將皆書「帥師」，而以名見矣。其稱人者，非卿也。以宋及鄭，以尊及卑也。君獲不書「師敗績」，舉重也，即君將不書「帥師」之義。卿獲書「師敗績」，其重均也。

秦師伐晉。

秦舉大師，必貴將也。而不以名見，何也？秦遠於魯而隔於晉，魯人視之，終不同於列國也。故列國之卿無不氏，而秦術以國舉；列國卿將無不名，而秦終稱師與人也。

夏，晉人、宋人、衛人、陳人侵鄭。

諸國皆非卿也。盾蓋謀弑益急，無心於外事矣。

秋，九月，乙丑，晉趙盾弑其君夷皋。

胡傳：「趙穿手弑其君。董狐歸獄於盾，曰：『子爲正卿，亡不越境，反不討賊，非子而誰？』亡而越境，謂去國而不還也，然後君臣之義絶。反而討賊，謂復讎而不釋也，然後臣子之事終。不然，是盾僞出而實聞乎故也。假令不與聞而縱賊不討，是有今將之心，而意欲穿之成乎弑矣。以高貴鄉公之事觀焉，抽戈者成濟，唱謀者賈充，而當國者則司馬昭也。爲天吏者，將原司馬昭之心而誅之乎？亦將致辟成濟而足也。然則盾爲首惡明矣。」○吕氏祖謙曰：「盾平日所與親厚者惟穿耳，故敢行弑君之逆，盾歸，既不討其弑君之罪，反使穿逆公孫黑臀於周而立之，則盾之情無所逃矣。」○邵氏寶曰：「春秋之筆莫大於斷弑君之獄，斷弑君之獄尤莫大於微顯闡幽之二三策者。是故，晉夷皋之弑，舍穿而歸盾；鄭夷之弑，舍宋而歸歸生；楚虔之弑，舍觀從而歸比；齊荼之弑，舍朱毛而歸乞。」此董子所云，視人所惑大，爲説以明之也。

冬，十月，乙亥，天王崩。

三年，春，王正月，郊牛之口傷，改卜牛。牛死，乃不郊，猶三望。

公羊傳：「其言之何？緩也。曷爲不復卜？養牲養二卜。帝牲不吉，則扳稷牲而卜之。帝牲在於滌三月，於稷者惟具是視。郊則曷爲必祭稷？王者必以其祖配。王者則曷爲必以其祖配？自内出者無匹不行，自外至者無主不止。」○穀梁傳：「之口，緩辭也，傷自牛作也。」○胡傳：「乃不郊，爲牛死也；不然，郊矣。禮『爲天王服斬衰』，周人告喪，史策已書而未葬也。祀帝於郊，夫豈其時而或謂不以王事廢天事，禮乎？」

葬匡王。

吕氏大圭曰：「或謂桓王、匡王之葬，皆公親往，然葬諸侯而使卿則書其人，其他不書其人者，皆謂公親往，可乎？」

楚子伐陸渾之戎。

陸渾逼近王城，楚莊親伐，間晉有内難而窺周也。觀兵問鼎而以爵舉，則稱爵爲褒之説不可通明矣。

夏，楚人侵鄭。

自成七年書「嬰齊帥師」，以前稱楚人者，卿大夫也。其後稱人、稱師者，將非卿也。猶自文以前列國稱人、稱師者，卿大夫也；自宣以後稱人、稱師者，將非卿也。

秋，赤狄侵齊。

宋師圍曹。

狄侵齊、宋圍曹，知晉方内憂，未遑外事。

冬，十月，丙戌，鄭伯蘭卒。

葬鄭穆公。

四年，春，王正月，公及齊侯平莒及郯。莒人不肯，公伐莒，取向。

汪氏克寬曰：「及齊公之志也。及郯，以大及小也。」〇向，微國也。隱二年，莒人入向。至是遂爲莒邑而其滅不見於經，故知春秋之初滅國者多不告也。

秦伯稻卒。

夏，六月乙酉，鄭公子歸生弒其君夷。

以傳考之，歸生懼譖而弒成，蓋釁起於公子宋，而弒者歸生也。宋之譖得行於君，則嘗黿之憾已釋，而歸生懼譖，則與君相構之隙轉萌於歸生，故知弒者歸生也。十年傳，「鄭人討幽公之亂，斲歸生之棺，而逐其族」，則知宋爲巧構之謀，而弒則歸生主之矣。釁起於宋，謀構於宋，而使得逃於亂賊之名，何也？「春秋書王法，不誅其人身」，僉險小人、陰賊好禍者，無國無之，目其人，不足以垂戒，故惟秉國者是誅。趙盾用晉，則操刃者穿而不書；歸生用鄭，則構亂者宋而不書，歸生無弒謀則宋之亂不成，盾無弒心則夷皋之賊可討，此聖人所以決疑制法也。春秋時有以强臣怙亂而弒君者，華督之類是也。有小人乘間竊發而弒君者，宋萬、閻職、邴歜之類是也。使宋有督之勢，則其弒不謀於歸生；有萬之力、職歜之謀，則歸生不許，可自爲賊，而無事反譖歸生於公。宋不能自作難，而謀於歸生，歸生不許，轉構歸生於其君，而不能獨發，則夷之弒非歸生，孰爲之哉？先儒以爲舍宋而歸獄焉，猶未得其實也。

赤狄侵齊。

秋，公如齊。公至自齊。

冬，楚子伐鄭。

趙盾弑君，無辭以討鄭亂，故楚人乘此以圖霸也。

五年，春，公如齊。

左傳：「高固使齊侯止公，請叔姬焉。」

夏，公至自齊。

秋，九月，齊高固來逆子叔姬。

何以書？公爲之主也。且徵叔姬三月而遽歸也。孔氏穎達謂高固亦請於君，因聘而逆，非也。果爾，則宜以聘書而不言逆矣。

叔孫得臣卒。

冬，齊高固及子叔姬來。

何以書？三月而歸寧，且與高固偕也。國卿連以私事出疆，齊之無政亦可見矣。

楚人伐鄭。

六年，春，晉趙盾、衛孫免侵陳。

公羊傳以盾復見經，證其非弑。非也。内之賊如翬、如遂，外之賊如楚商臣、蔡般，名之見經屢矣。春秋之法，未嘗有是也。盾既弑君，故不敢以兵柄授人，身負大惡而以討人，宜陳之不能服矣。

夏，四月。

秋，八月，螽。

冬，十月。

七年，春，衛侯使孫良夫來盟。

左傳：「始通，且謀會晉也。」○穀梁傳：「來盟，前定也。不言及者，以國與之。不言其人，亦以國與之。」○來盟不日，以君使爲文，不得冠以日也。聘而盟則日，君使之聘而未使之盟也。

夏，公會齊侯伐萊。

曰「會」，齊爲主也。

秋，公至自伐萊。

大旱。

冬，公會晉侯、宋公、衛侯、鄭伯、曹伯于黑壤。

左傳，魯不與盟而諱之，非也。經書公之列會而未書諸侯之盟，則諸侯實未嘗盟耳。

八年，春，公至自會。

夏，六月，公子遂如齊。至黄乃復。

左傳，有疾而經不書，何也？昭公如晉，書「有疾，至河乃復」，君如鄰國得自專也。大夫朝聘而終、以尸將事，可以疾廢乎？使書有疾乃復，則習其讀者，以爲有可復之義矣。乃者，無其上之辭。

辛巳，有事于太廟。仲遂卒于垂。壬午，猶繹，萬入，去籥。

有事，時祭也。不舉祭名，譏不在祭也。曷爲稱仲遂？生而賜氏，俾世其卿也。繹者，祭之明日以賓尸也。萬，舞也，以其無聲，故入而用之籥管也；以其有聲，故去而不作。猶者，可已之辭。記稱「卿卒不繹」，以春秋所書知之也。翬不書卒，而遂書卒，先儒以爲記禮之變，非也。春秋非記禮之書也，魯之變禮，可盡記乎？卒不當書，則并其變禮之迹而没之，可也。蓋特文以見義，而後乃仍其故常者，春秋之法也。春秋存王法不誅其人身，故桓之篇非獨翬不書卒，凡隱之大夫而臣於桓，桓之大夫而死於莊之世者，皆不書卒也。蓋月不繫王，以示天王之當誅亂；大夫不書卒，以示臣子之當討賊。此義既見，則後此不得不仍其故常矣。天王所當誅之亂，不獨魯也，篡弒接迹，使皆以月不繫王見義，則二百四十年月不繫王者幾半，樊然殽亂，而習其讀者幾不知其義之在矣。月不繫王之例既不可通，則大夫不書卒之例亦不可用矣。且彭生不書卒，使宣之篇大夫皆不書卒，是使彭生與亂賊同罪，而無以辨也。獨削遂之卒，則既與彭生之不書卒相混，又似桓之大夫皆與翬同心，而得臣、行父得以隱其惡矣。然則仲遂書卒，乃春秋常法，非以紀禮之變也。

戊子，夫人嬴氏薨。

前書夫人姜氏歸於齊，此書夫人嬴氏薨，則逐女君而僭其位，其迹顯然矣。何以知姜氏之爲嫡娶？見於經也。

晉師、白狄伐秦。

殽之役書「及姜戎」，晉志也。此不書「及」，同惡也。左傳，白狄及君同州君之仇讎，則伐秦之師各逞其忿而非晉所專，可知矣。

楚人滅舒蓼。

秋，七月，甲子，日有食之，既。

冬，十月，己丑，葬我小君敬嬴。雨，不克葬。庚寅，日中而克葬。

公羊傳：「而者何？難也。乃者何？難也。曷爲或言而，或言乃？乃難乎而也。」○馮荆南曰：「書『日中而克葬』，譏亟也。若葬無譏，則書『庚寅而克葬』可也。蓋葬必以朝，故記曰『反，日中而虞』。左傳鄭簡公之葬也，『司墓之室有當道者，毁之，則朝而堋；不毁，則日中而堋』，則葬宜以朝明矣。附於棺者，必誠必信，既以雨止，而至庚寅，何不可更易一夕之期而必以日中亟葬哉？又記稱『匶引至於垣，遇日食止於道左，以待明復』，則遭事之變，葬可以易期審矣。」

城平陽。

楚師伐陳。

九年，春，王正月，公如齊。公至自齊。

胡傳謂公如齊，仲孫蔑如京師，故特書「春，王正月」以表之，與上五年、下十年「如齊」有異。非也。上五年，往反歷一時也；下十年，往反盡一時也。此年往反在一月也，往反歷二時而中無間事，以時舉可矣，不必著其月也。往反盡一時，中無間事，以時舉可矣，不必著其月也。往反在一月，安得以時舉哉？汪氏克寬謂，僖、襄二公如齊、晉，其時王室無嘉、好、喪、葬之事，則書「王正月」，乃常例。與「公如齊」而「仲孫蔑如京師」，「天王崩」而「公在楚」異。亦非也。公如齊而仲孫蔑如京師，不書「王正月」，其罪遂可掩乎？天王崩而公在楚，不書「王正月」，遂不知其慎已甚乎？或舉時，或舉月，所以稽久，暫見事實，皆舊史之文耳。僖十年、十五年，如齊；襄二十一年，如齊。皆書「王正月」者，後有異事，不得不舉首月也。襄八年春，如齊。無異事而舉首月者，是年夏，季孫會邢丘後，公方歸，故書「正月」以志去國逾時之久，皆舊史因事屬辭，不得不然。如孔子用此爲褒貶，設舊史不書「正月」，可臆度而增益之乎？

夏，仲孫蔑如京師。

齊侯伐萊。

秋，取根牟。

八月，滕子卒。

九月，晉侯、宋公、衛侯、鄭伯、曹伯會于扈。晉荀林父帥師伐陳。

諸侯會扈而晉卿伐陳，蓋是時，晉侯已疾也。傳謂林父以諸侯之師伐陳，恐不然。牡丘之役書「諸侯之大夫帥師救徐」，則此爲晉師獨伐可知矣。

辛酉，晉侯黑臀卒于扈。

卒以地，在其封内也。不書卒於會，會已畢也。不書葬，時魯事齊，與晉絶不會也。

冬，十月，癸酉，衛侯鄭卒。

宋人圍滕。

楚子伐鄭。晉郤缺帥師救鄭。

楚頻年加兵於鄭，胡傳皆以書爵與人爲褒貶，至此義不可通，又謂舉爵或爲褒，或爲書其實，皆非也。楚自嬰齊帥師以前，君將稱君，大夫將或稱人、或稱師，其常也。以稱人爲貶，春秋無是法也。篡弑之君會、盟、侵、伐無不書爵，乃以微罪貶而稱人，以亂名實乎？且胡傳謂三年無故侵鄭爲不義，貶而稱人，則此年伐鄭，元年侵陳、宋，皆無名不義之師而稱爵，何也？謂四年鄭有弑君之賊，諸侯不討而楚師至，故稱爵，而鄭賊固未嘗討也。謂五年，伐鄭稱人，爲其興師動衆，賊則不討，惟服鄭之爲事，則四年之師固以服鄭爲事而不討賊，胡至五年而後貶哉？謂此年書爵非予之，見其以重兵臨鄭，果爾則書「楚師伐鄭」亦可以著其重兵之實，何必迂其義而書爵，以混於予之之文哉？蓋立義未審，故其説自相糾縛而不能安也。

陳殺其大夫洩冶。

胡傳：「殺諫臣者，必有亡國弑君之禍。故洩冶無罪而書名，爲徵舒弑君、楚子滅陳之端，以垂後戒。」非也。凡書殺大夫而不著其名者，乃舊史失之；舊史書名，孔子無削之之義也。

洩冶之諫不著於經，雖書名，何以見陳侯之殺諫臣而垂後戒哉？春秋書國殺大夫義在專殺，而非以定所殺者之功罪。如里克、甯喜，其罪著於前；如洩冶，其徵著於後，亦事之偶然耳。其他功罪無徵於前後者，多矣。所謂存王法，不誅其人身也。乃或削其名，或書其名，而爲此曲義乎？至謂洩冶書名在子哀、叔肹之後，益誤矣。叔，氏也。肹，名也。子哀，亦名也。春秋無書字之法。○黄氏仲炎曰：「左傳載孔子曰：『詩云：「民之多辟，無自立辟。」其洩冶之謂乎？』此非孔子之言也。昔者紂爲不道，微子去之，箕子爲之奴，比干諫而死。孔子曰：『殷有三仁焉。』以比干爲仁，則必不以洩冶爲非矣。邦無道，危行言孫。此世之明哲見幾不仕而高尚者之爲也。若夫有位於朝，食君之禄，則既以身許國矣。豈可緘默苟容，與俗俱靡，以自立辟爲戒，以善保身爲得哉？此非所以爲人臣之訓也。」

十年，春，公如齊。公至自齊。

齊人歸我濟西田。

灊荆甯曰：「歸田獨此書『我』者，濟西之田，齊與諸侯皆有之，而所歸獨我，故封也。若鄆、讙、闡，則魯邑也。龜陰之田，獨魯有也，而書『我』，則贅矣。曹田之在濟西者，魯嘗介晉以取之矣。豈元年并以賂齊，而兹所歸者獨吾故封與？」

夏，四月，丙辰，日有食之。

己巳，齊侯元卒。

齊崔氏出奔衛。

穀梁傳：「氏者，舉族而出之辭也。」○尹氏、崔氏舊史不書名，故仍之。○家氏鉉翁曰：「是歲至杼弑君，蓋五十二年，使杼得年七十，此時方在弱冠，不應權勢已盛，爲人所畏，疑非杼之身，或其父，但不可考爾。」

公如齊。五月，公至自齊。

癸巳，陳夏徵舒弑其君平國。

胡傳謂，特書徵舒之名氏，以見洩治忠言之驗、靈公見弑之由。非也。凡弑君稱「人」者，其國本未得其主名也。華督、宋萬、歸生、趙盾以名氏見者多矣。何獨於徵舒而生此曲義乎？若謂君無道當稱人以弑，則宋昭、齊懿之無道，豈更出齊襄、楚靈之上也？

六月，宋師伐滕。

公孫歸父如齊，葬齊惠公。

晉人、宋人、衛人、曹人伐鄭。

胡傳謂諸侯親行，非也。左傳稱諸侯之師，而未見帥師者之名氏，則諸國皆非卿也。

秋，天王使王季子來聘。

書「王季子」，未有職司也。或曰：「時王之子，猶時君之女，稱子以別之也。」〇胡傳：「公羊傳曰：『王季子者，王之母弟也。』王有時聘以結諸侯之好，禮也。宣公享國，至是十年不朝於周，而比年朝齊。不奔王喪而奔齊侯喪，不遣貴卿會匡王葬，而使歸父會齊侯之葬，縱未舉法，勿聘焉猶可也；而使王季子來，王靈益不震矣。」

公孫歸父帥師伐邾，取繹。

大水。

季孫行父如齊。

冬，公孫歸父如齊。

齊侯使國佐來聘。

饑。

楚子伐鄭。

十有一年，春，王正月。

夏，楚子、陳侯、鄭伯盟于辰陵。

楚君之書爵，舊矣。陳、鄭之屈服於楚，亦舊矣。胡傳以書爵而序陳、鄭之上，謂因其能謀陳而進之。陳氏傅良、汪氏克寬謂予楚以霸，非也。傳稱侵鄭及櫟，未嘗一語及陳事，蓋因鄭服并徵會於陳而爲此盟，春秋據事直書，無以見其爲謀討也。縣陳之後，聞申叔時之諫，乃曰「吾未之聞也」，則前此本無討亂之心，可知矣。左傳，楚子入陳，陳侯方在晉。使辰陵之盟已定謀討賊，豈復遠如晉乎？既盟之後，逾三時而後興師，蓋借夏氏爲兵端，實則伺其君之出，而謀并其國耳。誠有討賊之心，則陳君在會，以楚之威執徵舒而戮之，一使者之任耳，豈必以重兵親造其地，而後罪人可得乎？

公孫歸父會齊人伐莒。

秋，晉侯會狄于欑函。

楚方有事中原，而齊、晉、魯、宋各營其私，其後四國皆仍世困，屈於楚人，無遠慮必有近憂，信哉。

冬，十月，楚人殺陳夏徵舒。

稱國以殺，則徵舒陳人，非以楚之國法殺之也。目楚子則疑於楚子之私矣，故必稱人而後於義爲安也。

丁亥，楚子入陳。

殺夏徵舒書「人」，衆心之公也。入陳書「楚子」，一人之私也。徵舒既殺則陳可不入，以明楚子之志在入陳也。胡傳謂不書取陳，爲美其討賊之義，末減而書入，非也。楚實未嘗取陳，紀其實耳。○李紱曰：「造其國都曰入，株林野鄙，去國都甚遠，徵舒弑君，豈敢復入國都？楚子蓋就其私邑，執而殺之，然後入陳耳。經書丁亥，在殺徵舒之後，正明殺而後入，傳謂入而後殺，誤矣。」

納公孫寧、儀行父于陳。

國君世子，國其所自有也，乃迫於强臣逆子而不得入，其書「納」，順辭也。大夫去國則義已絶，而假外援以抗君父，其書納，逆辭也。公子書納，著其乘亂争國之迹也。而先儒皆以内不受爲義，誤矣。殺泄冶者，寧與行父激；徵舒之弑亦由之，楚子不誅而反納焉。蓋二人本以陳餌，楚故任爲腹心，納之以制陳，而陳自是不敢背楚而從晉矣。

十有二年，春，葬陳靈公。

陳靈公弑於十年夏，而十二年春始葬，必陳君臣尚不忘討賊而緩其事也。安知非徵舒執國而不得葬乎？陳既立君而葬先君，必無以禁也，故原臣子之心，示賊既討之義，而書葬焉。

楚子圍鄭。

胡傳謂楚既入鄭而止書「圍」，爲從輕典，非也。傳之傳聞與經異耳。

夏，六月，乙卯，晉荀林父帥師及楚子戰于邲。晉師敗績。

救鄭不書，不及事也。以晉荀林父及楚子，以内及外也。

秋，七月。

冬，十有二月，戊寅，楚子滅蕭。

觀蕭之滅，則知楚得陳、鄭而不有，乃慮其國大，民未易服，而非能止於禮義矣。傳言蕭潰而經書「滅」，傳聞異也。胡傳謂經書「滅」，以斷其罪。過矣。圍、入、潰、滅，事之實也。變易事實以爲褒貶，則非傳信之書矣。其後宋之亂臣辰、佗、彄、地入於蕭以叛，則楚雖滅之而不能有其地，猶屬宋也。

晉人、宋人、衛人、曹人同盟于清丘。

新城之後，扈之盟不書「同」，晉霸猶未衰也。自晉敗於邲，楚勢益張，諸侯疑懼，晉人主盟，載書無不言同者矣。四國稱人，先儒以爲貶，非也。自成十五年會鍾離以前，大夫之衆會皆稱「人」，間有以名見者，霸國之大夫也。然必在會有諸侯，而後霸國之大夫以名見。

宋師伐陳。衛人救陳。

左傳：「宋爲盟故，伐陳。」〇家氏鉉翁曰：「胡氏以宋爲非義，陳爲可恤，非也。楚用詐入陳，幾亡人國，春秋不與也。宋伐楚之與國，爲人所難，謂之非義不可。衛甫受清丘之盟，乃救陳以媚楚，謂其救爲義，亦不可。」

十有三年，春，齊師伐莒。

夏，楚子伐宋。

李氏廉曰：「楚有事於中國，皆目鄭及宋。楚成之争霸，敗宋於泓；楚穆之争霸，弱宋於厥貉；楚莊之興，挾鄭人以侵宋。今年之伐，明年之圍，又明年之平，而南北之勢成矣。成十八年彭城之役，楚又挾鄭以圍宋，向非悼公之盛，則於宋之盟不待襄公之末年，而天下分霸矣。」

秋，螽。

冬，晉殺其大夫先縠。

先儒於殺大夫，每以不去其官爲義，非也。殺大夫非討賊之比也，其居位而見殺者，皆書大夫，不計罪之有無也。鄭良霄、晉欒盈既奔而復入，則非其大夫矣。惟夏徵舒不稱大夫，示討賊之義，里克、甯喜稱大夫，示討之不以其罪，則春秋之法寓焉耳。○先縠以剛愎致敗，然其意本欲振國恥，不宜反召狄師，恐縠方負罪而狄師適至，晉人以此疑之，如鄢陵之役謂郤至召楚師之類耳。

十有四年，春，衛殺其大夫孔達。

夏，五月，壬申，曹伯壽卒。

晉侯伐鄭。

秋，九月，楚子圍宋。

宋不量力而加兵於陳，固非謀國之善，然楚人力争中夏，鄭服則次及於宋，雖無瑕釁，亦不免於受兵。胡傳謂春秋端本責宋爲深，非也。傳稱楚聘齊、晉而不假道於鄭、宋，儼然行王使過賓之禮，所以嘗鄭、宋，竦齊、晉也。宋人毅然殺其使者，實足以伸大義而抑其邪心，春秋何故反深責之乎？若專以利害爲褒貶，恐非聖人意也。春秋時惟宋人有志抗楚，執義不屈，有商人駿肅之遺。

葬曹文公。

冬，公孫歸父會齊侯于穀。

十有五年，春，公孫歸父會楚子于宋。

宋、衛迫楚禍，猶以從楚爲恥，魯每事先以附之，直書而義自見矣。

夏，五月，宋人及楚人平。

外平不書，此何以書？宋以大義受兵，被圍三時，環視不救，使力屈而受盟於楚，故特書以著霸主及諸侯之罪也。其不書「宋及楚平」，何也？見二國久困於攻守，不得蘇息，不獨宋人迫欲其君之行成，即楚人亦惟願其君之罷役。穀梁傳謂衆欲之，是也。其與及齊、及鄭平異者，何也？邦交之常理宜稱國，對魯爲文。不出魯之君、大夫，而稱齊人、鄭人，則贅矣。其與「鄭人來輸平」異義，何也？彼以將命之人言也，平者，邦交也。若出將命者之名，則與華孫來盟之文同，而疑於其人之私矣。胡傳謂平者在下，故貶稱人，非也。使欲見平者在下，則如袁婁書「宋華元及楚子反盟」，不更切著乎？

六月，癸卯，晉師滅赤狄潞氏，以潞子嬰兒歸。

其稱師，將非卿也。

秦人伐晉。

王札子殺召伯、毛伯。

兩下相殺，不志於春秋，以凡國亂，衆人擅殺，與臣下自相殺，經皆稱人，惟王札子殺召伯、毛伯，陳侯之弟招殺陳世子偃師，楚公子棄疾殺公子比，皆直書其人，蓋義繫於其人，而不可以漫稱人。使書「周人殺召伯、毛伯」，不惟斥言周人，非屬辭之體，而王室無政，使寵子擅殺大臣之迹不可得而見矣。書「陳人殺其世子偃師」，則陳侯付託非人，招以親屬忍爲大惡，不可得而見矣。書「楚人殺公子比」，則疑於討賊，而亂賊相傾之迹，不可得而見矣。札以名而加「子」上，非義所安也。豈文與叔近而誤與？

冬，螽。

仲孫蔑會齊高固于無婁。

初税畝。

穀梁傳：「初者，始也。古者十一，藉而不税。初税畝，非正也。古者三百步爲里，名曰井田。井田者，九百畝，公田居其一，私田稼不善，由非吏〔一〕，公田稼不善，則非民。初税畝者，非公之去公田而履畝，十取一也，以公之與民爲已悉矣。古者公田爲居，井竈葱韭盡取焉。」

○汪氏克寬曰：「公田之法，十取其一，今又履其餘畝，十復收其一。」○穀梁傳所謂「去公田而履畝，十取其一」，蓋除去公田之入而復取十一也。先儒皆謂因公田稼不善，故履私畝而税之，不知同井之田稼之善否所争無幾，既變法以苛取，豈肯復仍十一之舊乎？

冬，蝝生。

胡傳：「始生曰蝝，既大曰螽。」

〔一〕「由」，穀梁傳作「則」。

饑。

黄氏仲炎曰：「莊公二十八年大無麥禾，而不言饑，蓋當時雖無素備，然猶知告糴於齊，故民猶未至於流亡也。今宣公再書『饑』，是既無蓄積之備，又無救荒之策，坐視其民之饑而死爾。」

十有六年，春，王正月，晉人滅赤狄甲氏及留吁。

其稱「人」，將卑師少也。○薛氏季宣曰：「攢函之會未幾而三滅狄，大無信也。」

夏，成周宣榭火。

左傳：「人火之也。凡火，人火曰火，天火曰災。」公羊傳：「成周者，東周也。宣榭者，宣宫之榭也。」胡傳：「按吕大臨考古圖有『郱敦者，稱王格於宣榭，呼内史策命郱』，是知宣榭者，宣王之廟也。榭者，射堂之制，其堂無室，以便射事，宣王之廟謂之『榭』者，其廟制如榭也。」汪氏曰：「疑宣王南征北伐，講武於此，遂以爲廟。」按：諸説皆因胡傳以爲廟而誤。胡傳則以公羊傳稱宣宫而誤，宣王會諸侯於東都，故有講武之榭，而至是火，何故必以爲廟乎？宣王時周猶未東，使書周宣榭火，則無以别舊都與新邑，故地之。

秋，郯伯姬來歸。

伯姬書大歸，而歸不見經。以是知内女之嫁不書者也。

冬，大有年。

承屢祲之後，故國人以有年爲喜，而舊史志之也。

十有七年，春，王正月，庚子，許男錫我卒。

丁未，蔡侯申卒。

夏，葬許昭公。

葬祭文公。

六月，癸卯，日有食之。

己未，公會晉侯、衛侯、曹伯、邾子，同盟于斷道。

宣公終世謟事齊，乃忽與晉盟而謀伐焉，蓋行父怒齊，則公不得自主矣。

秋，公至自會。

冬，十有一月，壬午，公弟叔肹卒。

公子、公叔、公兄弟之不爲大夫者皆不卒，而肹書卒，何也？公爲之變而加禮，故特著於册書也。肹終身不食宣公之食，而其子世爲魯卿，則公有怍焉。而於其卒加禮，可知矣。叔，氏也。肹，名也。何以知其非大夫也？以稱弟知之也，使爲大夫，則當書「公子肹卒」，而不稱弟矣。

十有八年，春，晉侯、衛世子臧伐齊。

晉、衛之卿，皆以私忿强其君，世子以出，蓋政在大夫，君拱手以聽，不獨魯爲然。

公伐杞。

夏，四月。

秋，七月，邾人戕鄫子于鄫。

左傳：「凡自虐其君曰弑，自外曰戕。」〇汪氏克寬謂邾子貶而稱人，胡傳謂鄫之臣子不能救君難，使邾人得造其國都而戕殺之，非也。蓋陰使人賊之耳，上無侵、伐、圍、入之文，則非君行卿將可知矣。其不曰盜，何也？稱盜則不知其爲邾人也。左傳「闇戕戴吴」，亦倉卒賊殺之謂。

甲戌，楚子旅卒。

公羊傳：「何以不書葬？吴、楚之君不書葬，避其號也。」楚子卒始見經，先儒以爲進之，非也。旅在楚爲勤政之賢君，在春秋則爲犯上作亂之大盜，旅以前雖僭王其國，未敢有陰窺周室之謀也。雖間有侵伐，未嘗有力征中夏之志也。至旅而隱然有鞭笞天下之心，尚賴齊、晉大國參錯相制，其力與勢猶不足以移周鼎，使皆如陳、蔡、鄭、許可懾威而服，則其禍更有不可言者矣。春秋何故乃進之乎？蓋至是舊史始有其文耳。若以進之爲義，則簒弑之君其卒，皆志於經，而天王之崩葬有不見者矣。秦康公之卒，志非賢於穆公也，至康始與魯通也。楚頵十八年以前，猶以號舉，則自頵以前，卒不赴魯可知。頵之弑，商臣當國，必無赴告，而舊史具戴其事者，人倫極變，以傳聞而志也。商臣之死，或赴不及魯，或舊史惡之而不書其卒，皆未可知。至旅則北挫晉兵，執霸權以臨東夏，諸侯服屬，故赴告及魯，而舊史書之耳。春秋於楚事之詳，與天王崩葬之闕，一仍舊史。而蠻荆之盛，諸夏之衰，天子之微，諸侯之悖，皆見矣。

公孫歸父如晉。

冬，十月，壬戌，公薨于路寢。

歸父還自晉。至笙，遂奔齊。

左傳：「冬，公薨。季文子言於朝曰：『使我殺適立庶以失大援者，仲也夫！』遂逐東門氏。子家還，及笙，壇帷，復命於介。既復命，袒、括髮，即位哭，三踊而出，遂奔齊。書曰『還自晉』，善之也。」○歸父欲倚晉以去三桓，季氏之誣辭也。蓋季氏世執魯政，而宣公之親仲遂過於季孫，爲行父所忌久矣。故乘公之薨，歸父之出而逐焉。使歸父交親於晉，則當奔晉而不奔齊矣。考之於經，行父三聘晉，而仲遂之生未嘗一至焉。歸父初聘，安敢不量而入，遽及國之變事乎？其奔齊，正以行父與齊新憾，可以隱身焉爾。

春秋直解卷之八

成公

元年，春，王正月，公即位。

二月，辛酉，葬我君宣公。

無冰。

胡傳：「寒極而無冰者，常燠也。洪範傳曰：『豫恒燠若，此政事舒緩，紀綱縱弛之象。』成公幼弱，政在三家，公室不張，其象已見，故當涸陰沍寒，而常燠應之。」

三月，作丘甲。

左傳：「爲齊難，作丘甲。」胡傳：「作丘甲，益兵也。古者九夫爲井，四井爲邑，四邑爲丘，四丘爲甸，甸方八里，旁加一里爲成，所取於民者，出長轂一乘，此司馬法一成之賦也。唐李靖曰：『周制一乘，步卒七十二人，甲士三人，以二十五人爲一甲，凡三甲，共七十五人。』然則一丘所出十有八人，積四丘而具一乘。今作丘甲者，即丘出一甲，是一甸之中，共百人爲兵矣，未知其所作者，三甸而增一乘乎？每乘而增一甲乎？賦雖不同，其實皆益兵，其數皆增三之一耳。」曰「作」者，不宜作也。

夏，臧孫許及晉侯盟于赤棘。

左傳：「聞齊將出楚師，夏，盟於赤棘。」往者行父會齊侯於陽穀，齊侯弗及盟，公子遂納賂而後盟於郪丘。今以散卿盟霸主而不以爲嫌，蓋政在大夫，晉亦習而不察矣。往者晉人悔處父之盟，尚盟公於國中，今乃出國而盟臧孫，則晉霸益衰而急於得魯可知矣。行父既與齊隙，而忌歸父，又與僑如不協，故不敢自出而使臧孫如晉，其深心而善自爲謀如此。

秋，王師敗績于茅戎。

穀梁傳：「不言戰，莫之敢敵也。爲尊者，諱敵不諱敗；爲親者，諱敗不諱敵。」〇鄭伯敗王，不書，此何以書？戎敗王師，猶可言也。諸侯敗王，不可言也。

冬，十月。

二年，春，齊侯伐我北鄙。

夏，四月，丙戌，衛孫良夫帥師及齊師戰于新築，衛師敗績。

齊稱師，將非卿也。

六月，癸酉，季孫行父、臧孫許、叔孫僑如、公孫嬰齊帥師，會晉郤克、衛孫良夫、曹公子首及齊侯戰于鞌，齊師敗績。

穀梁傳：「曹無大夫，其曰公子，何也？以吾之四大夫在焉，舉其貴者。」此大夫會伐以名見之始也。蓋魯卿各伐其功，故並書於策，而晉郤克、衛孫良夫亦以名見矣，而曹公子首亦以名見矣。曹大夫終春秋皆稱人，而此獨以名見，則舊史承諸卿之私意，而非有典法明矣。然則孔子不革，何也？使革之而魯舉元帥，曹書人，則諸卿驕悖無君之迹，轉不可得而見矣。春秋時軍帥正佐皆卿，許，行父之佐也；嬰齊，僑如之佐也。蓋是時魯止二軍，故其後三軍稱作四卿，並將空國以出，非獨逞忿，以歸父在齊而三桓同惡焉耳。〇陳氏傅良曰：「凡帥非卿不書。雖卿也，非元帥，亦不書。書魯四卿，是各自帥也。自文季年而無使介，至是而無將佐魯，三家之勢成矣。於是衛書良夫、曹書公子首而賞搴之功，晉於是有六卿，征伐在大夫，不獨魯也。」

秋，七月，齊侯使國佐如師。己酉，及國佐盟于袁婁。

及者，以内及外也。國佐請盟，不可以言會，舍及無以爲辭。楚屈完服義而受盟，完請之也，故書「來盟」。齊國佐納賂以求息師，不可則再戰，未嘗請盟也，故書「如師」。召陵之盟不書「及楚屈完」，以九國之君下盟楚大夫，故變文以見義也。袁婁以大夫盟大夫，則直書其事而已。

八月，壬午，宋公鮑卒。

庚寅，衛侯速卒。

取汶陽田。

胡傳曰：「汶陽之田，本魯田也。不曰『復』而謂之『取』，何也？恃大國兵力，一戰勝齊，得其故壤而不請於天王以正疆理，則取之不以其道，與得非其有奚異乎？」○據左傳，使齊人歸我汶陽之田而經書「取」，何也？非齊人之所欲也。○汪氏克寬曰：「趙氏云『凡力得之曰取』。齊歸汶陽而稱取，言藉晉之力以復之而得之之難也。穀梁云『歸，易辭也』，齊取汶陽而稱歸，言奉晉之命以反之，而失之之易也。」

冬，楚師、鄭師侵衛。

據左傳，楚師侵衛，遂侵我，而經諱之，非也。胡傳謂莫重乎公會嬰齊，故書「會」而不書「侵」，亦非也。蓋楚師方向魯而三桓遽迫公出迎，楚遂按兵，故舊史書「會」而不言「侵」耳。蜀之會盟不諱公，所以著三桓之罪也。使書「楚人侵我」，而公出會，則三桓之罪益明，何故隱其罪乎？

十有一月，公會楚公子嬰齊于蜀。

此會之辱過於齊之盟，而書「公」不諱，何也？著三桓之惡也。侯伯會盟則大夫往與亢禮，而荆蠻之臣使公辱焉，其債甚矣。且是盟諸國皆大夫會，而魯獨君往，蓋緣楚師之入本爲救齊，而搴之戰季孫、叔孫實主之，恐有執辱之危，故身避而迫公以往也。若諱公則或疑微者往會，而三桓之惡隱矣。楚大夫自屈完以後無氏者，而自嬰齊以後無不氏，楚益强，諸侯以盟主事之，故其臣名氏具詳也。〇哀公會吴於鄫，吴召季康子不往，太宰嚭曰：「國君道長，而大夫不出門。此何禮也？」此會實始基之矣。

丙申，公及楚人、秦人、宋人、陳人、衛人、鄭人、齊人、曹人、邾人、薛人、鄫人盟于蜀。

自成十五年會鍾離以前，列國大夫之特會、特盟，有以名見者，衆會、齊盟猶稱人也。此盟楚主之，故秦先於宋，而齊後於從楚之國。傳稱蔡、許之君實與而經不書，非孔子削之也。楚人以爲私而不列於載書，如虢之會邾、滕不與耳。

三年，春，王正月，公會晉侯、宋公、衛侯、曹伯伐鄭。

晉實畏楚，故楚師既還而後伐鄭，成公幼弱而親會師，三桓懼楚人之討，將委咎於君也。宋、衛未葬而稱爵，以吉服從戎也。

辛亥，葬衛穆公。

二月，公至自伐鄭。

甲子，新宮災。三日哭。

劉氏絢曰：「不書宣宮，主未遷也。知然者，丹楹、刻桷皆稱桓宮，此不舉謚，故知其未遷也。宮成而主未入，遇災而哭，何禮也？宣公薨，至是二十有八月，緩於遷主可知矣。」〇李光地曰：「據古廟制，考宮非新作廟也。新之而遷舊主易以新主焉耳。新主未入，則舊主在焉。災而哭，禮也。劉、胡之説未知然否。」〇馮荊南曰：「新主未入，舊主在焉。則宜從舊主之謚而不宜曰『新宮』，豈宮室之新作者而非廟寢與？」〇黄世成曰：「廟祏既徹，逮新主當入，必先遷舊主而後可易檐改塗於此，時遇災，既不得追稱僖宮，又不得預稱宣宮，故曰『新宮』，宗廟有災，先君之主不得以時入廟，嗣子及群臣臨哭，禮固宜然。」

乙亥，葬宋文公。

夏，公如晉。

拜汶陽之田，且用除喪入見之禮以事晉也。

鄭公子去疾帥師伐許。

鄭書大夫將始此。

公至自晉。

秋，叔孫僑如帥師圍棘。

左傳：「取汶陽之田，棘不服，故圍之。」〇胡傳：「魯於是時初稅畝、作丘甲，稅役日益重矣。棘雖復歸故國，所以不願爲之民也與？」

大雩。

晉郤克、衛孫良夫伐廧咎如。

冬，十有一月，晉侯使荀庚來聘。衛侯使孫良夫來聘。丙午，及荀庚盟。丁未，及孫良夫盟。

先書「聘」而後書「盟」，受命而聘，非受命而來盟也。不書「盟」者，而第言「及」，何也？來盟不書「盟」者，莅盟；不書其人，以國與之也。來聘而盟事與來盟類，不書「盟」者，則不得不第言「及」也。劉敞謂荀庚、良夫不繫國，以見其遂事之辱，非也。蒙上「來聘」之文耳。

鄭伐許。

鄭、許之侵伐亟矣。又二國之私，而與諸侯無與也。或赴告不及，傳聞略，不知主兵者爲君、爲大夫，又不知其師之衆寡，則第書「某國加兵於某國」而已。先儒謂號舉以懲其惡，則是年夏「鄭公子去疾帥師伐許」；明年，「鄭伯伐許」，皆無惡而獨是役惡乎？此以知其不可通也。

四年，春，宋公使華元來聘。

三月，壬申，鄭伯堅卒。

杞伯來朝。

夏，四月，甲寅，臧孫許卒。

公如晉。

葬鄭襄公。

秋，公至自晉。

冬城鄆。

鄭伯伐許。

五年，春，王正月，杞叔姬來歸。

仲孫蔑如宋。

夏，叔孫僑如會晉荀首于穀。

梁山崩。

高氏閌曰：「先王之制，名山大川不以封，梁山雖屬於韓，而非諸侯正受封之地，故春秋書『梁山崩』而不繫之國者，爲天下記異也。」

秋，大水。

冬，十有一月，己酉，天王崩。

十有二月，己丑，公會晉侯、齊侯、宋公、衛侯、鄭伯、曹伯、邾子、杞伯同盟于蟲牢。

程子曰：「天王崩，而會盟不廢，見其皆不臣。」

六年，春，王正月，公至自會。

二月，辛巳，立武宫。

公羊傳：「武公之宫也。立者何？不宜立也。」啖氏助曰：「左氏云：『季文子以鞌之功立武宫。』傳意以爲武功之宫，如楚子所立者，非也。若以韋戰之故，不應經五年方立之。」

取鄟。

鄟，微國也。取者，取爲附庸也。謂内滅書「取」，非也。僖三年，徐人取舒，外亦書「取」。十七年，滅項，内亦書「滅」。以此知滅與取異道也。凡取外邑必先書「伐某國、敗某師」，而根牟、鄟、邿無所繫，此以知其爲微國也。

衛孫良夫帥師侵宋。

據左傳，以其辭會晉命也。

夏，六月，邾子來朝。

公孫嬰齊如晉。

壬申，鄭伯費卒。

秋，仲孫蔑、叔孫僑如帥師侵宋。

自鞌以後，魯卿並將則並書，史以爲常法矣。孔子因之，著三家之逆萌也。晉六卿左行獨書元帥，統於君命也。宣公薨，歸父逐，國政盡歸於三家，君不足以統之矣。〇李氏廉曰：「春秋凡奉霸主之命，或爲霸主而興師者，皆書『侵』，此年二卿侵宋，十年衛黑背侵鄭，左傳皆曰『晉命也』；襄二十四年羯侵齊，定六年公侵鄭，八年二卿侵衛，左傳皆曰『晉故也』。蓋本非有怨，但屈於不得已，故無志於深入，但淺侵其境與？」

楚公子嬰齊帥師伐鄭。

自盟蜀以後，楚卿將，無不以名見者矣。其書人與師者，將非卿也。蓋一同於齊、晉矣。

冬，季孫行父如晉。

晉欒書帥師救鄭。

七年，春，王正月，鼷鼠食郊牛角。改卜牛，鼷鼠又食其角，乃免牛。

傷自牛作，故曰「郊牛之口」；鼷鼠食之，則不曰「郊牛之角」，文當然也。

吴伐郯。

吴以號舉，魯人忽之也。

夏，五月，曹伯來朝。

不郊，猶三望。

免牲不曰「不郊」，免牛亦然，此書「免牛」，復書「不郊」，何也？逾時而中有間事也。

秋，楚公子嬰齊帥師伐鄭。

公會晉侯、齊侯、宋公、衛侯、曹伯、莒子、邾子、杞伯救鄭。八月，戊辰，同盟于馬陵。

晉自文、襄之霸，凡有戰伐，齊君未嘗親從，自敗於鞌而求服，無會不與，無役不從，由是楚氛亦少靖焉。趙盾乘晉霸之盛而使亂賊公行，荆蠻益熾，以盾爲身謀而不恤國事也。荀林父、郤克、欒書當喪敗之餘而復振，以尚能承君命而盡力於疆埸耳。然靈公幼弱不道，乃盾所以啓其姦心，而景公會、盟、救、伐多身親之，所以謹其操柄，其根源又在於此。

公至自會。

吳入州來。

冬，大雩。

衛孫林父出奔晉。

家氏鉉翁曰：「林父結晉之權臣久矣。至是奔晉，挾盟主以抗其上，未幾返國，值衛衎不能君，稱兵犯上，逐其君，立所善之公子，卒入戚以叛，爲衛患者幾四十年，晉實爲之也。」

八年，春，晉侯使韓穿來言汶陽之田歸之于齊。

胡傳：「汶陽之田，本魯田也。郤克戰勝，令齊反魯、衛之侵地，今復有命，俾歸諸齊。齊人貪得，晉有二命，皆罪也。而魯侯微弱，遂以歸齊而不能保，罪亦見矣。」

晉欒書帥師侵蔡。

公孫嬰齊如莒。

宋公使華元來聘。

夏，宋公使公孫壽來納幣。

納幣不書，此何以書？納幣使卿，非禮也。履緰逆女不書「紀侯使」，何也？凡爲君逆稱「女」，自逆稱「某姬」，見於册書者詳矣。雖不書「紀侯使」，而知其爲君逆也。若納幣不書「使」，則疑於壽之自爲也。然則公子遂如齊納幣不疑，何也？内臣書「如」，皆奉君命之辭也；外臣書「來」，則以其私者多矣。不可以無辨也。

晉殺其大夫趙同、趙括。

秋，七月，天子使召伯來賜公命。

其曰「天子」，文誤也。

冬，十月，癸卯，杞叔姬卒。

内女之卒不書者也。叔姬大歸而書卒，何也？以杞伯逆其喪以歸，不可以不書卒也。

晉侯使士燮來聘。叔孫僑如會晉士燮、齊人、邾人伐郯。

李光地曰：「晉既通吴，欲以病楚。恐非以郯事吴而伐之也。其或郯附楚而吴、晉交加以師與？」

衛人來媵。

胡傳：「媵者何？諸侯有三歸：嫡夫人行則娣、姪從，二國媵之，亦以娣、姪從。凡一娶九女、三國來媵，非禮也。」○左傳：「凡諸侯嫁女，同姓媵之，異姓則否。」果爾，則第書「齊人來媵」可矣。

九年，春，王正月，杞伯來逆叔姬之喪以歸。

汪氏克寬曰：「春秋書『叔姬卒』與『杞伯逆喪以歸』無貶辭，則知叔姬無悖德反義之行，夫在而逆喪歸葬，則自應祔廟，與宋襄之母異矣。」

公會晉侯、齊侯、宋公、衛侯、鄭伯、曹伯、莒子、杞伯同盟于蒲，公至自會。

二月，伯姬歸于宋。

内女之歸不書，此何以書？納幣非禮，致之非禮，媵之非禮，故不得不志其歸也。

夏，季孫行父如宋致女。

致女不書，此何以書？致女使卿，非禮也。

晉人來媵。

秋，七月，丙子，齊侯無野卒。

晉人執鄭伯。晉欒書帥師伐鄭。

非會，非伐，則因朝而執可知矣。

冬，十有一月，葬齊頃公。

楚公子嬰齊帥師伐莒。庚申，莒潰。楚人入鄆。

入鄆重言楚人，明異事也。莒潰而更入鄆，故爲更端之辭。程子謂前書嬰齊名氏，後書人，與會蜀、盟蜀同一人之身，俄而進退焉。非也。盟蜀稱人，蓋自成以前衆會齊盟，諸侯之大夫例稱人，嬰齊不得獨以名見也。此書「楚人」，則嬰齊在莒，而以偏師入鄆耳。使嬰齊自莒入鄆，則當書「遂」。楚不救鄭而用師於莒，攻其無備以撓晉也。晉再與莒盟而不救，尚可以責鄭之會楚乎？

秦人、白狄伐晉。

鄭人圍許。

左傳：「示不急君也。」是則公孫申謀之，曰：「我出師以圍許，爲將改立君者，而紓晉使，晉必歸君。」

城中城。

穀梁傳「非外民」，胡傳譏警守之微，皆非也。未有設險守國而城宮外之城者，必夫人、僑如穢迹彰聞，欲去季、孟，因恐季、孟圖己而陰爲之備耳。其後沙隨之會，孟獻子守於公宫，則當時國勢可知矣。

十年，春，衛侯之弟黑背帥師侵鄭。

其稱衛侯之弟何？未有職司，而任國之大事也。

夏，四月，五卜郊，不從，乃不郊。

公羊傳：「不免牲，故言乃不郊也。」

五月，公會晉侯、齊侯、宋公、衛侯、曹伯伐鄭。

按左傳，鄭人改立君，晉伐鄭而歸鄭伯，經不書，何也？凡書「歸」者，其國以告也。豈鄭伯之歸在會伐還師之後，憾魯之同伐，而不以歸告與？

齊人來媵。

丙午，晉侯獳卒。

秋，七月，公如晉。

左傳稱晉人止公送葬，魯人辱之，故不書是也。胡傳：「孔子諱之。」非也。以天子之禮事大國，與小國以天子之禮事魯，而魯受之，其惡同也。郲子、滕子來奔喪，魯人以爲榮而書之，則孔子不削矣。以是知送晉、楚之葬，奔齊之喪，乃魯人以爲辱而不書，如書，則孔子不削也。

冬，十月。

十有一年，春，王三月，公至自晉。

正月不書「公在晉」者，以朝會而在異國，常事也。

晉侯使郤犫來聘。己丑，及郤犫盟。

高氏閌謂公留晉九月，晉侯不與盟，反公於國而使大夫盟，爲無禮於公。非也。晉侯在喪，義不得盟諸侯。又據經所書，郤犫受命而來聘耳，其盟也，或魯人請之，或犫實專之耳。且内大夫盟外侯伯者多矣，以魯之弱小，豈敢以無禮加人哉？凡在喪而會盟，皆小國迫於霸令也。傳載晉平公之喪，子皮請朝新君，晉人辭。子産相鄭伯如晉，以魯喪不見。則晉侯之不盟公，非故卑魯可知矣。

夏，季孫行父如晉。

秋，叔孫僑如如齊。

魯既憾晉，又恐齊乘間而修怨，故講好而釋言也。

冬，十月。

十有二年，春，周公出奔晉。

自周無出。三傳因天王居皇，居狄泉及子瑕、子朝、尹氏、召伯、毛伯之奔，皆不書「出」，而誤爲此説也。皇與狄泉皆在畿内，而襄王越在鄭地，安得不書「出」乎？子朝及尹、召、毛與敬王分國而居，不可以書「出」，非周公棄官而出之比也。惟子瑕於傳無考，然諸侯之大夫自外而奔者，皆不書「出」，則子瑕必此類也。若譏失道，由周公之失道豈反過於尹、召、毛之屬哉？

夏，公會晉侯、衛侯于瑣澤。

趙氏匡曰：「若實華元合晉、楚之盟，經不應不書。蓋晉令鍾儀歸求成，事竟不集。左氏遂誤爲此傳耳。」

秋，晉人敗狄于交剛。

冬，十月。

十有三年，春，晉侯使郤錡來乞師。

胡傳：「不以王命興師，故特書『乞』。」非也。桓、文倡霸以後，徵兵而不出於王命者多矣，晉人不能救郯而伐郯，不能庇鄭而虐執其君，以殘其國，辱魯君以送葬，而歸其田於齊，諸侯皆有貳心。故伐郯之役，魯請緩師；蒲之盟，譏晉不德，晉人自料德與威俱不足以屬諸侯，故不得已而卑禮巽辭以請焉。若謂無王命，則是役也諸侯皆朝京師，而左傳稱劉子、成子會伐，未必非假王靈以徵討也。

三月，公如京師。夏，五月，公自京師，遂會晉侯、齊侯、宋公、衛侯、鄭伯、曹伯、邾人、滕人伐秦。

覆言「公自京師」，見諸侯皆會京師也。使書「三月，公如京師；夏，五月，遂會諸侯伐秦」，則諸侯不會於京師之辭也。不書「朝于京師」而曰「如」者，不予以朝也。蓋踐土、河陽，晉之致王則悖；而諸侯之朝王，則誠也，故直書曰「朝」。若伐秦之役，非能朝也，則爲「如京師」而已。傳稱劉子、成子會伐而經不書，何也？汪氏克寬曰：「書劉、成於晉侯之上，則疑於朝京師、奉王命而伐秦矣。」或曰：「亦傳之傳聞與經異耳。」

曹伯廬卒于師。

左傳：「曹人使公子負芻守，使公子欣時逆曹伯之喪。秋，負芻殺其太子而自立。諸侯請討，晉人以其役之勞也，請俟他年。」

秋，七月，公至自伐秦。

孫氏復曰：「不以京師致，本非朝京師。」

冬，葬曹宣公。

十有四年，春，王正月，莒子朱卒。

夏，衛孫林父自晉歸于衛。

不言「復歸」者，無不復之勢也。衛元咺幾陷其君，宋魚石、晉欒盈爲國所逐，其勢難復，故書「復歸」、「復入」。若林父之歸，大國爲請，而君許之易可知矣，故不書「復」也。先儒謂大夫無復道，故復歸爲惡，歸爲善，非也。趙鞅之叛，楚公子比之弑，而第書「歸」，則以勢之難易爲別，而非褒貶所寓明矣。

秋，叔孫僑如如齊逆女。

鄭公子喜帥師伐許。

九月，僑如以夫人婦姜氏至自齊。

夫人之娶失禮然後書，此無失禮，何以書？明嫌也。莊有成風，文有敬嬴，成有定姒，其卒書「夫人」，薨、葬稱「小君」，與守嫡同。使哀姜、出姜、齊姜之娶不書，則不知孰爲嫡、媵矣。且襄之篇三夫人之薨並書，使不備其始末，則未知孰爲君母，孰爲君生母，孰爲君祖母矣。以是知夫人之娶，舊史備書，其得禮而無嫌者，則孔子削之也。使舊史有擇而書，則惟失禮者當其時可辨耳，其明嫌者安知後之有嫌而預書之哉？穀梁傳謂大夫以夫人，非正。非也。國君之禮異於公子、士、庶人，卿逆而迎於境可矣；越國而親迎，非禮也。程子之辨明矣。韓侯因覲而親迎，列於大雅，故君子無譏。莊之篇前書「公如齊納幣」，後書「如齊逆女」，皆以非禮書也。卿逆爲禮，則何以書？使不書翬之逆而書「夫人姜氏至自齊」，則與文夫人歸寧而至同文，不知其爲始婚矣。不書「遂」與僑如之逆而書「以夫人婦姜至自齊」，更不知其事之端，與義之所在矣。其稱婦姜氏而異於文、宣二夫人，何也？李氏廉曰：「無貶也。」趙氏匡曰：

「書『氏』，傳寫誤增。」

冬，十月，庚寅，衛侯臧卒。

秦伯卒。

十有五年，春，王二月，葬衛定公。

三月，乙巳，仲嬰齊卒。

公羊傳因歸父稱公孫，嬰齊稱氏，遂有「爲人後者爲之子」之説，議禮之家多據焉。其實非經義也。當是時魯卿有二嬰齊，皆公孫。聲伯會、盟、侵、伐屢稱公孫嬰齊，而仲嬰齊無所見，使其卒也，書公孫嬰齊則不知其爲兩人，而十七年卒於貍脤者，又不知其爲何人矣。此必魯人本以「仲」爲別，而舊史因之也。爲歸父後之説亦傳者之訛，蓋當宣公時，仲遂親用過於三桓，歸父嗣職，葬齊侯、聘於齊、帥師伐邾、會齊伐莒、會齊侯于穀、會楚子于宋，凡國之大政皆獨操之，今又如晉，使羽翼既成，必與三桓相軋，故乘嗣君初立，其身在外而遣其家，以仲爲氏，非後歸父而以王父之字爲氏也。遂之生也，已賜氏矣。

癸丑，公會晉侯、衛侯、鄭伯、曹伯、宋世子成、齊、國佐、邾人，同盟于戚。

此列國大夫齊盟，以名見之始也。

晉侯執曹伯，歸于京師。

凡執諸侯、大夫稱「人」者，以是爲亂世相陵暴之事，故執得其罪，而歸於京師則稱爵，明方伯之職所當爲也。猶外取邑皆稱人，而齊侯取鄆以居昭公，則稱爵焉。不稱「歸之于」者，王在京師與衛侯鄭之執，王在踐土異也。曹負芻之罪不著於春秋。趙氏汸謂曹伯卒，太子未立其位，故不敢二尊。非也。陳招殺世子偃師書，則非法不宜書明矣。左傳，諸侯請討，晉人以其役之勞也，請俟他年。或以稽討而命諸侯勿籍，故直待逾年執曹伯，而後舊史有其文與？然前書曹伯以霸事卒於師，而後書晉侯執曹伯，則非曹伯之子當立乎其位者亦明矣。曹伯有當執之罪，不宜使列於盟，直書而過自見者也。

公至自會。

夏，六月，宋公固卒。

楚子伐鄭。

秋，八月，庚辰，葬宋共公。

宋華元出奔晉。宋華元自晉歸于宋。宋殺其大夫山。宋魚石出奔楚。

左傳所云顯與經背。使華元果至河而反，經必不書「自晉歸于宋」矣。其再書華元與良霄自許入鄭異辭，正爲晉、宋懸隔千里，奔晉歸宋非一時事，不得不再舉華元。許、鄭接壤，良霄方出即入，不得再舉良霄。皆因事屬辭，以著其實也。胡傳謂辭繁而不殺，所以與元。誤矣。

自僖、文以後，列國之大夫無不氏，而蕩、山不氏，何也？宋人惡之而不以氏赴也。

冬，十有一月，叔孫僑如會晉士燮、齊高無咎、宋華元、衛孫林父、鄭公子鰌、邾人會吴于鍾離。

此列國之大夫衆會，皆以名見之始也。蓋其始晉大夫特會、特盟以名見，而列國之大夫特會、特盟亦以名見矣。既而晉大夫衆會、齊盟以名見，而齊大夫衆會、齊盟亦以名見矣。而列國之大夫衆會、齊盟，皆以名見矣。大夫以漸而張，舊史以漸而詳，世變人心，正因是而可考焉。是以春秋一仍其舊而不革也。自二傳以殊會爲外吴，先儒遂謂春秋惡吴過於楚，以其同姓僭王，若不殊會，則是代宗周爲共主，非也。楚會諸侯始于盂，宋公召之，自曹以外，皆楚之屬，而偕楚子以來，不得曰「宋公、陳侯、蔡侯、鄭伯、許男、曹伯會楚子于盂」也。僖二十七年，楚人自帥四國圍宋。公懼而往會以受盟，不得曰「公會陳侯、蔡侯、鄭伯、許男會楚人盟于宋」也。成二年，嬰齊内侵而公往會之，諸國之大夫亦各往會之，不得曰「公會秦人、宋人、陳人、衛人、鄭人、齊人、曹人、邾人、薛人、鄫人會楚人盟于蜀」也。至宋、虢之盟，晋、楚各帥其屬，以至申之會楚召而諸侯聽命焉。其不得以會楚爲文，又明矣。若鍾離、柤、向則吴人在是，而晋帥諸侯以會之，會吴者，晋志也，魯從晋而往會者也，非會又會，無以著事實見情勢也。襄五年，會于戚，吴人入聽諸侯之會，則列序而不殊會矣。左傳於諸會皆不言盟，蓋會而不盟也。陳氏謂吴、晋之盟，春秋終諱之，亦無稽之言。○鞌之戰，大夫主兵而大有功，遂爲大夫會伐書名之始。鍾離之會，諸侯不出而委大夫以通吴，遂爲大夫衆會書名之始。蓋禮樂征伐自大夫出，故舊史重其人而書之詳耳。○汪氏克寬謂會者實吴子，非也。屢會之後，吴子尚不肯親至，况初約哉？○孫林父甫歸即出會盟，衛侯不謹於橾柄，所以終釀簒弑之禍也。

許遷于秦。

凡以遷於人書者，其國自是而亡也。以自遷書者，猶能國也。然必迫於外患，震蕩播越而後書，蓋必如是而後其國以遷告也。左傳晉遷於新田，楚遷於鄀，郲遷於繹，皆不見經，蓋擇地而居，無爲赴告於鄰國，故舊史無其文耳。

十有六年，春，王正月，雨，木冰。

穀梁傳：「雨而木冰也，志異也。」〇高氏閌曰：「雨著木而成冰，上温而下寒，陰陽乖隔，上下不通也。」

夏，四月，辛未，滕子卒。

鄭公子喜帥師侵宋。

鄭怨晉，故堅附楚，同病中國，自是諸侯之師無寧歲矣。爲楚侵宋，魚石在楚故也。

六月，丙寅朔，日有食之。

晉侯使欒黶來乞師。

甲午，晦，晉侯及楚子、鄭伯戰于鄢陵。楚子、鄭師敗績。

城濮書「楚人救衛」，邲書「楚子圍鄭」，録晉、楚合兵之由也。鄢陵不書「救鄭」，以鄭會戰，則楚救而合謀拒晉可知矣。不書「伐鄭」，俟楚之至而遇於鄢陵，未暇致伐於鄭也。楚不書「師敗績」，以君傷爲重也。泓之戰不書「宋公敗績」，宋人告敗而諱君傷也。此則晉人告克而并告楚子之集矢於其目耳。晉人乞師於魯，則并徵諸侯之師可知矣。而戰者獨晉，即此見晉致諸侯之難矣。故厲、悼之間屢書乞師也。○高氏閌曰：「晉將伐鄭，鄭告於楚，楚子遽引師而來，晉不暇俟諸侯之師先與合戰而敗之。」

楚殺其大夫公子側。

秋，公會晉侯、齊侯、衛侯、宋華元、邾人于沙隨。不見公。

魯君屈辱之事，惟沙隨不得見，平丘不與盟，直書無隱。胡傳遂謂春秋榮義而不榮勢，二役曲不在公，故不諱。非也。凡諱恥，皆舊史之文，春秋無此法也。恥莫大於文姜、哀姜二夫人之孫，莊公之與讎狩，而舊史所書，春秋不削也。乃以不得見、不與盟爲諱乎？及處父盟，送晉侯葬，蓋時君以爲恥，故史臣不敢斥言其事。魯至成、襄以後，季孫居國，威重過於君。沙隨之後伐鄭，行父見執；平丘之後，意如見執。季孫之執，既不得不書，則公之不得見、不與盟，亦不敢諱也。苕丘，傳載行父代公執而憫其忠，則季孫方以是自爲功，而史臣敢諱公之不見乎？

公至自會。

公會尹子、晉侯、齊國佐、邾人伐鄭。

陳氏傅良謂初以尹子與齊國佐、邾人序，爲厲公無道之甚，非也。桓公倡霸之初，已有王臣列序者矣。諸儒蓋因晉厲公見弒稱國，不得其義，以爲無道之極，故每事必求其罪端，不知王臣會伐非與盟之比，盟乃以不信施於尊者，若彰天討，而王臣莅之未爲害義也。厲公時晉霸中衰，欲假王靈以振之，事周之禮最謹，故興師屢請王命，討罪以歸京師，諸儒未察其實耳。

曹伯歸自京師。

胡傳：「曹伯不名，其位未嘗絶也。不絶其位，所以累天王也。其言自京師，言天王之釋有罪也。」

九月，晉人執季孫行父，舍之于苕丘。

舍，左傳作「赦」，宋、元諸儒讀去聲，作「置」。內臣執未有言所置之地者，且行父以九月釋，故僑如十月奔，若執而置之苕丘，則僑如方妄意季、孟可除，魯政可得，何故速奔？其義當以左傳爲正也。內臣執亦未有言釋之之地者，而獨於行父言之，何也？婼、意如執而歸，中無異事，言歸則釋可知。行父則釋而盟，歸而不致，不書釋之之地，則方執而忽盟，無以著其得解於晉之情形，既盟而不致，無以見其旋歸於魯之事實矣。

冬，十月，乙亥，叔孫僑如出奔齊。

十有二月，乙丑，季孫行父及晉郤犨盟于扈。

公在會而執者季孫，盟者季孫，晉人以公爲贅疣矣。

公至自會。

高氏閌曰：「大夫執則致，行父不致者，公待行父偕歸，舉公爲重也。」〇李氏廉謂萬公三伐，終以伐致；悼公三伐，終以會致，爲春秋立文之精，非也。或致前事，或致後事，皆舊史之文耳。此年諸侯次於鄭西，魯以内難，不敢過鄭，則不與伐可知。明年夏，伐鄭自童戲至於洧曲，楚人師於首止而諸侯還，則兵未嘗接可知。且當是時亂臣構讒，盟主聽失，魯君臣皆以會而得歸爲喜，故告於先君以自會爲言，至冬伐鄭，則疑怨已解，在會無危，且傳稱圍鄭，則薄其城下協心同攻，故歸而以伐告耳。

乙酉，刺公子偃。

其與公子買之刺異辭，何也？戌衛不卒當日，刺買之獄辭也。故舊史據而書之，若偃之刺，則其故不可言，當日刺之亦不能明言其故也，則直書刺而已。

十有七年，春，衛北宫括帥師侵鄭。

夏，公會尹子、單子、晉侯、齊侯、宋公、衛侯、曹伯、邾人伐鄭。

六月，乙酉，同盟于柯陵。

陸氏淳曰：「不重言諸侯，譏尹、單與盟。」

秋，公至自會。

齊高無咎出奔莒。

九月，辛丑，用郊。

穀梁傳：「夏之始可以承春，以秋之末承春之始，蓋不可矣！九月用郊者，不宜用也。」〇趙氏鵬飛曰：「成公七年，蓋嘗卜之而不從，乃免牛。十年，又嘗卜之，五卜不從，而遂不郊。今懼卜而不從，則不得郊，故不復卜，而置用之。」

晉侯使荀罃來乞師。

冬，公會單子、晉侯、宋公、衛侯、曹伯、齊人、邾人伐鄭。

齊書人，非卿也。自成以後，列國之卿會、盟、侵、伐皆以名見，其不名者非卿也。

十有一月，公至自伐鄭。

壬申，公孫嬰齊卒于貍脤。

別無嬰齊，承使之文，則從公而道卒可知矣。公至而後卒，以疾而滯留也。

十有二月，丁巳朔，日有食之。

邾子貜且卒。

晉殺其大夫郤錡、郤犨、郤至。

楚人滅舒庸。

十有八年，春，王正月，晉殺其大夫胥童。

先儒謂胥童導君作難，故不得以死節書，非也。州蒲之弒，未有主名，而胥童死在弒先，則以國殺告而不以從死告明矣。舊史以國殺書，孔子不能革也。

庚申，晉弒其君州蒲。

胡傳因左傳謂弒君稱人，君無道，而穀梁於此傳又曰「稱國以弒，君惡極矣」，遂謂春秋闊略於欒書，悖矣。厲公承晉霸中衰之後，謹持操柄，無役不親，討伐多請王命，執罪以歸京師，自誅三郤而外，未聞其有亂政虐民之事，偏得罪於國人也。春秋弒君三十六，其淫昏暴虐篡弒之罪十百於晉厲者多矣，其弒也或目其賊，或稱國人，何獨苛於晉厲而恕於欒書哉？蓋書、偃執政，赴於諸侯必曰「程滑弒君」，否則衆亂而不得其主名也。舊史承赴以書，必曰「晉人」，而實則書、偃。孔子據魯史以修春秋，欲正之則無所據，欲仍之則非其真，故第書晉有是事，而不敢溢一辭焉。蓋書晉弒，雖未歸獄於書、偃而書、偃尚在其中，若書「晉人」，是決其爲衆亂，賊由微者，而書、偃轉超然於是獄之外矣。此春秋之特筆，非舊史所能與也。國語稱欒氏之誣晉國也久矣，世衰道微，人多附勢而不依於理，是非失實，久而難辨，欒書弒君之賊而晉人思之如召公，傳者過而傳之，諸儒又過而信之，不可以不察也。

齊殺其大夫國佐。

公如晉。

夏，楚子、鄭伯伐宋。宋魚石復入于彭城。

陳孔寧、儀行父書「納」，借楚之力以復國，而安其身無他志也。宋魚石不書「納」，將入而爲亂，意不止於求復楚人之意，亦不止於納魚石也。晉趙鞅帥師納衛世子蒯聵於戚，聵無徒衆也。魚石及四大夫實繁有徒，因楚、鄭之師而復入焉，所以不言納也。

公至自晉。

晉侯使士匄來聘。

許氏翰曰：「公朝始至而聘使，繼來晉悼之下，諸侯肅矣。此列國所以睦，叛國所以服也。」

秋，杞伯來朝。

八月，郳子來朝。

築鹿囿。

成公之世，晉、楚争衡，勞役日駭，强臣擅國，母幽名辱，而自娱於苑囿，可謂失其本心矣。

己丑，公薨于路寢。

冬，楚人、鄭人侵宋。

晉侯使士魴來乞師。

許氏翰曰：「悼公初立，乞師救宋，猶遵厲公故事，後此無乞師，則召兵而已矣。」

十有二月，仲孫蔑會晉侯、宋公、衛侯、郳子、齊崔杼，同盟于虚朾。

丁未，葬我君成公。

春秋直解卷之九

襄公

元年，春，王正月，公即位。

孔氏穎達曰：「九年傳，曰：『會於沙隨之歲，寡君以生。』晉侯曰：『十二年矣。』知於是公年四歲。」

仲孫蔑會晉欒黶、宋華元、衛甯殖、曹人、莒人、邾人、滕人、薛人圍宋彭城。

左傳，追書宋，非也。宋地而宋之叛臣入據之，舍宋無可書也。先儒謂舊史必曰「圍彭城」，非也。凡圍邑而不繫國者，上有伐某國之文也。以共圍爲文，安得不曰宋彭城哉？傳稱晉降彭城而歸諸宋，以宋五大夫歸，寘諸瓠丘，而經不書，何也？經所不書則未知傳之信否也。晉人討罪而脅其黨，魯人同役，何爲不著於策書哉？〇王源曰：「悼公以童稚爲書、偃所立，當是時晉政在家，國人皆附之，力不足以致討，故逐不臣者七人，書、偃不與，而此會仍欒黶主之。

過此則會、盟、聘、伐皆用韓厥、荀罃、士魴、士匄，而欒、偃不得與矣。此悼公所以謹於操柄而得馭姦銷萌之道也。至十四年，始以士匄之讓俾荀偃將中軍，蓋國維已固，而偃等爲不足慮矣。衛孫林父甫歸自晉，而獨操國事，所以卒釀逐君叛國之禍，而不可振救與？」

夏，晉韓厥帥師伐鄭。仲孫蔑會齊崔杼、曹人、邾人、杞人次于鄫。

高氏閌曰：「晉以韓厥足以制鄭，不欲重勤諸侯之師，故使次鄫以懾鄭心，且備楚師之出也。」

秋，楚公子壬夫帥師侵宋。

九月，辛酉，天王崩。

邾子來朝。

冬，衛侯使公孫剽來聘。晉侯使荀罃來聘。

二年，春，王正月，葬簡王。

鄭師伐宋。

夏，五月，庚寅，夫人姜氏薨。

六月，庚辰，鄭伯睔卒。

晉師、宋師、衛甯殖侵鄭。

以此知將卑師衆稱師，而不稱將；將尊師少稱將，而不稱師也。

秋，七月，仲孫蔑會晉荀罃、宋華元、衛孫林父、曹人、邾人于戚。

己丑，葬我小君齊姜。

叔孫豹如宋。

冬，仲孫蔑會晉荀罃、齊崔杼、宋華元、衛孫林父、曹人、邾人、滕人、薛人、小邾人于戚，遂城虎牢。

先儒謂虎牢不繫鄭，責鄭不能守險，非也。城楚丘、緣陵皆不繫國，蓋職方具在，書某地，則知爲某國也。若書「城鄭虎牢」，則似鄭已服而諸侯爲之城，以備楚矣。

楚殺其大夫公子申。

三年，春，楚公子嬰齊帥師伐吴。

晉有事於狄，而天下諸侯服於楚。楚有事於吴，而晉以服陳、鄭，見諸行事之著明者也。

公如晉。

高氏閌曰：「童子侯不朝王，蓋不可接以成人之禮也，豈可反朝同列乎？」

夏，四月，壬戌，公及晉侯盟于長樗。公至自晉。

蘇氏轍曰：「晉侯修禮於諸侯，故出國都與公盟。」○孔氏穎達曰：「長樗，近城之地，盟訖，還入於晉，故公歸書『自晉』也。」

六月，公會單子、晉侯、宋公、衛侯、鄭伯、莒子、邾子、齊世子光。己未，同盟于雞澤。

凡盟以日繫月，而後列序其人者，常也。此列序諸侯而後書日，蓋諸侯始將爲會，及期，而更爲盟也。所以别於始以盟召諸侯者也。

陳侯使袁僑如會。戊寅，叔孫豹及諸侯之大夫及陳袁僑盟。

及，以及，非此不足以著事實也。觀此益知會又會爲「外吴」之説誤矣。大夫衆會盟而以名見前此矣。此其不可列序，何也？諸侯在則大夫不列序，屬辭之體也。救徐、盟溴梁皆然。○操柄之失必有其由，晉悼初起，以威信未孚，不欲數勤諸侯，故會、盟、侵、伐多使大夫承事，而不知大夫之勢由此益張而不可遏矣。袁僑之盟，以諸侯不肯特盟一國之大夫，不知遂成諸侯在會而大夫專盟之始矣。易曰「辨之不早辨」，此類是也。

秋，公至自會。

冬，晉荀罃帥師伐許。

趙氏鵬飛曰：「晉既得陳、鄭矣，其比於楚者，許也。故夏盟陳、鄭，而冬伐許。然許爲鄭所虐，遷於葉以避之，葉逼近楚，倚楚爲重，必不能近叛楚而遠事晉也。惟晉能服楚，則許可得，不然徒征之無益矣。」

四年，春，王三月，己酉，陳侯午卒。

夏，叔孫豹如晉。

秋，七月，戊子，夫人姒氏薨。

按：左傳以匠慶之言始得成禮，季孫初心本非用典以正分也。無君之心借是以自試耳，與逐歸父同意。其後哀公君魯，而定姒不得以小君之禮薨、葬，兆於此矣。

葬陳成公。

八月，辛亥，葬我小君定姒。

冬，公如晉。

公方七齡，母喪甫逾時，而迫公如晉，叔孫夏聘，故孟孫在行，行父則十餘年中未嘗一出，即此罪不容誅矣。

陳人圍頓。

陳以晉爲可恃，故修怨於頓，自是連兵數年，卒困於楚，不度德量力之過也。

五年，春，公至自晉。

夏，鄭伯使公子發來聘。

李氏廉曰：「魯與鄭自輸平來盟以後，未嘗有聘問之使，終春秋僅見於此，則以悼公之盛、諸侯之睦也。」〇時陳已服，楚人不暇争鄭，故鄭得少寬而修禮於鄰國。

叔孫豹、鄫世子巫如晉。

仲孫蔑、衛孫林父會吴于善道。

汪氏克寬謂二事不言及，乃旅見於晉，旅見於吴。非也。魯君大夫與他國同時而朝聘於齊、晉者必多矣，未聞並志外君、外大夫之朝聘也。二事不書「及」同而義各異，使書「叔孫豹及鄫世子巫如晉」，則似二國以外事質於晉，而不見鄫已内屬。書「仲孫蔑及衛孫林父會吴」，則似魯與衛私交於吴，而不見其同爲晉命，春秋之書所以微而顯也。

秋，大雩。

楚殺其大夫公子壬夫。

公會晉侯、宋公、陳侯、衛侯、鄭伯、曹伯、莒子、邾子、滕子、薛伯、齊世子光、吴人、鄫人于戚。

吴人入聽諸侯之會，故列序而不殊會也。以是知殊會者，所以著事實而非外吴也。吴稱人，舊史詳之。猶徐與齊桓同役，則稱人也。陳氏傅良謂不書盟，爲晉諱。非也。有事而會，不協而盟，悼公霸事方盛，諸侯無不協者，故止行會禮耳。且悼公務持大體，魯侯稚齒出國而與之盟，陳袁僑如會使大夫盟之，則不肯輕與吴壽越盟審矣。鄫人序吴下者，已嘗屬魯，故不得班於邾、滕也。○左傳：「穆叔以屬鄫爲不利，使鄫大夫聽命於會。」

公至自會。

冬，戍陳。

公羊傳：「曷爲不言諸侯戍之？離至不可得而序，故言我也。」○杜氏預曰：「諸侯受命於戚，各還國遣戍，故獨書魯戍。」

楚公子貞帥師伐陳。公會晉侯、宋公、衛侯、鄭伯、曹伯、齊世子光救陳。

十有二月，公至自救陳。

辛未，季孫行父卒。

高氏閌曰：「自文子卒而魯有城費、作三軍事，則知文子雖專而僭亂猶未啓也。其子宿嗣，是爲武子，季氏之强，萌於僖公，大於成公，熾於襄、昭，極於定、哀。」

六年，春，王三月，壬午，杞伯姑容卒。

夏，宋華弱來奔。

秋，葬杞桓公。

滕子來朝。

莒人滅鄫。

胡傳用公、穀之説，謂立異姓以莅祭祀，故書「滅」，非也。聖人欲爲異姓亂宗之戒，則當直書其事，今以不書月見義，則習其讀者第知莒之滅鄫，而不知其以異姓亂宗也。以傳考之，鄫介莒、魯之間，蓋二國皆欲得之以爲附庸。五年，叔孫豹、鄫世子巫如晉，請屬鄫也。而秋，會於戚，穆叔復使鄫大夫聽命於會，蓋以爲鄫備莒爲不利也。魯不庇鄫，故莒遂滅之。魯既請屬鄫，而又棄之，故晉人以爲討，不然則莒滅國，曷爲討於魯哉？趙氏通三傳之意，謂莒以兵破鄫，立其子使守鄫祀，以非族類，故書「滅」。亦非也。使鄫子誠愛後妻而欲立其出，則不宜使世子巫偕叔孫受命於晉以屬魯矣。使巫背父私出而與魯訟於晉，以悼公之明，必以齊桓之絶子華者絶之。而春秋於叔孫豹、鄫世子巫如晉，當各自書之，而不當合爲一事矣。且鄫子卒不見經，以其國既滅也。若異姓繼嗣，雖於義爲悖，而當時既以比於繼序之常，則鄫子之卒，未有不赴於同盟者。公、穀所傳即不盡無據，恐亦鄫子始惑於莒女，欲立其出，其後迫於公義與魯、晉之命，而定世子巫，故莒人以爲憾，而興師以滅之耳。

冬，叔孫豹如邾。

季孫宿如晉。

宿繼秉魯政，欲固外交，以軋其君而奪其民於晉，則屈諂焉。於衛、於宋，亦身聘焉。惟齊、楚間使他卿，以歸父在齊，而懼楚之不可測耳。

十有二月，齊侯滅萊。

七年，春，郯子來朝。

夏，四月，三卜郊，不從，乃免牲。

汪氏克寬曰：「公、穀、啖氏皆以三卜爲合禮，朱子亦云四卜、五卜失禮。然春秋四書卜郊，惟此年三卜亦書之者，蓋三卜雖得禮，而卜郊止於三月，今夏四月而三卜不從，則過時不敬以致龜違，故書以譏非時，而非譏其瀆卜也。」

小邾子來朝。

城費。

家氏鉉翁曰：「季孫行父身死子繼，首城賜邑，將以抗君而專國。春秋書之，以著犯上作亂之漸。」

秋，季孫宿如衛。

八月，螽。

冬，十月，衛侯使孫林父來聘。壬戌，及孫林父盟。

楚公子貞帥師圍陳。

十有二月，公會晉侯、宋公、陳侯、衛侯、曹伯、莒子、邾子于鄬。

鄭伯髡頑如會，未見諸侯。丙戌，卒于鄵。

先儒皆謂未逾境而書地，爲變文以見弑，然經所以發人之疑，乃在未見諸侯，而不在卒之以地也。外諸侯卒於會、於師，未有不詳志者，以如會而卒於外，雖在境内亦應書地，無以發人之疑也。使書「鄭伯髡頑如會，未至，卒於鄵」，則與無故而道卒者無別矣。已至會所，未見諸侯而卒，則當書「未見諸侯」，今行未逾境而書「未見諸侯」，何其義之迂、辭之衍乎？蓋鄭伯之見弑，以其欲會諸侯，䩚之中道而弑，乃不欲其至會而與諸侯相見也。鄭以卒赴，魯史承而書之，易世以下無據以易舊史之文，故不得已而微辭以示義焉。至謂髡頑行正道，罹凶禍，故孔子隱而諱之，益鑿矣。○穀梁傳：「禮，諸侯不生名，此其生名，何也？卒之名也。卒之名，則何爲加之如會之上？見以如會卒也。」

陳侯逃歸。

楚師圍陳，涉三月，晉欲救陳，宜率諸侯見於城下，而遷延鄭地，陳侯出重圍以赴會，其望晉迫矣，信晉篤矣。而晉終懷避楚之心，以致鄭伯被弑，二慶附楚。先儒皆以逃歸責陳侯，誤矣。春秋書「逃」，乃著事情之實，以見晉人救患之不誠，陳侯善後之無策耳。觀傳所載范匄之言，則方五年救陳，晉已無意於有陳矣。陳自是遂委身於楚，至宋虢之會始與，則以晉、楚同盟而從楚以至耳。

八年，春，王正月，公如晉。

夏，葬鄭僖公。

賊未討，何以書葬？舊史無弑文，雖削其葬，無以明討賊之義也。

鄭人侵蔡，獲蔡公子燮。

季孫宿會晉侯、鄭伯、齊人、宋人、衛人、邾人于邢丘。

穀梁傳：「見魯之失正也，公在而大夫會也。」○孫氏復曰：「邢丘之會，公在晉也。晉侯不與公會而與季孫會者，襄公微弱，政在季氏故也。晉爲盟主，棄其君而與臣，何以宗諸侯矣？」○齊、宋、衛稱人，非卿也。凡經義之蔽晦，皆先儒以傳汩之耳。○朝聘之數，謂職貢之重輕也。政在季氏，使魯君聽命，不能保其必供，不若季孫爲可恃耳。

公至自晉。

莒人伐我東鄙。

秋，九月，大雩。

冬，楚公子貞帥師伐鄭。

晉侯使士匄來聘。

九年，春，宋災。

夏，季孫宿如晉。

五月，辛酉，夫人姜氏薨。

秋，八月，癸未，葬我小君穆姜。

冬，公會晉侯、宋公、衛侯、曹伯、莒子、邾子、滕子、薛伯、杞伯、小邾子、齊世子光伐鄭。十有二月，己亥，同盟于戲。

呂氏大圭曰：「按左氏同盟於戲，鄭與焉。然柯陵之盟，亦書於伐鄭之後，則鄭服未可知。今以經考之，盟柯陵之後，諸侯再伐鄭，則其未得志於鄭可知。盟戲之後，楚子伐鄭，則爲鄭服可知。十一年，同盟亳城北，亦鄭受盟也。會於蕭魚，亦鄭與會也。皆書於伐鄭之後，比事而觀可見矣。」

楚子伐鄭。

十年，春，公會晉侯、宋公、衛侯、曹伯、莒子、邾子、滕子、薛伯、杞伯、小邾子、齊世子光會吴于柤。

左傳兩書會柤而不言盟，則第行會禮可知。陳氏謂吴、晉之盟，春秋終諱之，無稽之言也。桓、文會、盟、侵、伐，小國皆不與，晉自厲、悼以後會者滋多，霸者之德衰，中夏之力屈，皆可見矣。靈、成之世晉不敢敵楚，懼秦伺其西也。蕭魚之後，楚不敢争鄭，懼吴乘其後也。

夏，五月，甲午，遂滅偪陽。

晉自主霸以後，未嘗滅國，偪陽必介吴、晉之間而附楚者，故因會吴滅之，而特著於諸侯之册也。觀左傳獻俘之辭可見。

公至自會。

楚公子貞、鄭公孫輒帥師伐宋。

晉師伐秦。

九年傳言「秦人侵晉」，是時秦景公妹爲楚共王夫人，蓋晉通吴以制楚，楚亦援秦以掎晉耳。

秋，莒人伐我東鄙。

公會晉侯、宋公、衛侯、曹伯、莒子、邾子、齊世子光、滕子、薛伯、杞伯、小邾子伐鄭。

吕氏大圭曰：「齊世子光序諸侯上，主會者爲之也。」

冬，盜殺鄭公子騑、公子發、公孫輒。

殺君大夫書「盜」者，陰賊而不知爲何人也。凡此類當以經義爲斷，不可以傳汩之，蓋苟得其主名，雖異國之人亦當書某人，如「邾人戕鄫子於鄫」是也。如本國衆亂，雖未得其主名，亦當書國人，如「宋人弑其君杵臼」、「宋人殺其大夫司馬」是也。盜殺蔡侯申不書「弑」，是并不知其爲本國之人與異國之人也。以是知凡書「盜」者，皆陰賊而不知爲何人也。左傳於殺鄭三大夫、蔡侯申、衛侯之兄縶皆載衆亂，各有主名，疑三國以君大夫見殺而詰盜，故與諸大夫怨讎者阻，蔡侯之遷者不自安而爲亂，亂在殺後，而誤傳爲見殺時事耳。且傳所載鄭五族皆故家，蔡翩爲公孫，齊豹爲司寇，豈可以爲賤者乎？獨盜竊寶玉、大弓，傳以爲陽虎，然虎既敗，何暇入公宫取寶玉、大弓，恐亦其專政，或方亂時陰使人竊之耳。以蔡侯申例之，當書「盜殺鄭大夫」而不書，程子以爲失卿職，非也。凡書大夫，不論其人之善惡也，君大夫之稱非所施於盜，蔡侯申書爵，以不書爵則不知其爲蔡君耳。盜殺鄭公子騑、公子發、公孫輒，則已知其爲大夫矣，而復書鄭大夫，何義乎？盜殺陳夏區夫亦此義也。

戍鄭虎牢。楚公子貞帥師救鄭。

上二年，若書「城鄭虎牢」，則似鄭已服，而諸侯爲之城以備楚。不繫鄭，然後知諸侯城之，以逼鄭也。此年若書「戍虎牢」，則似爲鄭戍，繫鄭則知鄭地而諸侯據之矣。何以知非爲鄭戍也？以下書楚救也。

公至自伐鄭。

十有一年，春，王正月，作三軍。

魯舊二軍。鞌之戰，四卿並將，主帥與其佐也。作三軍乃季氏自爲中軍，叔孫、孟孫共爲一軍，公徒爲中軍，惟公徒爲中軍，故後復毁之，而三家共分其民也。按左傳十二分魯國之衆，季氏取其四，孟氏取四之一，叔孫氏取四之二，豈能自備一軍，而公徒之五，豈肯聽其不從政役乎？

夏，四月，四卜郊，不從，乃不郊。

高氏閌曰：「直書『不郊』，則不復免牲矣。」○汪氏克寬曰：「僖三十一年，亦四卜郊，不從。但書『免牲』，不書『不郊』，蓋免牲則不郊可知，此云不郊則卜，免牲不吉而不敢免也。」

鄭公孫舍之帥師侵宋。

公會晉侯、宋公、衛侯、曹伯、齊世子光、莒子、邾子、滕子、薛伯、杞伯、小邾子伐鄭。

秋，七月，己未，同盟于亳城北。

李氏廉曰：「啖子以戲與亳二盟，鄭皆不與，故此盟上言十二國，蓋鄭未服而諸侯自同盟也。」以柯陵之盟觀之，則杜氏預所謂「伐而書同盟，鄭與盟可知」之説不通矣。故啖説疑是。此與盟戲，呂氏大圭之説異。

公至自伐鄭。

吳氏澂曰：「以前事致者，見雖同盟而未得鄭也。」

楚子、鄭伯伐宋。

公會晉侯、宋公、衛侯、曹伯、齊世子光、莒子、邾子、滕子、薛伯、杞伯、小邾子伐鄭，會于蕭魚。

公至自會。

十年，秋，伐鄭，戍虎牢。此年夏，合兵圍鄭，幾逾時，盟主與列國皆以服鄭退楚爲重。故告廟之辭主於伐鄭，至三駕則觀兵，而鄭已服，諸侯皆以息肩爲喜，故歸而以會告，皆舊史據祝册書之，非筆削所寓也。

楚人執鄭行人良霄。

許氏翰曰：「見楚之力盡於是矣。」

冬，秦人伐晉。

十有二年，春，王三月，莒人伐我東鄙，圍台。季孫宿帥師救台，遂入鄆。

公羊傳：「大夫無遂事，此其言遂何？公不得爲政爾。」胡傳：「古者命將出師，得專制閫外之事，爲境外言之也。若在邦域之中，非有無君之心不敢專也。」

夏，晉侯使士魴來聘。

秋，九月，吴子乘卒。

冬，楚公子貞帥師侵宋。

公如晉。

十有三年，春，公至自晉。

夏，取邿。

邿，微國也。何以知非邾邑也？以上無侵伐之文。

秋，九月，庚辰，楚子審卒。

冬，城防。

十有四年，春，王正月，季孫宿、叔老會晉士匄、齊人、宋人、衛人、鄭公孫蠆、曹人、莒人、邾人、滕人、薛人、杞人、小邾人會吴于向。

晉士匄、鄭公孫蠆以名見而齊、宋、衛稱人，以是知成公以後稱人者非卿也。鄭，伯也。曹、薛、杞，亦伯也。鄭卿以名見，而諸小國之臣終春秋無以名見者，以是知舊史以勢之强弱爲詳略，而非有典法也。君行卿從，宿使卿爲介，蓋隱然以國君自爲矣。三桓不相下，故叔老辱焉。其後昭公出，晉荀躒謂意如曰：「君怒未怠，子姑歸祭。」季氏至主㓁而入先君之廟，其所由來者漸矣。使舉上客，當日載書未必並及叔老也。季氏自悦其事而書於魯史以侈之，經若削之，則其悖亂無君之迹隱矣。〇按左傳稱范匄數吴之不德也以退吴人，則此會之不盟又可見矣。

二月，乙未，朔，日有食之。

夏，四月，叔孫豹會晉荀偃、齊人、宋人、衛北宫括、鄭公孫蠆、曹人、莒人、邾人、滕人、薛人、杞人、小邾人伐秦。

李氏廉以成二年蜀之盟，齊大夫序鄭卿下，決齊、宋非微者，非也。會盟序列以霸者之意爲先後，而史從載書，未可以彼而例此也。如十年，春，會柤。齊世子光後列，至秋而先滕、薛、杞、小邾矣。十一年伐鄭，則又先邾、莒矣。此役宋大夫先衛卿，十六年伐許，宋大夫又後衛卿矣。左傳以大夫不宜先卿，而有惰之説。李氏又從而爲之辭，皆誤矣。

己未，衛侯出奔齊。

胡傳：「按左傳衛甯殖將死，語其子曰：『吾得罪於君，名在諸侯之策，曰孫林父、甯殖出其君。』今春秋書「衛侯出奔齊」而不曰「孫林父、甯殖出其君」者，端本清源，所以警乎人君，爲後世鑒也。○經雖不書出君者，而是冬，林父會諸大夫於其私邑，則知以出君而求定於諸侯矣。又明年，甯殖會伐許，則知殖亦國卿而與之同罪矣。

莒人侵我東鄙。

秋，楚公子貞帥師伐吴。

冬，季孫宿會晉士匄、宋華閲、衛孫林父、鄭公孫蠆、莒人、邾人于戚。

左傳：「會于戚，謀定衛也。」○許氏翰曰：「林父在會，是以知其謀定剽也。」○家氏鉉翁曰：「晉悼用師於鄭，衛衎無會不往，無役不從，今爲臣所逐，反聽賊臣立君，而爲會以定其位，此春秋所甚惡也。」○陳氏傅良曰：「襄、昭之際，大夫無君之禍，晉爲之也。」○李氏廉曰：「衛侯出奔而林父會於戚，昭公在乾侯而季孫會適歷，釋君助臣之禍，前後一轍，苟偃親弑君之人而以此問之，悼公之聰明不逮少年矣。齊人之貳，豈待假羽毛哉？」

十有五年，春，宋公使向戌來聘。二月，己亥，及向戌盟于劉。

汪氏克寬曰：「公嘗如晉，及晉侯盟于長樗。此霸主謙遜以懷望國，而非所施於鄰國之大夫也。」

劉夏逆王后于齊。

逆后不書，此何以書？劉夏稱名，非卿也。納幣致女使卿，以非禮書，則逆后不使卿，亦以非禮書也。書「逆」而不書「歸」，與紀季姜異者，是夏齊侯伐我北鄙，邦交惡而不以姜歸告也。

胡傳謂不稱使，不與天王之使夏，非也。凡稱使者，外諸侯之辭也。故魯臣之聘盟逆女，未有書使者，王事不得從外諸侯之辭，惟王臣來魯必稱使，所以别於祭伯、祭叔之私來也。○孔氏穎達曰：「諸侯之娶言『逆女』，此與桓八年皆言『逆王后』者，天子無外，所命則已成后矣。故不言『逆女』也。」

夏，齊侯伐我北鄙，圍成。公救成，至遇。

公羊傳：「其言至遇何？不敢進也。」○自宣公季年，内師無君將者，三家專之也。齊用大師深入久駐，三桓畏之，故迫公主兵，蓋避其危而以公試也。劉氏絢、陳氏傅良乃謂公不能救成以致三家專魯，誤矣。齊退而二卿帥師城成郛，故知遺公以危也。

季孫宿、叔孫豹帥師城成郛。

成，孟氏之邑也。成受師，故季、叔爲之城，抑考於詩，城、築必用異國之人，豈同國亦不用其土人與？

秋，八月，丁巳，日有食之。

邾人伐我南鄙。

冬，十有一月，癸亥，晉侯周卒。

李氏廉曰：「李氏曰：『齊桓歷變履險，以數十年之經營，而行事未免過舉；晉文老於奔走，晚而復國，然血氣之驕悍未除；悼公之齒淺矣，乃能忠厚而不迫，堅忍而持重，有回顧却慮之謀，無輕遈輒快之舉。八年九合，則勤於安夏也。三分四軍，則謹於用民也。六卿選德，則用人有章也。騶御知訓，則教士有法也。此其所以能得諸侯、服鄭而駕楚也。使晉以詐力相長，未必能服諸侯也。悼公先以謙德臨之，雞澤之召諸侯曰：「寡君願與一二兄弟相見，以謀不協。」故十三國相與周旋，不令而從，無滅譚、滅遂、執曹、執衛之事，使晉以盟誓爲信，未必能得鄭也。悼公純以誠心行之，鄭子展曰：「晉君方明，必不棄鄭。」故五會之信，終於不盟。無逃盟、乞盟之煩，使晉以戰伐爲威，未必能駕楚也。悼公一以容量處之，楚子囊曰：「晉不可敵，事之而後可。」故三駕之烈，不交一旅，無城濮、鄢陵之勞，然能服諸侯，而不能杜大夫用事之漸，能得鄭而不掩失陳之責，夫諸侯盟誓之權，非大夫所敢干也。蕭魚已後，凡三大會，荀偃、士匄儼然臨之，諸侯雖合，大夫浸分，何謹於諸侯縱於大夫乎？陳不可棄，猶鄭不可舍也。戍陳之役，以爲「有陳非吾事，無之而後可」。鄭雖向晉，陳竟歸楚，何工於撫鄭而拙於懷陳乎？不然，悼公之霸過桓、文矣。』」

十有六年，春，王正月，葬晉悼公。

三月，公會晉侯、宋公、衛侯、鄭伯、曹伯、莒子、邾子、薛伯、杞伯、小邾子于溴梁。戊寅，大夫盟。

公羊傳：「其言大夫盟何？偏刺天下之大夫也。君若贅旒然。」○穀梁傳：「諸侯會而大夫盟，政在大夫也。諸侯在而不曰諸侯之大夫，大夫不臣也。」○胡傳：「牡丘之會，書『公孫敖帥師及諸侯之大夫救徐』；雞澤之會，書『叔孫豹及諸侯之大夫及陳袁僑盟』；溴梁之會，宜書『魯卿及諸侯之大夫盟』，而獨書『大夫』，何也？諸侯失政，大夫皆不臣也。苟偃怒，大夫盟，而晉靖公廢，趙籍、韓虔、魏斯爲諸侯之勢見矣。」○凡既會而又盟，或同地，或異地，皆再書，此不再書溴梁，何也？據經則盟之月即會之月也，據傳則盟之日即會之日也。與首止、葵丘之逾時，平丘之逾月者異矣。晉悼公之盛而盟皆書「同」者，承靈、成、景、厲之衰而諸侯疑貳也。平公之懦而盟皆不書「同」者，席悼之盛也。蕭魚以後，在會者無異心矣。○趙氏鵬飛曰：「君之所以立國者在權，國之所以立權者在信。權存則國存，信去則權去。溴梁之會，諸侯會而大夫盟，信在大夫也。於是晉權漸移於六卿，魯權日入於三家，齊權屬崔、高，衛權在孫、甯，宋權歸於罕，陳權歸二慶，曹、莒、邾、杞從可知爾。權既移於下，宜信之不在君而在臣也。藉使君交盟而臣不欲，則不保其無寒，故寧聽大夫之欲而俾自盟焉，則其信可必也。」

晉人執莒子、邾子以歸。

執諸侯惟此書以「歸」，何也？爲魯執，故魯人以久之爲快而書於册也。其返國不書，何也？以魯故見執，則歸不以告明矣。十九年，執邾子亦爲魯故，而不書以「歸」，何也？旋釋之也。既披其田以釋魯憾，則無辭以久之矣。

齊侯伐我北鄙。

夏，公至自會。

五月，甲子，地震。

叔老會鄭伯、晉荀偃、衛甯殖、宋人伐許。

陳氏傅良曰：「鄭非主兵也。曷爲會鄭伯？春秋不以大夫主諸侯，故推而屬之鄭也。」

秋，齊侯伐我北鄙，圍成。

大雩。

冬，叔孫豹如晉。

十有七年，春，王二月，庚子，邾子牼卒。

宋人伐陳。

李氏廉曰：「宣十四年，經書『宋師伐陳』，爲晉討貳也。此年書『宋人伐陳』，傳不見二國致釁之由，而陳自逃歸以後，不與於中國之盟會，得非亦以晉命乎？」

夏，衛石買帥師伐曹。

秋，齊侯伐我北鄙，圍桃。齊高厚帥師伐我北鄙，圍防。

九月，大雩。

宋華臣出奔陳。

冬，邾人伐我南鄙。

晉悼公没，齊、衛同時擅興而邾亦釋憾於魯，此無霸之害也。

十有八年，春，白狄來。

夏，晉人執衛行人石買。

執大夫不書行人者，以本事執者也。單伯以送叔姬而執，行父、意如專魯，以邾、莒之訴而執，祭仲以柄宋而執，鄭詹以柄鄭而執，轅濤塗以辟軍之道而執，甯喜以弑君而執，宋仲幾以不受功而執，皆以本事執者也。魯侵邾而執叔孫婼，鄭背楚而執良霄，宋叛晉而執樂祁犂，衛不附齊而執北宮結，陳内亂而執干徵師，皆不以其使事執者也，故稱行人，以見其不與也。惟石買嘗伐曹，然孫、甯執政，買奉命而帥師耳。今使而見執，亦不以其事，故稱行人。

秋，齊師伐我北鄙。

冬，十月，公會晉侯、宋公、衛侯、鄭伯、曹伯、莒子、邾子、滕子、薛伯、杞伯、小邾子同圍齊。

圍，未有書「同」者，此獨書「同」，魯人積怨於齊而快其病也。溴梁之會，晉執莒子、邾子以歸。邾子卒於國，莒子復列於會，而無歸邾、歸莒之文，何也？其歸不告也。

曹伯負芻卒于師。

楚公子午帥師伐鄭。

十有九年，春，王正月，諸侯盟于祝柯。

楚師之出乘，鄭伯會師於齊也。而諸侯同盟，鄭伯復與澶淵之會，則楚不能困可知矣。

晉人執邾子。

公至自伐齊。

圍而致伐。胡傳「大諸侯之伐而免其圍齊之罪」，非也。圍入者，伐國之節目也。著行師之迹，不得不書，圍而歙至、策勳，未有不言伐者，蓋始出固以伐告也。然則僖二十九年，以圍許致，何也？晉人召盟，許不會，故諸侯圍之，魯以晉命中道而圍許，非初與晉約伐也。安得以伐致哉？凡此皆舊史據祝册而書之。

取邾田，自漷水。

公羊傳：「其言自漷水，以漷爲竟也。」

季孫宿如晉。

葬曹成公。

夏，衛孫林父帥師伐齊。

按左傳，晉欒魴帥師從孫林父伐齊而魴不書，何也？此春秋削之也。衎奔在齊而林父以大師特伐，其惡極矣。使並書而先晉，則疑林父受命於晉，而賊君之志隱矣。然則晉之助惡無罪乎？晉自欲伐齊，與衛同役而非爲林父也。觀秋復有穀之師則可見矣。

秋，七月，辛卯，齊侯環卒。晉士匄帥師侵齊，至穀，聞齊侯卒，乃還。

穀梁傳：「君不尸小事，臣不專大名。士匄外專君命，故非之也。然則爲士匄者宜奈何？宜墠帷而歸命乎介。」○胡傳：「古者命將不從中覆，況喪必不可伐，非有進退可疑而待請者。故『至穀聞齊侯卒乃還』，善之也。」○孫氏復謂春秋有貶無褒，朱子謂如「晉士匄帥師侵齊，至穀，聞齊侯卒，乃還」，分明是褒之。按：此類所謂彼善於此，若正其本而斷以王法，則諸侯力征、大夫專兵，固不義之大者。以此推之，通春秋未有可褒而無貶之事也。

八月，丙辰，仲孫蔑卒。

齊殺其大夫高厚。

鄭殺其大夫公子嘉。

冬，葬齊靈公。

城西郛。

叔孫豹會晉士匄于柯。

城武城。

二十年，春，王正月，辛亥，仲孫速會莒人盟于向。

夏，六月，庚申，公會晉侯、齊侯、宋公、衛侯、鄭伯、曹伯、莒子、邾子、滕子、薛伯、杞伯、小邾子，盟于澶淵。

許氏翰曰：「自文十四年新城之後，諸侯齊盟則書『同』，『同盟』云者，名生於不足也。平公祝柯、澶淵之盟不言『同』，此悼公之遺烈也與？」

秋，公至自會。

仲孫速帥師伐邾。

蔡殺其大夫公子燮。蔡公子履出奔楚。

春秋時罪人以族而逋，臣多極之於所往。燮以欲從晉見殺，而履奔楚，與二慶愬陳黄於楚，而黄奔楚同，蓋楚强，陳、蔡世服焉。奔中國，恐楚以爲討，中國不能庇，而君大夫戮其宗以説於楚，故反奔楚以自解耳。其後楚人將通少習而晉執戎蠻子赤歸於楚，則當時情事可知矣。

陳侯之弟黄出奔楚。

叔老如齊。

齊光，魯媵所出，故復通好。

冬，十月，丙辰朔，日有食之。

季孫宿如宋。

季孫與宋有連，此必宿之私行而託於聘也。自是以後，侵、伐、會、盟、朝、聘皆公與諸卿任之，蓋晉霸既衰，列國皆大夫供命，故季孫託於居守，儼然以國君自爲，而使公與諸卿供大夫之職也。他日叔孫舍曰：「叔出季處，有自來矣。」子貢對吴曰：「寡君既供命焉，其老豈敢棄其國？」蓋習而不知其非矣。

二十有一年，春，王正月，公如晉。

邾庶其以漆、閭丘來奔。

小國之大夫不名，而以地來奔，則其事不得不名。左傳、公羊傳以爲重地，胡傳以爲謹之，皆非也。非重地與謹之，將不目其人乎？不目其人，辭將何以屬乎？漆、閭丘不言「及」，大小敵也。季氏不知有君久矣。公在外而叛人來歸，邾人亦知有季氏而不知有魯君也。蓋宣公納叛，季孫不請於君而逐之，故庶其灼知季氏所受，則魯君不敢異議焉耳。

夏，公至自晉。

秋，晉欒盈出奔楚。

九月，庚戌朔，日有食之。冬，十月，庚辰，朔，日有食之。

曹伯來朝。

公會晉侯、齊侯、宋公、衛侯、鄭伯、曹伯、莒子、邾子于商任。

左傳：「錮欒氏也。」

二十有二年，春，王正月，公至自會。

夏，四月。

秋，七月，辛酉，叔老卒。

冬，公會晉侯、齊侯、宋公、衛侯、鄭伯、曹伯、莒子、邾子、薛伯、杞伯、小邾子于沙隨。

左傳：「復錮欒氏也。」當是時，中國無事而再合諸侯，則知傳稱以錮欒氏爲得其實也。以不用欒氏相要，故諸國皆君會，范匄欲逞私忿，而亟勤諸侯，宜不足以服人，齊首叛再世盟好，而晉自是益難於自振矣。

公至自會。

楚殺其大夫公子追舒。

蘇轍謂子南罪不至死。劉氏謂楚子與其臣之子謀殺其父，故以累上之辭言之，皆未達於居位者，皆稱大夫而不辨其殺之當否也。

二十有三年，春，王二月，癸酉朔，日有食之。

三月，己巳，杞伯匄卒。

夏，邾畀我來奔。

小國之大夫會、盟、侵、伐，終春秋無以名見者。其事接於魯，不得不名，亦無以氏見者，觀此則舊史以意爲詳略，而非有典法審矣。

葬杞孝公。

陳殺其大夫慶虎及慶寅。

左傳稱陳侯如楚，屈建從陳侯圍陳，役人相命而殺二慶，經皆不書，蓋陳但以國殺告，或陳久從楚，赴告不及，舊史以傳聞書而未得其詳也。

陳侯之弟黄自楚歸于陳。

晉欒盈復入于晉，入于曲沃。

衛元咺稱「復歸」，意止於歸也。宋魚石、晉欒盈、鄭良霄稱「復入」，將入而爲亂也。良霄稱自許者，許、鄭世讎，必陰助爲亂，故鄭人赴告及之也。齊則顯然伐晉以助欒氏，故晉人告伐而於盈之入轉不言其自齊。趙鞅、荀寅、士射吉書「叛」，稱兵與同列相攻，非叛君莫敢然也。盈則據曲沃之衆還與君争，使得所欲，不獨范氏之殃，故不言「叛」。

秋，齊侯伐衛，遂伐晉。

齊侯伐晉，助欒氏也。而先伐衛，何也？晉霸國之餘，齊人畏之，其興師以伐衛爲名，及衛地而後移師以向晉，故書「遂」，以著其行兵之次、虚實之變，與侵蔡、伐楚之師同。若以兩事出，則當從侵曹、伐衛之例，再書「齊侯」而不言「遂」矣。

八月，叔孫豹帥師救晉，次于雍榆。

汪氏克寬曰：「『外傳紀子服惠伯之言『豹次雍榆與邯鄲勝擊齊之左掎，止晏萊』，則非無功也。而經但書『次於雍榆』，蓋豹與趙勝皆畏齊不敢敵，待其已去而躡之耳。」〇蘇氏轍曰：「聶北之役，先言次而後言救，按兵待時，卒能救邢，故以救終之也。雍榆之役，先言救而後言次，以救晉出兵而盤桓於雍榆，不及於事，故以次終之也。」

己卯，仲孫速卒。

冬，十月，乙亥，臧孫紇出奔邾。

晉人殺欒盈。

非以國法殺之，不得稱國以殺，又不可稱范匄殺，而盈之入「矢及君屋」，亦實有挾君據國之心，故從討賊之辭而稱人，不稱大夫，非其大夫也。

齊侯襲莒。

二十有四年，春，叔孫豹如晉。

仲孫羯帥師侵齊。

夏，楚子伐吴。

秋，七月，甲子朔，日有食之，既。

齊崔杼帥師伐莒。

大水。

八月，癸巳朔，日有食之。

公會晉侯、宋公、衛侯、鄭伯、曹伯、莒子、邾子、滕子、薛伯、杞伯、小邾子于夷儀。

冬，楚子、蔡侯、陳侯、許男伐鄭。

公至自會。

陳鍼宜咎出奔楚。

叔孫豹如京師。

大饑。

穀梁傳：「五穀不升爲大饑，一穀不升謂之嗛，二穀不升謂之饑，三穀不升謂之饉，四穀不升謂之康，五穀不升謂之大祲。大祲之禮，君食不兼味，臺榭不塗，弛侯，廷道不除，百官布而不制，鬼神禱而不祀，此大祲之禮也。」

二十有五年，春，齊崔杼帥師伐我北鄙。

春秋時賊臣欲爲亂，必數用國衆以攬威權，崔杼之心，魯人知之，而君猶不寤，其及也，宜矣。

夏，五月，乙亥，齊崔杼弑其君光。

胡傳謂「齊莊公見弑，賈舉、州綽等十人皆死之，而不得以死節稱，逢君之惡，從於昏亂，雖殺身不償責，不得以死節許之。」持義甚正，但崔杼當國，州綽等皆小臣，實未必告耳。○陳氏傅良謂「鄭人斲歸生之棺而葬靈公，齊人暴杼之尸而葬莊公，春秋終不書葬，則猶不葬。」非也。歸生、崔杼皆身死亡後討，或其國不告，或見於舊史而春秋削之，皆未可知，至葬則以魯會爲文，二國即改葬，亦未必再赴而鄰國皆會也。然則非春秋不書，乃舊史無其文耳。

公會晉侯、宋公、衛侯、鄭伯、曹伯、莒子、邾子、滕子、薛伯、杞伯、小邾子于夷儀。

受賂不討齊亂，而諸侯列序，觀此則知盟扈、會扈，諸侯不序，先儒以爲不能討賊，故略之。失其義矣。蓋衆會而列序，然後不能討賊之罪益彰，無爲以略之見義也。

六月，壬子，鄭公孫舍之帥師入陳。

秋，八月，己巳，諸侯同盟于重丘。

至是齊與楚合，而晉益懦矣，故載書復要言曰同。

公至自會。

衛侯入于夷儀。

衛有二君而入不名，異於鄭突之入櫟，何也？著其正也。○劉氏敞曰：「奔而名者，兩君之辭，剽已立矣，而衎不名，何也？剽以公孫爲貴卿交於諸侯，逐其君而自取之惡有甚焉，故絶其兩君之稱，以見所惡也。叔武攝位而鄭不名，剽簒國而衎不名，其不名也同，而所以不名異。叔武稱子而剽稱侯，稱子者讓之意也，稱侯者篡之實也。故不嫌同辭。」

楚屈建帥師滅舒鳩。

陳氏傅良曰：「楚書大夫滅國，楚强也。自是滅國晉書荀吳、蔡書公孫姓、鄭書游速，滅不書人矣，滅不書大夫者，吳也。」

冬，鄭公孫夏帥師伐陳。

以鄭之罷敝，自子産得政，楚不能威、陳不能敵，苟有人焉，國無不可爲也。

十有二月，吳子遏伐楚，門于巢卒。

暴疾而卒於俄頃者多矣。何以知其戕於巢也？使以疾卒當書「吳子遏伐楚，卒於巢」，加「門於巢」於「卒」之上者，見其以「門於巢卒」也。伐楚稱名，義見鄭伯髡頑如會傳。

二十有六年，春，王二月，辛卯，衛甯喜弑其君剽。

鄭忽、子儀之弑，不書「鄭」，不告魯，亦不以爲君也。剽之立十有二年，七與會盟，故赴告及而舊史以弑書，使孔子革之，用州吁、陳佗之例而書「衛人」，則非情事之實，而孫林父易君霸、主黨惡，國人安剽，甯喜主弑之罪，皆不可得而見矣。

衛孫林父入于戚以叛。

衎之出，下書孫、甯之會盟，則知當國逐君者爲孫、甯矣。衎之歸，上書孫林父叛，則知首惡爲孫氏矣。

甲午，衛侯衎復歸于衛。

諸侯見執無當其罪，如曹負芻者，而其歸自京師獨不名，以是知歸而名者，著其已嘗失位也。諸侯之奔而復入，惟衛朔、鄭突名，以是知名者，著其不正也。使衎入夷儀書名，則疑於鄭突之不正矣。使衎之歸不書名，則疑於曹負芻之位未絶矣。書「復歸」者，有不復之勢也。剽之立也，列於諸侯而國人戴之久矣。

夏，晉侯使荀吴來聘。

公會晉人、鄭良霄、宋人、曹人于澶淵。

胡傳：「子産新得政，鄭伯爲衛侯如晉，則知鄭君臣獨不助孫氏，故良霄無貶。」非也。鄭伯如晉，子産得政，事不見經，良霄書名，何足以發此義哉？蓋爲孫氏疆戚田，事本微細，諸國會者非卿，故良霄獨以名見耳。晉厲、悼以後，諸卿益汰，獻捷於周，猶使鞏朔，則疆戚田，命卿不行，無足怪者。如左傳果信，宋向戌豈肯序鄭良霄下哉？抑觀魯自季孫宿嗣位，霸政邦交，國事之大者，非自主則使諸卿莅之。凡公行，必諸國皆君而不敢以大夫抗焉者也。此役晉卿不行，會者三國而二國皆微者，故使公辱焉甚矣。宿之不臣也，前此魯大夫會諸侯者衆矣，何以知諸侯之會大夫不敢抗也？悼公復霸以後，頗嚴於名分，自邢丘聽政而外，凡君會，未有以大夫參之者。

秋，宋公殺其世子痤。

家氏鉉翁曰：「宋寺人伊戾内連宮禁，外結大臣，共造讒而殺太子，宋平尋知其子之無罪，僅烹一伊戾，而芮棄之寵愛，向戌之權任，不爲之衰，更立棄之子爲太子，此人道之大變，春秋謹而識之，穀梁所謂『目君以著其惡者』也。」

晉人執衛甯喜。

公羊傳：「此執有罪何？以不得爲霸討，不以其罪執之也。」〇郝氏敬曰：「甯氏父子無君之惡一也。父附晉而免，子背晉而見執，孫林父、甯喜之惡亦一也。喜背晉見執，林父附晉以免，然則晉非治弑君，執不附己者。」

八月，壬午，許男甯卒于楚。

冬，楚子、蔡侯、陳侯伐鄭。

葬許靈公。

二十有七年，春，齊侯使慶封來聘。

景公，魯之自出，故結好也。

夏，叔孫豹會晉趙武、楚屈建、蔡公孫歸生、衛石惡、陳孔奂、鄭良霄、許人、曹人于宋。

此會不列向戌，必宋公莅之也。若出宋公而序晉、楚大夫之上，則似宋公主盟而南北分霸之迹隱矣。蔡先於衛，許先於曹，則楚爲主明矣。而書先晉，必舊史易載書之次也。若舊史以實書，則孔子不革也。知然者，會蜀嘗以楚人先十一國之大夫矣，圍宋嘗以楚人先四國之君矣，無爲獨於宋、虢革舊史之文也。是會晉趙武、楚屈建在焉，而魯使亞卿往，蓋宿至是威權已固，託於居守，隱然以國君自爲，凡役無身親者矣。至昭公之世，復再如晉者，公不見納，故宿親之，蓋自結於霸國以傾其君也。

衛殺其大夫甯喜。

穀梁傳：「甯喜弒君，其以累上之辭言之，何也？嘗爲大夫，與之涉公事矣。」○家氏鉉翁曰：「剽簒者也，他人可殺而甯喜嘗事之，以爲君不得殺也。故書『弒』以正其罪。喜弒君者也，他人可殺而衛獻因之以入，不得殺也，故稱國以殺，不削其官。」

衛侯之弟鱄出奔晉。

鱄稱弟，非大夫也。

秋，七月，辛巳，豹及諸侯之大夫盟于宋。

會盟異時，故再書地。宋公莅盟，不書「宋公」而曰「豹及諸侯之大夫」，與僖十九年盟於齊不言公、文十五年諸侯盟於扈、十七年會於扈不書晉趙盾，義相反而實相發也。○鄭氏玉曰：「溴梁之會，諸侯皆在，而書『大夫』，不書『諸侯之大夫』；宋之會諸侯不在，而書『諸侯之大夫』，蓋諸侯在會大夫盟，人猶知爲諸侯之大夫也，故不書『諸侯』以罪其臣，諸侯不在會而大夫盟，人安知爲諸侯之大夫，故書諸侯以存其君。」

冬，十有二月，乙亥朔，日有食之。

二十有八年，春，無冰。

周之春，子丑寅月也。故無冰爲異。

夏，衛石惡出奔晉。

邾子來朝。

秋，八月，大雩。

仲孫羯如晉。

冬，齊慶封來奔。

十有一月，公如楚。

十有二月，甲寅，天王崩。○乙未，楚子昭卒。

左傳：「王人來告喪，問崩日，以甲寅告，故書之，以懲過也。」○孔氏穎達曰：「此經言十二月而傳言十一月，杜預以長曆推之，乙亥是十一月朔，非十二月也。傳曰『辰在申，再失閏矣』。若是十二月，當爲辰在亥，以申爲亥，則是三失閏，非再失也。推曆與傳合，知傳是而經誤也。」○李光地曰：「以去年十二月乙亥朔推之，此年十二月有乙未，無甲寅，胡氏説雖善，但此年實無閏，當從左氏爲確。蓋天王以十一月崩，而赴以十二月至魯，書本月，其常也，嫌於公聞訃而適楚，故書日以存實，而繫於赴至之月，以免嫌也。若在塗不知者，然以曆推之，此年既無閏，則胡氏之説不可用，但以免嫌而變易天王之崩月，恐史無是法，且魯十二公未有聞周喪而赴者，恐亦不知以聞訃而適楚爲嫌，蓋甲寅以傳寫偶誤耳。」

二十有九年，春，王正月，公在楚。

胡傳：「歲之首月，公在他國者多矣，此獨書『公在楚』者，外爲蠻荆所制，以俟其葬而不得歸，内爲强臣所逼，欲擅其國而不敢入，故特書所在以存君也。」〇高氏閌曰：「公在齊、晉多矣，闕朝正之禮亦不少矣。但書公如齊、如晉，而義自見也。今書『公在楚』，則聖人之旨深矣。二十八年十一月，公如楚。十二月甲寅，天王崩。乙未，楚子昭卒。公不篤君臣之義以奔天王之喪，而以俟楚子之葬久留於楚，迨夏乃歸，故聖人特於朝正之時書公所在，與昭公失國在乾侯同，且以責季氏之無君也。」

夏，五月，公至自楚。

庚午，衛侯衎卒。

閽弑吳子餘祭。

穀梁傳：「閽，門者也，寺人也。不稱名姓，閽不得齊於人；不稱其君，閽不得君其君也。」○程氏迥曰：「盜書『殺』，閽書『弑』，何也？以閽食庶人在官者之禄也。」在國曰市井之臣，在野曰草莽之臣，一國之人皆得君其君，不以貴賤殊也。豈閽果越俘，故不稱君以别於吳人，與其曰「弑」，則以其既臣於吳耳。

仲孫羯會晉荀盈、齊高止、宋華定、衛世叔儀、鄭公孫段、曹人、莒人、滕人、薛人、小邾人城杞。

胡傳據左傳譏晉棄諸姬而屏夏肆，非也。方伯勤王職，小國有危亂者，皆當拯恤，是時杞無内憂外逼，力能自完其城，而無故勤役四方之民，自不得同於齊桓之城三國耳。

晉侯使士鞅來聘。

杞子來盟。

時王所貶也。後復稱伯，時王復之也。晉平既合諸侯以城杞，則必爲請於王而復之矣。僖二十三年、二十七年，杞兩稱子，而後復稱伯，事應類此，滕、薛之不復稱侯，則貶而不復耳。

吴子使札來聘。

吴始聘而備君臣之辭，與楚始聘稱人異者，諸卿重季子之文，而史詳其事也。不書「氏」，未同於列國也。劉氏敞及胡傳謂札辭國而生亂，故不稱公子以貶之，非也。自文、宣以來，列國大夫之叛弑者，皆稱公子、稱氏，楚大夫猾夏怙亂者皆稱公子，使經書「吴公子札來聘」，亦不過儕於嬰齊、壬夫之屬耳，何足以著季子之賢乎？且札受國，終札之世無亂耳。札之後復有賢如札者乎？復有賢如札者，僚、光之儔，皆能如諸樊兄弟之仁讓而無亂心乎？札受國是使，吴父子兄弟相賊無已時也。劉、胡所云，不獨失春秋之義，所以議季子者亦未當矣。○杜氏預曰：「吴子餘祭既遣札聘上國，而後死，札以六月到魯，未聞喪也。不稱公子，其禮未同於上國。」○孔氏穎達曰：「二十五年，遏爲巢牛臣所殺，餘祭嗣立，至此始使札通上國，吴子未死之前命札出使，既遣札聘，而後身死，札以六月到魯，未及聞喪，故每事皆行吉禮也。經傳皆無札至之月，知以六月到者，以城杞在五月之下，城杞既訖，乃有士鞅來聘，杞子來盟，若共在月中，則不容此事，下文有秋，知札以六月至也。札去之後，吳使告喪，告以五月被弒，故追書在聘上耳。札實公子，不書公子者，其禮未同於上國，故史不書氏，以札是卿，故書其名耳。」○季氏本曰：「胡傳謂因其辭國生亂而貶之，夫札之辭國在聘魯二十九年之後，而貶之於二十九年之前，無乃非其罪與？」

秋，九月，葬衛獻公。

齊高止出奔北燕。

冬，仲孫羯如晉。

三十年，春，王正月，楚子使薳罷來聘。

札不氏爲貶，則罷氏爲褒乎？以是知其不可通也。

夏，四月，蔡世子般弑其君固。

其不日，何也？蔡無赴告，以傳聞書而失其日也。

五月，甲午，宋災。宋伯姬卒。

穀梁傳：「取卒之日加之災上者，見以災卒也。」蓋非以災卒，則先卒而後災可也。或再書日以卒，如桓十三年衛侯晉卒之再書丙戌可也。宋之臣子不能救君母，使逮乎火而死，不待貶而罪見矣。

天王殺其弟佞夫。

陳氏傅良曰：「凡王殺不書，雖王子不書，甚者母弟亦不書，必殺無罪也而後書。」

王子瑕奔晉。

汪氏克寬曰：「瑕、朝皆爲逆亂，無所容身，避罪逃竄，非居禄位而出奔，如國滅之君與在外之臣，故不言『出』，而止言『奔』。」〇王子朝奔不書「出」，故瑕不得以在外而奔爲義。

秋，七月，叔弓如宋，葬宋共姬。

内女之卒，卿共葬事，非禮也。夫人以君之謚爲謚，常也。魯夫人無一從君之謚者，變也，蓋自文姜始也。經書内女之葬三：紀伯姬不書謚，紀侯未没也；紀叔姬不書謚，媵也。

鄭良霄出奔許，自許入于鄭。鄭人殺良霄。

非以國法殺之，不得稱國以殺，又不得稱駟帶殺也。不言大夫，非其大夫也。不再言良霄，與宋華元異者，許、鄭接壤，方奔而即入也。不言復入，與宋魚石、晉欒盈異者，亦方奔而即入也。

冬，十月，葬蔡景公。

何以書葬？討賊者，臣子之事也。而賊由其子，所望者國人、鄰國之申大義耳。而國人奉以爲君，鄰國與之爲禮，故特書會葬以志人道之極變也。觀魯人會葬，則蔡不以弑赴可知矣。舊史有以傳聞書而不從赴告者，此類是也。

晉人、齊人、宋人、衛人、鄭人、曹人、莒人、邾人、滕人、薛人、杞人、小邾人會于澶淵，宋災故。

李光地曰：「臣弑其君而諸侯定之，自宋督始；子弑其父而諸侯定之，自蔡般始。故兩書所會之故。楚頵之弑不可以責諸侯之往，正也，故無異文。」按楚頵弑後，晉戰彭衙伐秦、伐沈，不能以楚爲事，其迹顯然，故垂隴之盟不言所爲，若稷之會不言成宋亂，澶淵之會不言宋災故，則疑於欲討亂而未能故别白之也。○左傳以不書魯大夫爲詳，程子、胡氏因之，非也。上明著魯之會蔡葬矣，今諸侯之大夫衆會而以不能討蔡没魯卿，其義何居？左氏意以伯姬魯女，諸侯謀宋災，魯未有不與者，不知是會，魯實不與也。蓋謀歸宋財乃鄰國相恤之道，魯與宋爲婚姻，重閔伯姬，使卿共葬事，則賻贈之禮必厚，相恤之事必多，不但如諸國之僅歸以財，故是會轉不與耳。爲宋災其事微，故會者非卿，與疆戚田同，胡傳以爲貶而稱人，誤矣。○黄氏仲炎曰：「自晉人廢討賊之義，而後楚子虔得以討亂爲名而滅陳、滅蔡，蓋澶淵之會爲之也。」

三十有一年，春，王正月。

夏，六月，辛巳，公薨于楚宫。

左傳：「公作楚宫，穆叔曰：『大誓云：「民之所欲，天必從之。」君欲楚也夫，故作其宫。若不復適楚，必死是宫也。』」

秋，九月，癸巳，子野卒。

古人貴正終，卒必有地，君薨于路寢，正也。其成於小寢、别宫、於會、於師、於境内、於他國皆書之，至薨而不知其地，則有臣子所不忍言者矣。子卒而不地，其義亦然，子般見賊而有討於黨氏，舊史必書曰「子卒於黨氏」矣。季孫以子野毁卒，告於國人，史無董狐之直，必不敢書曰「子卒於季氏」也，則書「子卒於喪次」明矣。惟子赤之死，其事尤秘，國人不知其地，又不知其日，或第書「子卒」耳。使經一仍舊史之文，則般之死似歸獄於黨氏，野之死似誠以毁，而亂賊得以隱其惡矣。故皆不地，以志臣子之隱痛，使後人有考焉。或謂子卒不地、不書葬，史法宜然，悖矣。子之别於成君，蓋自嫌也，而臣民戴之猶君也。安有繼先君爲國主而不志其卒之地者乎？夫人書葬，嗣君之母書葬，外諸侯書葬，而謂子不書葬爲禮乎？般次於黨氏，避慶父之難也。野無内難，何故不使守先君之喪而次於季氏乎？使實以毁卒，經當特書「子野卒於喪次」，以顯般、赤見弑之義，乃與故卒者同文，致其惑千百年而不解，聖人作經，不如是之疏也。

己亥，仲孫貜卒。

冬，十月，滕子來會葬。

襄、昭而後魯益微矣。而滕、邾乃行會、葬、奔、喪之禮者，蓋三家自比小侯，以交於滕、邾，滕、邾之來，非尊魯君，所以自儕於三家而示昵好也。昭元年，晉趙孟卒，鄭伯躬弔，蓋是時列國邦交皆如此。

癸酉，葬我君襄公。

十有一月，莒人弑其君密州。

胡傳：趙匡謂左傳之文當曰「展輿因國人之攻莒子，弑之，乃立」。而傳寫誤爲「以」耳，獨依經文以證傳之誤，可也。

春秋直解卷之十

昭公

元年，春，王正月，公即位。

昭公非與聞乎故者也，而書即位，何以別於桓、宣也？桓、宣得自爲正者也。昭公之立，則政在季氏久矣。子之生殺由之，公之廢置由之，季氏使行即位之禮，則即位矣。使公即位，正所以示子非故卒也。桓之立，翬爲逆女於齊；宣之立，遂爲逆女於齊，即君臣同惡可知矣。昭之立，首朝於晉而不得達，而季孫實私焉。即政在季氏，惡由季氏，而公不與罪人同心可知矣。子卒之地及葬既可削以見義，使并削昭公之即位，則子野不以正終，昭公不與聞乎？故其義不益顯乎？經有特文以見義，而未嘗没事之實也。薨、卒未有無其地者，君薨、子卒未有不葬者，故可削以見義也。若即位而削之，則與未行即位之禮者無別矣。卒而不地、葬而不書，已足見子之非正終矣。如削公之即位，不惟失事之實，而季氏悖逆飾詐，公崎嶇不得自由之迹，轉不可得而見矣。

叔孫豹會晉趙武、楚公子圍、齊國弱、宋向戌、衛齊惡、陳公子招、蔡公孫歸生、鄭罕虎、許人、曹人于虢。

宋、虢二會先晉，皆舊史之文也。簡王以喪宴，鞏朔使相告之曰：「非禮也。」勿籍楚先於晉，晉人恥之，故諸國之史承其意而爲之諱也。若以爲筆削之旨，則前此有蜀之盟，後此有申之會，皆直書楚人爲主，曷爲獨於宋、虢易之乎？且王師之敗績不諱，魯君之朝楚不諱，而諱楚人之先晉，亦值矣。○孔氏穎達曰：「八年，招殺世子，故稱弟以彰招罪，此奉使以會諸國，非義例之所興，乃舊史書公子而仲尼因之也。」

三月，取鄆。

事與歸父伐邾、取繹同而書法異。李氏廉歷辨先儒之失，而謂書「伐莒」，是以討賊與魯，故不書「伐」而書「取」似矣，而實非也。使書「伐莒、取鄆」，亦足以見其無討賊之心，而有攘奪之實矣。蓋繹本邾邑，魯人固曰「吾取之邾」也。鄆本附庸，魯嘗城之，而其後爲莒所得，魯人固曰「吾取鄆」，而非取之於莒也。舊史本無伐莒之文，孔子豈得而益之哉？鄆雖附庸，爲莒邑久矣。不書「伐莒」，則與取小國何以別乎？其爲莒邑，已前見矣。乘亂而襲據其地，不用大師，故不書「某師師」。

夏，秦伯之弟鍼出奔晉。

六月，丁巳，邾子華卒。

晉荀吴帥師敗狄于大鹵。

悼公之霸也。曰：「無以待戎，不能濟河。」平公甘棄前緒，使天下諸侯南鄉而朝楚，乃復有事於群狄，蓋緣諸卿皆有厚自封殖、化家爲國之心，故争勸其君棄遠猷而逐近利耳。

秋，莒去疾自齊入于莒。

馮荆南曰：「去疾非正也，而以名繫國，何也？突與赤之入，其文皆有所承，雖不繫國而知爲曹、鄭之公子。去疾之入也，文無所承，不繫莒則不知爲何人也。」○胡傳：「去疾何以不稱公子？自謂先公之子，可以有國，遂立乎其位而無所稟。」非也。果爾，則當書「公子」以見義矣。春秋於兄弟争國者，皆不稱公子，公子者，大夫之稱也。惟楚比稱公子，以楚圍定位已十餘年，故從大夫弑君之常辭。棄疾稱公子，則見其以公子争國，非能討賊耳。○比，右尹；棄疾，縣公，本大夫也。

莒展輿出奔吴。

展輿以名繫國，當承國也。不稱爵，舊史承告辭也。胡傳謂爲弑君者所立，而不能討賊，故不稱爵。非也。楚商臣、蔡般身爲大逆而稱爵，鄭忽、曹羈承嗣無變而不稱爵，則其説不可通矣。蓋衛朔、鄭突君國已數年，又魯軌所助其奔也，必自告之，故舊史承赴而書爵也。若鄭忽則與魯惡，曹羈、展輿倉卒出奔，其奔也必突、赤、去疾告之，豈肯稱爵、稱世子哉？鄭忽之立五月，曹羈之立九月，展輿之立八月，國方内亂，異國之史安知其位定與否？不可以稱爵，不可以稱世子，又不可以稱公子，故獨書名也。然則何以知其爲正也？告終必稱嗣，且忽、羈、展輿承國於内，而突、赤、去疾自外入而與之争，則不問而知其爲正矣。然則展輿無罪乎？居位而不能討賊，不待貶而惡見者也。其以名繫國，程子謂罪諸侯之與其立，亦非也。不以名繫國，遂可見諸侯之不與其立乎？鄭突之立，諸侯助之，而名不繫國，則其説不可通矣。李氏廉謂不書莒無以見其已立，亦非也。書莒亦無以見其已立也，齊小白方入而繫國，則其説不可通矣。蓋展輿之不能討賊，與本當承國義不相掩，苟名不繫國，則疑於庶孽之争立者，不足以發不能討賊之義，而徒亂名實，義無所取也。

叔弓帥師疆鄆田。

季孫自取鄆，他人莫敢有也。而使叔弓疆之，蓋叔弓散卿，至是視季氏猶君，而甘爲之役矣。〇王氏葆曰：「取鄆不書帥師，疆田書之者，以見因莒亂，出其不意而取之爲易，今欲固其所得，則莒人來争必矣。故遣卿帥師而疆之。」

葬邾悼公。

冬，十有一月，己酉，楚子麇卒。

楚子麇、鄭伯髡頑、齊侯陽生皆魯史承赴告書卒，雖傳聞以弑而無所據以易之者也。

楚公子比出奔晉。

二年，春，晉侯使韓起來聘。

夏，叔弓如晉。

秋，鄭殺其大夫公孫黑。

冬，公如晉。至河乃復。季孫宿如晉。

襄公末年如楚歸，懼季氏之逼，幾不敢入，君臣瑕釁已開，子又離喪所，而暴卒於季氏之家，雖其事甚秘，邦人、鄰國必有疑焉。季氏利昭公之暗懦而立之，未必非懼討也。然其生十九年矣，安知其如晉不相訴也，故逆阻之。晉人辭公而納季孫，情事顯然矣。左氏所傳，晉之飾言也，食季氏之姦無以爲辭，而託於少姜之非嫡也。魯君初立而朝霸主，故事也。傳亦未載公如晉弔，胡乃以少姜爲辭哉？穀梁傳：「公如晉而不得入，季孫宿如晉而得入，惡季孫也。」得其實矣。○項氏安世曰：「自是霸者之令抑君助臣，而天下之爲君者無以自立，而晉之君亦無以自立矣。」

三年，春，王正月，丁未，滕子原卒。

夏，叔弓如滕。五月，葬滕成公。

杜氏預曰：「葬襄公，滕子來會，故魯厚報之。」○三桓威重，近魯小侯深與相結，引爲同列，故特厚焉，而使卿會其葬，然三桓不肯親也，故叔弓承事焉。

秋，小邾子來朝。

八月，大雩。

冬，大雨雹。

北燕伯欵出奔齊。

凡諸侯出奔而名者，國有二君，不可以無別也。以衛侯朔、鄭伯突例之，北燕伯欵之名必此類也。

四年，春，王正月，大雨雹。

夏，楚子、蔡侯、陳侯、鄭伯、許男、徐子、滕子、頓子、胡子、沈子、小邾子、宋世子佐、淮夷會于申。

徐稱子，淮夷不殊會，皆舊史之文也。蓋楚、徐班也。楚以爵稱，徐自不得以號舉，楚合諸侯而淮夷來會，非楚率諸侯以會淮夷也。安得以殊會爲文哉？胡傳未得其義。

楚人執徐子。

楊氏士勛曰：「不言歸者，蓋在會而執，尋釋之。」

秋，七月，楚子、蔡侯、陳侯、許男、頓子、胡子、沈子、淮夷伐吴。

徐子吴出，疑其貳於吴而執之，故伐吴，徐不與也。

執齊慶封殺之。

執徐子再舉楚人，殺慶封不再舉楚人，何也？稱楚人則與殺夏徵舒同文，弑君者崔杼，慶封亡大夫耳，不可比於亂賊也。凡書「執」者，皆不殺者也。執而殺，可以不書「執」，而特書「執」者，以齊人而執之於吴也。書「執」而目楚子，則與晉侯執曹伯同文，故蒙上文而第書「執齊慶封殺之」也。○穀梁傳：「慶封不爲靈王服也，春秋之義，用貴治賤，用賢治不肖，不以亂治亂也。孔子曰：『懷惡而討，雖死不服，其斯之謂與？』」

遂滅賴。

啖氏助曰：「左氏云：『賴子面縛銜璧，楚子焚櫬。』按：經但言滅，是死位也。他年，賴降而舍之，故誤耳。」

九月，取鄫。

義與取鄆同，不嫌與取鄟、取邿同文者，莒人滅鄫與鄆爲莒邑，已見於經矣。

冬，十有二月，乙卯，叔孫豹卒。

五年，春，王正月，舍中軍。

左傳：「毁中軍，卑公室也。初，作三軍，三分公室而各有其一。季氏盡征之，叔孫氏臣其子弟，孟孫氏取其半焉。及其舍之也，四分公室，季氏擇二，二子各一，皆盡征之而貢於公。」蓋公徒爲中軍，故毁之，而盡入於三家也。昭公不忍季氏之詬，季氏必微窺之，故舍中軍，使無尺土一民，雖懷憤而不能逞也。四分公室，二子各一，而共爲一軍，力常不足，季氏得二，則沛乎有餘，故後此二家亦爲屬役而不能抗也。○魯三家所以不爲齊田氏、晉六卿者，以中軍既毁，尺地一民皆歸三家，君特寄焉，以爲無害而姑舍之，晉地大分之，猶爲强國，魯地小，若三家各爲一國，則不足以禦四鄰，恐大國借以爲討而并兼之，故留其君以爲贅旒，而朝會帥師危苦困辱之地，皆使君往，蓋魯君轉供大夫之職也。哀公時，公數帥師，蓋三家之兵，使公將之，事畢則各反其所隸，猶魯盛時公室之兵使大夫將，而事畢仍歸於公耳。

楚殺其大夫屈申。

公如晉。

中軍舍矣。公雖恨於季氏，無可如何，是以聽其如晉而不之阻，又取鄆、取鄫，莒人屢訴於晉，而以公試也。公幾見止涉三時而後歸，季氏之陵逼構陷其君，自昭公在國已然，不待陽州之孫也。

夏，莒牟夷以牟婁及防、兹來奔。

穀梁傳：「及防、兹，以大及小也。」

秋，七月，公至自晉。

戊辰，叔弓帥師敗莒師于蚡泉。

不書莒人來伐，何也？逆而擊之也。

秦伯卒。

冬，楚子、蔡侯、陳侯、許男、頓子、沈子、徐人、越人伐吴。

胡傳：「以徐、越稱人爲進。」非也。當是時，天下諸侯皆服屬於楚，故舊史一稟楚之告辭，非大義所關，則孔子仍而不革耳。

六年，春，王正月，杞伯益姑卒。

葬秦景公。

南北分霸，諸侯尤畏楚。而秦，楚之上交也，故魯至是始會葬焉。

夏，季孫宿如晉。

據左傳，往年公如晉，晉侯謂公善於禮，宿懼公與晉侯之相得也。故如晉，自託而比於下隸，以曲媚焉。蓋晉諸臣黨季氏舊矣，季孫取鄆、鄆而執昭公，無以服諸侯，故范鞅以師討爲辭以歸公，而私於宿，使躬拜莒田以自脱耳。

葬杞文公。

宋華合比出奔衛。

秋，九月，大雩。

楚薳罷帥師伐吴。

冬，叔弓如楚。

楚虔暴詐，申之會魯辭不與，故三桓懼往見執辱，而使叔弓試焉。群儒乃争以附楚責昭公，蔽於理而失其情實矣。

齊侯伐北燕。

七年，春，王正月，暨齊平。

胡傳：「我所欲曰及，不得已曰暨。當是時昭公結婚强吴，外附荆楚，乃齊求於魯而許之平也，故曰『暨』，至定公八年，魯再侵齊，見復必矣，乃魯求於齊而欲其平也，故曰『及』。」○左氏所傳誤也，齊侯果受賂而與燕盟，不應復納欵，蓋伐未得志，故復有高偃之師耳。

三月，公如楚。

吴，楚之深讎也，公方結婚於吴，而迫公如楚，季孫之心蓋望公之往而不返也。列國之君衆矣，而薳啓疆獨言能得魯侯，亦料列國之君行止尚能自主，惟魯數世皆制於强臣，三桓奪其君之地與民，惡聲遠播，聞慶封之誅，恐楚借以爲名而伐執之，聞楚之召，自當迫其君以出耳。楚不以婚吴罪公，亦灼知公欲借吴以抗季氏，而非敢抗楚耳。

叔孫舍如齊莅盟。

夏，四月，甲辰，朔，日有食之。

秋，八月，戊辰，衛侯惡卒。

九月，公至自楚。

冬，十有一月，癸未，季孫宿卒。

十有二月，癸亥，葬衛襄公。

八年，春，陳侯之弟招殺陳世子偃師。

所殺世子也，不得從兩下相殺之例。不稱「弒」，陳侯未卒，不二尊也。不書「陳人」，義在目其人也。書「陳人」，則不見其以親屬而忍爲大惡矣。故會虢放越皆稱公子，此獨稱弟，穀梁所謂「盡其親以惡招」是也。

夏，四月，辛丑，陳侯溺卒。

胡傳、高氏閱謂留立而溺縊，非也。若溺在而留立爲君，使溺恚而自殺，則弒父與君，罪甚於楚公子比矣。蓋溺昏庸，徒以私愛屬留於招，而未嘗有殺偃師之意，一旦廢疾，見招殺其長子，故憂恚自殺耳。胡氏、高氏蓋據左傳殺偃師而立留之文，不知左氏所稱立爲世子耳，留之奔也書「公子」，則未立爲君可知矣。

叔弓如晉。

楚人執陳行人干徵師殺之。

陳公子留出奔鄭。

其不曰陳留，何也？奔而以名繫國，則與鄭忽、曹羈同文，疑於世子偃師既死，群公子争立而留爲世子之母弟矣。惟稱公子，然後知其爲招所欲援以代世子之公子，而懼楚以奔也。

秋，蒐于紅。

非常所也。杜氏預曰：「革車千乘，不言大者，經文闕也。」

陳人殺其大夫公子過。

殺偃師目招，殺過稱陳人，何也？過與招同罪，若書招殺，則疑與招異心，且同於棄疾殺比之文矣。書國殺，則陳無君，書陳人殺其公子過，則與公子留相混而不知誰爲將立者，故特加大夫以別之。

大雩。

冬，十月，壬午，楚師滅陳。執陳公子招，放之于越，殺陳孔奐。

下書「叔弓會楚子于陳」，則楚子在軍明矣。而滅陳稱楚師，何也？左傳載棄疾帥師圍陳，蓋陳既滅而後楚子至軍也。其不書「棄疾帥師滅陳」，何也？執招殺奐，非棄疾所得專也。若滅陳，目棄疾而執招殺奐，更舉楚子，或更舉楚人，則義無所取，而習其讀者疑於得討亂之義矣。里克、甯喜，弒君者也，晉、衛不以其罪討，則爲殺其大夫而已。招殺世子者也，楚靈懷惡不足以爲討，則爲執陳公子而已。

葬陳哀公。

其不書楚子葬之，與齊侯葬紀伯姬異者，紀侯去國，無齊滅紀之文，必書齊侯，然後知紀并於齊也。上書「楚師滅陳」，下書「叔弓會楚子于陳」，則楚人葬之不待言矣。

九年，春，叔弓會楚子于陳。

陳氏傅良曰：「諸夏之大夫旅見於楚，於是始舉魯以見其餘也。」

許遷于夷。

夏，四月，陳災。

胡傳：「楚已滅陳，夷於屬縣，必不遣使告於諸侯，叔弓與楚子會于陳，歸語陳，故魯史遂書之耳。公、穀二傳以爲存陳，非也。災作於陳地，不書陳災，庸得稱楚災乎？志災，閔其人之變也，若謂國亡，其災當削而不志，而不削爲存陳，尤非義所安。」

秋，仲孫貜如齊。

冬，築郎囿。

季氏奪其君之地與民，而姑以是豢也。

十年，春，王正月。

夏，齊欒施來奔。

秋，七月，季孫意如、叔弓、仲孫貜帥師伐莒。

成、襄以後，每大出師則並舉諸卿，散辭也。不屬於君，而無所統也。毁中軍，則止二軍矣。而三卿將，何也？叔孫、孟孫雖共爲一軍，而主兵者則不肯相下，故並書於册也。左傳清之戰，季孫爲左師，孟叔爲右師，故知孟叔共爲一軍也。○項氏安世曰：「獨叔孫氏之兵使叔弓帥之，此可見叔孫舍之賢。」○陳氏傅良謂牽之戰，四卿並書，蓋二軍之將佐今舍中軍矣。曷爲三卿並將？蓋叔弓佐意如，而叔婼居守，似亦可通，但佐意如則不宜序仲孫之上，且師役勞費，肯令叔孫獨免乎？

戊子，晉侯彪卒。

九月，叔孫舍如晉，葬晉平公。

十有二月，甲子，宋公成卒。

十有一年，春，王二月，叔弓如宋，葬宋平公。

夏，四月，丁巳，楚子虔誘蔡侯般，殺之于申。

蔡般弑父，與君之賊也。楚虔志在吞蔡，則爲誘蔡侯般殺之于申而已，蔡、魯同姓也，楚子誘殺其君，故魯人惡而名之。

楚公子棄疾帥師圍蔡。

陳之滅也，左傳稱棄疾圍陳而經不書，何也？奉孫吴以討，其滅也速，未嘗告圍，故第書「滅」也。蔡則城守三時，而請救於諸侯，則以圍告必矣。

五月，甲申，夫人歸氏薨。

左傳以爲娣，誤也。有因公母與夫人並書薨、葬，而預書夫人之娶以别之者矣。未有志公母之薨、葬，而反削夫人之薨、葬者也。歷襄、昭、定、哀未嘗别見襄夫人之薨，以此知齊歸之爲嫡也。

大蒐于比蒲。

左傳：「君有大喪，國不廢蒐，不忌君也。」

仲孫貜會邾子盟于祲祥。

秋，季孫意如會晉韓起、齊國弱、宋華亥、衛北宫佗、鄭罕虎、曹人、杞人于厥慭。

左傳：「晉人使狐父請蔡於楚，弗許。」自宋虢以後，晉日偷安，楚益肆暴，諸侯皆屬服於楚，孰敢枝梧？彊兵之禍，遂至於此。然使晉有英君良臣，乘楚惡之貫盈，因諸侯之憤懼，聯義師以遏楚鋒，未嘗非興霸之一會也。

九月，己亥，葬我小君齊歸。

冬，十有一月，丁酉，楚師滅蔡，執蔡世子有以歸，用之。

胡傳：「内入國而以其君來，外滅國而以其君歸，皆服而以之也。既書『滅蔡』，又書『執蔡世子有』者，世子無降伏之狀，强執以歸而虐用之也。或以爲未逾年之君，其稱世子者，不君靈公，故不成其子。非也。楚虔殺蔡般，棄疾圍其國凡八月而見滅，世子在窮迫危懼之中，未暇立乎其位也。父母之讎不與共天下，與民守國效死不降，至於力屈就禽，虐用其身而不顧也。則有之爲世子之道得矣。」○蘇氏轍曰：「蔡侯死於楚，不獲歸於蔡，不斂不葬，其子雖立，不成君也，是以稱世子而已，君没，既葬稱『子』，未葬稱『子某』，喪未至而稱『世子』，固其宜也。」

十有二年，春，齊高偃帥師納北燕伯于陽。

家氏鉉翁謂衛侯朔入衛不言納，納頓子不言奔，奔且言納者，惟北燕伯欵、衛世子蒯聵，是内不受之辭。非也。朔不言納，承王人救衛之後，而書「公及齊人、宋人、陳人、蔡人納衛侯朔於衛」，非義所安也，故第書「朔入」而已。頓子不言奔，奔時赴告未及也。蒯聵之納爲内不受，則不當書世子，況北燕伯國其所自有者乎？書納某於某地者，難辭也。言拒於强臣逆子，而不得遽反其國也。欵之納不名，正也。與衛侯之入夷儀同。○吕氏大圭曰：「凡言納者，内弗受而彊致之辭，説者曰『納者，不宜納也』，此言過矣。以北燕伯觀之，書『北燕伯』則是燕之君也，與入于夷儀同，豈有不宜納者耶？」

三月，壬申，鄭伯嘉卒。

夏，宋公使華定來聘。

公如晉，至河乃復。

穀梁傳：「季孫不使遂乎晉也。」蓋魯君至晉，而不問取鄆之故，則無以服莒。季孫取鄆，更罪魯君，又無以服諸侯，故辭公，晉之强家惟季孫是聽，而其君若罔聞，知分晉之勢至是已成矣。

五月，葬鄭簡公。

楚殺其大夫成熊。

秋，七月。

冬，十月，公子慭出奔齊。

楚子伐徐。

晉伐鮮虞。

晉之有事於諸狄也。數或赴告不及，傳聞略，不知其將者，又不知其師之衆寡，則第書晉有是事而已。

十有三年，春，叔弓帥師圍費。

費叛而後圍之，而不書「叛」，何也？是時，尺地一民皆非公室所有，南蒯、侯犯、陽虎叛季孫、叔孫，非叛公也。三桓竊國，若家臣以叛書，則本末名實紊矣。故削而不書，然書「圍」，則叛可知矣。季氏之私邑而使卿帥師以圍之，叔弓亦安爲之屬矣。○家氏鉉翁曰：「家臣尊公室可乎？曰：可。諸侯之臣皆天子之臣也，大夫之臣皆諸侯之臣也。當時有謂家臣不當言彊公室者，乃亂賊之黨之悖辭，而傳者有取焉，不敢謂然。」

夏，四月，楚公子比自晉歸于楚，弑其君虔于乾谿。

舊説皆謂比無弑心，故書「歸」，以明其非弑。非也。書「歸」而不書「入」，易辭耳。既加以弑，書「歸」何足以見其非弑乎？謀國者棄疾，以計殺虔者棄疾，而歸獄於比，何也？倡亂謀弑者實比，非棄疾也。使比之歸，本無弑心，而爲棄疾所脅，則當書「楚公子棄疾弑其君虔于乾谿，立公子比。」比雖不能守節，罪輕於主謀操刃者，不宜釋棄疾而歸獄於比也。蓋觀從以棄疾之命召二子，比順其謀而歸，晉人皆知其冀國而欲弑舊君，及郊知棄疾實不與謀，又與觀從盟而入襲蔡，是其處心積慮成於弑也。棄疾方食，見比而逃，是本無亂謀，而後乃爲比所脅也。非棄疾則入楚弑虔之謀不成，非比啓釁則棄疾之亂謀不生，安得不歸獄於比哉？觀齊荼之弑，目陳乞而不目陽生，則比之爲弑明矣。弑君未有言其地者，其曰「于乾谿」，何也？蒙上楚子伐徐之文也。○史記：「楚公子棄疾弒靈王而自立。」春秋書曰：「楚公子比自晉歸于楚，弒其君虔于乾谿。楚公子棄疾殺公子比。」史記：「晉卿中行、范氏反晉，晉使知氏、趙簡子攻之。」春秋書曰：「晉荀寅、士射吉入于朝歌以叛，晉趙鞅入于晉陽以叛。」觀此類可見筆削之旨。

楚公子棄疾殺公子比。

兩下相殺，不志於春秋，此其目棄疾者，義繫於稱名也。以是爲公子之相殺，而非能討賊也。使書「楚人」，則棄疾之姦心隱矣。即於比去公子，亦疑於棄疾得討賊之義矣。○穀梁注：若以嫌代，當書「楚棄疾殺公子比」，非也。書「楚棄疾」，則似異姓大夫而義近於討賊矣。

秋，公會劉子、晉侯、齊侯、宋公、衛侯、鄭伯、曹伯、莒子、邾子、滕子、薛伯、杞伯、小邾子于平丘。

晉之不合諸侯久矣。以楚有弒君之難，故復爲是會。

八月，甲戌，同盟于平丘。公不與盟。晉人執季孫意如以歸。

季孫威重過於君，史書季孫之執，則不得不書「公不與盟」，胡傳謂以得不與盟爲幸，故直書不隱。誤矣。沙隨、平丘，公在而執季孫，晉人知執公不足爲輕重也。晉舍季孫竊國分民之大罪，徒以邾、莒之不共而執之，又以土地猶大，所命能具而歸之，故不得爲霸討。

公至自會。

蔡侯廬歸于蔡。陳侯吴歸于陳。

陳、蔡之滅久矣。而廬、吴稱爵，何也？楚既立爲君，而後復之，不得稱公孫，而爲楚所立，又不可著於册書，則但以爵舉可矣。其不稱「復歸」，何也？身君其國而去之，然後可稱「復歸」。廬、吴非身失國也，其不言自楚，何也？自某國歸者，其國尚存之辭也。陳、蔡之不國久矣，有不復之勢，則書「復歸」，其國既亡，乃不書「復歸」，何也？亡則無復道矣，非其國尚存而有不復之勢之比也。○公羊傳：「此皆滅國也。其言歸何？不與諸侯專封也。」○穀梁傳：「此未嘗有國也。使如失國辭然者，不與楚滅也。」

冬，十月，葬蔡靈公。

以弑父與君之賊而録其葬，志魯之昧於大義而偏厚於般也。

公如晉。至河乃復。

吴滅州來。

十有四年,春,意如至自晉。

三月,曹伯滕卒。

夏,四月。

秋,葬曹武公。

八月,莒子去疾卒。

胡傳:「自昭公以來,雖薛、杞微國,無不會其葬者,何獨於莒則不往乎?方是時,意如專政而莒嘗訴其疆鄆、取郠之罪於方伯,而見執矣。爲是怒莒,故獨不會其葬也。」

冬，莒殺其公子意恢。

孫氏覺曰：「公、穀皆以爲曹、莒無大夫，蓋謂曹、莒大夫之名不見於經，其有事繫懲勸，法當書者，則雖賤而名之，邾庶其、黑肱，莒牟夷、意恢是也。」

十有五年，春，王正月，吴子夷昧卒。

二月，癸酉，有事于武宫。籥入，叔弓卒，去樂卒事。

公羊傳：「其言『去樂卒事』何？禮也。君有事於廟，聞大夫之喪，去樂卒事；大夫聞君之喪，攝主而往；大夫聞大夫之喪，尸事畢而往。」〇胡傳：「曾子問『君祭不得成禮』者，夫子語之詳矣，而無及大臣者，是祭而去樂不可也。衛太史柳莊寢疾，君曰：『若疾革，雖當祭必告。』是祭而以聞不可也。然大臣莅事而卒於其所，則去樂卒事，其可也。緣先祖之心，見大臣之卒，必聞樂不樂；緣孝子之心，視已設之饌，必不忍輕徹。故去樂卒事，可也。常事不書，此記禮之變也。」

夏，蔡朝吴出奔鄭。

六月，丁巳，朔，日有食之。

秋，晉荀吴帥師伐鮮虞。

冬，公如晉。

意如前見執，故使公往朝，而往果見止，意如之惡極矣。莒訴季孫，晉人不能正其罪而數辱公，蓋晉之强家誣上行私而不可以情理喻，晉君亦不能自爲正也。

十有六年，春，齊侯伐徐。

李氏廉曰：「此爲晉霸既衰，齊景公争霸之始事，齊景即位於襄二十五年，今二十餘年矣。自崔、慶相殘之後，委政二惠，及欒、高敗，乃始親政，不能明政刑以彊其國，委任陳氏，觀晏子之言而景公之自治疏矣。乃欲以無政之國争彊圖霸，宜其不遂振也。晉自重丘以賄，故不克有功於齊，於是亦坐視而莫校矣。」

楚子誘戎蠻子殺之。

夏，公至自晉。

昭公之如晉，三不達，兩幾見執，皆季孫爲之也。左傳十七年，日食。叔孫昭子已知其有異志，世徒見登臺之請，以爲公實始禍，而不知季氏之圖公久矣。其阻公於晉，懼公之訴也。其或聽公之往而不阻，會晉之怒也。公内則困於强臣，外則蔽於霸國，無可爲謀，而胡傳及諸儒交口而責公之自暴棄，可謂不察其情矣。考昭公行事，自娶吴而外，實未見其有大惡也。凡傳所載，皆季氏之誣辭耳。謂齊歸之喪不戚，而記有之：喪慈母自魯昭公始，乃獨忍於所生乎？謂公之孫也，國人如釋重負，世有民食於他，無尺土一民，而能爲國人之害者乎？傳者不辨其誣，諸儒又承其誤，枉甚矣。〇汪氏克寬曰：「襄公二十八年十一月，如楚，明年五月，書至；昭公去年冬，如晉，今夏，書至。皆受制於大國，逾三時而始返，雖不書晉人止公，考其時則微傳而事著矣。」

秋，八月，己亥，晉侯夷卒。

九月，大雩。

季孫意如如晉。

季孫居國貴重，未嘗會諸侯之喪，意如曾執於晉，乃親葬昭公者，以釋前嫌而自結於新君也。蓋霸國之交不固，則無以抗其君，故不憚忍恥以求媚焉。

冬，十月，葬晉昭公。

十有七年，春，小邾子來朝。

夏，六月，甲戌朔，日有食之。

秋，郯子來朝。

八月，晉荀吴帥師滅陸渾之戎。

陳氏傅良曰：「自是凡滅稱大夫矣。不書大夫者吴也，吴無大夫也。」

冬，有星孛于大辰。

公羊傳：「孛者何？彗星也。其言于大辰何？在大辰也。大辰者何？大火也。大火爲大辰，伐爲大辰，北辰亦爲大辰。」

楚人及吴戰于長岸。

以楚及吴與河曲異文，楚稱人而吴號舉，蓋自宋、虢以來，諸侯奉楚爲盟主矣。而昭公娶於吴，季氏惡之，故舊史尊楚而卑吴，仲尼因之，以徵事實、考時變也。

十有八年，春，王三月，曹伯須卒。

夏，五月，壬午，宋、衛、陳、鄭災。

六月，邾人入鄅。

秋，葬曹平公。

冬，許遷于白羽。

十有九年，春，宋公伐邾。

夏，五月，戊辰，許世子止弑其君買。

李光地曰：「楚商臣、蔡般皆立乎其位，而止未嘗立乎其位，楚每假討亂之義以屬諸侯，許遷白羽實近於楚，而楚不討，恐三傳所傳，亦未可盡廢也。」

己卯，地震。

秋，齊高發帥師伐莒。

冬，葬許悼公。

程子曰：「蔡般、許止疑同，故書葬。」

二十年，春，王正月。

夏，曹公孫會自鄸出奔宋。

穀梁傳：「自鄸者，專乎鄸也。曹無大夫，其曰『公孫』，何也？言其以貴取之，而不以叛也。」

○奔未有言所自者，此其言所自何？蓋至是而天下之大夫其有邑與民者，皆自擅而不屬於公，故能專其邑，未有不叛其國者，能使其衆，未有不脅其君者，會待放於私邑，君無赦命而出奔，不惟非宋辰、華、向之比，與臧孫紇據邑以要君者，亦不可同年而語矣。

秋，盜殺衛侯之兄縶。

公羊傳曰：「賤者窮諸盜。」先儒因謂齊豹已奪司寇，非卿，或謂歸獄於宗魯。皆非也。果爾，則書「衛人」可矣。其曰「盜」，陰賊而無主名也。縶不稱公子而曰「衛侯之兄」，何也？弱足而居，則無位可知矣。且縶多行無禮，以其爲衛侯之兄而不知實所以自賊，衛侯之縱縶自以爲厚其兄，而不知實所以殺之也。左傳載齊豹作難，或賊由齊氏懼討而後爲亂耳。

冬，十月，宋華亥、向寧、華定出奔陳。

據左傳，公子城等八人奔鄭不書，非卿也。○陳氏傅良曰：「公子城、公孫忌八子奔鄭，華亥、向寧、華定奔陳，其但書三子何？衆不可勝罪，則罪其甚者。入南里以叛，乞師於楚，爲宋患之日久，是以甚三子也。」

十有一月，辛卯，蔡侯廬卒。

二十有一年，春，王三月，葬蔡平公。

夏，晉侯使士鞅來聘。

宋華亥、向寧、華定自陳入于宋南里以叛。

胡傳：「按左氏，『宋元公無信多私，而惡華、向。三大夫謀曰：「亡愈於死，先諸？」乃誘群公子殺之。公如華氏請焉，弗許，遂劫公，取太子及其母弟以爲質。公怒，攻之，華向奔陳，至是入於南里以叛』。凡書『叛』，有入於戚者，而不言衛；有入於朝歌者，而不言晉；有入於蕭者，而不言宋。此獨言『宋南里』，何也？戚與朝歌及蕭，皆其所食私邑也。若南里，則宋國城内之里名也。左傳『華氏居盧門，南里以叛，而宋城舊鄘及桑林門以守』，是華氏與宋分國而居矣，故其出、其入皆以南里繫之宋，此深罪叛臣逼脅其君已甚之辭也。」〇汪氏克寬曰：「晉荀吴會齊、衛、曹之師以救宋，而不書『圍宋南里』者，悼公圍彭城，則以五大夫歸；荀吴救宋而逸賊，使華、向得逭不臣之誅，故不以討叛予之也。」

秋，七月，壬午，朔，日有食之。

八月，乙亥，叔輒卒。

冬，蔡侯朱出奔楚。

汪氏克寬曰：「或疑此書『朱出奔楚』，後書『東國卒于楚』，朱無歸入葬之文，東國無出奔之事，疑只是一事，東即東國而誤爲朱也。然左傳昭二十七年記沈尹戌之言，亦曰『出蔡侯朱』，而史記蔡世家亦曰『隱太子之子東國攻平侯子而代立』，則朱、東國固兩人也。豈穀梁經文因後書東國而誤也與？」

公如晉，至河乃復。

二十有二年，春，齊侯伐莒。

宋華亥、向寧、華定自宋南里出奔楚。

陳氏傅良曰：「齊慶封、衛公孟彄再奔皆不書，必嘗入叛也。而後書晉欒盈、鄭良霄猶及殺之，書『奔』，譏逸賊也。書『奔』猶可，書『歸』，若晉趙鞅，甚矣。」

大蒐于昌間。

胡傳：「昭公之時，凡三書『蒐』，或以非其時，或以非其地，而大意在權臣專行，公不與。」非也。狩於郎目公，公之私行也。若蒐則國政無取於書「公」。桓六年秋，大閱。莊八年春，治兵。皆不書「公」，以是知蒐不書「公」，乃國史之常法也。昭公之篇數書「蒐」，蓋中軍既毀，三桓擅國，不獨軍制變，而蒐狩之地亦惟其所便，而不主故常也。若書「公蒐於某」，則似公之私行，而非其事之實矣。

夏，四月乙丑，天王崩。

六月，叔鞅如京師。葬景王。

王室亂。

凡禍變皆直書其事，此虛言王室亂，何也？不言王室亂，則劉、單以王出，不知其事之端，而疑於大惡矣。○吕氏大圭曰：「言京師則通乎上下，言王室則父子兄弟自亂之耳。」○汪氏克寬曰：「頹、帶之亂，周有君，天下有王，未足以言亂也。景王崩，王猛未能定其位，子朝争國，故特書王室亂。」

劉子、單子以王猛居于皇。

敬王居狄泉，入成周，亦劉、單左右之，而不書「以」，何也？以未逾年之子，於義爲可，於辭爲順也。以「天王」，則疑於大惡矣。且王猛時，尚未知誰爲當立者，以出入者獨劉、單耳。敬王之立，則晉人問於介衆而辭子朝，名義顯著，歸心者不獨劉、單矣。猛名而劉、單稱子，何也？君前臣名之義，非所施於史册也。子朝争立，則猛不得不名，若劉、單稱名，則疑於有重貶矣。故一仍舊史之文，而不革也。公、穀二傳謂「以者，不以者也」，胡傳謂「劉、單挾天子以令諸侯」，汪氏謂「責劉、單太專」，皆非也。猛得劉、單而後能出入，非書「以」，無以見事實，於事爲變而義非逆也。○劉氏敞曰：「未逾年，是以不可稱『天王』，而又不可以諸侯例稱『子』也。何則？獨言『子』，則似魯之子，冠王於子，則又與他王子相亂，故稱『王』繫猛者，明是乃王者在喪之常稱，可無疑也。」○汪氏克寬曰：「傳、注皆不明言王猛爲大子壽之母弟，然春秋於猛直稱『王』而不書立，於朝則書立而稱『王子』，於匄則直稱『天王』，則猛、匄與朝嫡庶之分明矣。」○嚴氏啓隆曰：「不曰『王猛居于皇』而曰『劉、單以』之者，猛不能自立，其出與入皆劉、單之功，史家告實，非聖人之貶又可知，儒者泥於『以』之一言，而曰『以能廢立之』也，又曰『挾天子令諸侯而專國柄者』也。夫爲人臣，出萬死以赴君父之難，既奉王猛於王城，又立敬王，而逐亂賊，卒以成功，告文、武之靈，斯亦可以免於貶矣。而以書『以』文致其罪，豈春秋之功罪若是其倒置乎？」

秋，劉子、單子以王猛入于王城。

稱「以」，所以見情實，善惡則存乎其事，如劉、單以王猛居皇，入王城；蔡侯以吴子及楚人戰于柏舉，安得以爲不善？

冬，十月，王子猛卒。

猛生而稱「王」，不稱「王子」者，別於王子朝也。卒而稱「王子」者，未逾年也。不言「崩」，未即位也。

十有二月，癸酉朔，日有食之。

二十有三年，春，王正月，叔孫舍如晉。

癸丑，叔鞅卒。

晉人執我行人叔孫舍。

晉人圍郊。

郊，子朝所據之地。書「圍郊」，則知晉不黨於子朝矣。稱人，將卑師少也。以實屬辭，而晉之怠於勤王亦見矣。

夏，六月，蔡侯東國卒于楚。

先儒多謂東國即朱，「朱」誤「東」，脱「國」字，非也。奔君卒於異國，不宜復見於册書，必蔡之新君朝楚而卒，故赴告及魯耳。

秋，七月，莒子庚輿來奔。

胡傳：「郊公出入不書，微之。」非也。古者敵國不廢喪紀，殺公子爲變事，故莒、魯雖惡而去疾之卒、意恢之殺尚來告。及魯不會葬，則莒人銜之，故郊公之出、庚輿之入不告也。至是庚輿來奔，則怨嫌益深，而郊公之入不告，又可知矣。

戊辰，吳敗頓、胡、沈、蔡、陳、許之師于雞父。胡子髡、沈子逞滅，獲陳夏齧。

與吳構怨者，楚也。未有諸國自與吳争而楚不與者，左傳「楚師大奔」，而經不書，何也？吳以詐敗諸國，而楚則全師而退也。以傳考之，蓋楚令尹死，師熸，群帥争寵邀功，故迫諸國共出陣，而心實畏吳，故陣而不戰，是以諸國敗奔，楚轉得全師以遁。胡、沈、陳受禍尤烈，以争吳誘卒，故爲吳所乘，吳光所謂「在與頑」也。頓、蔡、許疾楚政，本無鬬心，止奔以求脱耳。經總序六國之敗，而不書楚，詳著胡、沈二君之滅，陳大夫之獲，然後有以發人之疑，而循數推理，以求其情事。若書吴敗楚、頓、胡、沈、蔡、陳、許之師，則似楚人主戰，諸國從之，而非其實矣。滅者，陣没而未爲吴獲也。左氏以書「滅」别於獲，爲君臣之辭，非也。

天王居于狄泉。尹氏立王子朝。

猛稱「王」，匄稱「天王」，而朝稱「王子」，則立之爲尹氏之私明矣。其稱尹氏，舊史之文也。世執周政，周人稱爲尹氏，而列國之史亦因之。〇穀梁傳：「朝之不名，何也？别嫌乎尹氏之朝也。」〇劉氏敞曰：「衛人立晉，衆人所欲立也。不曰『公子』，君位定矣。尹氏立王子朝，獨尹氏所欲立也。已僭位號，猶稱『王子』，言莫之君也。」

八月，乙未，地震。

冬，公如晉，至河，有疾，乃復。

所以别於無疾而不得入也。

二十有四年，春，王二月，丙戌，仲孫貜卒。

叔孫舍至自晉。

致獨以氏，義無所取，公羊傳文衍耳。

夏，五月，乙未，朔，日有食之。

秋，八月，大雩。

丁酉，杞伯郁釐卒。

冬，吴滅巢。

吴之滅巢，以復君父之讎，與他滅國異矣。

葬杞平公。

二十有五年，春，叔孫舍如宋。

左傳稱舍如宋，爲意如逆婦，意如至是泰然以國君自處，而二家亦甘爲之役矣。經不書其事，本末登册書也。若舊史有之，當從「葬原仲」之例而特書。

夏，叔詣會晉趙鞅、宋樂大心、衛北宫喜、鄭游吉、曹人、邾人、滕人、薛人、小邾人于黄父。

左傳：「謀王室也。」

有鸜鵒來巢。

公羊傳：「宜穴又巢也。」○穀梁傳：「一有一亡曰有。」

秋，七月，上辛，大雩。季辛，又雩。

九月，己亥，公孫于齊，次于陽州。

内君之孫，外諸侯之奔，皆不言逐之者，所謂深探其本，而反自貴者始也。

齊侯唁公于野井。

任氏公輔曰：「次于陽州，俟齊之命也。齊侯唁公于野井，以唁爲名，拒公之適己耳。」○李氏廉曰：「經書唁者三，皆所以罪齊、晉忘大義而崇微禮也。」

冬，十月，戊辰，叔孫舍卒。

十有一月，己亥，宋公佐卒于曲棘。

左傳：「爲公故如晉，卒于曲棘。」外諸侯有事於境内而卒者，必多矣。惟宋公佐書卒地者，爲魯故道卒，故赴告及之也。宋公身困於强臣，故雖與意如有連而直公，宋公爲公故如晉而道卒，故意如自謂得天之祐，特著册書，播揚於衆，以示人莫能害，而孔子因之以發疑端而，懲意如之惡焉。

十有二月，齊侯取鄆。

胡傳：「書『齊侯取鄆』，是公已絶於魯。」非也。後書「公至自齊，居于鄆」，則不忍絶公於魯，明矣。爲公取，則公必同役，而第書齊取者，鄆，魯地，不得書「公取」，且傷周公封略盡爲叛臣所據，雖邊境小邑非假鄰國威力，公亦不得而居之也。凡外取邑皆稱人，獨此書「齊侯」，以是知書「人」者，以爲亂世相攘奪之事也。○或曰：「齊侯命以鄆居公，不用師徒，故無伐、圍之文，而第書『取』。」

二十有六年，春，王正月，葬宋元公。

汪氏克寬曰：「昭公在外而魯於宋、晉、鄭、曹、滕、薛不廢喪紀，則意如之專魯，與君無異矣。」

三月，公至自齊，居于鄆。

齊侯取鄆以居公，則無意於納公明矣。使晉能討諸侯之亂，則六卿不能分晉；齊能正季氏之罪，則田氏不能篡齊。惜乎諸君之迷而不寤也。○穀梁傳：「公次于陽州，其曰『至自齊』，何也？以齊侯之見公，可以言『至自齊』也。」○杜氏預曰：「入魯境故書『至』，猶在外故書『地』。」○孫氏覺曰：「凡公行，反而告廟，則書『至』，在外雖不告而書『至』，所以存公也。」

夏，公圍成。

獨書「公圍」，齊無戰心也。

秋，公會齊侯、莒子、邾子、杞伯，盟于鄟陵。

此晉霸衰而離、會、參、盟復作之始也。

公至自會，居于鄆。

汪氏克寬曰：「曾子問云：『君去其國，大宰取群廟之主以從。』則昭公之去鄆而返，亦或告於祖禰矣。或疑荀躒謂意如「子姑歸祭」，昭公未必以主出，不知意如亂臣何難更作主，凡此類皆莫之辨也。顧季氏彊悖，專有魯國，當時史官阿附，必不書『公至』，吾聖人以所見之世而特志耳。」

九月，庚申，楚子居卒。

冬，十月，天王入于成周。

胡傳曰：「成周，黍離降爲國風之意[一]。非也。王畿之内皆可曰京師，王居狄泉，本畿内地，至是子朝衆敗始得入于成周，不得泛稱京師耳。」

[一]「黍離」，原作「離黍」，據胡傳改。

尹氏、召伯、毛伯以王子朝奔楚。

不曰「王子朝及尹氏、召伯、毛伯」，而曰「尹氏、召伯、毛伯以王子朝」，與「宋公之弟辰及仲佗、石彄出奔」屬辭異者，著三族怙亂之罪也。劉、單稱子，召、毛稱伯，皆非爵也。自王臣列於諸侯之會盟，特稱子以尊異之，而於王都亦稱子矣，有事赴告於諸侯，亦稱子矣。召、毛從逆，事敗而出亡，故舊史仍其恒稱而書行次耳。尹固不稱名，蓋舉族以行，而赴告本稱氏也。○家氏鉉翁曰：「書法，一『以』字，在劉、單爲褒，在尹、召爲誅。」○左傳「召氏之族」，疑「尹」誤「召」也，召伯盈既改圖逐子朝，而逆王從朝者，獨召伯奂耳。召氏何故以族行？杜預乃據傳以疑經，謬矣。

二十有七年，春，公如齊，公至自齊，居于鄆。

夏，四月，吴弑其君僚。

舊史承赴而書，必曰「鱄設諸弑其君」，或衆亂無主名，而稱「人」也。而傳聞則公子光也。故第書「吴」，有是事而不敢溢一辭焉。若書「吴人」，是決其爲衆亂，賊由微者，而光得自脱於是獄之外矣。

楚殺其大夫郤宛。

秋，晉士鞅、宋樂祁犂、衛北宮喜、曹人、邾人、滕人會于扈。

左傳：「令戍周，且謀納公也。」

冬，十月，曹伯午卒。

邾快來奔。

公如齊，公至自齊，居于鄆。

二十有八年，春，王三月，葬曹悼公。

公如晉，次于乾侯。

家氏鉉翁曰：「書次于乾侯，責晉也。齊猶致恤患之文，晉則拒而不受矣。」

夏，四月，丙戌，鄭伯寧卒。

六月，葬鄭定公。

秋，七月，癸巳，滕子寧卒。

冬，葬滕悼公。

二十有九年，春，公至自乾侯，居于鄆。

杜氏預曰：「以乾侯致不得見晉侯。」

齊侯使高張來唁公。

公如晉，次于乾侯。

夏，四月，庚子，叔詣卒。

秋，七月。

冬，十月，鄆潰。

不書「季氏伐鄆」，而書「鄆潰」，猶不書「鄭敗王師」而書「蔡人、衛人從王伐鄭」也。公、穀、胡傳皆謂昭公無德於鄆，蓋以鄆爲自潰，其實非也。昭公在國，不聞虐於臣民，況淹恤在外，僅得一邑自庇，豈肯復虐用其民？前年左傳所載，孟懿子、陽虎伐鄆，鄆人戰敗，當爲此條下錯簡，或往年戰敗，今公如乾侯，懼而潰耳。

三十年，春，王正月，公在乾侯。

穀梁傳：「中國不存公，存公故也。」〇家氏鉉翁曰：「鄆，魯境，故書『居』；乾侯，晉地，故書『在』。」

夏，六月，庚辰，晉侯去疾卒。

秋，八月，葬晉頃公。

魯使微者共葬，據左傳，鄭亦使游吉往晉，不能復宗諸侯矣。季氏方求媚於晉，而乃使微者共葬，何也？新君嗣位，六卿争政，未知孰卿，身不能親，又恐諸卿之或反己也。其不懼無禮於晉，何也？知晉政在家，不復以國體爲恤也。

冬，十有二月，吴滅徐。徐子章羽奔楚。

三十有一年，春，王正月，公在乾侯。

季孫意如會晉荀躒于適歷。

左傳：「晉侯將以師納公。范獻子曰：『若召季孫而不來，則信不臣矣。然後伐之，若何？』晉人召季孫。獻子使私焉，曰：『子必來，我受其無咎。』季孫意如會晉荀躒于適歷。」〇晉侯將以師納公，范鞅請召季孫，又私於意如「受其無咎」，而後意如會荀躒于適歷，則不使諸卿會葬之情顯然矣。

夏，四月，丁巳，薛伯穀卒。

晉侯使荀躒唁公于乾侯。

公孫于齊，未知罪人之安在也。晉侯使荀躒唁公于乾侯，而意如先會荀躒于適歷，則意如懼討，要晉人以阻其納公之迹顯然矣。晉侯初立，首欲以師納公，而一阻於范鞅，再阻於荀躒，蓋方是時政在諸卿，興師討賊非君所能專矣。范、荀之黨季氏，非獨貪賄，亦自爲羽翼也。鞅語樂祁、北宫喜，曲護意如，而曰：「鞅以爲難。」又曰：「二子皆圖國者也。」情見乎辭，其後二家卒叛晉，其無君之心非一日之積矣。

秋，葬薛獻公。

冬，黑肱以濫來奔。

何以不稱邾黑肱？文闕也。

十有二月，辛亥朔，日有食之。

三十有二年，春，王正月，公在乾侯。

取闞。

其不書「公取」，何也？圍成可書公也；魯地而書「公取」，則其義舛矣。何以别於取外附庸之國也？國無闞也，春秋於地邑皆不繫國，以職方具在，書某地則知爲某國。闞，魯地也，而書「取」，公孫於外，則公取之可知矣。何以知非鄰國之邑而魯取之也？上無侵伐之文也。

夏，吴伐越。

秋，七月。

冬，仲孫何忌會晉韓不信、齊高張、宋仲幾、衛世叔申、鄭國參、曹人、莒人、薛人、杞人、小邾人城成周。

胡傳：「不曰『城京師』，而曰『城成周』，與列國等。」非也。京師者，大衆之稱，凡諸侯事接於天子稱京師，統言之也。城、築則豈可漫言京師，而不著其爲何地哉？〇孫氏復曰：「周自天子言之則曰王城，成周自諸侯言之則曰京師。」○黄氏正憲曰：「成周之城，非爲城圮，以其狹小，不足以容衆，故擴而大之，如狄泉，本在城外，今則遶入城内矣。」

十有二月[二]，己未，公薨于乾侯。

劉氏本謂意如攝祭而不敢篡，由周公忠義之澤流入人心。汪氏克寬謂不敢别立君，以魯秉周禮，猶懼公討。議雖正，非當日之情實也。凡篡者，利其人民土地也。改立君者，國政無所禀也。當是時，尺土一民皆歸三家，而國政一禀於意如，何取於篡與改立君哉？且大夫而篡，春秋以前蓋未嘗有改立君，則霸主鄰國雖不能討，必用以爲名而取賂，亦季氏所不利也。季孫意如之姦，蓋前此亂賊所未有也。其見伐於公登臺以自保，而請囚、請亡，所以緩公而待二家之救也。公之始出，恐國内臣民或懷義憤，故稽首於叔孫，所以誑叔孫而俟國人之定也。故既定而遂背焉，齊猶有君，則賂其寵臣，晉政下移，則結其强家，所以阨公於外，而使不得遂也。歲歸乘馬、衣屨，所以携公之左右卒徒，使狃於私惠而漸忘公義也。晉頃公没，定公嗣位，欲以師納公而范鞅巧言以誤之，鞅既任其無咎，復邀荀躒於中途而申固之，既得躒之要

[二]「月」，原作「年」，據春秋經文改。

領，然後從躒於乾侯，卑禮巽言使藉以爲辭，而惑晉君之聽焉。且增飾惡言以誣公於國，而播於諸侯，凡傳所云，按之實無可考證，後儒不察，皆苛責於公，幾若意如情有可恕，不亦悖乎？不惟奪君之國，且敗君之名，不惟欺一時之人，且欺萬世之人，故亂賊之惡有過於意如者矣，而姦則未有甚焉者也！

春秋直解卷之十一

定公

元年，春，王三月，晉人執宋仲幾于京師。

公羊傳：「定何以無正月？正月者，正即位也。定無正月者，即位後也。即位何以後？昭公在外，得入不得入未可知也。曷爲未可知？在季氏也。定、哀多微辭，主人習其讀而問其傳，則未知己之有罪焉爾。」○穀梁傳：「定之無正何也？昭公之終，非正終也。定之始，非正始也。昭無正終，故定無正始。」○孔氏穎達曰：「釋例曰：『癸亥，公之喪至自乾侯。戊辰，公即位。』喪在外，逾年乃入，故因五日改殯之節，國史用元年即位之禮，因以元年爲此年也。然則正月之時未有公矣。公未即位，元必不改，而於春夏即稱元年者，未改之日必乘前君之年，於時春夏當名此年爲昭公三十三年，及六月既改之後，方以元年紀事，及史官定策須有一統，不可半年從前，半年從後，雖則年初亦統此歲，故入年即稱元年，漢魏以來，雖秋冬改元，史於春夏即以元年冠之，是有因於古也。」○李氏廉曰：「隱元年，事在三月；莊元年，亦事在三月；定元年，亦事在三月，然隱、莊皆書正月，則定公之無正始可知矣。蓋隱、莊雖無正始而即位皆在正月，定則即位在六月故也。」〇不書正月，見魯國無王，正朔未有所承也。苟躒私謂意如曰：「君怒未怠，子姑歸祭。」則昭公在外，朝廟告朔之禮必季氏專之矣。而魯國之政，例以月舉者，仍書正月，及鄆既潰，每歲必書「王正月，公在乾侯」，示魯尚有君以承正朔，而意如據國，罪不容誅也。至定元年不書正月，而此義益明矣。城書「成周」，著其地也。執人稱「於京師」，示在天子之側也。

夏，六月，癸亥，公之喪至自乾侯。戊辰，公即位。

穀梁傳：「公即位，何以日也？戊辰之日，然後即位也。内之大事，日。即位，君之大事也，其不日何也？以年決者，不以日決也。此則其日，何也？著之也。何著焉？逾年即位，厲也。」〇胡傳：「昭公之薨〔二〕，已越葬期，至六月癸亥然後至，而定之即位乃在是月之戊辰，蓋遲速進退惟意如所制也。」〇趙氏匡曰：「即位皆於朔日，故不書日，定公待昭公喪至，既殯而即位，故書日。」

〔二〕「薨」，原作「喪」，據胡氏春秋傳改。

秋，七月，癸巳，葬我君昭公。

昭公薨，逾半載喪始得歸，歸逾月而遽葬，意如之悖逆、孟叔之黨惡如此。

九月，大雩。

立煬宮。

左傳：「昭公出，季平子禱於煬公。九月，立煬宮。」○萬氏孝恭曰：「煬公，考公之弟也。魯之以弟繼兄而立，蓋始於此，季孫舍適嗣而立定公，故立煬宮以示爲魯國之舊制爾。」

冬，十月，隕霜殺菽。

穀梁傳：「未可以殺而殺，舉重；可殺而不殺，舉輕。其曰『菽』，舉重也。」

二年，春，王正月。

夏，五月，壬辰，雉門及兩觀災。

公羊傳：「曷爲不言雉門災及兩觀？主災者兩觀也。主災者兩觀，則曷爲後言之？不以微及大也。」〇李氏廉曰：「此條公、穀惑於僖宫、桓宫災，不言『及』之説，遂以爲此兩觀先災，春秋不以微及大，不以卑及尊，故先言雉門，尊之也。此説非。大概桓宫、僖宫二廟分明，故不言『及』；此若不言『及』，則嫌於雉門之兩觀獨災耳。」

秋，楚人伐吴。

冬，十月，新作雉門及兩觀。

胡傳：「書『新作』者，譏僭王制而不能革也。子家駒以設兩觀爲僭天子，是非諸侯之制明矣。御廪、西宫、新宫之災，不書『新作』，是知凡書『作』者，非僭禮則逾舊也。」

三年，春，王正月，公如晉。至河乃復。

家氏鉉翁曰：「意如死昭於行，擁定以篡，皆晉大夫爲之羽翼。『公如晉，至河乃復』者，意如所以操縱其君，使之一切聽己也。」

二月，辛卯，邾子穿卒。

夏，四月。

秋，葬邾莊公。

冬，仲孫何忌及邾子盟于拔。

四年，春，王二月，癸巳，陳侯吴卒。

三月，公會劉子、晉侯、宋公、蔡侯、衛侯、陳子、鄭伯、許男、曹伯、莒子、邾子、頓子、胡子、滕子、薛伯、杞伯、小邾子、齊國夏于召陵，侵楚。

晉之號令不行於諸侯久矣。今一徵會而十六國之君與齊卿皆至，天子之老莅焉。蓋楚視滅國如除草萊，陳、蔡雖復而不堪其求，諸侯皆懼楚之無厭，而思中國之有霸也。乃二三執政求貨以阻蔡，假旄以辱鄭，蓋深懼其君奉王靈以服楚，諸侯宗之，由是而威柄復收，於勢家有不利耳。厲公勝楚，遂圖三郤，故諸卿以爲大虞。先儒皆罪晉侯之不能。非也。晉侯初立，即欲以師納魯君，兹復大合諸侯，以拯蔡而伐楚，非不知乘時以自奮也。無如政柄久移，諸侯暗於大計，墮荀、范之術中而不知，坐失此難遘之會耳。蓋世未有内治不修，而外威可立者也。此非晉定之咎，實悼、平以來不能謹其操柄之過耳。○陳氏傅良曰：「晉之合諸侯，至平丘而止，是役劉子爲之也。劉子定内難，復辟於周，而楚納子朝，於是合十有八國之師伐楚，雖五霸未有盛於此時者也。俄而劉子卒，君子蓋深悲之。」○李氏廉曰：「此條陳氏説亦佳，然直以爲爲子朝，則夫子當有美辭，又明年王人殺子朝於楚，不可謂之無功，不應書『侵』，故胡傳止從左氏。」

夏，四月，庚辰，蔡公孫姓帥師滅沈，以沈子嘉歸，殺之。

雞父之敗，沈子與衆俱滅而國尚存，至是始滅也。

五月，公及諸侯盟于臯鼬。

汪氏克寬曰：「會與盟，公皆與焉。而劉子不與，但當書『諸侯盟于臯鼬』，如祝柯、重丘之例，而又書『公及』者，所以著定公汲汲於後會，而求爲此盟也。」○曹負芻既會而後執，故定公以與盟爲幸也。定公受國於意如，當書「季氏立公子宋」而不敢也。既以即位之恒辭書，則無以别於嫡嗣，故於此盟特文以見義焉。

杞伯成卒于會。

六月，葬陳惠公。

許遷于容城。

李光地曰：「楚以吴故，不暇於諸侯，許雖遷白羽，而召陵、皋鼬猶不敢違晉之徵召，故楚人遷之以自近與？」

秋，七月，公至自會。

公以得盟爲幸，故不致侵楚而以會致也。

劉卷卒。

孔氏穎達曰：「昭二十二年〔二〕，左傳『單子立劉蚠』，即卷也。王朝公卿卒，不赴魯，魯不會葬。文三年書『王子虎卒』，傳曰『來赴，弔如同盟，禮也』。彼爲同盟于翟泉，此亦爲同盟故也。畿内之國，不得外交諸侯，必天子爲告也。天子告臣，略言名及封邑而已，故書不具爵。」○以是知凡王臣稱子者，非爵也。使爲五等之爵，無問王告，其子自告，皆宜稱子。

葬杞悼公。

楚人圍蔡。

晉士鞅、衛孔圉帥師伐鮮虞。

趙氏鵬飛曰：「晉伐楚，諸侯之利而六卿之害也。故定公出而六卿忌其有功，辭蔡卑鄭以隳其成效，晉伐鮮虞，晉之害六卿之利也。故荀氏、士氏、趙氏交伐以營其私。」

〔二〕「昭二十二年」，原作「昭二十五年」，據孔穎達春秋左傳正義改。

葬劉文公。

魯君得與皋鼬之盟，必劉子爲之地，故特會其葬，公羊傳「録我主」，殆謂是與？

冬，十有一月，庚午，蔡侯以吴子及楚人戰于柏舉。楚師敗績。楚囊瓦出奔鄭。

楚之憑陵諸夏久矣。諸夏積衰，莫可如何，而吴獨挫其鋒，故諸夏心快之，而舊史以爵舉也。胡傳謂不書救，救大，非也。據左傳「蔡侯、吴子、唐侯伐楚，自豫章與楚夾漢」，則柏舉，楚地也。蔡圍未解，吴獨伐楚以救蔡，書可也。蔡圍既解，與吴子合兵伐楚，而戰於楚地，安得書「救蔡」哉？若以救爲大，則楚救鄭、衛亦可云大乎？

庚辰，吴入郢。

戰稱人，入舉號，何也？紀事之實也。按左傳，夫概獨進，連戰比勝，吴師從之，吴子、蔡侯未嘗入郢也。故書法與「嬰齊伐莒，莒潰」，更書「楚人入鄆」同，若吴子、蔡侯至郢，則當書「遂入」，吴子獨入，則當特書，與「楚子入陳」同，凡入書國者，次國、小國也。楚地方數千里，若書「入楚」，無以見連戰比勝、破其國都之實，不書吴人，與「楚人入鄆」異，魯夙重楚而輕吴也。

五年，春，王三月，辛亥，朔，日有食之。

夏，歸粟于蔡。

與城楚丘同義，蓋魯人獨歸之粟也。使諸侯相約同歸蔡粟，則如「會於澶淵，宋災故」，書「暨晉人、某人、某人，歸粟於蔡」，或如「宋、衛、陳、鄭災」，別書諸國歸粟於蔡可也。告糴，邦交之常也。而孔子不削，何也？春秋時古法未盡蕩滅，公私皆有蓄積可以禦災，故魯水、旱、蟲、饑多矣，而惟莊二十八年告糴於齊。列國惟魯歸蔡粟見於經，秦輸晉粟見左傳，記曰：「無三年之蓄，則國非其國矣。」故以是爲大變而書之。知與「戍陳」義異者，戍非一國所能任也。歸粟必壤地相近，水道可通，魯歸蔡粟以淮也，告糴於齊以濟也，秦輸晉粟以河也，若齊、晉、宋、衛，則但能歸蔡財，安能輸之粟哉？

於越入吴。

劉氏敞曰：「於越者，其自稱者也。越者，中國稱之者也。」〇李氏廉曰：「考之經文，入吴、敗吴，皆越人來告，故書『於越』，吴伐越，則吴來告，故止書『越』。」

六月，丙申，季孫意如卒。

宣之大夫皆書卒矣，況意如之逐君者乎？義旵於始，則餘以實書，所以著廿教之衰、亂臣賊子皆泰然安處其位，保首領以没，而無所旋忌也。

秋，七月，壬子，叔孫不敢卒。

冬，晉士鞅帥師圍鮮虞。

六年，春，王正月，癸亥，鄭游速帥師滅許，以許男斯歸。

晉、楚皆微，故諸侯擅相滅而不忌也。

二月，公侵鄭，公至自侵鄭。

自成、襄以來，舍霸國徵會，公無獨主兵者矣。而至是公復主兵，何也？民安於三家久矣，故不忌公而使供大夫之役耳。

夏，季孫斯、仲孫何忌如晉。

斯、何忌並如晉者，是時三家各如小侯，以事霸國，季孫嗣位而見，仲孫則會其時事也，叔孫不與者，據經傳帥師前後皆季、孟，豈州仇方稚而未能外事與？或曰侵鄭之役，陽虎欲陷季、孟，其謀已露，虎主晉趙氏，故二子亦如晉以自託也。

秋，晉人執宋行人樂祁犂。

書「行人」，非以使事執也。范氏、趙氏之私耳。○嚴氏啓隆曰：「晉自八卿擅權，欒、郤、韓、魏、趙、知、范、中行遞將中軍，諸卿以次受約，由來舊矣。自中行偃爲政，始有以偏裨而違上令者，趙武以降，其權益卑。黄父之會，爲政者韓起也，而趙鞅主納王之言；適歷之會，爲政者魏舒也，而范鞅主召季孫之議；城成周之役，爲政者魏舒也，而韓不信主執宋仲幾；召陵之侵，爲政者范鞅也，而荀寅主索蔡貨。下陵其上、上惡其下，傾軋之謀已非一日，今范鞅爲政，而趙鞅逆樂祁而飲之酒，此欲奪執政之權，非爲一宋行人争得失也。范鞅知之，故必執樂祁泄其怒，所以伐其謀叢，此怨讎猜疑愈積，以故趙鞅爲政即疑范、中行之相偪，而必去之，内外相競者八年，群天下諸侯而讎一趙鞅，而晉之亂遂不可止，自是三晉之勢成矣。」

冬，城中城。

僑如欲去季、孟，則城中城；陽虎欲去三桓，亦城中城，皆欲得公以濟其亂謀也。

季孫斯、仲孫何忌帥師圍鄆。

高氏閌曰：「昭公三十年，鄆潰，遂貳於齊。」○程氏迥曰：「十年，齊人來歸鄆、讙、龜陰之田，則此蓋叛季氏而歸齊也。」

七年，春，王正月。

夏，四月。

秋，齊侯、鄭伯盟于鹹。

許氏翰曰：「齊、鄭之盟，叛晉也。霸道隳，諸侯散，自是無殷會矣。」

齊人執衛行人北宮結以侵衛。齊侯、衛侯盟于沙。

左傳：「衛侯欲叛晉，諸大夫不可，使北宫結如齊，而私於齊侯曰：『執結以侵我。』齊侯從之，乃盟於瑣。」○非以使事執，故稱「行人」。

大雩。

齊國夏帥師伐我西鄙。

九月，大雩。

冬，十月。

據左傳，六年，冬，天王避儋翩之亂，居於姑蕕。此年十一月，劉子、單子及晉定、王皆不見於經，何也？王室禍亂，魯不與，則舊史無其文也。

八年，春，王正月，公侵齊。公至自侵齊。

齊、衛、鄭、宋同時叛晉而魯不叛，且爲晉討鄭而讎齊，何也？季氏逐君，晉不討而私庇之，故德晉不貳，又不敢自犯强鄰之鋒，而以公試其危也。

二月，公侵齊。

三月，公至自侵齊。

高氏閌曰：「公逾月之間，再出侵齊，惟三家者之所爲，乍往乍來，不得休息，公之進退，益不自專矣。」

曹伯露卒。

夏，齊國夏帥師伐我西鄙。

公會晉師于瓦。

據左傳，七年，國夏來伐，季、孟禦之，陽虎欲陷二子，故是後再侵齊、會晉師以禦國夏，皆公親之，而三桓並不在行也。其不書「晉師救我」，何也？晉師未至魯境，而齊師已退也。其不書

「會晉士鞅」，何也？書「會士鞅」，則似別行會禮，而不知其以師來救也。

公至自瓦。

秋，七月，戊辰，陳侯柳卒。

晉士鞅帥師侵鄭，遂侵衛。

李氏廉謂晉自召陵以後，凡役皆書「侵」，義不足以服人，故春秋以爲無名之師。非也。至是晉公室卑，諸大夫各固其私，不肯盡力於國事，故凡公討，皆小有侵略而遂還耳。

葬曹靖公。

九月，葬陳懷公。

季孫斯、仲孫何忌帥師侵衛。

魯、衛邦交最善，以晉命出師，二卿知其無危，故自往耳。

冬，衛侯、鄭伯盟于曲濮。

從祀先公。

胡傳：「蜀人馮山曰：『昭公至是始得從祀於太廟。』其説是也。昭公不得正終，又不得以時歸葬，既葬絶其兆域，不得同於先君，則其主久不得從昭穆而祔祭，宜矣。陽虎託於正以售其不正，始以昭公之主從祀太廟，蓋欲著季氏之罪也。」○高氏閌曰：「魯祀之不順多矣。武公、煬公當祧，閔公、僖公當正，昭公則又當祀而不祀者也。今但稱先公，則盡從典禮，不止爲一公設也。然非時妄祀，出於陽虎之矯舉，故不舉所祀之名，不指所祀之所，而書於盜竊寶玉、大弓之上，所以著其姦僞也。」○馮荆南曰：「昭、閔、僖皆有謚，安得統謂之先公？據左傳『順祀先公而祈焉』，蓋自遠及近，而偏於群公也。」

盜竊寶玉、大弓。

陽虎陰使人竊而無主名也。虎既敗，何暇入公宫？傳未可據。蘇氏轍謂陽虎及南蒯、侯犯之叛，皆以賤不書，而竊寶玉、大弓書，以分器重於地。非也。中軍既毁，尺地寸土皆歸三家，若以叛書，是爲三家討賊也。而舍叛又無以屬辭，故書「圍」以著陪臣據邑之實，而不書「叛」，以寓三家竊國之誅。若寶玉、大弓，則竊之公宫，不可以不志也。書寶玉、大弓之竊而不書「内叛」之義，益明矣。晉趙鞅、荀寅、士射吉治兵相攻，未嘗叛君，而書「叛」，邯鄲稷據邑以叛趙氏而不書，即不書内叛之義也。方其據邑，尚不知其志所在也。至竊寶玉、大弓，則直爲盜而已，虎之謀亂，號爲張公室，聖人不爲三家討賊，亦不使虎售其姦也。

九年，春，王正月。

夏，四月，戊申，鄭伯蠆卒。

得寶玉、大弓。

穀梁傳：「惡得之，得之堤下。或曰陽虎以解衆也。」

六月，葬鄭獻公。

秋，齊侯、衛侯次于五氏。

任氏公輔曰：「晉大國未敢輕伐，始盟于沙，中次于五氏，又次于垂葭，又次于蘘蔭，至哀元年而後伐，其欲有所逞也久矣。」

秦伯卒。

冬，葬秦哀公。

十年，春，王三月，及齊平。

季氏倚晉而構怨於齊，且再使公主兵，陽虎在齊，必謀挑禍，故孔子與聞魯政，急與齊平，其曰「及」，魯志也。

夏，公會齊侯于夾谷。公至自夾谷。

會盟，春秋時所重，國君之會，相者必上卿也。魯大夫特會諸侯久矣。今以公主會，而孔子攝相者，魯恃晉而結怨於齊數世矣，雖新與齊平，知其必以惡來，故使公試其危而三桓亦不敢相也。左、穀二傳所稱却萊兵、誅優施、請汶陽之田，欲大聖人而反小之，先儒推以情事謂不足信，誠然。

晉趙鞅帥師圍衛。

晉凡役皆侵而此獨圍者，衛嘗伐邯鄲午於寒氏，趙氏之私怨也，故盡力以求逞焉。

齊人來歸鄆、讙、龜陰田。

曰「來歸」，有將命者也，鄭伯使宛來歸祊是也。先儒以爲服義而歸之，則於來歸衛俘之義不可通矣。鄭書「使宛」而齊不自其人，何也？宛，鄭卿，而齊微者也。鄆、讙、龜陰不言及，大小敵也。景公圖霸，意欲結魯，又動於聖人之治象，故以是爲好。

叔孫州仇、仲孫何忌帥師圍郈。

秋，叔孫州仇、仲孫何忌帥師圍郈。

季氏既罹南蒯、陽虎之患，而侯犯亦患叔孫，此墮都之説二家所以能信也。齊人致郈不書，以後書「墮郈」，則郈復歸我可知矣。

宋樂大心出奔曹。

宋公子地出奔陳。

冬，齊侯、衛侯、鄭游速會于安甫。

叔孫州仇如齊。

宋公之弟辰暨仲佗、石彄出奔陳。

奔，非佗與彄之所欲也，特爲辰所脅耳，故書「暨」。既奔之後，則同惡相濟，而志乎亂矣，故書「及」。

十有一年，春，宋公之弟辰及仲佗、石彄、公子地自陳入于蕭以叛。

佗、彄之奔，或迫於辰而不得已，至既奔之後，潔身他去而不與於亂，則辰豈能强哉？故不得以「暨」書也。

夏，四月。

秋，宋樂大心自曹入于蕭。

胡傳：「四卿在蕭以叛，而大心自曹從之，其叛可知矣，故不書『叛』而書『入于蕭』。」

冬，及鄭平。叔還如鄭蒞盟。

十有二年，春，薛伯定卒。

夏，葬薛襄公。

春秋書薛卒者三，葬者一，皆無月、日，薛告卒，魯使人往會，非不知月日也。而史闕焉，以國微交疏而略之也。然則楚君大夫所書之詳略，吴、楚所書之同異，乃舊史之文，隨時勢以變，而無義理之可求也審矣。

叔孫州仇帥師墮郈。

衛公孟彄帥師伐曹。

季孫斯、仲孫何忌帥師墮費。

公羊傳：「孔子行乎季孫，三月不違。曰：『家不藏甲，邑無百雉之城。』於是帥師墮郈、帥師墮費。」○前書圍費、郈，則家臣之叛可知，此書墮費、郈，則既克而後墮之可知。

秋，大雩。

冬，十月，癸亥，公會齊侯盟于黄。

十有一月，丙寅朔，日有食之。

公至自黄。

十有二月，公圍成。

孟氏不肯墮成，叔、季亦覺墮都、出甲，不利於私家，以三都之墮既有成命，故少出師而使公主之，州仇帥師，郈所以墮也。斯、何忌帥師，費所以墮也。民不屬公，威命不行，圍成所以不克也。

公至自圍成。

杜氏預曰：「國内而書『至』者，成强如列國，故出入皆告於廟也。」○魯論記齊歸女樂而經無其文，蓋君大夫自知非義，而史不敢籍耳。○朱子曰：「當時夫子行乎季孫，三月不違，則費、郈之墮，出於不意，及公斂處父不肯墮成，次第唤醒了叔、季二家，便作事不成。」

十有三年，春，齊侯、衛侯次于垂葭。

夏，築蛇淵囿。

大蒐于比蒲。

衛公孟彄帥師伐曹。

秋，晉趙鞅入于晉陽以叛。冬，晉荀寅、士吉射入于朝歌以叛。

趙氏與荀氏、范氏相構而皆書「叛」，何也？有無君之心而後動干戈於邦域也。

晉趙鞅歸于晉。

胡傳：「書『歸』，易辭也，韓、魏爲之請，晉侯許之復，而寅與吉射奔，則無有難之者矣。」以是知「大夫復歸爲惡、歸爲善」之説，不可通也。○高氏閌曰：「二子既出，晉侯謂趙鞅自保其邑以違荀、范之難，故許之歸，先儒以歸爲善辭，遂謂鞅有叛迹而無叛。春秋先正其罪，以厲臣節，此許其歸，以廣君恩，是不然人臣無君命輒據土興兵，此豈可赦乎？況衛孫林父亦書歸，何善之有？」

薛弑其君比。

十有四年，春，衛公叔戍來奔。衛趙陽出奔宋。

二月，辛巳，楚公子結、陳公孫佗人帥師滅頓，以頓子牂歸。

不言所歸者，楚主兵，陳爲之役而已，則歸楚無疑也。

夏，衛北宮結來奔。

五月，於越敗吴于檇李。吴子光卒。

卒以敗也。非卒以敗，則宜書日以間之，即不知其日，敗不月而加月於卒上，其事亦明矣。胡傳以夫椒之戰不書，乃孔子以復讎爲常事而削之。非也。既没其事，何由見常事不書之義哉？蓋昭公娶於吴，季氏逐居而替其夫人，邦交方惡，故赴告不及。柏舉之戰，蔡人告克而及之，吴子之卒，越人告克而及之耳。

公會齊侯、衛侯于牽。

左傳：「謀救范、中行氏。」昭公之出，荀、范皆有德於季氏，故使公會牽以謀救也。

公至自會。

秋，齊侯、宋公會于洮。

左傳：「范氏故也。」

天王使石尚來歸脤。

公羊傳：「脤，俎實也。生曰脤〔二〕，熟曰燔。」○胡氏寧曰：「諸侯朝天子，助祭於宗廟，然後受俎實，魯不助祭而歸脤，非禮也。」○石尚，名，非卿也。

衛世子蒯聵出奔宋。

劉氏敞曰：「據左傳，蒯聵欲殺夫人，蒯聵雖不善謀，安有此事哉？彼所羞者，夫人名惡也，如殺其母，爲惡愈大，反不知可羞乎？蓋聞野人之歌以謂夫人，夫人惡其斥己之淫，則啼而走言『太子將殺余』以誣之也，使真有是事，宋，南子家也，蒯聵負殺南子之名，又走入其家，敢

〔二〕「生」，公羊傳作「腥」。

乎哉？」○張氏洽曰：「觀春秋再以世子書，則知蒯聵爲無辜，故正其名而與以繼世之稱也。」

衛公孟彄出奔鄭。

宋公之弟辰自蕭來奔。

辰奔則仲佗、石彄、公子地、樂大心必皆潰矣，而不書，何也？或奔在辰後而赴告不及也。

大蒐于比蒲。邾子來會公。

治兵、大閱不書「公」，國政之常，雖失禮而非君之私行也。蒐非其地則宜書「公」者也，而自昭以後皆不書「公」，非公之所能主也。所以著三桓不臣，危地則以君委之而已不敢蹈，大政則自己專之而君不得與也。觀邾子來會，而公在而不書「公」之義益著矣。

城莒父及霄。

十有五年，春，王正月，邾子來朝。

鼷鼠食郊牛，牛死，改卜牛。

公羊傳：「曷爲不言其所？食漫也。」

二月，辛丑，楚子滅胡，以胡子豹歸。

李光地曰：「召陵之侵，許亦與焉。楚滅頓、胡而不憾許者，必有不得已之情，而楚人諒之也，是以亟遷於容城，及鄭滅之，而楚復封焉。」

夏，五月，辛亥，郊。

戴氏溪曰：「魯之僭郊自僖公始，蓋僖公之前春秋未嘗書郊，此其證也。然而魯之先公猶畏天災，故因災而不郊者間有之，若定之終、哀之始，蓋習玩既久，雖天災亦不知所畏矣。」

壬申，公薨于高寢。

鄭罕達帥師伐宋。

齊侯、衛侯次于蘧蒢。

左傳："謀救宋也。"

邾子來奔喪。

定公時季孫、叔孫困於家臣，不暇陵弱暴寡，而邾、滕懷德，遂來奔喪、會葬，小國之可矜閔如此。

秋，七月，壬申，姒氏卒。

左傳："不稱夫人，不赴，且不祔也。"○魯自僖、宣以來，君生母稱夫人舊矣。設哀爲長君，而國柄在握，雖未逾年，有不以夫人之禮葬其母者乎？季氏非能用典也，弱其君也，成風、敬嬴卒書"夫人"，葬稱"小君"，非禮也。而是時魯尚有君也，定姒卒不稱"夫人"，葬不稱"小君"，禮也。而魯至是無君矣。先儒皆以子未逾年爲義，既其名而未既其實也。○季孫行父逐東門氏，非討亂賊之後，弱成公也。三桓不使定姒用夫人之禮，非正嫡媵之分，卑哀公也。

史記自哀以後，魯侯反朝於三桓之家，其所由來者漸矣。○古之爲喪禮也，蓋嚴恒公之喪，孟敬子始食，食則前此尚未改也。以君夫人薨葬，則當爲變服出次易食，故季氏不甘已。

八月，庚辰，朔，日有食之。

九月，滕子來會葬。

丁巳，葬我君定公，雨不克葬；戊午，日下昃，乃克葬。

穀梁傳：「乃，急辭也。不足乎日之辭也。」○家氏鉉翁曰：「左傳以翼日葬爲得禮，穀梁傳以塗車簑笠不具爲非制，二者在孝子慈孫之誠敬爲何如耳。雨而無害於力役，葬可也；或天變駭異，雨甚水至，不可即土，左氏之説亦未爲失，然國君之葬宜無不備，雨不克葬，明日乃克葬，謂之無貶，不可也。」

辛巳，葬定姒。

左傳：「不稱小君，不成喪也。」○謂子未逾年，母不得稱夫人，則不當書「卒、葬」，書「卒、葬」，是成之爲夫人也。成之爲夫人，而復殺其禮，弱其君也。孟子並不書「葬」，則其禮益略矣。蓋一任季孫之顛倒耳。魯夫人無配以先君之謚者，姒氏不别立謚，且與襄公生母同曰「定姒」，不獨典禮益紊，而喪紀之略亦可見矣。○李光地曰：「閏月葬齊景公，則書此應在閏月而不書，豈孔子之意果以歸餘於終爲是與？」

冬，城漆。

春秋直解卷之十二

哀公

元年，春，王正月，公即位。

楚子、陳侯、隨侯、許男圍蔡。

杜氏預曰：「隨世服於楚，不通中國。吴之入楚，昭王奔隨，隨人免之，卒復楚國，楚人德之，列於諸侯，故見經。定六年，鄭滅許，此復見者，蓋楚封之。」○楚不能報吴，徒釋憾於蔡，避强陵弱，而胡傳謂春秋恕其復讎，蔽於以稱爵爲褒之説耳。

鼷鼠食郊牛，改卜牛。

夏，四月，辛巳，郊。

汪氏克寬曰：「定公之薨，未及小祥，而僭行天子之郊禮，釋凶服而從吉，則爲不孝於親。矧郊之祭也，喪者不敢哭，凶服不敢入國門，今在喪而蒧事，則爲不敬於天。一舉而犯三不韙焉，郊之失禮，未有甚於此者也。宣三年，匡王未葬而不郊，猶三望，雖曰廢郊，其罪與哀公等爾。」

秋，齊侯、衛侯伐晉。

左傳：「救范氏也。」齊景公輔范、中行以抗君，助衛輒以拒父，將以求霸，不亦悖乎？

冬，仲孫何忌帥師伐邾。

哀公之初，六年中四伐邾，三卿疊主之，蓋既與齊平，侵暴小國有利而無害，則自尸其功矣。邾之事，魯至親奔，定公之喪，而隨見伐，且奪其田，三桓貪悖，不可以情理喻也。

二年，春，王二月，季孫斯、叔孫州仇、仲孫何忌帥師伐邾，取漷東田及沂西田。癸巳，叔孫州仇、仲孫何忌及邾子盟于句繹。

穀梁傳：「三人伐而二人盟，各盟其所得也。」〇胡傳：「莫强乎季孫，何獨無得？季氏四分公室有其二，昭公伐意如，叔孫氏救之，陽虎囚桓子，孟孫氏救之，蓋季氏以歸二家而不取也。」○陳氏傅良謂自是内外盟皆不書，不足書也。蓋據左傳八年萊門之盟而言其實，非也。七年，會鄟。八年，吴伐我。十二年，會鄖。經止書會與伐，則實未盟可知。如以爲諱，則會吴、伐齊不諱，而諱與之盟乎？盟戎不諱，而諱盟吴乎？諱盟吴，并諱盟宋、衛乎？自是以後無盟者，霸統亡，諸侯散，皆知盟不足恃，而十餘年間，實無刑牲歃血之事耳。○王氏箋義曰：「邾近魯，魯屢伐之，邾人愬於晉，晉人來討，今晉不能主盟，諸侯皆叛，故邾子懼，比來、會來、朝來、奔喪，魯人猶以爲憾，三卿帥師伐之，取其賂田，而復盟以要之。三子皆書，不舉重者，政不自公出也。」

夏，四月，丙子，衛侯元卒。

滕子來朝。

晉趙鞅帥師納衛世子蒯聵于戚。

胡傳：「書『納』，見蒯聵無道，爲國人所不受。」非也。北燕伯欵、頓子書「納」，則非無復道可知矣。書「納於某地」者，明拒於强臣逆子，而不得遽反其國也。使蒯聵之罪不得復承嗣，則不宜書「世子」。

秋，八月，甲戌，晉趙鞅帥師及鄭罕達帥師戰于鐵。

鄭師敗績。

左傳：「齊人輸范氏粟，鄭子姚、子般送之，士吉射逆之，趙鞅禦之，遇於戚。」

冬，十月，葬衛靈公。

十有一月，蔡遷于州來。蔡殺其大夫公子駟。

州來已滅於吴，而不書「吴人遷蔡」，何也？凡書「某人遷其國」者，雖未絶其祀，已失位，而夷於其國之私邑也。許、蔡之遷，猶列於諸侯，故以自遷爲文。

三年，春，齊國夏、衛石曼姑帥師圍戚。

胡傳：「石曼姑主兵圍戚，而序齊爲首，以誅國夏，訓天下後世討賊之法也。」○胡氏寧謂離戚於衛，以明子之不可加於父。趙氏汸例以彭城、虎牢，以爲春秋特筆。皆非也。輒據國稱兵，以圍其父，春秋所書正明著其以子加父之罪，何必迂其義，離戚於衛，然後知子之不可加於父乎？其異於彭城、虎牢者，彭城已披於楚，故追書宋；虎牢已城於晉，故還繫鄭；蒯聵在戚，於衛則世子，於輒則父，無不屬於衛之疑，而書衛戚，其義何居？

夏，四月，甲午，地震。

五月，辛卯，桓宮、僖宮災。

胡傳：「桓、僖親盡矣。其宮何以存？季氏出於桓，立於僖，世專魯政，其諸以是爲悦而不毀與？」○公、穀二傳，皆以不書「及」爲義，但以次序列，雖不言「及」，祖之尊卑自見，經不書「及」，蓋義主於宮之災而不起於祖也。雉門及兩觀災，由兩觀而延及雉門也。桓宮、僖宮災，同時而並災也。

季孫斯、叔孫州仇帥師城啓陽。

許氏翰曰：「所城近敵，故帥師焉。」

宋樂髡帥師伐曹。

秋，七月，丙子，季孫斯卒。

蔡人放其大夫公孫獵于吴。

殺駟稱國，獨君大夫主之也。獵爲駟黨，國人懼其爲亂，故衆逐之，獵不欲遷吴，故放於吴以苦之。

冬，十月，癸卯，秦伯卒。

諸侯卒，失名者多小國，而秦伯亦失名，蓋會、盟、侵、伐不通於東夏，雖强大，魯人猶忽之也。觀秦大夫之不名、不氏，則視之如小國可知矣。

叔孫州仇、仲孫何忌帥師圍邾。

李氏廉曰：「來會葬、來朝、來奔喪，猶不免伐；取漷、沂田，受繹盟，猶不免圍，不至於『以邾子益來』不止也，小國困於水火矣，諸侯無霸，害哉？」

四年，春，王二月，庚戌，盜殺蔡侯申。

左傳恐未得其實。閽殺吴子不書「盜」，況公孫之貴乎？凡書「盜」者，必陰賊而未有主名也。惟無主名，故辰以懼禍而奔，姓、霍以見疑而殺也。

蔡公孫辰出奔吴。

蔡侯以附吴見弑，而辰奔必不主遷吴之議者也。而奔吴，蓋自理也，楚方强，陳、蔡之大夫雖以欲從中國，得罪必奔楚，知中國之不能庇也。〇陳氏傅良曰：「書『公薨，夫人姜氏孫於邾。公子慶父出奔莒』，則夫人、慶父與聞乎弑矣。書『盜殺蔡侯申。蔡公孫辰出奔吴』，則辰與聞乎殺矣。」

葬秦惠公。

宋人執小邾子。

夏，蔡殺其大夫公孫姓、公孫霍。

晉人執戎蠻子赤歸于楚。

執曹伯以畀宋人，權在晉也。執戎蠻子赤歸於楚，權在楚也。公羊傳所謂「京師楚」是也。

城西郛。

六月，辛丑，亳社災。

穀梁傳：「亡國之社以爲廟屏，戒也。其屋亡國之社，不得達上也。」〇程子曰：「屋之故有災。」〇馮荆南曰：「記稱『亡國之社屋之，不受天陽』，蓋據公、穀二傳，恐非先王之意也。程子謂亡國之社，自王都至國都皆有之，亦無所據。魯有亳社，其因國實殷墟耳。兖、豫壤接，左傳稱因商奄之民以封魯，則其地舊屬殷畿可知矣。又諸君子立於社宫，謀亡曹，則凡社皆有宫，不獨亳社也。」

秋，八月，甲寅，滕子結卒。

冬，十有二月，葬蔡昭公。

賊未討而書葬，何也？盜無主名也。

葬滕頃公。

五年，春，城毗。

夏，齊侯伐宋。

汪氏克寬曰：「定十四年，齊侯、宋公會于洮。距此六年未有釁端，而景公忽興師以伐宋，豈以宋人伐曹，執小邾子，恃强陵弱，故託是討之以圖霸與？」

晉趙鞅帥師伐衛。

晉至定公時，凡公討皆書「侵」，諸卿各顧其私而怯於公鬬也。其書圍、伐者，則趙氏之私怨也。此年伐衛，明年伐鮮虞，左傳皆曰范氏之故，是也。

秋，九月，癸酉，齊侯杵臼卒。

冬，叔還如齊。

閏月，葬齊景公。

穀梁傳：「不正其閏也。」〇鄭氏康成曰：「以月數者，數閏；以年數者，雖有閏不數也。」〇陳氏岳曰：「苟以閏數，則二年之内，已有二十五月，安得謂之三年與？」

六年，春，城邾瑕。

汪氏克寬曰：「邾瑕如魯濟之類，魯有負瑕，故稱邾以別之。」〇魯取邾瑕，不見於經，豈地蘊於鄉所取漷東、沂西田内，而邑則創作與？非史特稱邾瑕，魯人本稱邾瑕也。公孫有二嬰齊，則稱「仲」以別之；邑有二瑕，則稱「邾」以別之，史從國人之所謂耳。

晉趙鞅帥師伐鮮虞。

吴伐陳。

高氏閌曰：「陳，楚與也。吴之入楚，使召陳侯，陳侯不至，吴人怨之，元年侵陳，今復伐陳，修怨也。陳自是與吴成。」

夏，齊國夏及高張來奔。

宋華亥、向寧、華定同奔不書「及」，同罪也。此同奔而書「及」，則高張以國夏牽率而來也。

叔還會吴于柤。

與「歸父會楚子於宋」、「叔弓會楚子於陳」之屬辭異，何也？季氏疾吴舊矣，故雖畏其威而史猶抑之。

秋，七月，庚寅，楚子軫卒。

齊陽生入于齊。齊陳乞弑其君荼。

左傳，陽生使朱毛殺孺子，而以乞主弑，何也？乞陰謀竊國，其弑孺子立陽生，皆專威柄以爲攘奪之階，陽生爲所用而不知也。陽生但知承乞之召而入於齊，其身之定否，荼之弑否，陽生實不得而主之，則舍乞奚主哉？楚比與陽生皆國人召之，而或書「歸」，或書「入」，何也？楚虔亟暴，國人從亂如歸而召比，則易可知；陽生竊入而匿於陳乞之家，則難可知。且比則自歸而謀弑，乞則弑謀已定，待陽主之入而加刃焉耳，比所以異也。○乞立陽生，亦寄焉耳。胡傳以比里克而曰「陷於大惡而不知」，誤矣。○穀梁傳：「陽生入而弑其君，以陳乞主之，何也？不以陽生君荼也。其不以陽生君荼，何也？陽生正，荼不正。不正則其曰君，何也？荼雖不正，已受命矣。」○杜氏預曰：「弑荼者，朱毛與陽生，而書陳乞，所以明乞立陽生而荼見弑，則禍由乞始也。楚比劫立，陳乞流涕，子家憚老，皆疑於免罪，故春秋明而書之，以爲弑主。」○陳氏傅良曰：「衛侯入于夷儀，衛甯喜弑其君剽，則喜爲衛侯弑也。齊陽生入于齊，齊陳乞殺其君荼，則乞爲陽生弑也。荼之弑，得國者陽生也。曷爲不以罪？齊無知者罪陽生，於是齊政由陳氏矣。彼陽生者亡公子而已，乞不有無君之心，則陽生爲僇矣。」○家氏鉉翁曰：「陽生之入與小白書『入』同，然小白之入齊，無君也；陽生之入齊，有君矣。荼弑在陽生既入之後，然其謀實定於陽生未入之前，不與小白同也。」○高氏閌曰：「觀從召公子比而虔死，陳乞召陽生而荼死，乞蒙弑君之惡，而從乃委罪公子比，何也？從，陪臣也。能始禍而不能定其所立，比以衆立，而不顧其君，是比弑之也。乞，大臣也。齊已有君而又外求陽生，雖入不能自定，乞以强立之，而不顧其君，是乞弑之也。從雖召比，然公子有三焉，比不自立可也。乞召陽生，固將君之矣，陽生爲君，則孺子荼何所置哉？故春秋别嫌明微，不以其迹而同其誅也。」○卓氏爾康曰：「書陽生入于齊，上文無所蒙，下不言歸，不言齊陽生，將不知其爲何人也？非以其當有國而繫之齊。」

冬，仲孫何忌帥師伐邾。

宋向巢帥師伐曹。

七年，春，宋皇瑗帥師侵鄭。

晉魏曼多帥師侵衛。

夏，公會吴于鄫。

秋，公伐邾。八月，己酉，入邾，以邾子益來。

胡傳：「春秋隱君之惡，故滅國書『取』，婉以成章，今書『以邾子益來』而不諱者，欲見後書『歸邾子』之爲能去其惡而與之。」非也。無故入人之國，執人之君，及强大來討，不得已而歸之，未見其有改過之美也。春秋書公不諱，所以深著三桓之罪，猶會蜀、盟蜀之不諱公耳，三桓屢歲伐邾，披削其土，待其將滅，使公主兵，以受惡名而抗大國之討，公惟所命而不敢違，其惡極矣。○季氏謀於諸大夫，欲滅邾，而使哀公將，蓋天澤易位，公轉供大夫之職也。公羊傳載昭公之言曰「吾欲弑季氏」，魯國之情勢可知矣。

宋人圍曹。

冬，鄭駟弘帥師救曹。

八年，春，王正月，宋公入曹。以曹伯陽歸。

據孟子時有曹交曰曹君之弟，則曹實未嘗滅也。

吴伐我。

其書「伐我」，何也？城下之師，不可以言四鄙也。左傳吴師克東陽而進，舍於五梧。明日，舍於蠶室。景伯曰：「我未及虧，而有城下之盟。」則不可以書四鄙明矣。定、昭以前，公室雖卑，而三家協心，尚可以捍禦外侮，故鄰國侵伐及四鄙而止耳。至是則陪臣數叛，三家異心，莫肯爲國任患，故敵至則徑薄國都而莫爲之蔽也。○黄氏仲炎曰：「讀春秋而知魯之爲國始末三變焉：魯始受敵國之兵，如戰於郎、戰於奚，不言伐我四鄙者，蓋邊鄙有備，敵至則戰，故不言伐也；奚之戰，齊人侵魯疆，疆吏來告。公曰：『疆埸之事，謹守其一，而備其不虞，姑盡所備焉，事至而戰，又何謁焉？』以此知邊鄙尚有備也；其後疆埸之備弛，故敵兵得以乘之，而書『伐我北鄙』、『伐我西鄙』，然止爲邊患而不能直造其國也；今受吴、齊之師，直言伐我，以見其直造於國都耳。」

夏，齊人取讙及闡。

公羊傳：「外取邑不書，此何以書？賂齊也。曷爲賂齊？爲以邾子益來。」○左傳：「齊鮑牧帥師伐我，取讙及闡。」○杜氏預曰：「兵未加而魯與之邑，故不書伐。」

歸邾子益于邾。

左傳：「齊侯使如吴請師，將以伐我，乃歸邾子。」

秋，七月。

冬，十有二月，癸亥，杞伯過卒。

齊人歸讙及闡。

不書「來歸」，無使來將命也。或疆吏致之，或魯使微者往受，而不登於册書。

九年，春，王二月，葬杞僖公。

宋皇瑗帥師取鄭師于雍丘。

李氏廉曰：「胡傳用左傳例，覆而敗之曰『取』，悉虜而俘之曰『取』，觀左氏所載，使有能者無死，而止以二人歸，則殺人多矣。」〇隱十年[二]，鄭莊取三國之師，哀之篇取師者二，齊桓既興之後，晉霸未衰之前，幾二百年未有書「取師」者，蓋懼霸討而未敢亟暴也。故王迹熄則天下爲春秋，霸統散則天下爲戰國，春秋之不遽變爲戰國，亦霸者之功。

夏，楚人伐陳。

秋，宋公伐鄭。

冬，十月。

十年，春，王二月，邾子益來奔。

[二]「隱十年」，原作「隱十三年」，據春秋隱公十年經文「秋……宋人、蔡人、衛人伐戴，鄭伯伐取之」改。

公會吴伐齊。〇三月，戊戌，齊侯陽生卒。

齊陽生、楚麇，舊史承赴而書卒，孔子無所據以革之。或曰陽生適卒而齊赴於吴，以止其師，傳聞遂誤以爲弒也。胡傳恐天下以篡弒之賊可從之盟，而隱楚圍弒君之惡，以陽生守正見弒，而深没其迹，雖庸人爲史，不若是之惑亂也。

夏，宋人伐鄭。

晉趙鞅帥師侵齊。

五月，公至自伐齊。

葬齊悼公。

衛公孟彄自齊歸于衛。

李氏廉曰：「彄，蒯聵之黨，今歸於衛，必從輒而棄蒯聵，故十五年蒯聵入國，彄復奔齊。」

薛伯夷卒。

秋，葬薛惠公。

冬，楚公子結帥師伐陳。吴救陳。

楚以漸强而君大夫書爵與氏，吴至定、哀之際强甚矣，而始終以號舉，何也？始雖强，猶未能盛威於諸夏，故略之。及昭公娶於吴，季氏疾之，而吴亦多行無禮。來徵百牢，伐我至城下，藩衛侯之舍，故魯人憾之，而始終以號舉耳。會戚稱人，以入聽諸侯之會，故載書進之也。黄池書爵，著争霸之實也。季子來聘，魯人重其義；柏舉之戰，諸夏嘉其功，皆舊史之文，而先儒必謂春秋惡吴過於楚，誤矣。吴雖僭王，其國未嘗有觀兵問鼎之悖也。雖間犯上國，未嘗盡滅虞、夏以來神明之裔也。春秋何故深斥之，使不得儕於楚哉？

十有一年，春，齊國書帥師伐我。

左傳「老幼守宫，次於雩門之外」，又曰「一子帥師，背城而戰」，則師薄國都可知矣。

夏，陳轅頗出奔鄭。

五月，公會吴伐齊。甲戌，齊國書帥師及吴戰于艾陵。齊師敗績，獲齊國書。

公會伐而不與戰，何也？齊、魯積怨，悼公既没，復會吴伐齊，齊人必致死於我，故季氏迫公以出而不以師從，其意嘗欲陷公於難也。魯師少不足用，故吴人獨戰，不欲魯分其功，魯用吴師而仍以號舉，蓋吴多行無禮，雖借其力，猶心惡之也。齊、吴交戰，魯師不行，故不致。○左傳載定八年[一]，齊國夏帥師伐我。陽虎欲陷季、孟，胥軍齊師，懼苫夷之言而止，季氏蓋祖虎，故知以陷公也。叔孫世行，故州仇實從，夫差問以職事，對曰：「從司馬。」則魯師不行之驗也。先儒於定、哀侵伐尚責公不已，亦昧於事實矣。

秋，七月，辛酉，滕子虞母卒。

冬，十有一月，葬滕隱公。

[一] 按：據左傳載，齊國夏帥師伐我西鄙，事見於定公七年。

衛世叔齊出奔宋。

十有二年，春，用田賦。

胡傳：「先王制土，籍田以力而砥其遠邇，賦里以入而量其有無，今用田賦軍旅之征，非矣。田以出粟爲主而足食，賦以出軍爲主而足兵。弛力薄征，當以農民爲急，而增賦竭作，不使末業者獨幸而免也。今二猶不足而用田賦，是重困農民而削其本，何以爲國？書曰『用』者，不宜用也。」○李氏廉曰：「杜氏謂丘賦之法，因其田財，通出馬一匹、牛三頭，今復別其田及家財各爲一賦，是丘出馬二匹、牛六頭也。范氏注穀梁同之。然杜氏於作丘甲已曰使丘出甸賦，是一丘已出馬四匹、牛十二頭矣。安得復以爲出馬一匹、牛三頭乎？賈氏以爲一井之田，而使出十六井之賦，夫一井八家而使出一馬、三牛，可乎？故胡氏獨用國語孔子之言。呂氏亦曰：『古者田出租，里出賦。』要之二家説爲長。然則司馬法所謂『甸出一乘』者，其止出一乘之人與？左傳所載，多臨事始授以甲、授以車，則知馬、牛、車、乘決非丘甸所出也。」○周官族師以時登六畜、車輦、簡兵器，則謂馬、牛、車、乘不出於丘甸，亦不可通。

夏，五月，甲辰，孟子卒。

昭公君國二十餘年，而孟子不稱夫人，不書薨，季氏黜之也。使孔子正之，而書「夫人子氏薨」，則悖亂之迹隱矣。不書「葬」，視定姒之禮而更殺也。夫人之娶也，失禮則書，而孟子之娶不書，何也？豈昭公自知其非，而命勿籍與？記稱「夫人之不命於天子，自魯昭公始」，則自知非禮故也。何以知非孔子諱國惡而削之也？文姜之姦，大書特書，而諱娶孟子，何義乎？

公會吴于橐皋。

秋，公會衛侯、宋皇瑗于鄖。

宋向巢帥師伐鄭。

冬，十有二月，螽。

十有三年，春，鄭罕達帥師取宋師于嵒。

夏，許男成卒。

公會晉侯及吴子于黄池。

書「公及晉侯會吴子于黄池」，則晉帥諸侯以通吴之辭；書「公會晉侯、吴子于黄池」，則晉主會而吴入聽之辭。必書「會」，書「及」，而後兩霸之實見也。

楚公子申帥師伐陳。

於越入吴。

秋，公至自會。

晉魏曼多帥師侵衛。

李氏廉曰：「晉事止於此。李氏曰：『讀隱、桓之春秋，而知王澤之竭也。讀昭、定、哀之春秋，而知霸烈之壞也。晉霸復盛於悼公，浸衰於平、昭，而遂廢於頃、定。』嘗原晉事之顛末，而察其所由失矣。或曰：晉之微也，有楚弗攘，有吴弗抑，二彊並立，霸權遂弱，自召陵擁十八國之衆不能振武，至於戎蠻之執，晉俛焉事楚以京師之禮，自吴滅曹、滅徐、伐陳、伐齊，晉不能誰何，迄乎黄池之會，吴侈然操方伯之令，以列國命晉，春秋由是絶筆焉。則晉之失霸實吴、楚之張也。曰諸侯苟合吴、楚，豈能聞乎？其端在諸侯之先貳，當時齊景、衛靈、宋景，其國皆强，戮力周旋，何患於吴、楚，今也齊景公有抑晉代興之志，宋、衛、魯、鄭之君，無非攘臂以從齊者也。蓋晉執行人叔孫婼，與邾大夫坐而失魯；執宋仲幾、樂祁犂而失宋；涉佗、成何詬衛而失衛；荀寅辭蔡而失蔡；假羽旄於鄭而失鄭。是以齊得以盡取諸侯，鄭則與齊盟於鹹，會於安甫矣；衛則與齊盟於沙，次於五氏矣；魯則與齊會於牽；宋則與齊會於洮矣。終而齊侯、衛侯且伐晉矣，則晉之失霸乃諸侯之離也。曰晉國苟治，諸侯安得背乎？其原在大夫之先叛，使六卿諸臣如先大夫之肅，皆盡忠以輔公，何憂乎齊、衛？今也强家各自封殖，而君失其操柄，趙鞅取衛貢五百家，動晉陽之甲；韓不信執宋命卿，不顧踐土之盟；魏舒南面莅政，敢干位以命大事，而趙籍、魏斯、韓虔爲諸侯之萌已成矣，則晉之失霸，乃大夫之擅也。曰晉之禮義素明，則大夫豈得擅乎？利勝而義微，此上下之所以不奪不饜也。范鞅請冠而魯使蒙執，趙鞅受楊楯而宋卿賈禍，邯鄲争貢而三卿亂國，或取季孫之賄而昭公弗納，或求蔡侯之貨而伐楚之師徒出，或索十牢而吴人借爲口實，孟子曰：『上下交征利而國危矣。』晉霸之衰，又誰咎與？」

葬許元公。

九月，螽。

黄氏震曰：「高氏集注曰：『往年十有二月，螽。今九月螽，十二月又螽，爲災甚矣。』按左傳凡十二月螽，皆以爲司歷之過。若以此月爲螽，猶未蟄則以秋爲冬，差一時也。民時亂而農功失，司歷之過一至此乎？況螽乃災異，非候蟲之常，以時而蟄者也，蝗蝻在地，經冬雪乃深入，今冬燠而有螽，將蔓延爲來歲之災，尤災之甚者也。」

冬，十有一月，有星孛于東方。

公羊傳：「其言於東方何？見於旦也。」〇杜氏預曰：「平旦衆星皆没而孛乃見，故不言所在之次。」〇高氏閌曰：「不言宿名者，董仲舒、劉向以爲不加宿也。文十四年，有星孛於北斗。昭十七年，有星孛於大辰。皆言所次而此獨不言，則不加宿可知也。」

盜殺陳夏區夫。

十有二月，螽。

十有四年，春，西狩獲麟。

不言狩地，於常所也。不書月日，蒐狩例以時舉也。惟狩郎書月，則公之私行；大閱、治兵書月、日，則非時之妄舉耳。先儒謂春秋感麟而作，或曰文成而麟至，皆無以見其然，其終於獲麟，而是歲之事不更書，則意或有所寓耳。麟之出必有聖人在乎位，身雖窮未嘗不思世之治也。即序詩，而風終於豳、雅終於召旻之意也。